폭격

김태우 金泰佑

한국현대사를 전공한 역사학자. 서울대 국사학과에서 박사학위를 받고 서울대 통일평화연구원 연구교수를 거쳐, 현재 한국외국어대 한국학과 교수로 재직하고 있다. 계간『창작과비평』『역사와 현실』편집위원을 맡고 있다.
본 저서『폭격』으로 2014년 제9회 김진균상(학술부문)을 수상했다. 그밖에『평화를 걷다』『평화인문학이란 무엇인가』(공저)『폭력이란 무엇인가』(공저)『분단폭력』(공저) 등 평화사(平和史) 관련 논저를 지속적으로 집필하고 있다.

폭격
미공군의 공중폭격 기록으로 읽는 한국전쟁

초판 1쇄 발행 / 2013년 7월 27일
초판 6쇄 발행 / 2021년 5월 7일

지은이 / 김태우
펴낸이 / 강일우
책임편집 / 김경은
펴낸곳 / (주)창비
등록 / 1986년 8월 5일 제85호
주소 / 10881 경기도 파주시 회동길 184
전화 / 031-955-3333
팩시밀리 / 영업 031-955-3399 편집 031-955-3400
홈페이지 / www.changbi.com
전자우편 / human@changbi.com

ⓒ 김태우 2013
ISBN 978-89-364-8264-0 93910

* 이 책은 2010년 정부(교육과학기술부)의 재원으로
  한국연구재단의 지원을 받아 수행된 연구임(NRF-2010-361-A00017).
* 이 책 내용의 전부 또는 일부를 재사용하려면
  반드시 저작권자와 창비 양측의 동의를 받아야 합니다.
* 책값은 뒤표지에 표시되어 있습니다.

폭격

미공군의 공중폭격 기록으로 읽는 한국전쟁

김태우 지음

창비

책을 펴내며

 냉전기 한국현대사의 주요 사건들에 대한 역사적 평가는 해당 시기의 이분법적 사고방식을 답습하듯 매우 양극화되어 있다. 주요 우방국과 적대국에 대한 평가에서부터 역대 대통령과 당시의 주요 정책에 대한 평가에 이르기까지 극과 극을 달리는 경우가 허다하다.
 한국전쟁은 그 대표적 사례들 중 하나다. 특히 이 책의 분석대상인 한국전쟁기 미국과 공중폭격에 대한 평가는 좀더 극단적으로 양극화되어 있다. 대한민국은 전쟁 당시부터 미국의 공중폭격을 호의적으로 평가했다. 1951년 이승만 대통령은 외신과의 인터뷰에서 "한국민들이 자기 집이 파괴되는 것을 눈앞에서 보는 것은 무서운 일이나 그들은 그것을 묵묵히 참고 차라리 가옥이 파괴될지언정 적에게 나라를 뺏기어 독립된 국가에서 자유민으로 살 수 없는 것을 원치 않는다"고 주장했다. 4·19항쟁으로 정권을 잡은 민주당정권 또한 북한지역 폭격에서 주도적 역할을 했던 미공군 부대원 전원에게 대통령수장의 영예를 선사하기도 했다. 반면에 북한은 전쟁기간 3년 내내 하루도 빠짐없이 북한지역에 폭격을 가했던 미공군의 활동을 극단적으로 악마화하면서, 반미주의의 핵심 소재로 활용해왔다. 오늘날까지도 평양 거리에서 폭격의 이미지와 결부된 반미 선전포스터를 어렵지 않게 찾아볼 수 있다.

이 책은 한국전쟁기 미공군 공중폭격의 배경과 전개과정에 대한 역사학적 분석을 통해 지나치게 우상화 혹은 악마화된 미국의 실체에 다가가고자 한다. 이를 위해 저자는 2000년 즈음부터 미국의 국립문서보관소(NARA)와 미공군역사연구실(AFHRA)을 통해 공개되기 시작한 한국전쟁기 미공군 문서 약 10만장을 수집·분석했다. 더불어 당대의 러시아, 중국, 남북한 문서와의 교차분석을 통해 전쟁기 유엔 측과 공산 측 주장의 신빙성을 검증했다.

이 책은 크게 다음의 3가지 내용을 주요하게 다룬다. 첫째, 이 책은 한국전쟁기 미국의 '군사행위' 자체를 주요 분석대상으로 다룬다. 물론 여기서 말하는 군사행위란, 이 책의 핵심 연구주제인 미공군 공중폭격의 배경, 목적, 전개과정, 결과 등을 일컫는다. 전쟁수행주체를 종합적으로 평가할 때, 주체의 '군사행위'를 구체적으로 분석하는 일은 매우 당연한 듯 보이나 기존의 한국전쟁 연구논저들은 이를 상당정도 도외시해왔다. 최근까지도 연구자들의 대다수가 한국전쟁의 기원 문제를 핵심연구대상으로 다루며 미국을 평가하고 있어 이들 논저를 통해 실제 전쟁기 미국의 '행위'를 살펴보기란 어렵다. 이 책은 그 군사행위에 대한 세밀한 분석을 통해, 워싱턴의 최고위급 인사들의 육성에서부터 한반도 상공의 전폭기 조종사들의 보고서에 이르기까지 미국의 전쟁수행방식과 관련된 다양한 내용들을 재구성해 선보일 것이다.

둘째, 이 책은 2차대전 후 당대의 시대정신이 된 '반전평화주의'가 미국의 한국전쟁 수행과정에 끼친 영향을 시계열적으로 보여줄 것이다. 이미 잘 알려져 있듯 2차대전기 미국은 일본의 히로시마와 나가사키에 원자폭탄을 투하하여 대규모 민간인 희생을 초래했을 뿐만 아니라, 인구밀집지역에 무차별적으로 소이탄 폭격을 가해 일본의 여러 도시들을 불태웠다. 하지만 전후 유럽에서 반전평화운동이 강력하게 일고, 소련을 중심으로 한 사회주의진영이 이를 진영논리로 적극 흡수하면서 미국의 핵폭격과 전략폭격은 세계 여론의 거센 비판을 받게 되었다. 게다가 자국 언론과 군 내부에서도 인구밀집지역을 향한 무차별폭격의 비인도적 성격에 대한 강력한 비난 여론이 등장하자, 한국전쟁 이전 시기 미공군은 향후 전쟁에서 '군사목표'만을 '정밀폭격'한다는 폭격정책을 세울 수밖에 없었다. 그렇게 해서 1950년 한반도에서 전쟁이 발발하자 5년 전 대일(對日) 폭격정책과는 확연히 다른 성격의 폭격정책이 미공군에 하달되었다. 미 대통령과 정·군 최고위급 인사들은 유엔군사령관 맥아더(D. MacArthur)에게 군사목표만을 정밀폭격하라고 명령했다. 한국전쟁 초기 맥아더 또한 전시 민간인 보호에 대한 제네바협정을 준수할 것이라고 공식적으로 언급했다.

그러나 2차대전 후 미국 국내외 여론의 압력에 의해 형성된 정밀폭격정책은 중국군의 참전과 지상군의 패퇴라는 군사적 위기상황 속에서 와해되고 만다. 이 책의 제4부 '초토화정책'에 자세히 묘사된 것처럼, 1950년 11월 5일 맥아더는 북한지역의 모든 도시와 농촌을 소이탄으로 불태워 없애버리라는 공세적 명령을 하달했다. 그리고 워싱턴은 맥아더의 조치를 묵인했다. 한국전쟁기 정밀폭격정책과 무차별폭격정책의 지속적인 길항관계, 전쟁 초기 정밀폭격의 한계와 점진적 와해과정 등은 이 책의 제2부에서부터 제4부에 걸쳐 다뤄질 것이다.

마지막으로 공중폭격에 대한 북한의 인식과 대응을 면밀히 검토해볼 것이다. 이는 사실상 전쟁기 북한주민들의 사회사로도 볼 수 있다. 물론 이 책의 제3부 '평범한 임무'에서 볼 수 있듯 한국전쟁 초기 남한주민들

역시 미공군의 폭격으로 심각한 피해를 입었다. 그러나 1951년 중반 이후 전선이 현재의 휴전선 부근에 고착되면서 전선 후방의 남한지역 대부분은 북한지역에 비해 비교적 평화로운 일상을 회복할 수 있었다. 반면 북한지역에는 전쟁기 3년 내내 사실상 후방이 존재하기 힘들었다. 1950년 6월 29일 평양 인근의 비행장 폭격을 시작으로, 1953년 7월 27일 밤 10시 한반도 군사정전협정이 발효된 시점까지 북한주민들은 수시로 공중폭격의 위험에 노출되었다.

때문에 전쟁기 북한주민들의 일상은 미공군의 공중폭격 양상에 따라 기민하게 변화할 수밖에 없었다. 가장 큰 변화는 시공간의 전복(顚覆) 현상이었다. 전쟁기 대부분의 북한주민들은 땅속의 토굴이나 산기슭의 동굴에서 지하생활을 했다. 이미 거주지가 파괴되고, 연일 폭격이 지속되는 상황에서 지하생활은 생존을 위한 어쩔 수 없는 선택이었다. 게다가 이 책의 12장 '기계와 인간의 전쟁'에서 묘사되듯, 전쟁기 북한주민의 상당수는 전시 복구활동을 위해 낮과 밤을 바꿔 살아야만 했다. 낮에는 폭격을 피해 토굴에서 잠을 자고, 밤에는 폭격으로 파괴된 교량과 철도 복구사업에 동원되었다.

한국전쟁기 미국이 취한 행위의 총체적 의미는 아직 제대로 탐구되지 않았다. 북한의 도시와 농촌을 무차별적으로 불태워버린 초토화작전의 성격, "흰옷을 입은 사람들"(people in white, 한국 민간인을 의미)을 적으로 간주했던 미군의 대적(對敵) 인식, 2차대전기와는 달리 군인들을 생각 없는 '전쟁기계'로 양성한 한국전쟁기 미국 군사교육의 의미, 2년이나 지속된 정전협상 과정에서 공산 측에 정치적 압력을 행사하기 위해 북한지역의 지하 토굴까지도 철저히 파괴하고자 했던 '항공압력전략'의 의의 등에 대한 분석은 아직 한국전쟁기 미국에 대한 종합적 평가에 통합되지 못했다. 우리는 미국이 실제 전쟁을 어떻게 인식하고 수행했는지 파악해야 한다. 이 책은 그에 대한 이야기다.

2013년 6월
서울 관악산 기슭에서
김태우

:: **차례**

책을 펴내며 5

제1부 서막

1장 폭격의 역사: 개관
　꿈의 실현: 비행과 공중폭격의 발견 **19**
　반지의 유혹: 1차대전과 공중폭격 **21**
　전략폭격이론의 등장 **26**
　대량학살을 향하여: 2차대전기 독일과 영국공군의 공중폭격 **31**
　잊힌 대량학살: 미국의 폭격정책과 인종주의 **37**

2장 일제시기 조선인과 공중폭격
　낯선 역사 속으로 **45**
　조우: 일본군의 중국대륙 폭격 **46**
　몸뻬부대: 일상으로 파고든 공중폭격 **52**
　소년비행사의 꿈 **60**

3장 냉전과 공중폭격
　미국, 오끼나와, 그리고 독도 **66**
　미국의 동아시아 대소봉쇄정책: 오끼나와와 '공군력'을 활용하라 **68**
　독도폭격사건: 한국전쟁 씨뮬레이션과 민간인 희생 **76**

제2부 북폭

4장 정밀폭격
평화에 대한 시대적 열망과 폭격정책　88
정밀폭격정책의 적용　99
북폭의 수행주체와 목표　103

5장 북폭, 그리고 논쟁의 시작
원산폭격: 구름 위의 맹목폭격　108
평양폭격: 적의 심장부를 파괴하라　120
흥남폭격: 정밀폭격의 이례적 성공 사례　127
청진·나진·함흥·겸이포·성진 폭격　133
논쟁의 시작: B-29기 정밀폭격의 위력과 한계　141

6장 북한의 피해와 대응
충격과 공포, 그리고 증오　148
방공의 등장　153

제3부 평범한 임무

7장 폭격의 구조
불안정한 전술항공작전의 구조　168
사라진 적들　180
조종사들: 기능주의적 전쟁기계　186

8장 흰옷을 입은 적들
이해하기 힘든 것들에 대하여　196
정찰병의 지시에 따른 무차별폭격　198
육감에 의존한 시험폭격　205
'크기' 정책: 좋아 보이거나 큰 것을 공격하라　212
흰옷의 무리들을 향한 무차별폭격　221

9장 남한지역 대량폭격
B-29기의 근접지원: '융단폭격' 신화의 형성　229
B-29기의 차단작전: 교통중심지 파괴　237
전폭기의 차단작전과 무장정찰: 움직이는 모든 것을 공격하라　250

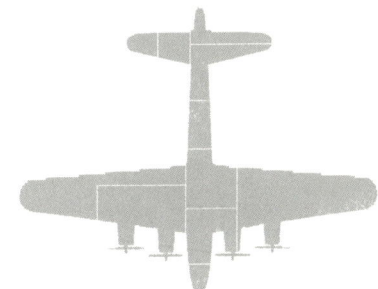

제4부 초토화정책

10장 초토화정책의 결정
　　전쟁 초기 네이팜탄의 등장과 실험 **270**
　　운명의 날: 1950년 11월 5일 **280**

11장 불타는 눈밭
　　사라진 도시: B-29기의 소이탄 투하 **291**
　　소규모 마을까지 불태우기 **306**
　　생존을 위한 피난과 지하생활 **317**
　　남한 일부지역까지 확장된 초토화작전 **326**

제5부 협상하며 죽이기

12장 기계와 인간의 전쟁
　　철도차단작전: 적을 질식시켜라 **337**
　　무차별적 야간폭격 **347**

13장 항공압력전략
　　항공압력전략의 결정과정 **357**
　　전쟁의 마지막 국면: 민간인의 대량 희생 **363**

맺음말 극단의 기억을 넘어 평화로 **384**

감사의 글 **398**
주 **402**
참고문헌 **442**
도판출처 **473**
찾아보기 **477**

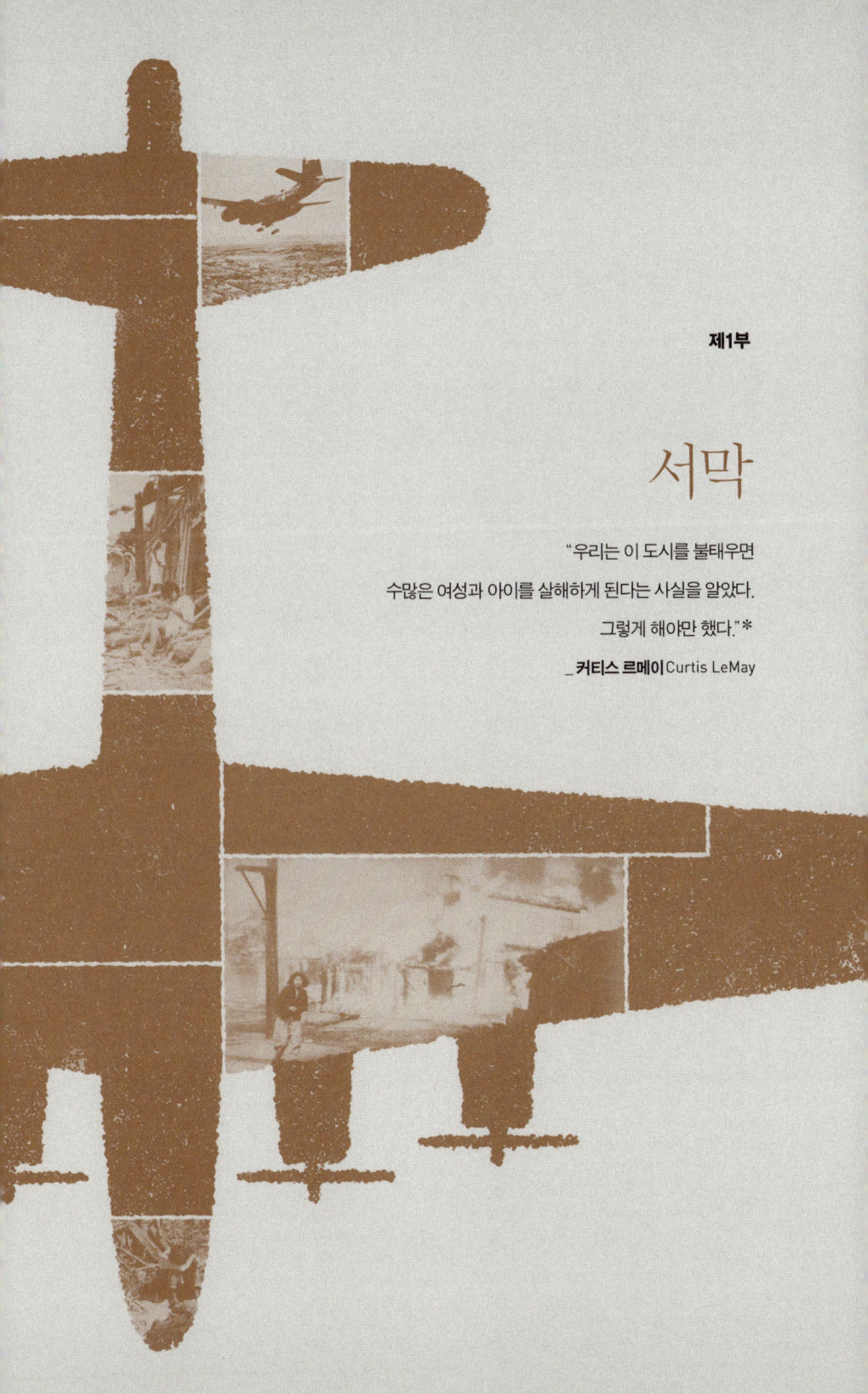

"제길, 걸리는 대로 갈겨버려. (…) 자, 사격 개시."
"그놈들 잡으면 알려줘. 발사."
"다 날려버려."
"어서 쏘라니까."
(기관포 사격)
"계속 쏴. 계속 쏴. 계속 쏴."
(…) "빌어먹을, 카일. 됐어, 하하하. 내가 쐈어."[1]

 2010년 4월, 「부수적 살인」(Collateral Murder)이라는 제목의 동영상 한편이 공개되며 세계를 충격에 빠뜨렸다. 영상은 2007년 7월 12일 2대의 미군 아파치 헬기들이 이라크 바그다드 인근의 소도시에서 민간인 차림을 한 사람들을 향해 무차별적으로 기총소사를 하는 장면을 담고 있다. 사람들은 친구와 잡담을 나누거나, 전화통화를 하거나, 어딘가로 천천히 걸음을 옮기는 등 일상의 시간을 보내고 있었다. 이때 1킬로미터 밖에 있던 아파치 헬기 조종사들이 망원카메라를 통해 그들 중 한둘이 무기처럼 보이는 무언가를 들고 있는 모습을 보았다. 그것이 무기라고 확신한 조종사들은 거리의 모든 사람을 향해 총포를 쏘기 시작했다. 기자 둘을 포함해 20여명의 민간인이 현장에서 사망했고, 어린이 둘이 부상을 입었다. 사건 발생 직후 로이터통신은 미국정부를 강력히 비난하며 기총소사와 관련된 자료의 공개를 요청했다. 그러나 이는 지속적으로 거부당했다. 그러던 중 2010년 4월 줄리언 어산지(Julian Assange)로 대표되는 위키리크스(Wikileaks)가 해당 영상을 입수해 전세계에 공개했다. 이 영상이 공개되자마자 커다란 국제적 논란이 일었다.

동영상 공개 4개월 후 어산지는 미국의 비영리재단 테드(TED)와의 인터뷰에 임했다. 그는 인터뷰를 통해 영상 공개 이후에 전세계적으로 분노가 확산된 이유 중 하나로 "압도적 힘의 차이"를 지적했다.[2] 실제 영상에서 확인할 수 있는 조종사들의 목소리는 수많은 사람들을 살해하는 순간에도 떨리거나 격앙됨이 전혀 없었다. 그들에게는 그저 '평범하고 일상적인 임무'였음에 틀림없었다. 게다가 총격 후반부에 그들은 농담조의 말을 건네며 크게 웃기도 했다. 당시 그들은 자신이 쏜 포탄의 희생자들이 맨바닥에 쓰러져 고통에 꿈틀거리는 장면을 생생하게 지켜보고 있었다.

이 영상이 더 충격적으로 느껴지는 이유는 아마도 이것이 할리우드 영화의 한 장면이거나 2차대전 당시의 다큐멘터리 영상이 아니라 21세기 세계 어딘가에서 실제 발생한 일이라는 사실 때문일 것이다. 사람이 사람을 함부로 죽일 수 없다는 인도주의적 원칙하에 흉악한 연쇄살인범에게조차 사형을 집행하지 않는 21세기 한국인의 입장에서 이 같은 영상은 상당한 충격일 수밖에 없다. 이것이 과연 민주주의와 인도주의를 그토록 강조하는 현대 미국의 전쟁수행방식인가? 잠시 혼자 되뇌어본다. '지금도 이 정도인데, 후방의 도심 폭격을 공식적 군사정책으로 간주했던 2차대전 때에는 과연 어땠을까? 그리고 그로부터 불과 5년 뒤에 발발한 한국전쟁 때에는 과연……'

인간의 비행 역사는 의외로 매우 짧다. 기껏해야 100년밖에 되지 않는다. 하늘을 날고 싶은 욕망이 인간의 수천년 된 꿈이었다는 사실을 돌이켜볼 때 100년밖에 안 된 비행의 역사는 매우 짧다고밖에 볼 수 없다. 하지만 비행의 역사는 놀랍게도 공중폭격의 역사와 거의 일치한다. 즉, 인간은 하늘을 날기 시작하면서 동시에 공중폭격을 실행에 옮겼던 것이다. 심지어 인간은 기구(氣球) 비행만이 가능하던 시절에도 기구를 타고 공중폭격을 실행했다.

우리는 한국전쟁기 미공군 폭격의 실체를 역사적으로 이해하기 위해, 그리고 위키리크스 동영상 속 미군 조종사들의 행위를 근원적으로 분석하기 위해 간단하게나마 100년에 걸친 인류 공중폭격의 역사를 되짚어볼 필요가 있다. 동영상에서 느껴지는 가해자와 피해자 간의 압도적 힘의 차이와 거리감, 감정이 마비된 가해자의 심리 상태 등은 2007년의 이라크에서뿐만 아니라 인류 최초의 비행기 폭격이 이루어진 1911년의 리비아에서도, 그리고 1950년의 한반도에서도 모두 동일하게 나타난 현상이었다.

한국전쟁기 미공군의 공중폭격을 이해하기 위해서는 또한, 일제시기 조선인들의 공중폭격에 대한 인식과 냉전 초기 미국의 동아시아 군사정책을 검토해볼 필요가 있다. 당시 미국의 군사훈련 진행과정에서 발생한 1948년 독도폭격사건에 대해서도 알아볼 필요가 있다. 독도폭격사건이란, 1948년 6월 8일 독도 인근에서 미역을 채취하던 한국의 민간어선 20~30척이 미공군의 무차별적인 공중폭격을 받아 수십명의 민간인이 사망한 사건을 가리킨다. 지금의 독도는 생태보호를 위해 일반인의 출입을 엄격히 통제할 정도로 한국인의 보호와 사랑을 받고 있지만, 당시의 독도는 태평양 곳곳에 산재하던, 미공군의 여러 폭격연습장들 중 하나에 불과했다. 독도가 왜 미군의 폭격연습장으로 선정되었는지, 왜 대한민국 국가 수립을 불과 2개월 앞둔 민감한 시점에 대규모 군사훈련이 독도에서 진행되었는지, 그리고 왜 시야가 확보된 청명한 날씨에도 불구하고 민간선단을 향한 무차별폭격이 진행되었는지를 알아보는 과정은 한국전쟁기 미공군의 폭격양상을 이해하는 데 중요한 단서들을 제공해줄 것이다.

"역사를 공부하는 것은 사건의 장대한 일관성을 이해하는 것이다." 영국의 사상가 토머스 칼라일(Thomas Carlyle)의 이 말을 곱씹어보며, 한국전쟁기 공중폭격의 가해자와 피해자 들의 공중폭격 관련 경험과 인식의 형성과정을 역사적 관점에서 검토해보도록 하자.

1장
폭격의 역사: 개관

꿈의 실현: 비행과 공중폭격의 발견

"나는 사람들의 얼굴에서 그처럼 놀라워하는 모습을 본 적이 없었다. (…) 모든 이들이 자신의 삶에서 새로운 날이 시작되었다고 생각하는 것 같았다." 1908년 시카고 지역신문의 한 기자는 난생처음 보는 비행기의 장중한 비행에 놀란 군중들의 모습을 이렇게 표현했다. 이때는 미국의 라이트 형제가 1903년 12월 17일 12초 동안 단 36미터를 이동한 인류 최초의 동력비행에 성공하고 불과 5년밖에 지나지 않은 시점이었다. 전세계는 수천년의 꿈이 실제로 이루어졌다는 사실에 마냥 들떴다. 비슷한 시기 조선사람들도 비행기의 기동성과 효율성에 경탄하고 있었다. 그러나 이들 대부분은 이 놀라운 발명이 불과 반세기도 지나지 않아 수백만의 죽음을 불러오리라고는 상상조차 못했다.[3]

비행기의 발명은 톨킨(J.R.R. Tolkien)의 판타지 소설 『반지의 제왕』(*The Lord of the Ring*)에 등장하는 '절대반지'(the One Ring)의 발견에 다름없었다. 소설에서 절대반지는 권력, 힘, 탐욕과 악을 상징한다. 모르도르의 암흑군주 싸우론은 절대반지를 주조하면서, 그 절대반지가 세상 모든 이들을 "완전히 노예로 만들 수 있는" 강력한 힘을 지니게끔 했다. 또한 싸우론은 그 절대반지 안에 자신의 악의 힘을 불어넣었다. 따라서 절대반지를 발견한 사람은 세계를 지배할 수 있는 강력한 힘을 소유하게 되지만, 결국 그 악마적 매혹에 사로잡혀 자멸의 상태로 빠질 수밖에 없는 운명적 존재가 된다. 우연한 기회로 가장 오랫동안 절대반지를 소유하게 된 난쟁이 호빗 스미골이 메스껍고 흉악한 생물체인 골룸으로 변하게 된 것도 그 때문이다.[4] 마찬가지로 20세기 초 비행이라는 복음은 인간을 종교적 무아지경 속으로 몰아가며 이내 수많은 사람들을 매혹시켜 추악한 골룸으로 변화시키는 데 주저함이 없었다. 사람들은 비행이 현실이 되자마자 공중에서 지상을 대량파괴하는, 자멸적 꿈에 젖어들기 시작했다.

신의 영역인 하늘로 날아오른 순간부터 인간은 공중폭격에 대해 모색하기 시작했다. 새처럼 하늘을 나는 꿈을 최초로 실현시킨 연원을 따져보면 18세기 말 프랑스로 거슬러 올라가야 한다. 몽골피에 형제(Joseph Michel Montgolfier and Jacques Montgolfier)는 밀폐된 커다란 주머니에 가벼운 기체를 넣어 그 부양력으로 공중에 높이 떠오르는 기구를 발명했고, 1783년 11월 21일 파리 근교에서 고도 약 1000미터까지 올라가서 약 25분간 비행하는 데 성공했다. 이 광경을 지켜본 프로이센의 엔지니어 하이네(J. C. Heyne)는 몇달 뒤 책을 출판하며 기구가 강력한 군사적 수단으로서 "도시 전체에 화염과 폭탄을 비 오듯 퍼부을 수도 있다"고 경고했다. 실제 몇년 뒤 프랑스에서는 최초의 기구학교가 창설되고, 정부 산하에 기구부도 신설되는 등 군사적 활용 가능성이 진지하게 모색되기 시작했다.[5]

인류는 1903년 라이트 형제의 최초 동력비행 성공 후 불과 10년도 지나지 않은 시점에 최초의 비행기 공중폭격을 실시했다. 1911년 10월 26일, 이딸리아는 북아프리카 리비아를 식민화하기 위해 터키(당시 오스만제국)와 전쟁을 치르며 최초의 공중폭격을 실현했다. 이딸리아 비행기 조종사들이 행한 일은 모두 경이로울 정도로 새로운 것이었다. 어느 조종사는 비행기에 카메라를 장착해 최초의 항공사진을 찍었다. 또다른 조종사는 최초의 야간공습을 수행했다. 이밖에도 소이탄(燒夷彈)을 투하하고, 심지어 비행기가 격추되는 사건마저 인류 역사상 최초의 일이었다. 놀랍게도 정찰, 공중폭격, 물자수송, 대공방어 등 공군력의 전통적 역할이 이 최초의 공습에서 모두 시도되었다.[6] 이후 이딸리아 비행기들은 트리폴리 근교의 아랍인 마을에도 폭탄을 투하했다. 이딸리아 군 참모본부는 "폭탄이 아랍인들로부터 경이로운 심리적 효과를 거두었다"고 발표했다. 유럽의 여러 국가들은 이딸리아의 공중폭격에 깊은 인상을 받았고, 이듬해 1912년 발칸지역 동맹국들과 터키 간의 제1차 발칸전쟁에서 프랑스, 이딸리아, 영국의 비행기 조종사들은 공중폭격을 군사적 수단의 하나로 활용했다.[7] 10여초의 최초 동력비행에 성공한 지 만 10년도 되지 않아 유럽의 여러 국가들은 공중폭격에 빠져들고 있었다. 아직 인간들은 비행의 매력에 흠뻑 매혹된 나머지 스스로가 조금씩 자기파괴적인 골룸으로 변해간다는 사실을 깨닫지 못하고 있었다.

반지의 유혹: 1차대전과 공중폭격

커다란 매혹은 그에 상당하는 커다란 위험도 지니게 마련이다. 대부분의 사람들은 매혹에 눈먼 나머지 그 속에 내재한 위험은 깨닫지 못한다. 그러나 어떤 상황에서도 이 같은 위험을 예민하게 감지해내는 사람들 또한 있게 마련이다. 『반지의 제왕』에서는 아마도 마법사이자 선지자인 간달프가 이러한 존재일 것이다. 간달프는 절대반지를 우연히 획득해 무척이나 들떠 있던 호빗들에게 곧바로 그 위험을 경고한다. 게다가 그는 인간과 호빗과 요정의 대표를 모아 절대반지의 악마적 본성을 잠재우기 위한 모임도 결성한다. 이렇듯 20세기 초 절대다수의 사람들이 공중폭격의 자멸적 위험성에 대해 깨닫지 못하고 있을 때, 특정한 극소수의 사람들은 이미 그 위험의 해결책을 찾기 위해 외로운 싸움을 벌이고 있었다.

공중폭격이 지닌 무차별적 공격 속성을 제어하기 위한 최초의 가시적 성과는 아마도 1907년 헤이그협정 제25조 "어떤 수단에 의해서든 무방비의 도시, 촌락, 주거지 혹은 건물을 포격하는 것은 금지된다"라는 국제법의 등장일 것이다. "어떤 수단에 의해서든"이라는 말은 공중으로부터의 폭격도 금지하기 위해 추가된 내용이었다. 이후 1911년 4월 마드리드 국제법연구소는 헤이그협정 제25조의 내용이 과연 공중폭격을 금지한 것인가에 대해 토론했다. 이 논쟁에서 카를 루트비히 폰 바르(Carl Ludwig von Bar)로 대표되는 공습반대론자들은 폭격의 정확도가 너무 낮아 민간인 희생이 불가피할 경우 공습은 금지되어야 한다고 주장했다. 그리고 실제 1911년 10월 리비아에서 인류 최초의 비행기 공습이 실행되었을 때 『타임즈』는 "피와 욕망"의 문이 열렸다고 비판했고, 『데일리 크로니클』은 "이것은 전쟁이 아니었다. 도살이었다"라고 힐난하며 무차별적 공중폭격의 문제점에 대해 지적했다. 극히 일부에 국한되긴 했지만, 소수의 비판적 지식인들 또한 공중폭격의 무차별적 공격성에 대해 다양한 방식으로 나름의 경고를 보내고 있었다.[8]

반면에 대부분의 사람들, 특히 아프리카와 아시아의 저항하는 식민지 주민들을 통제할 효율적 수단을 찾고 있던 유럽의 식민지 경영인들에게 공중폭격은 매우 매력적인 수단으로 비쳤다. 인류 최초의 비행기 폭격이 이딸리아의 식민지 확장 과정에서 아프리카 지역민들을 향해 진행된 사실에서 볼 수 있는 것처럼, 20세기 제국주의 역사에서 유럽의 열강은 자국 군인의 피해를 최소화하면서 식민지 원주민들을 효율적으로 제압할 수 있는 공중폭격의 매력에 쉽게 사로잡혔다.

1912년 아프리카 북서단 모로코를 분할 지배하고 있던 프랑스와 에스빠냐의 무장봉기 진압 과정은 그 대표적 예라 할 수 있다. 프랑스군과 에스빠냐군은 마을과 시장과 군중을 향해 카르보닛(Carbonit)과 소이탄을 투하했다. 카르보닛은 최근 이라크와 아프가니스탄에서도 사용된 클러스터 폭탄(Cluster Bomb)의 원형으로, 폭탄 안에 작은 쇠구슬을 가득 담아 살상력을 높인 가공할 만한 무기다.[9] 유럽인들은 이 같은 신무기를 활용한 무차별적 폭력을 '문명화의 임무'라는 수사로 포장했고, 폭탄은 이러한 문명화의 중요한 수단으로 간주되었다. 더불어 이미 문명화된 유럽인 자신들은 결코 폭력의 피해자가 되지 않으리라 맹신했다. 폭탄은 그저 아프리카 사막의 미개한 미치광이들에게만 투하될 것이었다. 공중에서 폭탄을 투하하는 일은 자신의 피해를 최소화하면서 식민지의 거센 저항을 효율적으로 억누르며 문명화라는 고상한 임무를 수행할 수 있는 훌륭한 수단으로 인식되었다. 그리고 이 같은 공중폭격을 통한 식민지 통치방식은 20세기 중반까지 세계 곳곳에서 수차례 반복되었다.

폭탄이 문명화된 자신들을 향하지는 않을 것이라는 유럽인들의 확신이 깨지는 데는 그리 오랜 시간이 걸리지 않았다. 1914년 1차대전이 발발하자 이들의 하늘에서도 폭탄이 쏟아져 내리기 시작했다. 전쟁이 발발했을 때만 해도 모든 참전국은 소위 "모든 전쟁을 끝내기 위한 전쟁"에 열광적인 반응을 보였다. 유럽 각국은 거의 축제 분위기 속에서 엄청난 규모의 군대를 동원할 수 있었다. 악단이 음악을 연주하고 소녀들이 총구에 꽃을 꽂아주고 시민들이 애국적인 노래를 부르는 가운데 병사들은 전장으로 나갔다. 시인들은 낭만적인 어조로 전쟁을 찬양했다. 그러나 결과는 처참했다. 전후 모든 국가가 반전을 넘어 염전(厭戰) 현상을 보일 지경이었다. 사람들의 희생이 너무 컸기 때문이다. 1차대전 중 500만명의 성인이 전쟁과 기아와 질병으로 죽었다. 특히 전투가 참호전으로 진행된 탓에 군인들의 희생이 매우 컸다. 예컨대 합스부르크제국에서 동원된 780만명의 남성들 가운데 90퍼센트 이상이 죽거나 부상당하거나 전투 중 실종되었다. 실로 끔찍한 전쟁이었다.[10]

공중폭격도 1차대전기 인명피해에 영향을 미쳤다. 하지만 전체 인명피해 규모가 엄청나 공중폭격에 의한 희생자는 전체 사상자 중에서 지극히 미미한 비율만을 차지할 뿐이었다. 그리고 당시까지만 해도 대부분의 군인들은 공중폭격의 군사적 가치를 매우 낮게 평가했다. 1914년 1차대전이 발발했을 때 비행기의 군사적 역할은 제한적이었다. 육지 위에 길게 늘어선 보병의 행렬 위를 날아가면서도 비행기의 주역할은 참호 속의 지상군에게 적 병력의 이동현황과 화기의 위치를 알려주는 정찰에 불과했다.[11]

비행기의 폭격 수행능력이 주목받기 시작한 것은 독일 체펠린(Zeppelin) 비행선의 영국폭격 이후다. 현재까지도 영국인들이 가장 사랑하는 록밴드로 꼽히는 레드제플린의 1969년 1집 앨범 커버에 등장하는 불타는 비행선이 바로 이 독일산 체펠린 비행선이다. 앨범 출시 당시 레드

제플린 멤버들은 어쩌면 1차대전 당시 영국인들이 느꼈던 '충격'과 '공포'를 자신의 음악으로 재현하고 싶었는지도 모르겠다. 실제 비행선 폭격의 군사적 효과는 미미했지만, 런던 사람들에게 매우 큰 심리적 충격을 안겨주었다.

독일군 체펠린 비행선은 1914년 8월 프랑스군 요새 공격을 시작으로, 1915년 1월 영국 동부 공습, 같은 해 5월 런던 공습 등을 실시했다. 당시 독일은 영국 본토까지 이를 수 있는 항속거리와 2톤 이상의 폭탄을 운송할 수 있는 능력을 지닌 10여대의 체펠린 비행선을 소유하고 있었다. 독일군은 이를 이용해 1915년 1월부터 전쟁 종료 시점까지 총 51회의 영국 본토 폭격을 수행했는데, 그 군사적 효력은 미미했지만 정치적·사회적 영향력은 적지 않았다. 사람들은 크게 놀랐고, 도시에서 지방으로 대피하는 대혼란을 초래했다. 바다라는 커다란 해자(垓子)로부터 보호받던 영국 수도의 피폭은 그야말로 굴욕적인 사건이었다.[12]

1차대전기 영국의 폭격피해는 독일의 고타(Gotha) 폭격기가 개발되면서 더욱 커졌다. 고타 폭격기는 시속 130킬로미터로 비행하면서 1만 2000피트까지 상승할 수 있었고, 1000파운드(450킬로그램) 이상의 폭탄을 적재할 수 있었다. 1917년 5월 고타 폭격기의 최초 폭격이 시작되었다. 영국 남동쪽 포크스턴(Folkstone)을 목표로 한 이날 폭격으로 민간인 95명이 죽고 260명이 부상을 입었다. 일주일 뒤에는 리버풀 역과 보육원을 폭격했고, 162명의 사망자와 432명의 부상자가 뒤따랐다. 영국 정부는 분노했고, 효율적인 방공(防空)체제 구축과 대독일 보복공격을 위한 독립적인 공군의 창설을 주장했다.[13]

마침내 1918년 4월 1일 영국공군(Royal Air Force)이 창설되었다. 준비 기간은 짧았어도 영국의 방공체제는 견고해지기 시작했다. 1918년

5월 19일과 20일 영국공군은 자국 하늘로 날아든 독일폭격기 6대를 격추시켰다. 이후 독일은 더이상 영국을 공습하지 않았다. 1918년 가을, 영국공군은 독일지역에 보복폭격을 시작했으나, 미미한 성과만을 거둔 채 전쟁이 끝나게 된다.[14]

1차대전기 공중폭격의 군사적 공헌도는 매우 미미했을 뿐만 아니라, 폭격으로 인한 사망자 또한 상대적으로 적었다. 1차대전기 전체 항공작전을 통틀어 27만 5000파운드(125톤)의 폭탄이 적지에 투하되었다(2차대전기에는 1944년 2월 20~25일에만 약 2000만파운드의 폭탄이 비행기로부터 투하되었다).[15] 공습으로 죽은 영국인은 약 1400명, 영국과 프랑스 등 연합군의 독일 공업지대 폭격에 의해 희생된 독일인이 약 1200명에 달했다.[16] 하지만 이는 서부전선에서 단 하루 동안 발생한 사망자 수에도 훨씬 못 미치는 수였다. 예컨대 1916년 7월 1일 쏨전투(the Battle of Somme)에서 하루 만에 사망한 영국군은 1만 9240명에 이르렀다.[17] 1차대전은 완연한 참호전이자 지상군의 전쟁이었고, 비행기는 보조적 역할에 그쳤다.

전략폭격이론의 등장

1차대전에서 공중폭격의 군사적 효용성은 미미했지만, 그 미래적 가치는 많은 이들의 주목을 받기에 충분했다. 특히 런던 시내 공중폭격의 결과로 나타난 도심 파괴와 광범위하게 확산되는 공포심은 일부 군사전문가들에게도 깊은 인상을 남겼다. 더불어 1차대전기 가장 큰 인명피해를 입었던 군인들이 공중에서는 지상에서보다 훨씬 더 보호받을 수 있다는 명목도 중요하게 강조되었다. 바야흐로 대대적으로 공군력을 확대하여 적 후방 핵심시설을 파괴하고 민간인의 사기를 떨어뜨리며, 전장의 군인을 보호해야 한다는 전쟁수행방식이 구체화되기 시작했다. 1차대전으로 심각한 트라우마를 갖게 된 군인들은 비행이라는 압도적 매혹에 사로잡힌 나머지 자기 아닌 타자, 즉 민간인을 향한 무차별적 공격을 통해 스스로를 보호하려는 추악한 존재로, 절대반지의 악령에 사로잡힌 골룸으로 변해가고 있었다.

전쟁 시 공중폭격을 통해 민간인을 대규모로 희생시키는 방식을 정당화하기 위한 시도는 1차대전 직후부터 시작되었다. 종전 몇개월 후 영국에서는 런던을 폭격한 독일군 조종사들을 전범으로 재판에 회부해야 한다는 요구가 제기되었다. 하지만 놀랍게도 영국항공성이 이 같은 요구에 반대하는 입장을 적극 표명했다. 영국항공성은 그 같은 재판이 "앞으로 있을 전쟁에서 우리 비행사들의 목에 올가미를 씌우는 짓"이라고 주장했다. 1921년 영국공군 참모부는 공습에 대한 비판에 대해 "좀더 온건한 규칙을 정하고, 명목상으로나마 엄밀하게 군사적 성격의 목표물에만 폭격을 국한함으로써 체면을 유지하는 것"이 더 낫다고 주장했다.[18]

"명목상"으로라도 공군의 목표를 군사적 목표물에 국한시켜 체면을 유지해야 한다는 영국공군 참모부의 주장은 이후 등장하는 초창기 전략폭격 이론가들의 주장에 비하면 실제 매우 점잖은 것이었다. 당대 공군 측 인사 대다수의 속내를 노골적으로 드러낸 최초의 군인은 공군이론의 창시자로 평가되는 이딸리아의 줄리오 두에(Giulio Douhet)였다.

공군력에 대한 두에의 기본이론은 1921년에 집필된 『제공권』(*The Command of the Air*)에 집약되어 있다. 두에는 국가의 모든 자원이 전쟁에 집중된 1차대전의 새로운 전쟁양상에 주목하면서, 지형에 국한되지 않고 언제나 공격에 임할 수 있는 공군력의 중요성을 강조했다. 더불어 그는 공군력의 가장 핵심적 요소로 '제공권'의 장악을 강조했다. 두에의 주장에 따르면, 현대전에서 제공권의 상실은 곧 지상작전과 해상작전의 실패를 의미했다.[19]

두에는 제공권 장악의 중요성을 강조함과 동시에, 현대 '전략폭격'(strategic bombing)의 효시가 된 생각들을 최초로 개념화했다. 전략폭격이란 적의 전쟁수행능력과 전쟁의지를 없애기 위해 적 점령하의 주요 도시나 생산시설, 동력시설, 교통·통신시설, 정치·군사의 중추부 등을 파괴하는 현대 공군의 폭격작전을 의미한다. 전략폭격에 대비되는 개념은 '전술폭격'(tactical bombing)으로, 이는 대개 지상부대나 해상부대의 작전을 돕기 위해 실시되는 공중폭격을 뜻한다. 전략폭격과 전술폭격의 개념은 흔히 젖소와 우유통에 비유되곤 한다. 즉 전술폭격은 적에 대한 즉각적 도움을 좌절시키기 위해 우유통을 뒤엎는 작전이라면, 전략폭격은 젖소를 죽여버리는 작전이다.[20]

두에는 적의 저항의지를 말살하는 것이야말로 전쟁의 주요 목적이 되어야 한다고 주장하면서, 공군력에 의한 적의 핵심지역(vital centers) 무력화를 강조했다. 두에는 심지어 "군사목표보다 공업목표를 중시해야 하며, 적국의 도시에도 인정사정없이 타격"을 가해야 한다고 주장했다. 그에게 군사작전의 핵심 파괴 대상이란 적 병력이 아니라 오히려 적 점령지역의 민간인들이었다.[21]

두에와 동시대 인물인 휴 트렌처드(Hugh Trenchard) 역시 그와 유사한 주장을 펼친 대표적 인물이다. 그는 1차대전 후 1919년부터 10년 동안 영국공군사령관의 직위를 맡았다. 1차대전 당시 영국은 지상군을 활용한 적군의 전투수행능력 파괴를 전쟁의 핵심목표로 간주했다. 그러나 트렌처드는 적군의 전투수행능력보다는 적국 국민 전체의 전쟁의지를 파괴하는 데 집중해야 한다고 주장했다. 공중폭격은 이 같은 목표를 달성하기 위한 최적의 무기였다.[22]

트렌처드는 실제 양차대전 사이에 공군력의 우수성을 알릴 수 있는 기회를 포착했다. 이는 당시 영국의 눈엣가시 같았던 소말릴란드(Somaliland)의 민족주의 지도자 모하메드 압딜 하산(Mohammed Abdille Hassan)을 제거하는 일이었다. 영국정부는 12개월 동안 2개 사단을 투입해 모하메드 하산을 응징하고자 했다. 트렌처드는 오랜 시간이 소요될 지상전에 반대하며, 비행기 12대만 있으면 공중에서 적을 격퇴할 수 있다고 주장했다. 처칠(W. Churchill)은 트렌처드의 과감한 주장을 공식적으로 승인해주었고, 영국공군은 불과 일주일 만에 하산의 항복을 이끌어냈다. 트렌처드는 자신의 주장처럼 적의 '전쟁수행의지' 파괴를 통해 전쟁을 승리로 이끌었다.[23]

트렌처드의 이론은 이내 영국공군의 공식 교범에 반영된다. 영국공군 참모대학(RAF Staff College)은 공군력에 대한 트렌처드의 생각들을 장교들에게 가르쳤다. 참모대학 출신의 장교들은 장차 2차대전에서 공군을 지휘할 인물들이었다. 2차대전기 영국공군을 지휘하며 '폭격기 해리스'(Bomber Harris) 혹은 '도살자 해리스'(Butcher Harris)라는 별칭으로 불렸던 아서 해리스(Arthur Harris)가 그 대표적 인물이다. 2차대전기 해리스는 트렌처드가 체계화한 공군력의 '전쟁수행의지' 파괴 개념을 '지역폭격'(area bombing)이라는 개념으로 현실화시켰다.[24]

공군력 운용에 대한 트렌처드의 생각에 큰 감흥을 받은 또다른 인물로는 미 육군항공대의 윌리엄 '빌리' 미첼(William 'Billy' Mitchell) 준장이 있다. 미첼은 1917년 전쟁 중인 유럽을 방문해 그곳의 전황을 직접 확인하고 영국공군사령관인 트렌처드와도 대화를 나누게 된다. 3년 이상 지속된 전쟁으로 단련된 트렌처드는 이미 노련한 지휘관이었고, 미첼은 그런 트렌처드의 생각을 주의 깊게 경청했다. 1944년 미첼의 전기를 작성한 아이작 돈 레빈(Issac Don Levine)은 "미첼의 전생애에서 트렌처드 장군보다 더 큰 영향력을 준 사람은 없을 것"이라고 단언했다.[25]

미첼은 트렌처드의 이론에 공명하면서, 미 육군항공대가 육군의 지배에서 벗어나 즉시 독립해야 한다고 주장했다. 미첼의 주장은 육군과 해군의 지속적인 견제를 받았지만, 점차 미첼의 생각에 찬동하는 사람들이 늘기 시작했다. 1930년대 초 항공단 전술학교(Air Corps Tactical School) 출신의 미군장교들은 미래 전쟁에서 항공력의 압도적 영향력에 대해 확신하고 있었다.[26]

하지만 두에, 트렌처드, 미첼 등 당대 공군이 추앙하던—심지어 지금까지도 그러한—전략폭격이론의 창시자들은 사실상 '엄밀한' 의미에서는 전쟁범죄의 변호인과 다름없었다. 앞서 살펴보았듯이 1907년 헤이그협정은 "어떤 수단에 의해서든 무방비의 도시, 촌락, 주거지 혹은 건물을 포격하는 것을 금지"했고, 이는 오늘날까지도 유효한 국제법이다. 하지만 이들은 국제법의 내용을 무시한 채 오히려 "지상부대 등은 보잘것없는 목표물에 불과하고 진정한 목표는 생활의 중심에 있다"[27]라고 노골적으로 목소리를 높이고 있었다.

1930년 밸런타인데이(2월 14일)에 자신의 장미 정원에서 숨을 거두며 두에가 세상에 남긴 유언은 전략폭격이론 창시자의 시각을 분명히 드러내준다. "사람들은 공습으로 몇 사람의 부녀자와 아이가 죽었다는 소식에 눈물을 훔치지만, 작전 중에 수천명의 병사들이 전사했다는 이야기에는 미동도 하지 않는다. 모든 인명은 똑같이 귀중하다. 그러나 (…) 병사, 즉 건장한 청년은 인류의 전체 경제에서 최대의 개별 가치를 갖고 있는 것으로 간주되어야 한다."[28] 두에의 유언은 당대 국제법이 규정한 전투원과 비전투원 개념을 사실상 완벽히 뒤집어놓았다. 전쟁기에 보호받아야 할 "최대의 개별 가치"를 지닌 존재로 전선의 남성들을 지목하고, 전쟁기 으레 보호받아야 할 대상으로 간주되던 후방의 여성, 노인, 어린이 들은 경제적으로 낮은 가치를 지닌 존재이기 때문에 오히려 전쟁기 군사작전의 '핵심타깃'이 되어야만 하는 존재로 규정했다. 1차대전기 지상군 공세 전략만을 고집하다 수십만명의 병력을 상실한 이딸리아 육군의 군사작전은 두에 같은 군인들에게 큰 좌절감을 안겨줬을 것이다. 그러나 그 같은 이유로 젊은 남성들을 보호하기 위해 후방의 경제성 낮은 민간인을 군사작전의 표적으로 간주해야 한다는 주장은 암흑군주 싸우론의 절대반지에 사로잡혀 역겨운 괴물로 변해버린 골룸의 궤변에 다름없었다.

대량학살을 향하여:
2차대전기 독일과 영국공군의 공중폭격

조지 스티어(George Steer) 『타임즈』 기자가 1937년 대규모 폭격피해를 당한 에스빠냐의 게르니까를 취재할 수 있었던 것은 그에게나 현재의 우리에게나 일종의 행운이었다. 스티어는 우연히 게르니까 근교에 있었고, 그 덕분에 가해자 측에서 도시에 먼저 진입하여 관련 증거들을 완전히 은폐해버리기 전에 취재를 감행할 수 있었다. 그는 화염에 휩싸인 건물들이 한채 한채 불에 타 무너져내리는 도시를 생생히 묘사했다. 도시의 유일한 군사적 목표물인 작은 군수공장 1개와 막사 2채는 도시 바깥에 있었고 아무런 피해도 입지 않았다. 총 5771발의 폭탄이 271채의 가옥을 완전히 파괴했고, 무너진 가옥 아래에서 1654명이 사망했다. 당대 최고의 화가 빠블로 삐까소(Pablo Picasso)는 프랑스공산당 기관지 『뤼마니떼』(L'Humanité)에 실린 스티어의 기사 번역본을 읽었고, 게르니까라는 이름을 전세계에 오랫동안 각인시킬 그림을 그리기 시작했다.[29]

삐까소의 유명한 그림 「게르니까」는 에스빠냐내전(1936~39)을 역사적 배경으로 한다. 에스빠냐내전은 마누엘 아사냐(Manuel Azaña Díaz)가 이끄는 인민전선정부에 대항하여 프랑꼬(F. Franco) 군부와 우익이 반란을 일으킨 사건이었는데, 프랑꼬는 파시스트 진영인 이딸리아의 무쏠리니(B. Mussolini) 정권과 독일 나치의 지원을 받고 있었다. 독일은 내전 기간 동안 에스빠냐에 수백만발의 폭탄을 투하했는데, 바스끄 지방의 오래된 마을 게르니까에 투하된 5000여발의 폭탄은 그중 일부였다.

2차대전기 폭격의 역사에서 흥미로운 사실 중 하나는 독일이 에스빠냐내전에서 획득한 경험을 당대 독일공군의 전략·전술에 적잖이 반영했다는 점이다. 독일 폭격기들은 고공에서 에스빠냐 인민전선정부의 목표물을 타격하는 것이 매우 어려운 일임을 알게 되었다. 독일군은 전략폭격기들의 기술적 한계를 절감했고, 실제 전쟁에서 전략폭격기가 불필요할 것이라고까지 생각하게 되었다.[30] 독일공군을 탄생시킨 헤르만 괴링(Hermann Göring) 또한 전략적 공군력을 강조한 두에나 트렌처드와는 달리 전술적 공군력을 강조하고 있었다. 괴링은 지상군 지원용으로 새롭게 개발된 급강하폭격기에 큰 기대를 걸었다. 그리고 실제 2차대전 초 독일공군의 지상군 지원은 독일군의 승리에 매우 큰 기여를 했다.[31] 하지만 미국의 저술가 로널드 베일리(Ronald H. Bailey)의 표현에 따르면, "결론적으로 괴링의 판단은 독일에 커다란 손해를 안겨주게 되었다".[32] 전쟁 후반부로 갈수록 연합군의 전략폭격은 독일군의 전술폭격을 압도하기 시작했다.

2차대전 초기 독일군은 몇몇 명백한 예외를 제외하고는 군사목표에 국한된 정밀폭격을 수행하기 위해 노력했다. 기본적으로 이 같은 노력은 전술폭격에 초점을 맞춘 자신들의 군사교리에 충실한 것이었지만, 당시 미국 대통령 루스벨트(F. Roosevelt)의 제안을 수용한 것이기도 했다. 루스벨트는 2차대전 발발 첫날에 교전국들에게 "어떤 상황에서도 민간인이나 요새화되지 않은 도시를 공중에서 폭격하지 말 것"을 호소했다. 그리고 전쟁 당사자들은 모두 이 같은 제안에 동의했다. 영국 수상 체임벌린(N. Chamberlain)은 이미 독일지역 전략폭격을 준비 중이던 영국공군에게 "정당한 군사목표"에 제한된 폭격을 수행할 것을 지시했고, 히틀러(A. Hitler) 또한 독일군이 군사목표에 대한 정밀폭격만을 수행할 것이며 영국 민간지역을 공격하는 일은 없을 것이라고 발표했다.[33]

양측의 약속에 금이 가고, 오히려 대규모 민간지역 폭격으로 나아가는 데는 그리 오랜 시간이 걸리지 않았다. 전쟁 초기 독일공군이 군사목표를 향한 전술폭격에 집중하긴 했지만, 이미 폴란드 수도 바르샤바와 네덜란드의 로테르담 도심을 향해 무차별적 폭격을 가한 전력이 있었다. 그 같은 상황에서 1940년 봄 독일군이 덴마크, 노르웨이, 네덜란드, 벨기에, 프랑스를 상대로 차례로 승리를 거두자 바다 건너 영국은 히틀러의 독일에 홀로 맞설 수밖에 없게 되었고, 공습은 영국이 독일을 향해 사용할 수 있는 유일한 무기가 되었다. 1940년 5월 10일 새로 영국 수상으로 취임한 처칠은 독일폭격을 이미 결정한 상태에서, 이를 실행할 기회만을 엿보고 있었다.[34]

1940년 8월 15일 독일은 본격적으로 영국 본토를 폭격하기 시작했다. 최초 독일공군의 폭격은 제공권 장악을 위한 전술폭격, 즉 비행장, 레이더기지, 항공운수 관련 공장 폭격이었다. 독일공군은 영국군의 강력한 저항에 직면했지만, 8월 중순 이후로 영국 남부 비행시설에 대한 공격을 멈추지 않았다.[35] 그리고 1940년 8월 24일 혼란스러운 와중에 독일공군 조종사 2명이 영국의 수도 런던을 오폭하는 사건이 발생했다. 이는 런던을 폭격하지 말라는 히틀러의 명령에 반하는 행위였다. 처칠은 기회를 놓치지 않고 같은 날 밤 81대의 폭격기를 동원하여 독일의 수도 베를린을 공격했다. 이날 영국의 과감한 공격은 독일인들에게 적잖은 정신적 충격을 주었다. 독일인들은 영국의 폭격기가 베를린까지 도달하지 못할 것이라고 믿고 있었기 때문이다.[36] 히틀러는 이에 9월 6일 영국 도시들에 대한 대공습으로 대응했고, 다음 해 5월까지 런던, 코번트리, 버밍엄, 리버풀, 맨체스터 등의 도시에 약 5만톤의 폭탄을 투하하여 약 4만 2000명의 민간인 생명을 앗아갔다.[37]

같은 시기 영국정부는 영국공군의 독일폭격이 여러 측면에서 매우 비효율적이라는 보고를 잇따라 받고 있었다. 실제 전쟁 초기 수개월 동안 영국공군의 주간 정밀폭격과 야간 대량폭격은 모두 비효율적으로 전개되고 있었다. 정부 청문회에서 드러난 폭격기들의 표적 적중률은 현저히 낮았다. 표적 적중률 조사 결과, 약 10분의 1의 폭격기들만이 루르공업지대 5킬로미터 이내에 폭탄을 투하할 수 있었다. 결국 영국공군

은 1941년 11월 13일 폭격작전을 일시적으로 중단하기에 이른다.[38]

1942년 2월 아서 해리스의 영국공군 폭격기사령관 임명은 영국 공중 폭격정책의 전환점을 의미했다. 당시 영국정부와 공군은 공중폭격 결과의 미미함에 대해 국내 여론의 심한 질타를 받고 있었다. 영국공군의 사기는 떨어졌고, 공군을 비난하는 사람들의 수는 날로 증가했다. 처칠은 공중폭격 축소 여론에 내몰렸다. 그로서는 특단의 조치가 필요했다. 1942년 초 영국정부와 공군은 마침내 과감한 해결책을 뽑아들었다. 영국정부는 문제의 해결을 위해, 정치적으로는 좀더 솔직하고 군사적으로는 좀더 효율적인 '지역폭격'이라는 공중폭격정책을 제시했다.[39] 지역폭격은 '목표구역폭격'(target area bombing)이라고도 불리는데, 명확하게 분리된 다수의 목표를 단일목표로 취급하는 방법이다. 즉 군수공장이나 항구, 철도조차장 같은 군사 용도 시설과 주변 주거구역 등 시가지 '전체'를 하나로 묶어 군사목표로 간주해 일정 지역을 통째로 융단폭격하는 방식의 폭격작전이다.[40]

1942년 2월 14일 신임 폭격기사령관 해리스는 다음과 같은 내용의 지령 22호를 하달받았다. "작전의 주요 목표를 적 민간인, 특히 산업노동자들의 사기에 초점을 맞춰야 하며, 목표 지점은 조선소나 비행기 공장 같은 곳이 아니라 인구밀집지역이어야 한다."[41] 지역폭격정책의 선택 이유는 매우 간단명료하게 제시되었다. 첫째, 지역폭격 방법 외에는 다른 대안이 없다. 둘째, 1940~41년 독일공군의 영국 도시폭격에 보복할 필요가 있다.[42] 폭격기사령관 해리스는 독일 도시폭격이 결국 나치 독일의 사기저하와 붕괴를 야기할 것이라고 단언했다.[43]

실제 지역폭격의 위력은 대단했다. 1942년 3월 28일 독일의 소도시 뤼베크(Lübeck)는 소이탄 폭격에 의해 도시의 절반이 전소되어 1만

5707명의 시민이 집 없는 신세가 되었다. 그해 5월 30일 쾰른은 약 2.4제곱킬로미터의 지역이 폐허로 변했고, 4만 5000명이 넘는 시민이 집을 잃었다. 1943년에도 영국공군은 파괴 대상 60개 도시의 일람표를 작성했고, 이들 도시에 대한 폭격을 멈추지 않았다.[44] 그러는 동안 독일 민간인 희생자 수 또한 지속적으로 늘었다. 루르 지방의 여러 소도시에서 8만 7000명, 함부르크에서 최소 5만명, 베를린에서 5만명, 드레스덴에서 3만 5000명, 쾰른에서 2만명, 소도시 마그데부르크(Magdeburg)에서 1만 5000명, 뷔르츠부르크(Würzburg)에서 4000명이 목숨을 잃었다. 종합해보면 공중폭격만으로 독일 민간인 60만여명이 죽고 80만명이 크게 다쳤다. 이들 중 어린이 사망자가 약 20퍼센트를 차지했다.[45]

영국공군의 지역폭격이 이토록 대규모 희생을 유발한 가장 주된 이유는 '폭격기의 강'이라고 불리는 대량폭격 방식의 채택과 소이탄의 투하 때문이었다. 소이탄은 사람이나 건조물 등을 화염이나 고열로 불살라 살상·파괴하기 위해 유지나 황 등의 가연성 물질로 제조한 폭탄을 가리킨다. 영국공군은 공격 대상이 된 도시에 투입 가능한 모든 폭격기를 단시간에 집중시켜 빈틈없이 물 흐르듯 소이탄 파상공격을 퍼부었다. 특정 지역을 파괴하는 데 필요한 폭탄의 양을 미리 계산하고 큰 화재를 일으키기 위해 소이탄을 대량으로 사용한 것이다.[46]

1943년 7월 27일 단 하룻밤 사이에 약 5만명의 민간인을 학살한 함부르크폭격은 소이탄의 괴력을 생생히 보여준다. 폭격기들은 조명탄이 떨어진 주거지역에 1200톤의 소이탄을 순차적으로 대량 투하했다. 함부르크는 그 자체로 커다란 불덩어리로 변했다. 불바다의 중심부는 섭씨 800도에 달했고, 불길이 확산됨에 따라 상승기류로 허리케인 같은 불꽃 회오리바람이 거칠게 불었다. 거센 바람에 아이들은 부모의 손을

놓치고 불 속으로 날아가버렸다. 불에 타 죽는 것을 피해 방공호로 피신했던 사람들도 대부분 질식사했다. 도시 내 젊은 남성 대부분이 전선에 배치된 상황이다 보니 희생자의 압도적 다수는 여성, 아이, 노인이었다.[47] 두에의 유언이 현실이 되는 순간이었다.

잊힌 대량학살: 미국의 폭격정책과 인종주의

연합군의 대독전쟁이 종착역에 다다른 1945년 2월 13일, 3만 5000명의 희생자를 낳은 연합군의 드레스덴폭격에는 영국공군 외에 미 제8공군 소속의 폭격기들도 참여하고 있었다. 그날 밤 234대의 영국공군 폭격기대가 제1차 공격을 수행하고, 3시간 뒤 538대의 영국공군 폭격기대가 제2차 공격을 수행했으며, 10시간 뒤 311대의 미군 폭격기들이 철도역과 조차장을 중심으로 폭탄을 투하했다.[48] 미군 폭격기들 또한 영국공군의 야간 지역폭격에 동참하고 있었다.

미국은 1941년 12월 일본군의 진주만공격 이후 3개월도 되지 않아 제8공군 폭격기사령부를 개설하고, 사령관으로 아이라 이커(Ira Eaker)를 임명했다. 제8공군 폭격기사령부는 본래 유럽지역에서 전략폭격을 수행할 예정이었는데, 우연히도 그들의 유럽 진출 시기는 영국공군의 지역폭격 채택 시기와 일치했다. 영국의 폭격기사령관 해리스는 이커를 매우 정중하게 환대했다. 해리스와 이커의 만남은 지역폭격의 대폭 확대를 의미하는 듯했다. 이커 또한 빌리 미첼의 영향을 받아 전략폭격을 적극적으로 옹호한 대표적 인물이기 때문이다.[49]

2차대전기 미국은 유럽지역에서 영국인들의 지역폭격정책에 결코 우호적이지 않았다. 1942년 초부터 영국공군은 민간인들의 사기저하를 목표로 하는 지역폭격작전을 본격적으로 구사했지만, 미국은 독일의 비행기공장과 석유공장 같은 주요 군사·산업시설에 대한 '정밀폭격'(precision bombing) 작전을 선호했다. 게다가 영국은 폭격기의 피해를 최소화하기 위해 야간폭격을 원했지만, 미국은 정밀폭격을 위한 주간폭격을 고집했다. 더불어 미국은 소이탄 같은 통제 불가능한 폭탄 대신 고성능 폭탄을 선호했다. 요컨대 영국공군은 소이탄을 활용한 야간 지역폭격을 구사한 반면, 미 육군항공대는 고성능 폭탄을 사용한 주간 정밀폭격을 선호했다.[50]

미국은 정밀폭격이 지역폭격보다 군사적·정치적 측면에서 훨씬 더 이롭다고 보았다. 또한 소이탄을 사용한 대량파괴는 우둔한 짓이며, 적국 산업의 가장 취약한 부분을 찾아 타격을 가하는 것이 효율적이라고 판단했다. 주간 정밀폭격에 대한 미국인들의 자신감은 폭격기의 노든(Norden) 조준장치의 정확성으로부터 기인한 측면이 있다. 그러나 이 조준장치는 미국 남서부 사막의 깨끗한 상공에서는 뛰어난 성능을 자랑했지만, 흐린 유럽 하늘의 전투에서는 제 기능을 못했다.[51]

정밀폭격정책은 '정치적 측면'에서도 미국에 유익한 방안이었다. 제8공군 전략폭격기들은 기술적 한계로 인해 이미 사실상의 도시폭격을 수행하고 있었으나, 미국은 민간인을 보호해야 한다는 원칙하에 유럽지역에서의 지역폭격을 줄곧 반대했다. 예컨대 미 육군항공대 사령관 칼 스파츠(Carl Spaatz)는 1943년 영국의 지역폭격 참여 권유에 대해 분명하게 반대의사를 표명했다. 그는 전후에 반드시 제기될 비난의 "흙탕물"을 뒤집어쓰기 싫다고 했다. 스파츠는 개인적으로도 전후 제기될 국제법적 혹은 정치적 심판이 두려웠던 것이다.[52]

미국학자 콘래드 크레인(Conrad Crane)의 주장에 의하면, 2차대전기 정밀폭격을 주도한 미군의 지휘관들은 영국군 동료들뿐만 아니라, 죽음을 두려워하는 부하들로부터 심한 압력을 받았다고 한다. 하지만 미군 지휘관들은 전쟁 말기 수만명의 민간인 희생자를 양산한 드레스덴폭격 같은 대규모 도시폭격에 동참하면서도, 정밀폭격이라는 기본원칙을 바꾸지는 않았다.[53]

요컨대 미국은 2차대전 초기 루스벨트 대통령의 민간지역 폭격 금지 주장과 함께 실제 전투수행과정에서도 '정밀폭격정책'을 선택함으로써 유럽에서 지속적으로 도덕적 우월성을 주장할 수 있었다. 그리고 이 같은 입장은 군사목표 정밀폭격이 지역폭격보다 훨씬 더 효율적인 전략이라는 미군 사령관들의 관점에 의해 지탱될 수 있었다. 미국이 유럽 지역에서 형식적으로나마 끝까지 정밀폭격정책을 유지할 수 있었던 배경은 위와 같은 군사적·정치적 정책의 절묘한 결합에 있었다.

다른 한편, 미국의 역사학자 마크 쎌던(Mark Selden)과 로널드 샤퍼(Ronald Schaffer)는 유럽에서 지속된 미국의 정밀폭격정책에 주목하면서도, 미국이 영국의 지역폭격정책을 비난·반대했다는 주장은 역사적 사실과 거리가 멀다는 점을 분명하게 강조했다. 이들의 표현에 따르면, 미국은 유럽에서 영국의 지역폭격을 적극적으로 돕고 있었다. 영국의 야간 지역폭격과 미국의 주간 정밀폭격은 역할 분담에 다름없다는 것이 쎌던과 샤퍼의 주장이다. 그 단적인 증거는 1943년 카사블랑카 회담(Casablanca Conference)이다. 이 회담에서 영미 양측은 영국의 도시폭격과 미국의 군사·산업시설 폭격이라는 '업무분담'에 합의했던 것이다. 2차대전기 미국이 영국에 비해 도덕적 우월성을 주장할 수 없는 이유가 여기에 있다.[54]

또한 전쟁의 시야를 넓혀 유럽이 아닌 태평양에서 진행된 미군의 공중폭격 양상을 살펴보면, 미국이 영국에 비해 도덕적 우월성을 주장할 수 없는 이유는 더욱더 명백하게 드러난다. 미국은 유럽에서 지속적으로 사용을 거부했던 소이탄을 태평양지역에서 오히려 핵심 무기로 활용했다. 게다가 영국의 지역폭격과 동일한 방식으로 일본 본토의 주요 도시들을 완전히 파괴해버렸고, 전쟁 막바지에는 인류 전체의 생존을 위협할 수도 있는 핵무기를 두차례나 사용하기도 했다. 유럽과 태평양을 대상으로 한 미국의 군사정책이 서로 달랐던 까닭은 과연 무엇일까?

미군의 일본에 대한 지속적 전략폭격은 1944년 6월 16일 시작되었다. 중국 쓰촨성 청두(成都)에서 출격한 B-29기 47대가 오전 1시경 기따큐우슈우의 야하따제철소를 습격했다. 투하된 폭탄 370발 가운데 제철소 가까이에 떨어진 것은 겨우 5발뿐이었다. 그리고 이조차도 공장에 아무런 피해를 주지 못했다. 나머지는 기따큐우슈우의 5개 시에 투하되어 256명의 시민을 희생시켰다. 이후에도 청두에서의 출격은 있었으나 멀리 떨어진 지역이었기 때문에 일본 본토 남단의 큐우슈우 외에는 폭격기가 도달하지 못했다. 본토 중심부에 대한 폭격은 1944년 여름 미군이 마리아나 제도의 싸이판, 티니언, 괌 등의 섬을 점령한 뒤 5개의 비행장을 건설한 이후에나 가능해졌다.[55]

당시까지만 해도 미군은 유럽에서와 동일한 정밀폭격정책을 고수하고 있었다. 그러나 일본에서의 정밀폭격은 커다란 문제점에 봉착해 있었다. 영국공군과의 공조 속에서 지속되었던 유럽에서의 정밀폭격과는 달리, 일본 군사·산업시설을 향한 정밀폭격은 그 효율성에서 적잖은 문제점을 드러냈다. 앞서 살펴본 기따큐우슈우 야하따제철소 폭격에서 볼 수 있는 것처럼, 마리아나기지에서 출격한 폭격기들 또한 그 폭탄의 대부분을 표적에서 벗어난 인근 시가지에 쏟아붓고 있었다. 전쟁은 길어지고, 미군 희생자 또한 지속적으로 증가했다. 뭔가 새로운 결단이 필요했다.

1945년 1월, 헨리 아널드(Henry Arnold) 미 육군항공대 사령관은 태평양지역에서의 국면전환을 위해 중국과 인도에 배치된 미공군 부대들을 전면 철수하고, 모든 B-29기를 마리아나기지에 집결시켜 하나의 지휘통제 아래 둘 것을 명령했다. 더불어 조직개편의 일환으로 정밀폭격을 주장하던 헤이우드 한셀(Haywood Hansell)을 대신해 커티스 르메이(Curtis LeMay)를 제21폭격기사령부의 사령관으로 임명했다.[56] 이후 미공군의 전략폭격 역사에서 독보적이고 상징적인 인물이 된 르메이는 2차대전, 한국전쟁, 베트남전쟁에 이르기까지 미군의 민간지역 무차별 폭격작전의 상징적 존재로 역사에 기록되었다.

르메이는 폭격기사령관에 임명된 후 초기 두달간 폭격에서 일정한 성과를 얻지 못하자 자신의 계획을 과감하게 실행에 옮기고자 했다. 1945년 3월 8일 르메이는 그 계획을 워싱턴에 통보하고 그에 대한 동의를 구했다. 이는 기존에 미군이 사용하지 않았던 소이탄을 대량으로 사용해 일본의 주요 도시들을 불태워 없애버리는 것이었다. 당시 르메이가 해당 계획의 도덕성 문제로 정부가 크게 반대할 가능성을 미리 염려했는지 여부는 알 수 없다. 그는 단지 B-29기의 야간 저공 소이탄 폭격이 가져다줄 군사적 이익에 대해서만 고민했다. 르메이는 선택된 도시들이 대규모 산업도시라는 사실만을 강조했다. 계획 통보 다음 날인 1945년 3월 9일, '미팅하우스 작전'(Operations Meetinghouse)으로 불린 토오꾜오폭격이 단행되었다. 이 단 하루의 폭격으로 토오꾜오에서는 약 10만명의 민간인이 사망했다.[57]

토오꾜오는 표현 그대로 잿더미로 변했다. 르메이는 목조 가옥이 많은 일본을 초토화하기 위해 신형 소이탄 M69를 다량 사용해 야간에 저공에서 시가지에 퍼붓는 전술을 사용했다. 그리고 이 같은 전술은 그의 입장에서 보자면 절묘하게 적중했다. 지상에서는 생지옥이 연출되었다. M69는 지상에 떨어지자마자 네이팜을 사방 30미터에 흩뿌렸다. 토오꾜오 시내는 삽시간에 불바다로 변했다. 어른들은 아기를 등에 업고 거리로 뛰쳐나갔다. 그러나 거리 또한 온통 불길에 휩싸여 있었다. 그들은 불기둥 속에서 살아 있는 횃불이 되어 재로 사라져갔다. 수많은 사람들이 살기 위해 수로로 몸을 던졌지만, 대부분 그곳에서 질식사하거나 산 채로 삶아졌다.[58]

1945년 봄부터 여름까지 미국의 B-29기들은 거의 매일 일본 본토 상공을 비행하며 도시의 인구밀집지역 전반을 폐허로 만들었다. 1945년 3월 9일 토오꾜오폭격을 기점으로, 11일 나고야, 13일 오오사까, 16일 코오베, 19일 나고야 재공습 등 10일간의 대도시 공습이 이어졌다. 폭격은 독일의 군사·산업시설을 핵심타깃으로 설정했던 미국의 유럽지역 작전양상과는 매우 다르게 전개되었다. 10일 동안 총 1595대의 폭격기가 9400톤의 소이탄을 일본의 4개 주요도시에 쏟아부어 총 82제곱킬로미터 내의 생명을 말살시켰다.[59]

1945년 6월 미군은 일본의 소규모 중소도시들까지 불태웠다. 인구 3만 1000명의 쯔루가, 12만 8000명의 토야마 같은 중소도시들이 거의 완전히 파괴되었다. 당시까지 전쟁의 상처를 입지 않았던 도시는 쿄오또를 비롯한 5개 도시뿐이었다. 쿄오또는 다수의 문화유산이 밀집된 일본의 옛 수도로서 폭격피해를 피할 수 있었다. 그러나 태평양지역의 미군 조종사들은 지방 소도시까지 폭격하는 상황에서, 히로시마와 나가

사끼 같은 도시를 공격하지 않는 이유를 알 수 없었다. 이들은 8월에 이르러서야 그 도시들이 소이탄 폭격 대상에서 제외된 이유를 알 수 있었다. 히로시마와 나가사끼는 인류 역사에서 유일한 원자폭탄 피해지역으로 기록되었다.[60]

공습은 1945년 8월 15일 종전 당일까지 계속되었고, 최북단의 홋까이도오에서 최남단의 오끼나와에 이르기까지 수많은 도시와 마을이 피해를 입었다. 일본의 전국전재도시연맹(全國戰災都市聯盟)의 조사에 따르면, 이재민은 964만 771명, 사망자는 50만 9469명에 이른다.[61] 미군의 일본 본토 폭격은 마크 쎌던의 표현처럼 '잊힌 대학살'(Forgotten Holocaust) 그 자체였다.[62]

2차대전기 유럽과 태평양 지역에서 상이하게 전개된 미국의 공중폭격 양상은 여러 학자의 주목을 받았다.[63] 이 연구들은 놀랍게도 모두 태평양지역 미군의 인종주의(racism)를 강조한다.

이 연구들은 유럽에서의 전쟁과 달리 태평양전쟁은 상호 간의 증오와 편견이 큰 영향을 미친 인종전쟁(race war)이라고 주장한다. 실제 태평양전쟁기 미국과 일본은 서로 인종차별적인 선전술로 상대방을 묘사했고, 인종적 편견에 기대어 포로나 부상자에게 야만행위를 저지르면서도 양심의 가책을 느끼지 않는 경우가 다반사였다. 미 해병대원 대다수가 자신들의 철모에 "쥐 잡는 사람"이라는 인종주의적 문구를 새겨넣었다. 존 다우어(John W. Dower)에 따르면, 미국인들은 독일의 야만행위를 인종으로서 독일인의 탓으로 돌리지 않고 '나치'의 행위로 묘사했다. 반면에 일본의 야만행위는 일본인들의 문화적·유전적 유산으로 설명되었다. 태평양전쟁기 연합군의 남서태평양지구 지상군 총사령관을 맡기도 했던 토머스 블레미(Thomas Blamey)는 『뉴욕타임즈』 인터뷰에서 대일 군사작전의 성격에 대해 다음과 같이 설명했다. "일본인들은 하찮은 야만인입니다. (…) 우리는 우리가 알고 있는 그런 인간들을 상대하는 것이 아닙니다. 우리는 원시적인 어떤 것들과 상대하고 있습니다. 우리 군은 일본놈들에 대해 올바른 관점을 갖고 있습니다. 군은 그들을 해충으로 여깁니다."[64]

물론 미국의 대일본 군사작전의 기본 성격을 온통 인종주의에 환원시키는 것은 전쟁의 성격을 해석하는 데 적잖은 오류를 양산할 수도 있다. 예컨대 미국의 역사학자 존 린(John A. Lynn)의 주장처럼, 진주만 기습이라는 일본의 기만행위, 죽음을 불사하는 일본군의 놀라운 전투능력, 미국인 포로들에 대한 끔찍한 가혹행위, 싸이판지역 일본군의 97퍼센트를 죽음으로 이끈 집단자살의 목격 등의 군사적·문화적 요소 전반이 태평양지역 미군에 복합적으로 영향을 미쳤다는 사실에도 주목할 필요가 있다.[65] 그러나 미국이 유럽에서는 끝까지 소이탄 사용을 거부했음에도 불구하고, 태평양지역에서는 오히려 이를 핵심 무기로 사용했던 원인과 배경에 대해 진지하게 분석할 필요가 있다. 이 같은 분석은 태평양전쟁뿐만 아니라 한국전쟁의 해석에서도 매우 중요한 의미가 있다. 한국전쟁은 2차대전 종료 후 불과 5년 뒤에 발발했고, 그 짧은 기간 동안에 아시아인에 대한 미군의 편견이 종식되었을 가능성은 매우 희박하기 때문이다.

2장
일제시기 조선인과 공중폭격

낯선 역사 속으로

  2차대전기의 대규모 공중폭격은 앞서 살펴본 것처럼 전세계의 수많은 민간인 피해를 낳았다. 식민지 조선인들의 운명 또한 가혹한 폭격의 역사에서 결코 예외일 수 없었다. 히로시마와 나가사끼 원폭 투하로 발생한 4만여명의 조선인 사망자는 그 대표적 예다. 1972년 한국원폭피폭자원호협회가 발표한 통계에 따르면, 히로시마의 조선인 피폭자 5만명 가운데 3만명이 사망했고, 나가사끼의 조선인 피폭자 2만명 가운데 절반이 죽음에 이르렀다. 이들 대부분은 1938년 일본의 국가총동원법에 의해 연행된 조선인 노동자들이었다. 1939년부터 45년까지 약 100만명의 조선인이 일본에 연행되어 각지의 군수공장, 탄광, 댐 공사 현장 등에서 가혹한 노동에 시달렸다. 히로시마에서는 미쯔비시중공업의 기계제작소와 조선소 등에서, 나가사끼에서는 미쯔비시 무기제작소와 제강소, 조선소, 토목공사 현장 등에서 조선인들이 일하고 있었다. 부족한 식사량 때문에 항상 허기진 상태에 있던 이들은 순식간에 발생한 원자폭탄의 열폭풍 속에서 먼지처럼 사라졌다. 히로시마, 나가사끼 외에

1945년 3월 토오꼬오폭격 당시에도 토오꼬오 시내 주요 군수공장에서 일하던 약 1만명의 조선인이 한꺼번에 희생되기도 했다.[66]

일본 내 조선인들의 위와 같은 공습피해보다 현재 우리에게 더욱더 낯선 역사적 사실도 존재한다. 이는 2차대전 말기 미군 폭격기들이 실제 한반도 일부 지역에서 여러차례 공중폭격을 수행했다는 사실이다. 이 같은 공습 상황에 대비해 1930년대 후반부터 조선 곳곳에서 대대적인 방공훈련과 선전이 진행되었다는 사실도 잘 알려져 있지 않다. 일제시기 전국에 걸쳐 대대적으로 진행된 공습 관련 방공훈련과 선전은 일제 말 전시체제하 조선인의 일상을 이해하는 데, 그리고 한국전쟁 이전 시기 한국인의 공중폭격 인식을 역사적으로 조망하는 데 매우 중요한 연구대상이다. 일제 말 각종 신문을 통해 거의 '매일' 거론된 공중폭격 관련 담론들은 한국전쟁기 공중폭격 '피해자'의 입장에 서게 된 한국인의 사고에 매우 큰 영향을 미쳤다. 한국전쟁 발발 직후부터 시작된 미공군의 대량폭격은 결코 한국인에게 낯선 풍경이 아니었던 것이다.

조우: 일본군의 중국대륙 폭격

20세기 초 인류 최초의 비행기가 발명된 직후부터 조선인 역시 그 군사적 활용 가능성에 주목하기 시작했다. 예컨대 1907년 박성흠의 「공중비행기의 대경쟁」은 비행기의 높은 기동성과 효율성에 주목했고, 1908년 『대한협회회보』는 전쟁기 비행기의 전술적 역할을 강조했으며, 1909년 『대한흥학보』는 구미열강 육·해·공군의 세력충돌과 경쟁적 항공산업 육성에 대해 자세하게 소개했다. 또한 1920년 비행기 확보의 중요성을 강조한 안창호(安昌浩)의 연설에서 볼 수 있는 것처럼, 독립운동 세력에게도 공군력은 지대한 관심의 대상이었다. 당시 미주 한인협회는 대일 독립전쟁에서 비행기의 효율성을 중시해 미국 캘리포니아 주의 윌로스에서 비행학교를 경영하며 소수의 졸업생을 배출해냈다. 위의 사실들은 조선인 또한 인류 최초의 비행기 개발 직후부터 그 군사적 활용에 대해 다양한 형식으로 고민하고 있었음을 확인시켜준다.[67]

식민지 조선의 대중이 공중폭격에 본격적으로 관심을 갖게 된 시기는 1930년대 일본의 중국대륙 침략 이후부터로 볼 수 있다. 일본군의 전략폭격은 서구 중심의 공중폭격 역사 서술에서 빈번히 제외되거나 망각되었으나 1937년 게르니까 폭격과는 비교도 할 수 없을 정도로 강력한 전략폭격이 같은 해 중국대륙의 주요 도시들에서 진행되었다는 사실을 상기할 필요가 있다.

2차대전기 일본인은 결코 무고한 희생자가 아니었다. 1937년 일본군의 대규모 전략폭격은 잔혹한 대량학살의 최악의 본보기 중 하나다. 이 같은 대량폭격은 당대 조선의 신문들을 통해 연일 생생히 보도되고 있었다. 일제시기 『매일신보』의 방공 관련 기사들을 분석한 기존 연구에 따르면, 이 신문에서만 약 5200여건의 공중폭격 관련 기사가 게재되었다는 사실을 알 수 있다. 특히 1937년 중일전쟁 발발 이후 1945년까지 매년 400여건 이상의 기사가 게재된 사실을 확인할 수 있다.[68] 물론 1930년대 『조선일보』 『동아일보』를 비롯한 당대 여타 신문들도 이와 비슷한 비중으로 공중폭격 관련 기사들을 쏟아내고 있었다. 식민지 조선인의 공중폭격 인식을 분석하기 위해 일본군의 중국대륙 전략폭격 양상을 간략하게나마 살펴보지 않을 수 없는 이유가 여기에 있다.

일본군이 민간 대상의 무차별폭격을 최초로 수행한 때는 그보다 앞선 1차대전에서였다. 1914년 9월 일본군은 칭다오(青島) 공략전을 수행하면서 도심을 향해 폭탄을 쏟아붓기 시작했다. 일본 해군기는 1914년 9월 5일부터 11월 7일까지 49회의 폭격을 수행했고, 육군기들은 9월 27일부터 11월 7일까지 15회에 걸쳐 폭탄을 투하했다. 일본군의 칭다오 도심 폭격의 이유는 "시가지 폭격으로 후방을 혼란스럽게 하거나 통괄 지휘 계통을 파괴하는 등의 행위가 유효"하기 때문이라고 설명되었다.[69]

또한 일본군은 일본의 대만·조선·중국의 저항세력을 향해 무차별 폭격을 가하기도 했는데, 그 대표적 예로는 1920년 간도(間島)출병 당시의 조선인 거주지 폭격과 1930년 대만에서 발생한 항일무장봉기 우서(霧社)사건 진압시 공중폭격 등을 들 수 있다. 간도출병이란 1919년 3·1운동 이후 만주 남동부 간도지방에서 조선인 무장독립운동단체 결성이 급증하자, 이를 토벌하기 위해 일본이 제19사단 시베리아 출병군 등을 간도에 투입한 사건을 일컫는다. 당시 북간도 일대의 조선인 수천 명이 일본군에게 학살되었는데, 일본 측 기록에 따르면 비행기들도 이 작전에 투입되었다. 당시 일본군은 폭격의 효과와 관련해 "지금까지 한번도 비행기를 보지 못했던 선지인(鮮支人)에게 많은 효과가 있었다"라고 평가했다. 선지인은 조선인과 중국인에 대한 멸시어다. 이후 1930년 10월 27일 대만 중부 산속 마을 우서에서 원주민 남성 300여명이 일본인 134명을 살해하는 무장봉기를 일으켰을 때에도 하늘에서의 맹폭이 진행되었다. 봉기는 약 300여명의 전사자와 400여명의 행방불명자를 내고 진압되었다.[70]

일본군은 1910년대 이래 위와 같은 다양한 공중폭격 경험을 기초로 1930년대에는 선진적인 항공력을 구축할 수 있었다. 더욱이 1930년부터는 일본산 비행기 시대를 열었고, 미쯔비시중공업 등에서 생산된 각종 신형 폭격기들은 1937년 중일전쟁에서 가공할 위력을 보여주기 시작했다. 1937년 7월 7일 중일전쟁 발발 시점부터 다음 해 10월 27일 우한(武漢) 점령에 이르기까지 16개월 동안 일본 해군항공대(육군항공대 제외)만 무려 1만대의 비행기를 참전시켰고, 약 3만 5000발의 폭탄과 32만발의 지상 총격용 총탄을 소비했다고 발표했다.[71] 이는 그 이전 시기 동서양을 통틀어 어떤 공중폭격 양상과도 비교할 수 없는 압도적 공군력의 발현이었다. 당시 식민지 조선에서는「전전긍긍한 남경시민, 공습 후 침묵의 일야(一夜)」「비행대는 적 후방시설 폭격, 상해전선 공육군 활약」 같은 화려한 제목의 신문기사들이 단 하루의 예외도 없이 일본의 공군력을 찬양하고 있었다.[72]

이처럼 압도적인 공군력은 일본 제국에게는 축복이었을지 모르지만 중국인들에게는 끔찍한 악몽일 수밖에 없었다. 난징, 광둥, 충칭 등의 도시들은 연일 일본군의 소이탄 폭격을 견뎌내야만 했다. 당시 난징에 있었던 영국『맨체스터 가디언』의 기자는 난징시의 "청난구 및 신주택구를 포함해 300곳 이상의 지점에 매일 평균 두세발의 폭탄이 투하되었다"라고 보고했다.[73] 이 같은 구미 신문의 취재기사들은 AP, UP, 로이터 등 통신사를 통해 세계로 전해졌다. 그리고 1937년 8월 26일 일본군 폭격기가 난타오의 기차역을 공격해 중국 민간인 수백명뿐만 아니라 영국 대사 허게슨(H. K-Hugessen)이 부상당했을 때, 유럽인들은 큰 충격을 받았다. 영국 외무성은 일본군의 폭격을 국제법과 인류의 양심에 어긋나는 행위라고 맹비난했다.[74] 1937년 9월 28일 스위스 제네바에서 개최된 국제연맹 총회에서는 일본군의 무차별폭격의 비인도성을 비난하는 결의안이 채택되었다. 그러나 이미 4년 전 국제연맹을 탈퇴한 일본은 "제국 군대의 공격 목표는 엄중하게 중국 군대 및 군사 설비에 한정되어 있다"라고 반박하며 국제연맹의 결의안을 간단히 무시했다.[75]

일본군 전략폭격의 정점은 1938년 말부터 시작된 충칭폭격이었다. 충칭은 1938년부터 45년까지 중국 국민당정부의 임시수도로서 전쟁 기간 동안 많은 공장과 대학이 이동해왔을 뿐만 아니라 대한민국 임시정부도 1940년 8월부터 이곳에 머무르고 있었다. 충칭은 양쯔강 상류의 삐죽삐죽한 험준한 산악지형과 수많은 부실한 통나무 다리들로 악명이 높은 최고의 천연 요새 같은 도시였다. 일본군은 난징과 우한을 점령하며 국민당군대를 지속적으로 추격했지만, 지상군을 충칭으로 진입시키는 데는 커다란 곤란을 겪고 있었다. 때문에 일본군은 지상군 점령이 추후 진행된 난징이나 상하이 공중폭격과는 달리, 충칭에 대해서는 반복적이고 지속적인 공중폭격만으로 적을 굴복시킬 계획을 마련하게 되었다. 그리고 실제 충칭폭격은 다량의 소이탄을 활용한, 말 그대로의 무차별폭격으로 진행되었다.[76]

중국 측의 사료에 따르면, 1938년 10월부터 43년 8월까지 약 5년 동안 218회의 공습을 통해 2만 1593발의 폭탄이 투하되어, 사망자 1만 1889명, 부상자 1만 4100명이 발생했다.[77] 폭격은 지속적으로 반복되었다. 충칭폭격의 수많은 사례 중에서도 가장 악명 높은 공습이 1939년 5월 3일과 4일 사이에 전개되었다. 이틀간 72대의 폭격기가 약 600톤의 소이탄과 파편폭탄(fragmentation bomb)을 약 70만명의 인구밀집 시가지에 투하해 4400명의 사망자와 수천명의 부상자를 유발했다.[78] 당시 충칭에 있던 『타임』의 통신원 시어도어 화이트(Theodore White)는 소이탄 공격을 받은 충칭시민들의 모습을 다음과 같이 묘사했다.

전력선(電力線)이 폭격으로 완전히 파괴되었다. 시내 중심가를 관통하는 충칭의 급수시설도 마찬가지였다. 불길 외에는 어떤 빛도 없었고, 불길을 잠재울 물도 없었다. 불은 충칭 구시가를 오르내리며 확산되고 있었다. 불이 대나무를 태우면서 대나무 마디가 팡팡 튀는 소리가 들렸다. 그곳은 소음으로 꽉 차 있었다. 여자는 통곡하고, 남자는 고함치고, 아기는 울고 있었다. 어떤 사람들은 땅바닥에 앉은 채 몸을 앞뒤로 흔들면서 울부짖었다. 나는 뒷골목에서 비명소리를 들을 수 있었다. 사람들이 언덕 작은 길에서 큰길로 쏜살같이 달려가는 모습을 보았다. 그들의 옷은 불길에 타올랐고, 이내 그 불을 끄기 위해 바닥을 뒹굴고 또 뒹굴었다.[79]

1939년 5월 화이트가 본 충칭 거리의 끔찍한 모습은 단지 충칭에만 있었던 일은 아니다. 1943년 7월 함부르크, 1945년 2월 드레스덴, 1945년 3월 토오꾜오, 그리고 1950년 11월 평안북도 강계에서도 동일한 모습이 되풀이되었다. 화이트는 훗날 미군의 일본폭격에 대해 "우리가 일본인을 폭격하게 되었을 때, 나는 결코 아무런 죄의식도 느끼지 않았다"라고 고백했다.[80] 수많은 민간인이 불에 타 죽는 광경을 본 화이트는 일본인을 향한 소이탄 폭격을 정당한 공격으로 인식했다.

한편 화이트와 마찬가지로 일본인을 향한 무차별공격을 열망했던 사람들 중에는 중국에서 복무했던 미군도 있었다. 이들은 유럽지역의 미군들과는 달리, 일본인들이 중국인들에게 가했던 방식과 동일한 수법으로 보복하기를 강렬히 열망하고 있었다. 그들 중에는 일본 본토 폭격과 한국전쟁, 베트남전쟁 전략폭격을 주도했던 커티스 르메이도 있었다. 일본군의 소이탄이 무차별적으로 투하되던 중국의 도시들은 미군의 피의 보복을 위한 리허설 현장이자, 한국전쟁과 베트남전쟁의 작은 예고편이기도 했다.

몸뻬부대: 일상으로 파고든 공중폭격

1945년 초봄 경성여자전문학교(현재의 이화여자대학교) 교정에서는 그해의 입학식이 진행되고 있었다. 스무살 전후 여성들의 생기 어린 얼굴은 봄꽃만큼이나 아름답고 빛났다. 그런데 그들의 복장이 왠지 우스꽝스럽다. 눈부신 블라우스 아래에 보기도 흉한 몸뻬라니. 학생들뿐만이 아니었다. 교정에 모인 모든 여선생님들과 교장 김활란(金活蘭)조차 블라우스 아래 몸뻬를 입고, 높은 하이힐을 신고 있었다. 그리고 이 같은 풍경은 멀지 않은 곳의 숙명여자전문학교(현재의 숙명여자대학교)에서도 똑같이 펼쳐지고 있었다. 치마 대신 바지를 입는 일조차 수치스럽게 여기던 조선 여성들에게 과연 무슨 일이 일어난 것일까? 당대 신여성의 아이콘이라고 할 수 있는 여성지식인들과 여대생들에게 무슨 일이 벌어지고 있었던 것일까? 이 질문에 대한 해답은 놀랍게도 당대 조선의 방공정책에서 찾을 수 있다.[81]

방공(防空)이란 적의 비행기나 미사일의 공격을 막기 위한 활동을 가리킨다. 폭격을 가하기 위해 접근하는 비행기나 미사일을 사전에 탐지·파괴하며, 만일 폭격을 당할 경우 그 피해를 최소화하여 전쟁수행능력을 유지하기 위한 방책으로, 방공훈련은 등화관제 같은 공습대비훈련, 방화(防火)·대피 같은 공습상황훈련, 그리고 공습 후 복구훈련 등을 총체적으로 아우른다.

식민지 조선에서 이와 같은 방공훈련이 과연 필요했을까. 실제 일본 당국도 2차대전 시기 조선이 공습의 대상이 될 것이라고 생각하지 않았다. 당대 연합군 또한 "조선은 공습하지 않는다"라는 내용의 전단을 여러차례 뿌렸다. 그리고 조선에 거주하는 대부분의 일본인들조차 조선을 공습 안전지대로 여겼다.[82] 그런데 왜 일제는 1930년대 중국대륙 진출 시기부터 한반도에서 대대적으로 방공조직을 확장하고 방공훈련을 강화했던 것일까?

일단 1945년 해방 직전의 시기에 한반도 또한 미군의 공중폭격으로부터 결코 자유롭지 못했다는 사실부터 짚고 넘어갈 필요가 있다. 기존 연구에 따르면, 제주도를 비롯한 남해안 일대에 미군 비행기가 본격적으로 모습을 드러내기 시작한 시점은 1944년 중반부터다. 물론 초기에는 주로 정찰비행이 대부분이었으나, 10월 말부터는 실제 공습피해도 발생했다. 일본 당국은 1944년 10월 25일 중국으로부터 발진한 B-29 100여기가 제주도와 큐우슈우 일대에 출현하여 조선에도 약간의 피해를 주었음을 공식적으로 인정했다. 이후 1944년 말 미 항공기의 한반도 출현은 더 빈번해졌는데, 조선 주둔 일본군은 미군 비행기가 조선 내 주요 건조물·항만 등을 정찰했다고 보고했다.[83] 후술하겠지만, 이 시기의 정찰 자료들은 한국전쟁 초기 북한지역 전략폭격에서 매우 유용하게 활용되었다.

1944년 9월부터 45년 5월까지 한반도 내륙에서는 미군 비행기의 정찰비행만이 주로 진행되고 있었다. 그러나 동중국해 입구의 전략요충지인 제주도 주변 해역에서는 이미 지속적으로 선박 피해가 발생했다. 미군 전략가들은 대일본전 초기에 해상봉쇄와 공습만으로 일본을 충분히 패배시킬 수 있다고 믿었다. 일본은 식량과 주요 원자재를 해상교통로에 의존해야 하는 섬 국가이기 때문이다. 따라서 제주도 인근의 선박들은 주로 미군 잠수함과 폭격기의 희생양이 될 수밖에 없었다. 게다가 일본은 미군의 해상봉쇄로 인해 조선 내 항구에 더욱 의존하게 되었고, 1945년 7월 10일이 되자 부산항 등 조선 남부지역의 항구에 식량과 소금 등의 보급품 비축을 지시하기에 이르렀다. 이에 미군은 부산항을 비롯한 한반도 남부지역을 빈번히 폭격하기 시작했다.[84] 조선의 신문들은 1945년 7월 21일, 22일, 26일과 8월 6일, 10일, 11일에 부산항이 공중폭격을 받았다고 보도했는데, 실제 미국 측 자료에서도 이 같은 사실을 확인할 수 있다.[85]

 1945년 5월에 이르러 미군은 잠수함을 활용한 해상봉쇄작전 대신 공중폭격을 좀더 적극적으로 활용하기 시작했다. 제주도민들의 증언에 따르면, 당시 제주도 사람들은 끊임없이 공습에 시달렸다고 한다. 많은 제주도민들은 공습의 불안에 떨었고, 다른 지방으로 피신을 가거나, 그렇게 하지 못한 사람들은 갈 곳이 없어 한라산으로 올라가기도 했다. 피신하는 과정에서 화를 당하기도 했다. 예컨대 1945년 5월 7일 제주도에서 육지로 향하던 피난선 고와마루(晃和丸)호가 추자도 인근 바다에서 미군기의 공습에 의해 침몰해 257명이 한꺼번에 희생되는 참사가 발생하기도 했다. 사건 생존자의 증언에 따르면, 고와마루호 사건 외에도 연락선과 어선 등을 이용해 육지로 피난을 가다가 미군 공습으로 침몰하는 경우가 많았다고 한다.[86] 최소한 제주도를 비롯한 한반도 남부의 일부 조선인들은 이미 한국전쟁 이전 시기부터 미군 폭격과 관련된 강렬한 역사적 경험을 체득해왔음을 확인할 수 있다.

 식민지 조선에서 위와 같은 실제 공습상황에 대비한 방공훈련이 시작된 때는 일제가 중국대륙 진출을 모색하기 시작한 1930년대 초반부터다. 그때부터 식민지 조선의 대중은 크게 세 영역에서 방공의 실체와 만날 수 있었다. 첫째, 일제의 방공정책 제도화와 관련된 단체 결성, 둘째, 일제의 선전·선동과 신문기사, 셋째, 공중폭격에 대응한 실제 방공훈련 등이 그것이다.

우선 식민지 조선에서 방공정책이 제도화되고, 관련 단체가 결성되는 과정을 간략히 살펴보면 다음과 같다. 조선의 방공정책 제도화 과정은 철저히 일본 본토의 것을 추종하는 방식으로 진행되었다. 일본에서는 1차대전 이후에도 방공과 관련된 문제가 군 내부에서조차 주요 논의 대상이 되지 못했지만, 1923년 9월 1일 관동대지진 이후 이를 본격적으로 정책화해야 한다는 의견이 대두했다. 관동대지진은 낮 시간 토오꾜오 인근지역에 대규모 화재를 발생시켜 약 10만명의 생명을 앗아가고 10만채 이상의 건물을 무너뜨렸는데, 이 같은 대화재는 일본인들에게 공습의 피해를 연상시키기에 충분했다.[87] 흥미로운 점은 당시 관동대지진을 보며 공중폭격을 연상한 이들이 비단 일본인만은 아니었다는 사실이다. 그로부터 9년 뒤 전략폭격 이론을 지지했던 빌리 미첼은 관동대지진 당시의 토오꾜오를 떠올리며, "주로 나무와 종이로 만들어진 이 도시들은 세계가 지금까지 본 것 중에서 가장 큰, 공군의 목표물"이라고 주장했다. 전략폭격 이론가들의 관점에서 볼 때, 토오꾜오처럼 불붙기 쉬운 도시는 그 자체로 매혹적인 목표물에 불과했던 것이다.[88]

식민지 조선에서 일제의 방공정책과 관련된 최초의 의미있는 제도화는 1932년 경성연합청년단의 '방공일'(3월 10일) 지정이라고 볼 수 있다. 1930년대 초 일제는 조선총독부의 적극 관리대상이었던 청년단체들을 중심으로 방공정책의 실마리를 풀어갔는데, 방공일 지정도 그 같은 활동의 연장선상에서 파악할 수 있다.[89] 방공활동과 관련된 대표적 단체인 방호단(防護團)이 수립된 시점은 중일전쟁 발발을 전후한 1936~37년경이었다. 최초의 방호단은 1936년 부산·진주·동래·광주 등 한반도 남부지역 방공훈련 과정에서 결성되었다. 이어서 1937년 4월 2일 일본에서 방공법이 공포되고, 1937년 7월 7일 루거우 다리(蘆溝橋) 사건으로 중일전쟁이 발발하자 조선에서 방호단 조직은 일시에 전국적으로 확산되었다. 이 시기 방호단은 군·읍 단위까지 속속 결성되었으며, 공장이나 사업장이 밀집한 지역에서는 특설방호단이 설립되었다.[90] 1939년 10월에는 전국적으로 형성된 임의단체인 방호단과 법적단체인 소방조(消防組), 수해 경계·방어를 위한 수방단(水防團) 등을 통합하여 경방단(警防團)을 조직했다. 조선총독부는 경방단 수립과 동시에 방공에 관한 조사연구와 선전 등을 위해 조선방공협회(朝鮮防空協會)의 출범을 선포했다.[91] 조선의 방공정책은 일본 본토의 사례를 뒤쫓아 1930년대 후반부터 빠르게 제도화되고 있었다.

일제는 방공의 제도화와 함께 방공 관련 선전활동에도 적잖은 노력을 기울였다. 조선의 방공정책 선전 기사들은 1930년대 초반 일본의 대외침략과 함께 신문들에 게재되기 시작하여 태평양전쟁기에 정점을 이루었다. 일제는 신문이나 잡지 외에도 강습, 강연, 영화, 전람회 같은 직접 선전활동을 통해 방공정책의 주요 내용을 대중적으로 알리는 데 주력했다. 그중에서도 수십만명의 관람객 수를 기록했던 전람회는 대중들에게 매우 큰 영향력을 발휘했다. 최초의 방공전람회는 1933년 6월 11일부터 17일까지 서울에서 열렸는데, 그 입장객이 무려 10만여명에 달했다고 한다. 가장 규모가 큰 전람회는 1939년 서울 등 주요 도시에서 개최된 방공전람회였는데, 함흥에서만 14만명이 관람했다고 하니 그 전국적 규모를 충분히 짐작해볼 수 있다.[92]

특히 일본 당국은 전람회의 한 형태로서 방공전람열차를 운영했는데, 그 영향력은 매우 직접적이고 광범했다. 전람열차는 조선 주둔 일본군과 철도국의 협의하에 1936년 9월부터 운행에 들어갔다. 열차는 부산역에서 출발해 전국 각지를 하루 내지 이틀간 체류하며 일반인들에게 객차 내의 방공 관련 전시물들을 관람토록 했는데, 근대화의 상징인 열차에 대한 호기심까지 더해져 커다란 대중적 호응을 얻으며 전국의 대도시와 소도시를 순회했다. 이처럼 다양한 형태의 방공전람회는 그 개방적 성격으로 인해 조선인들에게 적잖은 영향을 주었을 것으로 짐작된다. 반면에 일본 당국의 방공영화 상영, 강연, 강습 등은 대부분 대도시의 일본인들을 대상으로 한 경우가 많아, 조선인들에게 끼친 영향력을 가늠하기란 쉽지 않다.[93]

마지막으로, 조선인들이 일상생활 속에서 방공의 실체와 마주할 수 있었던 또다른 계기는 조직별·권역별로 다양하게 진행된 실제 방공훈련이었다. 일제시기 방공은 크게 군사시설을 보호하는 군방공(軍防空)과 민간시설을 보호하는 민방공(民防空)으로 구분되었다. 앞서 살펴보았듯이 민방공을 담당하는 조직은 관청·학교·기업에 설치된 특설방호단과 민가 밀집지역에 설치된 방호단(후일 경방단으로 통합)으로 구분되었다. 하지만 민간인들의 실제 일상 속에서 방호단이나 특설방호단의 방공훈련보다 더 중요하게 공습피해의 경각심을 일깨워준 존재는 방공조직의 최말단이라고 볼 수 있는 '가정방공'이었다.

기존 연구에 따르면, 조선에서 가정방공 조직이 처음으로 이루어진 계기는 1938년 6월 29일부터 7월 5일 사이 실시된 경기도 일원의 방공훈련을 통해서였다. 이 훈련의 실시 항목 가운데는 가정방호조합의 결성 촉진, 각 가정의 등화관제 설비 검사 등의 내용이 포함되었다. 이후

1939년 10월 경방단 조직과정에서 경방단의 방계조직으로서 5호 내지 20호 단위의 가정방호조합을 전조선에 걸쳐 증설하는 것이 결정되었고, 같은 해 12월까지 읍·면 단위까지 가정방호조합의 설치가 확산되었다. 1940년 11월에 이르러서는 기존 조선에 설치되었던 가정방공 조직을 해산하고, 전국적으로 가정방공활동을 국민총력조선연맹(國民總力朝鮮聯盟) 산하의 애국반에 귀속시킨다는 방침이 결정되기에 이른다. 국민총력조선연맹은 중일전쟁 발발 이후 조선민중의 전시 협력과 통제를 위해 형성된 관제단체인 국민정신총동원조선연맹을 1940년 10월 개편한 것으로, 조선의 모든 단체와 개인이 지역과 직장 별로 그 산하에 소속되었고, 약 10호 단위로 형성된 애국반은 조직의 최말단 역할을 담당했다.[94]

애국반은 조선총독부의 명령이 개인에게까지 하달될 수 있도록 기획된 조직으로,[95] 애국반이 가정방공을 진두지휘하는 것은 곧 가정방공 비중의 대대적 확산을 예고하는 조치임과 동시에, "몸뻬부대"라고 지칭되는 가정주부 역할의 혁신적 부상을 뜻하기도 했다.[96] 이미 1937년 미나미 지로오(南次郎) 총독은 조선의 가정주부들에게 비상시 남자들이 집 밖으로 나가 주저없이 활동할 수 있도록 사전에 방공지식과 훈련을 철저히 해둘 것을 강조한 적이 있다. 그리고 실제 여러 도시에서 가정주부들은 지붕을 오르내리며 물을 뿌리고 모래를 끼얹는 등의 방화훈련에 수차례 동원되었다. 또한 1930년대 후반부터는 각 가정마다 물통, 소화기, 방독복면, 방화토사 같은 가정방화설비를 구비해둘 것을 요구받았고, 애국반의 위상이 강화된 1941년 이후 소방용구의 구비는 각 가정의 의무사항이 되었다.[97] 일제 말 대부분의 조선인들은 공중폭격을 가시적으로 확인할 기회가 거의 없었지만, 다양한 가정방공 활동과 구비해둔 장비를 통해 공중폭격과 일상적으로 대면할 수 있었다.

　일반적으로 민간인들을 대상으로 한 방공훈련의 주요 목적은 적의 공습으로부터 생명과 재산을 보호하고, 전쟁의 공포를 덜며, 승리에 대한 신뢰와 믿음을 주입하는 것이다.[98] 그러나 일제시기 식민지 조선인들을 대상으로 한 방공의 목적은 이처럼 단순하지 않았다. 기존 연구들이 지적하고 있는 것처럼, 일제시기의 방공정책은 전시체제에 조선인을 동원하는 데 적극적으로 활용되고 있었다. 일제는 1930년대부터 각지에서 차례차례 전쟁을 일으키며 조선인의 정신적·물질적 협력을 필요로 했고, 일제의 전쟁을 자신들의 전쟁으로 인식하지 않는 조선인을 적극적으로 전시체제에 복무시키는 데 매우 효과적인 수단으로서 방공정책을 활용했다. 게다가 방공은 전시체제하에서 공권력이 최후방 가정의 일상에까지 개입할 수 있는 수단이었을 뿐만 아니라, 군대가 일반 사회에 강력한 영향력을 행사할 수 있는 효율적 방법이기도 했다.[99]

　일제시기 방공정책은 여러 측면에서 한국전쟁기 공중폭격 역사에도 중요한 영향을 미쳤다고 볼 수 있다. 무엇보다도 북한지역 주요 도시들의 말단 행정단위까지 광범위하게 진행된 다양한 방공훈련들은 해방 후 불과 5년 뒤 전개된 미군의 전략폭격 대응에 적잖은 영향을 주었을 것으로 짐작된다. 일제시기 신문을 통해 매일 공습 관련 기사를 접했던 다양한 계층의 조선인들, 의무적으로 몸뻬를 입어야만 했던 도시의 여성들, 가가호호 방문하며 방공 전단지를 나눠주던 애국반의 가정주부들, 방공 관련 강습회에 의무적으로 참가했던 소학교의 어린이들. 이들 모두에게 공중폭격은 결코 먼 나라의 낯선 얘기만은 아니었다.

소년비행사의 꿈

1949년 공군본부 초대 작전국장을 지내고 1968년 공군 참모총장으로 전역한 장지량(張志良)은 자타 공히 한국공군의 창설 주역 가운데 한 사람이다. 장지량은 회고록을 통해, "소년비행사의 꿈"이 자신을 조종사의 길로 이끌었다고 설명했다. 장지량은 1940년 광주서중학교에 입학하자마자 글라이더반에 들어갔다. 그곳에서는 한 사람을 글라이더에 직접 태우고 비행연습을 했는데, 약 15미터 높이로 떠서 60~70미터 정도 하늘을 날곤 했다. 글라이더 반원들은 훈련 도중에 운전 미숙이나 돌풍 등의 이유로 대부분 크고 작은 부상을 입곤 했는데, 장지량은 포기하지 않고 훈련을 계속했다. 다른 무엇보다도 그에게는 소년비행사의 꿈이 있었기 때문이다.[100]

장지량의 꿈은 비단 그만의 꿈이 아니었다. 당대 다수의 조선인 소년들이 소년비행사를 꿈꾸었다. 공군사관학교 교장과 공군작전사령관을 역임한 윤응렬(尹應烈) 역시 소년비행사를 꿈꾸었으며, 당시 "나이 어린 소년들에게 조종사는 동경의 대상"이었다고 기술했다.[101] 일제시기 육군소년비행학교 15기 출신의 민영락(閔泳洛)도 어린 시절부터 간직했던 "비행기에 대한 동경"이 조종사 지원의 가장 중요한 이유라고 설명했다.[102] 필자와 인터뷰한 한국전쟁기 전폭기 조종사 출신의 모 퇴역 장성 또한 "어릴 때 갖고 있던 동경심"이 자신을 조종사의 길로 이끌었다고 회고했다.[103]

일제 말 어린 소년들의 비행에 대한 위와 같은 동경은 결코 우연이 아니었다. 이는 당대 소년들을 향한 일제의 계획적인 '항공사상' 선전의 결과였다. 중일전쟁 발발 이후 일제는 10대 소년들에게 모형비행기를 만들어 날리게 하고, 글라이더에 탑승시키며 비행을 동경하도록 치밀하게 유도했다. 각종 신문과 잡지는 비행과 관련된 꿈과 환상을 심어주는 데 주력했고, 비행기에 관한 부정적 기사들을 검열·삭제했다. "사람도 새처럼 공중을 자유롭게 날 수 있다"는 유쾌한 공상에서부터, "적을 때려 부수는 데"는 비행기가 최고라는 선전에 이르기까지 다양한 비행기 담론이 생산되었다.[104]

기존 연구에 따르면, 일본 육군이 소년비행병 제도를 최초로 만든 시점은 1933년 4월이다. 이후 육군은 1937년 12월 소년비행병 전담 교육기관인 토오꾜오 육군항공학교를 설립했고, 태평양전쟁 전황이 악화되던 1943년 4월 1일 토오꾜오 육군항공학교의 이름을 토오꾜오 육군소년비행병학교로 바꾸며, 오스 육군소년비행병학교, 오이따 육군소년비행학교를 추가로 개설했다.[105] 소년비행병 제도는 최초 설립(만주사변, 1931년)부터 전문화(중일전쟁, 1937년)와 확대개편(태평양전쟁)에 이르기까지 일제의 전쟁수행과 밀접하게 관련되어 있었다.

조선총독부는 1940년 9월 28일을 항공기념일로 제정(이듬해부터 9월 20일로 변경)하고, 1941년 군관민 합동단체인 조선국방항공단을 결성하면서 항공열에 불을 붙였다. 1942년부터는 국민학교 아동들을 대상으로 모형비행기 제작을 독려했고, 1943년 10월 15일에는 "항공전력의 비약적 증강이 시급히 필요"하다는 취지 아래 「청소년항공훈련실시요강」을 발표하기도 했다.[106] 또한 일제는 소년비행병 제도가 최초로 수립된 1930년대 초반부터 비행기에 국가주의적 이데올로기를 강하게 부여하며 '항공사상'을 형성했고, 이를 선전하기 위해 전국적으로 다양한 비행기 관련 행사들을 개최했다. 예컨대 1933년 2월 "여의도비행장에서 항공사상 선전을 위하여" 교원과 아동 각 1명을 비행기에 태우고 시내를 일주하는 행사가 진행되었고, 같은 달 평양에서도 "항공사상을 선전하기 위하여" 교원과 학생 60명을 여객기에 무료로 태워주는 방안이 결정되었다.[107] 바야흐로 일제의 항공사상은 비행과 관련된 각종 행사와 그에 대한 신문기사 등을 통해 대중의 일상 영역에까지 깊숙이 침투하고 있었다.[108]

조선의 아동과 청년을 대상으로 한 모형비행기 제작과 글라이더 비행은 그들의 일상 속에서 "항공열"을 더욱 높이는 데 중요한 역할을 담당했다. 일제는 아동들을 향해 "하늘을 정복하는 힘을 길러야 하고, 항공열을 더욱 길러서 앞날 큰 비행기를 타고 넓고 넓은 창공을 날을 용기와 기술의 준비"를 하지 않으면 안 될 때라고 말하면서, "학교에서나 집에서나 비행기 장난을 하는 것"이 중요하다고 역설했다.[109] 또한 일제는 "훌륭한 비행사가 되는 것은 누구나 동경"하는 소년 시절의 꿈으로서, "제2의 황국신민"으로 자라나기 위해 모형비행기를 만들어 날려보라고 권유했다.[110] 앞서 언급한 장지량, 윤응렬, 민영락의 비행에 대한 동경은 결코 개인적 수준의 장래희망이 아니라, 일제에 의해 철저하게 계획된 시대적 산물이었다. 일제는 신문기사와 각종 시각자료, 모형비행기, 글라이더 등을 통해 비행기를 친숙한 대상으로 만들었고, 이를 통해 조선의 소년과 청년 들을 미래의 항공인력으로 용이하게 포섭할 수 있었다. 소년비행병 시험의 경쟁률은 수십 대 일을 기록했고, 시험에 합격하면 마을에서는 잔치가 벌어질 정도였다.[111]

일제에 의해 기획된 조선 소년들의 꿈이 가장 불행하게 악용된 사례는 태평양전쟁 말기 자살특공부대에 동원된 조선인들의 죽음일 것이다. 일반적으로 일본 이외의 국가에서 '카미까제'로 불리는 '특별공격'

은 태평양전쟁 막바지 10개월 동안 인간폭탄의 특공부대를 편성하여 적함이나 적기를 몸체로 들이받아 자살공격을 감행한 전대미문의 일본 본토방위전투를 일컫는다. 1944년 10월 필리핀에 사령부를 둔 해군 제1항공함대가 처음으로 카미까제특별공격대(神風特別攻擊隊)라고 호명한 특공부대를 편성하여 레이테만(灣)의 미군함정에 몸체공격을 감행한 뒤로, '카미까제'라는 표현은 미지의 적에 대한 공포와 이질적 타자의 상징으로 인구에 회자되었다.[112]

지금까지 밝혀진 바에 따르면, 일제 말기에 사망한 카미까제 특공대 3000여명 중에는 조선인도 18명 포함되어 있다. 18명의 구성은 소년비행병 출신 8명, 학도병 출신 특별조종견습사관 4명, 조종후보생 3명, 특별간부후보생 1명, 육군항공사관학교 출신 1명, 기타 불명 1명으로 다방면에 걸쳐 있었다. 이중에서 가장 커다란 비중을 차지하는 소년비행병 개인의 이름은 임장수(12기), 인재웅(13기), 이현재(14기), 김광영(14기), 키무라 세이세끼(木寸正碩, 14기, 한국이름 불명), 카와히가시 시게루(河東繁, 14기, 한국이름 불명), 한정실(15기), 박동훈(15기) 등이다. 이들 중에서도 가장 유명한 인물은 조선인으로서 가장 먼저 특공대원으로 출동하여 전사한 것으로 알려진 인재웅(印在雄)일 것이다.[113]

마쯔이 히데오(松井秀男)라는 일본 이름으로 더 유명한 인재웅은 1944년 11월 29일 레이테만 특공작전에 투입되어 전사한 것으로 알려져 있다. 『매일신보』는 전사 후 불과 3일이 지난 12월 초부터 한달 내내 인재웅 관련 기사를 대대적으로 보도했다. 그 기사들 중에는 대표적 친일시인 서정주(徐廷柱)의 「마쯔이 오장 송가(松井伍長頌歌)」도 있었다. 이 시는 "마쯔이 히데오! 그대는 우리의 오장 우리의 자랑"[114]으로 시작한다. 서정주의 시가 실리기 3일 전에는 시인 노천명(盧天命)의 「신익 ─마쯔이 오장 영전에(神翼─松井伍長靈前에)」가 실리기도 했다.[115] 구한말 독립협회와 애국계몽활동을 지도했던 윤치호(尹致昊) 또한 인재웅을 기리며 "이것이 황국신민 된 도리이며 또한 떳떳한 의무인 줄 알며 이 점을 나는 젊은 청년층에 특히 제창하는 바이다"라고 역설했다.[116] 일제 말기 조선의 대표적 지식인들이 마쯔이 오장의 정신을 이어받아 일제 협력에 매진할 것을 주장했다는 사실은 당대 조선인은 물론 현대 한국인들에게도 매우 큰 서글픔을 안겨준다. 훗날 『한겨레』의 길윤형 기자와 인터뷰한 인재웅의 동생 인순혜는 자신의 오빠를 다음과 같이 회고했다. "그 오빠는 파일럿이 꿈이었나 봐요. (…) 늘 비행기 만드는 것을 좋아했지요. 글라이더를 만들어 뒷산에서 날리면 멀리 날아가 찾지 못하는 때도 있었습니다. 그런 오빠였지요."[117]

　1980년대에 초등학교(당시는 국민학교)를 다녔던 필자 또한 학교 수업시간에 고무줄 동력비행기를 만들었던 경험이 있다. 실제 모형비행기를 내 손으로 만들어 날렸던 경험은 꽤나 흥미롭고 짜릿한 추억으로 남아 있다. 이처럼 어린 시절 순수했던 경험의 역사적 기원이 일제시기 전시 동원정책에 맞닿아 있음을 알았을 때의 무력감과 당혹스러움을 아직도 잊을 수 없다. 개인적으로 모형비행기 제작의 역사보다 더 충격적인 경험은 할리우드 영화 「탑건」(Top Gun)과 관련되어 있다. 어린 시절 필자는 영화 「탑건」을 보고, 실제 잠시나마 멋진 선글라스와 항공점퍼를 입은 조종사를 꿈꾼 적이 있다. 그러나 훗날 「탑건」이 수십억원에 이르는 미군의 재정지원하에 만들어졌고, 그 영화 제작의 핵심 목적이 베트남전쟁으로 악화된 미 해군 이미지 개선이었으며, 영화 흥행 이후 미 해군 지원 비율이 현격히 올라갔다는 사실을 알게 되었을 때의 당혹감은 오히려 충격에 가까웠다.[118] 당시 미 해군에 지원하여 훗날 걸프전을 비롯한 수많은 미군의 전쟁터에 투입되었을 사병들은 영화「화씨 9/11」을 통해 볼 수 있는 것처럼 대부분 미국사회의 최하층민이라는 사실도 기억할 필요가 있다. 모형비행기와 글라이더를 통해 식민지 조선인들을 전쟁터로 내몰던 제국주의의 화신은 여전히 죽지 않고 우리 주변에 도사리고 있다.

3장

냉전과 공중폭격

미국, 오끼나와, 그리고 독도

2012년 여름, 필자는 오끼나와-한국 민중연대 회원인 유영자 선생님의 소개로 오끼나와 현지의 여러 평화운동가를 만날 수 있었다. 1987년 10월 오끼나와 쏘프트볼 경기장에서 일장기를 불태운 사건으로 유명한 치바나 쇼오이찌(知花昌一)를 비롯한 평화운동가 대부분은 예상과 달리 여리며 따뜻한 품성을 지닌 사람들이었다. 어찌 보면 매우 유약해 보일 정도로 작은 체구에, 떨리는 목소리와 부드러운 미소를 머금고 있었다. 그러나 그 여린 음성에는 내 평생 잊을 수 없는 매서운 결기 또한 스며 있었다. 새로운 미군기지가 건설될 삼림 한가운데에 까페를 내 살아가는 부부, 미군헬기기지 건설부지에 천막을 치고 24시간 숙식하며 평화운동 티셔츠를 판매하는 20대 초반의 여대생들에게서 느껴지던 온화함과 다부짐. 수십년의 미군기지 역사와 함께 성장한 지역민들의 평화운동은 일상의 차분함과 단단한 결기로 가득 차 있었다.

필자가 오끼나와를 방문했던 2012년은 2차대전 패전 이후 27년간 미군정 통치를 받아온 오끼나와가 일본에 반환된 지 40년을 맞는 해였다. 오끼나와 지역민들과 미군의 첫 만남은 1945년 4월 1일 미군의 오끼나와 상륙과 함께 이루어졌다. 당시 지상전으로 오끼나와 민간인 약 9만 4000명을 포함해, 일본 본토 출신 군인 약 6만 5000명, 오끼나와 징집병 약 3만명이 희생되었고, 조선에서 끌려온 군인·노동자·위안부 약 1만여명도 희생된 것으로 추정된다.[119] 이후 1945년부터 72년까지 미국은 오끼나와를 미군정이 직접 다스리는 사실상의 식민지로 삼았고, 일본 전체 국토의 0.6퍼센트에 불과한 이 섬을 일본 전체 미군시설의 74퍼센트가 집중된 대규모 미군기지로 탈바꿈하는 데 성공했다. 이는 마치 "미 제국주의의 역사는 해외에 기지를 씨 뿌리는 것으로 점철되어 있다"고 말한 미국의 저명한 정치학자 차머스 존슨(Chalmers Johnson)의 주장이 동아시아에서 현실화되는 방식을 보여주는 듯하다.[120]

물론 오끼나와의 미군기지들은 한국전쟁 당시 미공군 폭격작전 수행과정에서 핵심 역할을 수행했다. 한국전쟁 3년 내내 북한지역 도시와 농촌을 폭격했던 B-29기들의 상당수가 이곳에서 출격했다. 그런데 한국전쟁 이전 시기 오끼나와 미군기지는 이미 예상치 못했던 당혹스러운 사건으로 한국 대중에게 널리 알려진 상태였다. 그 당혹스러운 사건이란 1948년 6월에 발생한 소위 '독도폭격사건'을 말한다. 전후 평화로운 시기에 발생한 이 대규모 민간인 희생 사건은 사실상 미국과 소련을 중심으로 한 동아시아 냉전구조 형성과정과 밀접히 관련되어 있었다. 동아시아에서 소련을 봉쇄하기 위해 실시한 미국의 대규모 군사훈련 과정에서 한국인들이 무차별적으로 희생되었던 것이다. 따라서 1948년 독도폭격사건의 군사정책적 배경과 전개과정에 대한 고찰은 한국전쟁기 미공군 공중폭격작전의 구조와 성격을 역사적 관점에서 이해하는 데 매우 중요한 분석과정이 될 것이다.

미국의 동아시아 대소봉쇄정책:
오끼나와 '공군력'을 활용하라

대한민국 국가 수립을 불과 두달여 앞둔 1948년 6월 8일, 독도 인근에서 미역을 채취하던 한국의 민간어선들이 일군의 비행기들에 공중폭격을 당하는 사건이 발생했다. 20~30척에 이르는 어선들이 파괴되면서 수십명의 한국인 어부들이 현장에서 사망했다. 폭격사건의 생존자들은 국내 언론과의 인터뷰에서 폭격의 주체가 미공군의 폭격기들이었다고 주장했다. 그리고 실제 미 극동공군(Far East Air Force, FEAF)의 공식 발표에 따르면, 이 폭격사건은 오끼나와 주둔 미공군 B-29 중폭격기들이 수행한 것이었다. 당시 미 극동공군은 이미 1947년 9월 16일 연합군 최고사령부 지령(SCAP Instruction, 이하 'SCAPIN') 1778호를 통해 독도를 미군의 공식 폭격연습장으로 지정한 상태였고, 그 연장선상에서 이 날 독도를 향한 대량폭격 연습을 수행했던 것이다.[121]

미군이 독도를 폭격연습장으로 선정하고 실제 폭격훈련을 진행하기까지의 과정은 당대 미군의 군사적 상황 판단, 구체적으로는 극동지역에서 소련을 봉쇄하려는 군사정책의 준비과정과 밀접한 관련이 있었다. 독도가 미공군의 폭격연습장으로 최초로 지정되었던 1947년, 극동지역의 미군과 워싱턴의 합동참모본부는 매우 분주했다. 당시 그들을 압박하고 있던 현실은 외형적으로 매우 모순적인 것이었다. 2차대전 후 미군은 동원해제와 함께 그 병력과 자금이 급속도로 줄어들고 있었다. 반면에 전후 미국의 가장 강력한 라이벌로 부상한 소련은 유럽과 극동지역에서 자국의 영향력을 지속적으로 확장하여 미군을 현실적으로 압박하고 있었다.

　큰 전쟁을 치른 직후 대부분의 참전국들은 의례히 동원해제령을 하달했다. 미국의 경우, 1945년 8월에는 육군 820만명, 해군 330만명, 해병대 47만명 정도로 구성되어 있었으나 1946년 6월 육군 병력은 이미 180만명으로 감축되었고, 1948년경에는 45년 당시의 약 15분의 1에 불과한 55만으로 줄었다. 또한 1945년 당시 900억달러를 상회하던 미국의 군비지출은 1947년 중반에 이르러 100억달러 규모로 대폭 축소되었다. 전쟁 말기인 1944~45년 국민총생산(GNP) 중 군사비의 비율은 35~42퍼센트에 달했으나, 1947~48년에 이르러서는 약 5퍼센트도 안 되는 수준으로 떨어졌다.[122]

　이처럼 미군이 급속도로 축소되는 사이 미국의 새로운 라이벌 소련은 자신의 영향력을 꾸준히 확대하면서, 유라시아대륙에서 갈등을 양산하고 있었다. 특히 동지중해와 북아프리카를 중심으로 소련의 전후 기지(postwar bases) 확보 노력이 진행되었으며, 1946~47년 근동과 동지중해 지역에서 미국과 소련은 연이은 위기사태에 직면하게 되었다. 1945년 포츠담회담과 런던외상이사회에서 소련이 다르다넬스(Dardanelles)해협에 대한 터키와의 공동관리와 북아프리카 트리폴리타니아(Tripolitania)에 대한 통치권을 요구한 것은 그 대표적 예다. 이제 미국은 소련과의 갈등에 맞닥뜨려 자국의 축소된 자원을 효율적으로 재분배하는 일에 몰두하지 않을 수 없었다. 달리 말해 미군은 소련군과의 전면전을 상정하며 자국의 제한적 군사자원을 효율적으로 활용할 수 있는 구체적인 '군사계획'을 마련해야만 하는 상황에 놓이게 된 것이다. 미국의 이와 같은 계획에서 극동지역 또한 예외일 수 없었다.

　1947~48년 미 국무부와 군의 한반도 미군 철수 논쟁은 당시 미국의

군사자원 배분에 대한 고심을 단적으로 보여준다. 국무부는 한반도의 정치적·외교적 중요성을 우려하며, 미군 철수에 미온적이거나 반대하는 입장을 견지했다. 반면에 한반도 미군 철수에 대한 군부의 입장은 확고했다. 군은 전세계적 차원에서 급속도로 축소된 병력과 무기의 효율적 배분에 대해 고민해야 했다. 그 고민의 연장선상에서 당시 소련과의 갈등이 가시화된 유럽지역의 중요성을 강조하며, 궁극적으로는 전면전이 발생할 경우 유럽과 중동 지역에서는 적극적으로 반격하고, 극동지역에서는 전략적으로 방어해야 한다는 방향으로 군의 자원분배 방안을 해결해나가고자 했다. 더불어 미 군부는 소련과의 전면전에 대비한 장·단기 전쟁계획도 구체화하기 시작했다.[123]

소련과의 전면전 상황을 대비한 미군의 구체적 전쟁계획으로는 합동참모본부가 기획·완성한 비상전쟁계획(Emergency War Plan)을 들 수 있다. 합동참모본부는 미군의 최고지휘관들로 구성된 조직으로, 2차대전기부터 존재하다가 1947년 국가안보법(National Security Act)에 의해 제도적으로 공식화되었다. 합참의 원래 성격은 자문단에 불과하며, 명령권이 없었다. 그러나 그 구성 자체가 육·해·공 최고지휘관들로 구성되었기 때문에, 전구(戰區)사령관으로부터 대통령에 이르기까지 군 작전과 관련하여 막강한 영향력을 행사하고 있었다.[124]

미 합참의 비상전쟁계획은 3년 이내의 가까운 장래에 불가피하게 전쟁을 수행해야만 하는 상황에 대비하여 군사작전과 병력배치 계획을 수립하기 위한 조치였다. 비상전쟁계획 수립 작업은 합참 산하 합참전략계획그룹(Joint Strategic Plans Group, JSPG)의 전신인 합참전쟁계획위원회(Joint War Plans Committee, JWPC)에 의해서 1946년 3월부터 시작되었다. 처음에 이 작업은 유럽과 극동 등 특정 지역에 관한 군사전략과 그것에 수반되는 특수한 군사적 문제점들을 연구하는 데 초점이 맞추어졌다. 이러한 개별 연구들은 통칭하여 '핀처'(Pincher)라는 암호명으로 불렸다.[125]

핀처 연구들은 다음과 같은 몇가지 공통적인 결과를 내놓았다. 소련의 궁극적 목적은 세계 지배이고, 그 중기 목적은 유라시아대륙을 장악하는 것이며, 단기 목적은 국경의 안전보장에 만전을 기하는 것이다. 소련은 3년 이내의 가까운 미래에 전쟁을 수행하지는 않을 것이다. 그러나 만약 소련군이 전쟁을 개시한다면 자국의 해군력과 전략공군력의 부족 때문에 유럽과 중동 지역에서 동시공격을 펼칠 것이고, 결국 유럽 대부분을 차지할 것이다. 미군은 소련의 공격에 대응하기 위해 전쟁 초기 시점에 유럽과 중동 지역에서 즉각 반격에 나서야 하지만, 극동과 태평양 지역에서는 '전략적 방어'에 돌입해야만 한다. 또한 미군의 공격과 방어는 소련 도심에 핵폭탄과 재래식폭탄을 투하할 수 있는 '장거리 비행기'에 의해 주로 진행될 것이다.[126]

위와 같이 합동참모본부의 비상전쟁계획은 유럽지역 적극공세와 극동지역 전략방어라는 큰 틀 속에서 '공군력'에 절대적으로 의존하여 소련에 대응하고자 했다. 미군은 이러한 전쟁계획하에서 소련의 영향력을 제어할 수 있는 소련 주변부 공군기지 확보 문제에 당면하게 되었다. 합참전쟁계획위원회 기록에 따르면, 1945~46년 중국 서부지방과 이딸리아의 공군기지들이 미국의 전쟁계획에 포함되어 있었다. 그러나 국공내전 상황과 중공군의 진격으로 인해 중국의 공군기지는 고려대상에서 제외되었고, 이딸리아 또한 소련 공격에 대한 취약성 때문에 합참의 계획에서 빠지게 되자 합참은 새로운 지역들을 미군 전쟁계획의 주요 거점으로 고려하기 시작했다. 그에 따라 1947년 합참은 일본과 류우뀨

우열도를 소련의 영향력 확대를 제어하기 위한 주요 공군기지로 선정했다. 더불어 미국의 여러 주요 인사들은 류우뀨우열도에 위치한 오끼나와를 극동지역 전략방어의 거점으로 인식하기 시작했다.[127]

1947년 6월 16일 합참전쟁계획위원회는 핀처의 연장선상에서 작성된 암호명 '문라이즈'(Moonrise)의 '극동지역 비상전쟁계획'을 완성한다.[128] 여기서 주목할 만한 사실은 문라이즈의 완성 시점이다. 문라이즈는 연합군 최고사령부 지령(SCAPIN) 1778호가 발표되기 정확히 3개월 전에 완성되었다. 앞서 살펴본 것처럼 SCAPIN 1778호는 독도를 미군의 폭격연습장으로 명시한 최초의 문서였다. 다시 말해 독도는 합참의 극동지역 비상전쟁계획 완성 후 정확히 3개월이 지난 시점에 미군의 폭격연습장으로 지정되었던 것이다.

문라이즈는 향후 3년 내에 소련이 극동에서 전쟁을 일으킬 경우에 대비한 미국의 군사작전 계획을 상술하고 있다. 핀처의 연장선상에서, 문라이즈는 소련과 전면전이 발생할 경우 유럽에서는 공세로 나가고 극동에서는 방어에 주력한다는 전략을 갖고 있었다. 또한 문라이즈는 베링해협-동해-황해를 잇는 도서방어선을 군사적으로 확보해야 한다는 주장을 담았다. 이는 1950년 1월 당시 국무장관인 딘 애치슨(Dean Acheson)이 내셔널프레스 클럽 연설에서 제시한 '도서방위선(島嶼防衛線)' 개념이 합참의 극동지역 비상전쟁계획에서 먼저 구체화되었음을 보여준다.

문라이즈를 통해 알 수 있듯이 합참은 수적 열세에 놓인 주한미군이 소련군을 차단할 수 없을 것이라고 보았다. 미국은 남한을 지키기 위해 일본에서 증원군을 파견하더라도 미군의 패배와 한반도로부터의 철수를 궁극적으로 막을 수 없다고 결론 내렸다. 또한 일본 주둔 병력을 남한으로 증원시키는 전략은 일본의 방어를 위협하는 결과를 불러올 수 있었다. 문라이즈는 결론적으로 전쟁 발발 후 주한미군이 즉시 일본으로 철수해야 한다고 판단했다. 더불어 합참은 알류샨열도, 일본 본토, 오끼나와에 있는 공군기지들을 기점으로 하여 아시아대륙의 적을 공격한다는 전략적 구상을 보여주었다.

 1948~49년 미 합참은 핀처의 연장선상에서 브로일러(Broiler), 프롤릭(Frolic), 해프문(Halfmoon), 오프태클(Offtackle) 등의 암호명으로 불린 비상전쟁계획을 연이어 내놓았다. 이렇듯 비상전쟁계획은 여러번의 수정을 거치면서도, 극동 및 한반도와 관련된 합참의 전략적 발상은 핀처와 문라이즈의 내용을 수정 없이 반영했다. 이 계획들은 미국이 공군력을 동원하여 적을 공격할 수밖에 없고, 이러한 공격을 위해서는 공군기지 확보가 필수적임을 강조했다. 또한 오끼나와는 공군력으로써 아시아대륙의 적을 공격하기 위한 중심지로 지속적으로 거론되었다.

 오끼나와 공군력의 강화는 또다른 정치적 관점에서 극동지역의 미군에게 매우 중요한 정책으로 인식되기 시작했다. 다름 아닌 맥아더의 일본 비군사화 계획을 현실화할 구체적 방안 중 하나로 합참의 비상전쟁계획이 주목받은 것이다. 1946~48년 당시 연합군 최고사령관(SCAP)이자 미 극동군사령관이었던 맥아더의 가장 큰 임무는 과거 적대국 일본의 전후처리 문제였다.[129] 1945년 9월 22일 발표된 「항복 후 미국의 초기 대일방침」(SWNCC 150/4A)은 점령계획이 '비군사화'와 '민주화'라는 2가지 기본방침에 따라 실시될 것임을 밝히고 있었다. 비군사화는 일본의 전쟁수행능력을 상실케 함으로써 일본이 다시는 미국과 세계의 평화에 위협이 되지 않도록 하는 데 목적이 있었다. 주요 내용은 일본군의 완전한 무장해제, 군사시설 및 장비의 파괴, 일본군 조직 폐지 등이었다.

그러나 1947년 냉전의 격화를 계기로 일본의 전력 육성 및 배치에 대한 논쟁이 벌어지게 되었다. 이것이 이른바 재군비논쟁이다. 미국은 1948년 10월 국가안전보장회의 문서 「미국의 대일정책에 대한 권고」 (NSC 13/2)를 통해 점령 종결 후에도 일본이 미국에 우호적인 국가가 되도록 일본의 안정을 강화해야 한다는 입장을 제시했을 뿐 아니라, 1949년 10월에는 일본의 자위력을 발전시켜야 한다는 의견을 내놓기에 이르렀다. 하지만 당시 일본 점령의 최고책임자였던 맥아더는 일본의 경제부흥에 대해서는 동의했지만, 재군비에 대해서는 일본헌법 제9조와 '오끼나와'의 공군 요새화를 명분삼아 부정적인 태도를 보였다. 1947년 6월 합참의 문라이즈가 완성된 이래, 맥아더는 줄곧 오끼나와 공군력 강화를 통해 일본의 비무장화를 보완할 수 있다고 보았다.[130]

맥아더의 주요 과제 중 하나였던 일본의 비무장화는 오끼나와의 분리·군사지배, 미군에 의한 전략거점화와 불가분의 관계에 있었다. 맥아더는 1947년 6월 말, 토오꾜오를 방문한 미국인 기자단과의 간담회에서 오끼나와를 미군이 지배하고 미공군의 요새로 만들면 비무장국가 일본이 군사적 진공지대가 되는 일은 없을 것이라는 생각을 명확하게 밝혔다.[131] 1947년 6월 합동참모본부는 문라이즈를 완성하며 오끼나와를 대소봉쇄의 거점으로 확정했고, 같은 시기 맥아더는 오끼나와를 일본의 비무장화를 실현할 주요 방편으로 인식했다. 위와 같은 오끼나와 공군력을 활용한 대소봉쇄와 일본 비무장화라는 인식의 접점에서 연합군 최고사령부는 사실상 1947년 9월 독도를 포함해 아시아·태평양지역에 여러 폭격연습장을 공식적으로 지정했다고 평가할 수 있다.

1948년 3월 맥아더는 미국 대소봉쇄정책의 이론적 창시자라 할 수 있는 조지 케넌(George F. Kennan)과의 회담에서도 동일한 생각을 보여주었다. 이 회담에서 맥아더는 태평양의 방어를 위해 알류샨열도, 미드웨이 섬과 일본의 위임통치하에 있는 섬들, 필리핀의 클라크(Clark) 공군기지, 오끼나와를 포함하는 U자 모양의 지역을 확보하는 것이 중요하다고 역설했다. 그는 오끼나와로부터 아시아대륙에 있는 모든 항구를 통제할 수 있다고 판단해 미국이 오끼나와만 확보할 수 있으면 일본 본토에 미군을 주둔시킬 필요가 없다고 주장했다. 맥아더는 일본 본토가 적의 수중에 들어가지 않는 한 오끼나와에서 공군력을 동원하여 아시아대륙에 위치한 목표물을 파괴할 수 있다고 주장했다.[132] 오끼나와를 근거지로 영향력을 행사할 수 있는 미공군력의 존재는 맥아더의 극동지역 군사정책의 핵심이었다.

종합해보면, '오끼나와'와 '공군력'에 대한 미국인들의 관심은 1947~48년 미국의 동아시아 대소봉쇄정책의 변화, 미 합참의 비상전쟁계획 수립, 맥아더의 일본 비군사화 계획 등의 일환으로 극대화되었다. 2차대전 후의 대규모 동원해제 과정에서 미군은 병력과 물자의 지역별 배분에 대해 고민할 수밖에 없었고, 소련과의 갈등 촉발 시 극동지역에서는 전략공군과 핵무기라는 압도적 공군력을 활용해 방어한다는 계획을 수립했던 것이다. 미군은 한반도의 미 지상군을 철수시키고, 오끼나와 공군력을 대폭 강화하여 극동지역에 대한 방어력을 증진시키고자 했다. 그리고 실제 이 같은 계획은 한국전쟁 과정에서 상당정도 시행되었고, 그 가공할 영향력을 가감없이 보여주었다.

독도폭격사건: 한국전쟁 씨뮬레이션과 민간인 희생

1948년 4월 15일 캐슬(Castle) 공군기지에 주둔 중이었던 제93폭격비행전대는 전략공군사령부로부터 중요한 야전명령(field order)을 하달받았다. 야전명령 16호로 알려진 이 문서는 제93폭격비행전대 전부가 미 극동공군 공격력의 일부가 되기 위해 3개월 동안 임시적으로 일본 오끼나와로 이동할 것을 명했다. 이러한 극동지역 이동의 목적은 장거리 폭격, 정찰, 사진촬영 같은 현지 군사훈련을 위한 것이었다.[133]

제93폭격비행전대의 오끼나와 이동은 전략공군사령부 산하의 전대로서는 전례없는 대규모 이동이었다. 전대의 일부 병력이 극동지역에 주둔하며 군사훈련을 수행한 경우는 있었지만, 전대 산하의 제328, 329, 330폭격비행대대 및 전대에 소속된 모든 보급·정비·행정 부서까지 함께 이동한 대규모 훈련은 전례가 없었다. 때문에 제93폭격비행전대는 오끼나와 이동을 준비하는 데에만 수주의 시간을 보내야 했다.[134] 사진 1-1은 독도폭격사건 발생 약 한달 전인 1948년 5월 초, 오끼나와행 B-29기의 이륙을 준비하고 있는 제93폭격비행전대 대원들의 모습이다. 바야흐로 1947년 6월 완성된 극동지역 비상전쟁계획 '문라이즈'가 그 이름처럼 현실로 부상하는 순간이다.

1948년 5월 9일 오후 2시 제93폭격비행전대 소속 B-29기 1828호가 전대 이동의 사전준비를 위해 오끼나와에 가장 먼저 도착했다. 이후 5월 23일 B-29기 5대로 구성된 최초 편대의 도착을 시작으로, 3~5대로 구성된 B-29기 편대들이 카데나(嘉手納) 공군기지에 속속 도달하여, 1948년 5월 31일에는 총 25대의 B-29기가 오끼나와에 머무르게 되었다.

1-1. 캐슬 공군기지에서 오끼나와로 이동을 준비하고 있는 제93폭격비행전대 대원들

이들은 90일의 훈련기간 동안에 21회의 임무를 수행하기로 계획되어 있었다. 이 21회의 임무들 중에서 독도는 6월 한달 동안 계획된 여덟번의 임무 중 세번째에 해당하는 제3임무(Mission No. 3)의 첫번째 폭격 목표물이었다.[135]

독도폭격사건이 발생했던 1948년 6월 8일, 오끼나와 카데나기지에서 1분 간격으로 이륙했던 B-29기들은 카미노시마 북단에서 회합하여 11시 47분에 첫번째 폭격시발점[136]인 울릉도 상공에 도착했다. 이후 B-29기들은 대대 형태로 울릉도 상공을 떠났는데, 이들은 7대의 B-29기로 선두를 구성한 제330대대, 6대의 B-29기로 그 뒤를 엄호하며 낮은 고도에 위치한 제328대대, 6대의 비행기로 가장 높은 고도에서 비행한 제329대대, 그리고 개폐구 고장으로 홀로 비행하며 폭탄을 투하한

1760호 등으로 구성되었다. 이와 같이 이날 실제 폭격을 수행한 총 20대의 폭격기들은 여타 임무들과 마찬가지로 약 1분 간격으로 자신의 폭탄들을 한꺼번에 표적지점에 쏟아부었다. 제330대대는 11시 58분, 제329대대는 12시, 제328대대는 12시 1분에 각각 폭격을 수행했다.

당시 미공군 문서에 따르면, 20대의 B-29기들은 총 76발의 폭탄을 독도 상공에서 투하했는데, 폭격의 결과는 평균 오차반경(circular error) 300피트를 기록했고, 매우 성공적으로 훈련을 마친 것으로 평가되었다.[137] 오차반경은 원형공산오차율(circular error probable)로도 불리는 군사용어로, "폭탄의 반수가 투하될 것으로 예상되는 원의 반지름"으로 정의된다.[138] 다시 말해 이날 투하된 76발의 폭탄들 중에서 약 38발이 반지름 300피트(약 91.44미터)의 원 안에 투하되었음을 의미한다. 이는 당대 B-29기의 폭격 기술로는 꽤나 높은 적중률이었다.

독도폭격사건에 관해서는 여러 논쟁이 있었는데(제1부 주석 121 참조), 여기서는 한국전쟁과 관련하여 몇가지 중요하게 짚어볼 만한 사실들만을 기술하고자 한다. 우선 냉전 초기 독도폭격훈련은 소련과 북한을 향한 미군의 '위력과시용'이었을 가능성이 매우 높다는 사실을 적시할 필요가 있다. 미국의 고위급 퇴역장성들과 학계 전문가들로 구성된 방위정보센터(Center for Defense Information)의 분석에 따르면, 오끼나와 카데나기지 같은 해외 미군기지들에는 기본적으로 4가지의 공통임무가 있다. 첫째, 해외기지의 목적은 재래식 군사력을 미국이 우려하는 지역에 투입하기 위함이다. 둘째, 만약 필요하다면 핵전쟁을 준비한다. 셋째, 독일이나 한국 같은 분단된 분쟁지역에서 적의 공격 시 미국의 개입을 보장하는 '인계철선(引繼鐵線)'으로 기능한다. 넷째, 미국의 힘을 상징하는 기능을 한다.[139] 이 4가지 기능 모두는 독도폭격사건 및 한국전쟁과 관련하여 중요한 함의를 지닌다. 오끼나와 미공군기지들은 사실상 극동지역에서 전쟁을 예방하거나 수행하기 위한 미군의 핵심시설이었고, 독도는 이곳으로부터 출격한 폭격기들의 최북단 훈련장이었기 때문이다.

여기서 당시 오끼나와 주둔 미군 폭격기들이 실제 어디까지를 자신의 작전범위로 설정하여 군사훈련을 수행했는가를 눈여겨볼 필요가 있다. 대한민국 국가 수립을 불과 두달 앞둔 시점에 소련·북한과 인접한 독도를 향해 대량의 폭탄을 실제 투하했다는 사실은 오끼나와 주둔 미공군이 한반도를 군사적으로 장악할 수 있다는 사실을 대외적으로 과시하기 위한 행위로 해석할 수도 있기 때문이다. 즉 미군은 이 폭격을 통해 오끼나와의 재래식 공군력과 핵무기가 한반도 전체를 충분히 보호할 수 있으며, 북한이 독도를 포함한 한반도 미군시설을 공격할 경우 이를 인계철선에 대한 침범으로 간주하여 즉각 무력개입할 수 있다는 사실을 대외적으로 공식화한 것으로도 볼 수 있다.

다음으로 독도폭격사건이 한국전쟁과 관련하여 의미심장하게 읽히는 대목 중 하나는 대규모의 민간인 희생에 관한 부분이다. 1948년 6월 16일 미 극동공군사령부는 미군 폭격기의 독도폭격 사실을 최초로 공식 시인했는데, 폭격의 전개과정과 관련하여 사건 당일 정찰기와 폭격기가 독도 인근 어선들을 바윗돌로 오판했고, 해상에서는 아무런 선박도 보지 못했고, 그리하여 B-29 폭격기대는 2만 3000피트의 매우 높은 고공에서 '연습탄'을 투하했다고 주장했다.[140] 하지만 필자가 확인한 미공군 문서에 따르면, 연습탄을 투하했다는 극동공군사령부의 발표 내용과는 달리 파괴폭탄(general purpose bomb)이라는 실제 폭탄이 1000파운드가량 훈련에 사용되었음을 확인할 수 있었을 뿐만 아니라,[141] 2만

3000피트보다는 훨씬 낮은 고도에서 실제 훈련이 수행되었을 가능성도 적지 않은 것으로 판단되었다.

예컨대 2002년 미국의 연구자 마크 로브모(Mark Lovmo)와 인터뷰한 제93폭격비행전대 산하 제329폭격비행대대 폭격수 출신 존 깁슨(John Gibson)의 회고는 저공 정밀폭격 가능성과 관련하여 중요하게 검토해 볼 만하다. 그는 1948년 여름 3개월간의 오끼나와 체류 사실에 대해 회고하며, 그해 6월 "섬 끝에 위치한 섬 주변의 작은 만"에 폭격했던 경험을 떠올렸다. 그는 임무수행 동안에 작은 만 내부의 "작은 배들"(small boats)을 보았다고 증언했으며, "누군가 그들이 그곳에서 마약이나 그와 비슷한 유의 것을 싣고 있다고 타전했던 것 같다"고 대답했다.[142]

「제93폭격비행전대사」에 따르면, 1948년 6월 폭격훈련지로 정해진 표적 중에 바다 한가운데 섬은 독도 외에 제2임무의 패럴론 드 메디닐라(Farallon De Medinilla) 섬과 제7임무의 마우그(Maug) 섬뿐이다. 하지만 북마리아나 제도의 작은 산호섬인 패럴론 드 메디닐라와 가파른 절벽으로 구성된 작은 화산섬인 마우그 모두 현재까지 사람이 살지 않을 뿐만 아니라 경제활동도 진행되지 않는 무인도다.[143] 다시 말해 상공에서 육안으로 확인할 수 있을 정도로 많은 배가 조업을 수행하고, 그들의 일부를 품을 수 있는 만이 존재하는 섬은 사실상 독도뿐이다. 결과적으로 깁슨이 증언한 선박에 대한 폭격 사실은 실제 독도폭격일 가능성이 높다. 또한 선박을 자신의 눈으로 직접 확인했다는 사실은 당일 폭격이 2만 3000피트보다는 훨씬 낮은 곳에서 진행되었을 가능성을 강하게 시사한다.

실제 한국공군에 복무 중인 한 장교는 필자와 인터뷰 과정에서 당일 B-29기들이 독도 상공에서 일제히 고도를 낮추어 폭격을 수행하고, 목표 상공을 지난 후 다시 고도를 높였을 가능성이 높다고 말했다. 실제 중폭격기 훈련과정에서 목표물이 너무 작을 경우 폭격의 성과를 높이기 위해 고도를 대폭 낮춰 폭격을 수행한 후 다시 고도를 높이곤 한다는 것이다.[144] 2010년 3월 18일 이화여대 정병준 교수와 전화 인터뷰를 수행했다는 권재상 예비역 공군대령의 발언도 주의를 기울여 살펴볼 필요가 있다. B-29기 폭격훈련과 관련하여, 권 대령은 기상이 좋은 날 넓은 표적을 향해 폭탄을 투하할 때 약 1만 5000피트 고도에서 폭격을 수행하고, 정밀폭격 훈련 시에는 최저 2500피트, 최고 8000피트에서 폭탄을 투하한다고 언급했다.[145] 즉 2차대전 당시 영국공군이 수행한 것처럼 '지역폭격' 수행 시에는 고공에서 대량폭격을 진행하지만, 아주 작은 목표지점에 대한 정밀폭격 시에는 고도를 상당히 낮춘다는 사실을 의미한다. 1948년 미 극동공군이 주장한 2만 3000피트와 권 대령이 언급한 2500~8000피트 사이에는 상당한 고도의 격차가 존재한다.

만약 당일 미공군이 수천피트의 저공에서 실제 한국 민간어선을 확인했음에도 불구하고 대량으로 폭탄을 투하했다고 '가정'한다면, 도대체 왜 이처럼 비인도적인 작전을 진행한 것일까. 일상적 훈련과정에서 타국의 민간어선을 향해 폭격을 가한다는 것이 상식적으로 가능한 일일까? 현대의 군사교범과 군사윤리에 기초하자면, 집단적 민간선박들의 존재를 확인한 상태에서 폭격훈련을 강행한다는 것은 상상조차 할 수 없는 일이다. 하지만 1948년 극동지역이라는 역사의 시공간 속에서는 이처럼 놀라운 일이 아예 불가능하다고 단정짓기도 힘들다. 독도폭격사건은 현대인의 시선이 아닌 당대인의 관점에서 적잖은 '군사문화사적 접근'을 요하는 문제이기 때문이다.

제329폭격비행대대의 폭격수였던 깁슨은 1948년 6월 폭격훈련 수행

중 특정 민간인 선박들을 향해 폭격을 수행했다는 사실을 증언했다. 폭격 당시 그는 해당 선박의 선원들이 마약류의 물건을 싣고 있다는 무전을 들었던 것 같다고 증언했고, 폭격 후에도 해당 선박들이 불법 마약운반선이라는 얘기를 전해들었다고 말했다.[146] 여기서 주목할 사실 중 하나는 훈련지역 내에 있는 아시아 마약상인들에 대한 오폭사건 정도는 문제가 될 만한 사안이 아니라는 사고가 당대 미공군 내에서 통용되었을 가능성이 높다는 점이다. 설령 해당 섬 주변의 선박들이 실제 마약운반선이라 할지라도, 미군은 어떤 구체적 증거 확보나 법적 절차 없이 그들을 함부로 파괴할 수는 없었다. 때문에 깁슨의 발언은 당대 미국인들에게 보편적으로 통용되던, 2차대전 당시의 아시아인에 대한 인종주의적 편견을 입증해준다.

앞서 살펴보았듯이 2차대전기 일본인 혹은 아시아인에 대한 미국의 인종주의적 편견은 현재 학계에서도 통용되는 역사적 사실이다. 독도폭격사건이 2차대전 종료 후 불과 3년 뒤에 발생했다는 사실을 상기할 필요가 있다. 미국의 역사학자 브루스 커밍스(Bruce Cumings)의 주장처럼, 독도폭격사건 2년 후에 발발했던 한국전쟁 중에도 아시아인을 향한 미군의 인종주의적 편견은 결코 현격하게 줄어들지 않았다.[147] 필자 또한 이 책을 통해 자세하게 소개될 상당량의 한국전쟁기 미공군 문서들을 통해 한국전쟁기에도 미군의 인종주의적 시각이 여전히 강력하게 잔존했음을 추론할 수 있었다. 우리는 한국전쟁 발발 불과 5년 전 극동지역에서 무차별 대량폭격을 수행했던 주체들이 자신의 무대를 고스란히 한반도로 옮겼을 뿐이라는 사실을 기억할 필요가 있다.

제2부

북폭

"놀라 당황하지는 않았는지,
굳건히 버텨내고 있는지 궁금합니다." *

_ **스딸린** Joseph Stalin, 한국전쟁 발발 7일째 되는 날

1950년 7월 7일, 날카로운 전화벨 소리가 초여름의 습한 공기를 가르며 작은 사무실 안에 찌르렁 울렸다. 덩치 큰 두 남자는 인상을 찌푸렸다. 그중 한 사내는 이내 화를 내기에 이르렀다. 전화기에 새겨진 숫자 "2278".[1] 그것은 조선민주주의인민공화국 내각 수상 김일성의 개인 직통전화였다.

김일성 맞은편의 남자는 북한 주재 소련대사 떼렌찌 슈찌꼬프(Terenty F. Shtykov)였다. 그는 김일성의 요청에 따라 면담에 응하고 있었다. 마주 앉은 두 사람의 표정은 매우 일그러져 있었다. 종종 긴 한숨이 새어나오기도 했고, 무심결에 언성이 높아지기도 했다. 슈찌꼬프는 이날의 만남에 대해 스딸린에게 보고하면서 다음과 같은 문장으로 보고서를 마무리했다. "본인은 김일성이 몹시 화를 내고 허둥대는 모습을 처음으로 보았습니다."[2]

김일성이 소련대사 앞에서 자신의 당혹스러움을 감추지 못했던 이유는 전쟁 초기부터 본격화된 미공군의 공중폭격 때문이었다. 7월 7일 김일성의 집무실을 끊임없이 울려대던 수많은 전화의 대부분은 북한지역에서 본격화된 미공군의 공중폭격에 대한 보고를 담고 있었다. 김일성은 "사방에서 전화해서 미공군의 폭격과 대규모 파괴에 대해 보고한다"고 슈찌꼬프에게 말했다. 슈찌꼬프는 같은 날 스딸린에게 발송한 또다른 전문(電文)을 통해 "미공군의 대대적인 폭격"이 "조선 지휘 성원들과 주민들에게 어두운 인상을 주고 있다"고 분석했다. 박헌영(朴憲永), 김두봉(金枓奉), 김달현(金達鉉) 등 많은 간부들이 미국의 참전과 대규모 공중폭격에 대한 우려를 토로했고, 이에 김일성은 "매우 힘들다"고 슈찌꼬프에게 하소연했다.[3]

한국전쟁 초기 슈찌꼬프의 전문을 통해 확인할 수 있는 북한지도부의 불안과 동요는 한국전쟁사에 능통한 전문연구자들에게도 꽤나 생소한 역사적 사실일 것이다. 지금까지 국내외의 어떤 책이나 논문에서도 이와 같은 전쟁 초기 북한지도부의 혼돈과 당혹스러움에 대해 언급하지 않았기 때문이다. 한국전쟁에 대한 공식 역사서술에서 전쟁 초기는 북한군의 압도적 승리의 시기로만 기록되었다. 남한, 북한, 미국, 중국, 소련의 공식 역사서술에서도 모두 마찬가지다.

실제 1950년 7월 7일 전선에서 북한군의 전황은 겉보기에 상당히 낙관적이었다. 7월 5일 북한군은 오산에서 미 지상군과 최초로 교전하여 그 병력의 3분의 1을 몰살시키는 커다란 승리를 거두기까지 했다. 기존 학계의 한국전쟁 서술에 따르면, 당시 북한지도부는 승리의 축배를 들며 화기애애한 분위기에 휩싸여 있어야 했다. 그러나 당대 소련 문서에서 보듯, 김일성을 포함한 북한지도부는 소련대사 앞에서 자신의 불안과 당혹감과 좌절감을 여과없이 드러내고 있었다.

당대 소련 문서를 통해 알 수 있는 전쟁 초기 북한지도부의 불안과 좌절의 표면적 원인은 전쟁 초기부터 본격화된 미공군의 북한지역 대량폭격 때문이었지만, 좀더 근본적으로는 그들의 예상보다 훨씬 빠르고 전면적으로 전쟁에 개입한 미국의 결단 때문이었을 것이다. 또한 역사적으로는 그들의 식민지기 경험을 통해 획득한 다양한 공중폭격 관련

지식 때문이었을 것으로 추측할 수 있다. 북한지도부는 식민지기 일본의 중국대륙 폭격뿐 아니라, 미군의 일본 본토 폭격에 대해 누구보다 잘 알고 있었다. 앞서 살펴보았듯이 일제는 거의 매일 신문기사를 통해 공중폭격의 위력을 선전했고, 조선인의 전시체제 동원을 위해 항공의 중요성을 끊임없이 전파했다. 또한 북한지도부는 2차대전 시기 미공군 공중폭격의 가공할 위력에 대해서도 익히 잘 알고 있었을 것이다. 일본 본토를 향해 무차별적으로 투하되었던 소이탄과 원폭의 '화우(火雨)'가 북한지역에도 쏟아질 가능성은 매우 높아 보였다.

하지만 한국전쟁 초기 미공군은 과거 무차별적으로 도심을 불살랐던 일본 본토 폭격 방식과는 달리, 북한지역에서는 '군사목표'(military target)만을 향한 '정밀폭격'(precision bombing) 방식으로 공중폭격을 수행하고 있었다. 게다가 전쟁 초기 4개월(1950년 7~10월) 동안 북한지역 폭격에 임했던 폭격기들은 과거 일본폭격에 사용했던 소이탄을 사용하지 않았다. 이 기간 동안 유엔군사령관 맥아더는 북한 도심을 향한 소이탄 공격을 완강히 거부했다. 폭격의 주체는 동일했지만, 폭격의 방식은 분명히 5년 전 일본에서 진행됐던 것과는 매우 달랐다.

과연 2차대전과 한국전쟁 사이의 5년 동안에 미군 내부에서는 어떤 변화가 발생했던 것일까? 그리고 그 같은 변화가 내포하는 역사적 의미는 무엇일까? 당시 북한정부의 공식성명과 언론을 통해 제시되었던 미공군의 북한 도심지역 무차별폭격 기사들은 모두 허구일까? 한국전쟁 발발 전후 시기 미국, 소련, 북한에서 작성된 다양한 문서들은 이 같은 의문에 대한 나름의 해답을 제시해줄 것이다.

4장
정밀폭격

평화에 대한 시대적 열망과 폭격정책

2차대전 후 공군력 운용에 대한 미국 내 움직임은 크게 2가지 대립적 흐름 속에서 진행되었다. 하나는 공군력의 중요성을 인식해 공군을 별도 창설하고, 2차대전에서 큰 위력을 떨친 전략공군력을 대폭 확충해야 한다는 주장이었다. 다른 하나의 흐름은 2차대전기 일본 본토 폭격에서 단적으로 드러난 전략폭격의 비인도적 성격에 주목하고, 공군력 자체의 군사적 효율성을 불신하는 주장이었다. 일부 세력들은 독립적인 미 공군의 창설까지 반대하고 나섰다.

1947년에 이르러서야 미국은 육군과 해군으로부터 독립된 공식적인 미공군(United States Air Force)을 설립하게 되었다. 이는 1947년 7월 26일 트루먼 대통령의 국가안보법 승인과 함께 이루어진 조치였으며, 1918년 창설된 영국공군보다 무려 29년이나 늦은 것이었다.

새로 창설된 공군은 체계적인 하부조직이 필요했다. 미국 본토 내 전투부대들은 전략공군사령부(Strategic Air Command), 전술공군사령부(Tactical Air Command), 공군방위사령부(Air Defense Command)로

나뉘었고, 해외의 부대들은 전구(戰區)사령관들에 의해 통제되었으며, 그외 공군물자사령부(Air Material Command)나 공군대학(Air University) 같은 여러 지원사령부들이 새롭게 조직되었다. 한국전쟁기 유엔군 공군작전을 총괄적으로 지휘한 극동공군사령부는 유럽공군(Air Forces in Europe), 카리브공군(Caribbean Air Command), 알래스카공군(Alaskan Air Command) 등의 사령부와 함께 지역 영공방위를 담당했다.[4]

새로운 군사교리도 필요했다. 흔히 교리(敎理, doctrine)란, 군부대가 국가목표 달성을 지원할 때 군사활동에 적용할 수 있는 기본원칙, 방침 및 개념을 가리키는 것으로서, 가장 권위있는 것이면서도 적용 시에는 판단을 요하는 것으로 정의된다.[5] 2차대전 직후 미공군이 사용하던 교리는 1943년 작성된 '전쟁부 야전교범 100-20'(War Department Field Manual 100-20) 「항공력의 지휘와 활용」(Command and Employment of Airpower)이었다. 그러나 2차대전기의 야전교범에는 전략공군, 영공방위, 항공운수 등의 개념이 포함되지 않았기에 공군은 조직을 독립시키고 확장하는 데 더해 교리를 수정하고 체계화할 필요가 있었다.

새로운 군사교리의 작성은 그다지 용이하지 않았다. 교범의 내용 및 형식과 관련하여, 공군 내부에서 불일치와 갈등이 있었다. 특히 전술공군사령부는 전략공군작전과 전술공군작전의 구분 및 체계화 과정에서 지속적으로 논쟁을 불러일으켰다. 그 결과 1953년 4월 1일에 이르러서야 공군교범의 초석인 '공군교범 1-2'(Air Force Manual 1-2) 『미공군 기본교리』(United States Air Force Basic Doctrine)가 편찬되었다.[6] 사실상 한국전쟁기 전반에 걸쳐 미공군은 새로운 조직의 군사교리를 지니지 못한 채, 과거의 교리에 의존해 전쟁을 치르고 있었다.

비록 한국전쟁기 미공군이 새로운 조직의 군사교리를 만들어내지는 못했지만, 조직 내부의 조율을 통해 어느정도 일치된 군사교리를 공유하고 있었다. 그 대표적 사례로 2차대전에서 부각된 원자폭탄 및 전략공군의 활용법에 대한 묵시적 합의를 꼽을 수 있다. 1943년의 미군 교범은 당연히 1945년에 개발된 핵무기 사용과 관련된 내용을 전혀 포괄하지 못하고 있었다.

전쟁 직후인 1945년 10월 미 육군항공대 사령관 아널드는 스파츠, 호이트 반덴버그(Hoyt S. Vandenberg), 로리스 노스태드(Lauris Norstad) 등 육군항공대의 주요 인물들을 일괄 소집했다. 가까운 장래에 스파츠와 반덴버그는 차례로 미공군 참모총장의 직위에 오르고, 노스태드는 북대서양조약기구(NATO) 사령관에 오르게 되는, 당대 공군의 최고 핵심인사들이었다. 이들이 모인 이유는 2차대전기 실전에서 사용된 원자폭탄이 장래 미국과 공군력에 미칠 영향에 대해 논의하기 위해서였다. 그들의 논의는 궁극적으로 2차대전기 재래식 무기를 활용한 정밀폭격정책의 효율성에 대해 의문을 품지 않는 것으로 갈무리되었다. 더불어 이들은 원자폭탄이 전략폭격의 효력을 강화하는 수준에 불과하다고 주장했다. 이들은 값비싼 원자폭탄의 투하는 대부분의 목표물에 적합하지 않으며, 재래식 공중폭격은 계속 필요하게 될 것이라고 주장했다. 사실상 2차대전기 전략항공작전의 유용성을 재확인하고, 일본 본토 폭격에서 많은 부분 와해된 정밀폭격정책을 다시 채택하자고 주장한 것이다.[7]

1946년 공군대학이 수립되었을 때, 대학 교수위원회는 정밀폭격에 대한 미국의 기본교리를 강조하며 모든 교육과정이 다음과 같은 개념을 따를 것이라고 천명했다. "항공력의 궁극적 목적은 적국의 핵심지점에 대한 직접적 공중폭격을 통해 적국의 항복을 이끌어내는 것이다."

이 같은 군사교리는 한국전쟁 이전 시기 합동참모본부의 통상적인 전쟁계획에도 반영되어 있었다. 합동참모본부는 공군작전의 공공연한 목적은 "소련의 저항의지를 파괴하는 것"이지만, 공군의 주요 임무는 언제나 "소련의 전쟁수행능력과 직결된 핵심요소들에 대한 강력한 공중공격"이라고 강조했다.[8] 태평양전쟁기 일본 도심을 향한 소이탄과 원자폭탄 투하로 인해 상당히 와해됐던 미국의 정밀폭격 원칙은 전후 군사교리 확립과정에서 다시 강조되기 시작했다.

2차대전 이후 정밀폭격 원칙은 단지 군사적 요소뿐 아니라 정치적 요소가 강하게 개입되며 그 중요성이 부각되었다. 2차대전 직후 미국사회 곳곳에서 전쟁기 미군의 무차별적 민간인 공격에 대한 자성의 목소리가 터져 나오기 시작했다. 특히 다수의 민간인 희생을 야기한 전략폭격과 원폭에 대한 비판은 미국 내 정치인, 언론은 물론 해외 여론, 심지어 미군 내부에서도 제기되었다. 조직의 독립과 확장 및 전략공군력의 성장을 꾀하던 공군 측 인사들은 미군 내부에서도 제기된 정치적 비판에 당황했다.

미국의 역사학자 싸르 콘웨이-란츠(Sahr Conway-Lanz)의 주장에 따르면, 역사적으로 미국은 짧지 않은 '민간인 면제원칙'(Noncombatant Immunity)의 전통을 지닌다. 미국의 남북전쟁(1861~65) 과정에서 북부 사람들은 남부 사람들에 대한 혹독한 전쟁수행정책으로 내부적으로 충돌했다. 북부의 연방군은 개인재산을 마구 불태우곤 했는데, 이는 1864년 대통령선거 당시 정치문제로 대두했다. 남북전쟁 이후 서부지역에서 진행된 아메리카 원주민들에 대한 군의 잔인한 전투방식 또한 문제가 되었다. 개혁론자들은 원주민 학살을 비판했고, 이 같은 비판은 언론과 의회의 주목을 받았다. 필리핀전쟁에서는 독립운동을 잠재우기 위한 유화정책 후반기에 싸마르(Samar) 섬 전체를 불태우려 한 미국인 관리가 의회조사 및 처벌을 받기도 했다.[9]

콘웨이-란츠의 주장처럼, 미국 내부에서도 전쟁기 민간인 보호와 관련된 원칙들이 점진적으로 발전해온 것이 사실이다. 그리고 이러한 발전과정이 1940년대 후반 미국사회 내부의 전쟁에 대한 비판적 목소리에 어느정도 영향을 주었을 것으로 평가할 수 있다. 그러나 2차대전 이후 미국사회 곳곳에서 터져 나오기 시작한 자성의 목소리는 위와 같이 미미한 미국 내부의 역사를 반영한 것이라기보다는, 오히려 '유럽'을 중심으로 폭발하여 미국 내부까지 심각하게 동요시킨 '외부의 목소리'로부터 커다란 영향을 받은 것이었다. 2차대전 이후 유럽에서는 '반전'과 '평화'가 거스를 수 없는 시대적 대세가 되었다. 전후 유럽인들은 자신들의 눈앞에 가시적으로 펼쳐진 수많은 죽음과 폐허의 충격 속에서 전쟁 발발을 억제시키지 못했던 스스로를 강하게 질책하기 시작했다. 유럽에서 '반전'과 '평화'는 그 누구도 거스를 수 없는 시대적 과제이자 사명으로 간주되고 있었다.[10]

같은 시기 소련은 유럽인들의 평화를 향한 갈망을 기민하게 포착하여 자국의 정책과 이데올로기에 적극적으로 반영하기 시작했다. 1947년 9월 말 소련은 동구 6개국 및 프랑스·이딸리아 공산당지도자들과 함께 코민테른의 전후(戰後) 판이라고 볼 수 있는 코민포름(Cominform, 공산당정보국) 창립대회를 개최하고, 미제국주의를 최대의 적으로 규정하는 '양대진영론'을 공식적으로 발표했다. 소련공산당 서기 즈다노프(A. Zhdanov)가 발표한 양대진영론은 1947년 3월 트루먼 독트린, 6월 유럽경제원조 계획인 마셜플랜의 발표 같은 당대 미국의 대소봉쇄정책의 급부상에 대한 소련의 공식적 대응이었다. 소련은 코민포름 결성과 양대진영론의 발표를 통해 미국의 마셜플랜을 방해하고, '반전평화' 슬로건을 통해 일면방위 일면공세라는 이른바 '평화공세'의 문을 열었다. 그리고 이후 스탈린은 유럽 엘리뜨들 사이에 만연한 전쟁에 대한 공포와 미국에 대한 의심에 편승하여 국제평화운동을 개시했고, 자신이 죽을 때까지 양대진영론을 중심으로 한 '평화' 담론을 소련 문화전략의 핵심으로 강조했다.[11]

양대진영론의 핵심내용은 2차대전 후 세계가 미국 주도의 '제국주의·반(反)민주주의 진영'과 소련 주도의 '반(反)제국주의·민주주의 진영'으로 양분되었다는 것이다. 미국 주도하의 소위 반민주주의 진영이 새로운 '전쟁'을 도발하여 제국주의 세계지배를 획책하고 있으며, 소련을 선두로 하는 민주주의 진영은 이에 맞서 '평화'를 수호하는 세력이기 때문에 두 진영은 서로 타협할 수 없는 대립을 하고 있다는 것이다. 사실상 즈다노프가 도식화한 국제정세는 세계를 새로운 전쟁을 도발하는 미국 주도의 '악'의 진영과 그를 저지하여 평화를 수호하려는 소련 주도의 '선'의 진영으로 양분했던 것이다.

사상이나 이념에는 중립·온건·강경이 있을 수 있다. 그러나 전쟁과 평화 앞에는 이것이냐 저것이냐의 양자택일밖에 없다. 결국 전쟁의 진영이 아니라 평화의 진영에 선다면 불가불 소련 편에 설 수밖에 없도록 몰고 가는 것이 '양대진영론'의 심리적 전략이었다. 특히 2차대전으로 수많은 인명과 재산의 피해를 입은 유럽인들에게 전쟁 없는 평화는 거역할 수 없는 현재적 합의이자 미래의 목표이기도 했다. 냉전 초기 유럽에서 평화론은 커다란 대중적 지지를 받을 수밖에 없는 사회적 구조를 이미 형성하고 있었던 것이다.

실제 즈다노프의 선언 직후부터 소련과 동유럽의 사회주의 진영은 체계적이고 파상적인 '평화운동'을 조직하여 서방세계의 지식인들에게까지 커다란 호소력을 발휘했다. 당대 사회주의 진영의 평화운동을 분석한 미국의 보고서는 "국제공산주의자들에 의해 고안된 가장 위험한 거짓말"이라는 표현을 사용하며 그에 대한 두려움을 직접적으로 드러내기도 했다.[12]

유럽의 평화운동은 1948년 8월 '평화수호를 위한 세계지식인 위원회'(International Committee of Intellectuals in Defense of Peace) 수립을 기점으로 더욱 급속히 확산되기 시작했다. 같은 해 9월 코민포름은 이 단체의 수립을 "2차대전 이후 지식인들이 만들어낸 가장 위대한 진보의 증거"라고 환영했다.[13] 1949년 4월 20~24일에는 72개국 1784명 대표자들이 빠리와 프라하에서 개최된 '세계평화옹호자대회'(World Congress of Partisans of peace)——'세계평화회의'(World Peace Congress)라고도 불림——에 참석하여 "핵무기를 포함한 여타 인류 대량살상무기의 사용금지"를 요구하는 성명서를 채택했다.[14] 1949년 10월에는 세계평화회의 상설위원회가 작성한 평화를 위한 제안이 발표되었는데, 그 5가지 제안, 즉 군비경쟁 중단, 핵폭탄 위협 중단, 전쟁간섭행위 중단, 평화옹호자들에 대한 억압행위 중단, 신경전 중지 등은 당대 평화론의 핵심이 '반전평화'였음을 분명히 보여준다.[15]

전쟁 참화의 기억을 생생히 간직하고 있던 당대 유럽인들에게 반전평화의 메시지는 커다란 반향을 일으키며 순식간에 퍼져갔다. 1949년 11월 코민포름 3차대회에서 소련 대표 수슬로프(M. Suslov)는 위와 같은 반전평화의 메시지가 수억 민중의 마음을 사로잡았다고 주장했다.[16] 실제 1950년 3월 세계평화옹호자대회의 「스톡홀름 호소문」(Stockholm Appeal) 발표와 이에 대한 서구 지식인들의 호응은 그 단적인 사례였다. 당시 세계평화회의 의장 졸리오퀴리(F. Joliot-Curie)의 주장에 따르면, 전체 인류의 약 8분의 1이자 전체 성인의 약 4분의 1에 해당하는 2억 7347만 566명이 스톡홀름 호소문에 서명했다고 하니, 유럽 혹은 범사회주의권에 미친 평화운동의 영향력이 얼마나 막강했는지 충분히 짐작할 수 있다.[17]

미국사회 내부에서도 위와 같은 반전평화론에 적극적으로 호응하는 세력이 형성되기 시작했다. 뉴욕을 포함한 미국의 주요 대도시들에서는 반전평화를 핵심내용으로 하는 평화서명운동이 일었다. 미국정부는 국내에서도 빠르게 확산되기 시작한 평화운동을 '평화공세'(peace offensive)라고 표현하며 민감하게 반응하기 시작했다. 이제 미국정부는 어떤 형식으로든 평화론의 국내외적 확산에 대응하지 않을 수 없게 되었다. 특히 1949년 국제적십자위원회(ICRC)의 전쟁기 민간인 보호를 위한 제네바협약의 체결이 논의되면서, 미국은 소련 중심의 사회주의 국가들뿐만 아니라 우방국들로부터 제기된 문제에 대해서도 적극적으로 호응하지 않을 수 없었다. 1949년 전쟁기 민간인 보호를 위한 제네바협약 논의 과정은 미국이 이 문제로부터 절대 자유로울 수 없다는 사실을 보여준 상징적 사건이었다.[18]

하지만 흥미롭게도 전략폭격의 비인도적 성격에 대한 미국 내부의 본격적 논의는 1949년 가을 미국 '군' 내부로부터 시작해서 미국 정계와 언론, 대중으로 급속히 확산되는 이례적 양상을 보여주고 있었다. 10월의 의회청문회에서는 전략폭격의 정치적 문제를 중심으로 논의가 진행되었는데, 이는 새로운 무기체계에 대한 해군과 공군 사이의 논쟁으로 촉발된 것이었다. 1947년 국가안보법에 의한 공군의 창설은 군 내에 여러 문제를 불러일으켰다. 갈등의 핵심은 장래 전쟁에서 각 군이 담당할 임무에 대한 경쟁, 그리고 전후 감축된 군 예산의 할당 등이었다. 특히 1949년 4월 정부가 새로운 항공모함 건조계획을 철회하자 해군 내 우려감은 최고조로 증폭되었다.

해군제독들은 언론 인터뷰를 통해 공군의 주력으로 사용되고 있는 장거리 전략폭격기의 문제점에 대해 신랄히 비판했다. 그들은 정부에 의해 생산이 거부된 항공모함과 함재기(艦載機)들이 공군폭격기를 훌륭히 대체할 수 있다고 주장했다. 윌리엄 헬시(William F. Halsey) 제독은 공군의 장거리폭격기들이 군사적으로 효율적인 '정밀조준폭격'(pinpoint bombing)을 수행할 수 없다고 주장했다. 대니얼 갤러리(Daniel V. Gallery) 제독은 『쌔터데이 이브닝 포스트』와의 인터뷰에서 공군의 전략폭격과 핵공격은 "보통사람들"(common people)을 향한 전쟁이라고 비난했다.[19]

해군제독들은 10월 6일부터 시작된 의회청문회에서 공군에 대한 비판의 수위를 더욱 높였다. 당시 미국언론은 해군제독들의 공격을 "제독들의 반란"(The Revolt of the Admirals)으로 명명했다. 아서 래드퍼드(Arthur W. Radford) 태평양함대 사령관은 해군 측의 합의된 의견을 개괄적으로 제시했다. 래드퍼드는 그 스스로 "핵공격"(atomic blitz) 전략이라고 명명한 미공군의 도시폭격 전략이 군사적 측면에서 비효율적일 뿐 아니라, 도덕적으로도 미국인의 정서와 맞지 않는다고 주장했다. 그는 미국의 중폭격기가 핵공격의 상징적 존재이며, 고공에서 수행되는 정밀폭격은 "도시지역 전반에 대한 폭격"에나 어울리는 군사작전이라고 주장했다. 10월 11일 랠프 오프스티(Ralph A. Ofstie) 해군 소장 또한 "전략폭격은 과거 사례와 미래 계획을 통해 알 수 있듯이, 군사적으로 불합리한 제한적 효력을 지니며, 도덕적으로 그릇되고, 전후의 안정성에 치명적으로 해롭다"고 주장하며 전략폭격을 맹공했다. 해군제독들은 공군의 전략폭격이 군사적으로도 불합리할 뿐 아니라, 미국의 국가적 목적과도 상충한다고 주장했던 것이다.[20]

공군전쟁대학(Air War College)의 오빌 앤더슨(Orville A. Anderson)은 해군제독들의 공격에 대응하여 공군 측의 의회증언 초고를 작성했다. 그는 자신의 글을 통해, "전쟁과정에서 인도주의적 가치는 국가 생존을 위해 국가의 필요에 따라 조정되어야만 한다"는 도발적 주장을 제시했다. 그러나 이 같은 주장은 스튜어트 싸이밍턴(Stuart Symington) 공군부 장관과 반덴버그 공군 참모총장에 의해 거부되었다. 미공군은 해군제독들의 공격에 내부적으로는 격노했지만, 의회증언에서는 차분히 대응했다.[21]

공군 측 대표로 참석한 싸이밍턴과 반덴버그의 논리는 간명했다. 공군은 군사전략으로서 민간인에 대한 집단적 폭격을 선호하지 않는다는 것이었다. 두 증인은 산업지역에 대한 공격이 필연적으로 민간인 희생을 야기하나, 이는 전략폭격만의 성격이 아니라 현대 총력전의 어쩔 수 없는 결과라고 주장했다. 이들 다음으로는 오마 브래들리(Omar N. Bradley) 합동참모본부 의장이 증인으로 출석했다. 브래들리는 해군제독들을 강하게 비판하며 공군의 전략폭격은 도시폭격이 아니라 "적국의 전쟁수행능력이나 잠재력"에 대한 공격이라고 정의했다.[22]

1949년 가을 미 해군과 공군 인사들을 중심으로 진행된 전략폭격의 효율성과 정당성에 대한 논쟁은 미공군의 향후 작전수행에 중요한 영향을 미치게 된다. 첫째, 미공군은 앞으로의 전쟁에서 더이상 노골적인 도시폭격을 수행하기 어렵게 되었다. 특히 대규모 민간인 희생을 초래하는 핵무기의 사용은 더욱더 힘들어졌다. 1949년 의회청문회를 통해 전략폭격 및 민간인 희생에 대한 논쟁이 국민적 관심사가 되었기 때문이다. 이제 미공군은 구조적으로 과거 영국공군의 지역폭격정책 같은 노골적인 도시폭격정책을 선택할 수 없게 되었다. 1949년 의회청문회에서 주장된, '군사목표'만을 향한 '정밀폭격'정책은 미공군의 미래 전쟁수행에서 필수적인 전제가 되었다. 2차대전기와는 달리, 민간인 보호라는 정치적이고 인도적인 가치가 군사정책에 직접적으로 영향을 미치고 있었다.

둘째, 의회 내의 공세적 비판에도 불구하고 미공군의 전략폭격은 그 군사적 가치를 인정받았을 뿐만 아니라, 오히려 존재의 기반을 확장할 수 있는 기회를 얻을 수 있었다. 1949년 공군은 예산이 삭감되자 전체 조직을 60개 전대(戰隊, group)에서 48개 전대로 축소했다. 그러나 전략공군사령부는 오히려 18개 전대에서 19개 전대로 확대되었다.[23] 이 같은 전략공군사령부의 중요성에 대한 인정과 조직의 확장에는 1948년 전략공군사령관으로 새로 부임한 커티스 르메이의 공이 매우 컸다. 르메이는 태평양전쟁 당시 원폭 투하 없이 공중폭격만으로도 전쟁을 충분히 종식시킬 수 있었다고 확신했던 인물이다.[24] 그는 자신의 경험을 토대로 미래 전쟁에서 전략항공력의 중요성을 확신했고, 놀라울 정도로 빨리 자신의 업무를 추진해나갔다. 그는 짧은 기간 동안 전략공군 비행사들의 훈련과정을 체계화했고, 극동지역에서 함께 일했던 동료들을 불러 모아 전략공군의 중요성을 홍보하며 조직의 체계화를 꾀했다.[25]

2차대전 후 미군 내부에는 위와 같이 2가지 흐름, 즉 민간인 보호와 군사작전의 효율성을 강조하는 '군사목표 정밀폭격'이라는 미공군 정책의 한 흐름과, 적 후방지역에 대한 대량폭격을 강조하는 또 하나의 흐름이 1차대전 이래 역사적 발전을 거치며 모순적으로 공존하게 되었다.

하지만 이 2가지 흐름은 사실상 상반되는 가치, 즉 민간인 보호와 대량 파괴라는 상이한 가치를 추구했기 때문에 공군 내부적으로도 지속적인 갈등관계에 놓일 수밖에 없었다. 물론 한국전쟁에서도 이처럼 상반된 가치의 공존과 갈등은 다양한 내용과 형식을 통해 반복적으로 표출되곤 했다.

정밀폭격정책의 적용

워싱턴 시간으로 1950년 6월 24일 오후 9시 26분, 미 국무부는 한국전쟁 발발에 대한 최초의 보고를 서울로부터 접수했다. 존 무초(John J. Muccio) 대사의 다급한 전문보고에는 북한군의 전면적 남침 소식이 담겨 있었다.[26] 국무부는 즉시 트루먼 대통령과 국방부에 이 소식을 통보했다. 트루먼 대통령은 6월 25일 2차에 걸친 긴급회의를 진행했다. 회의에는 국무부와 국방부의 주요 관료, 브래들리 합동참모본부 의장, 조셉 콜린즈(Joseph Lawton Collins) 육군대장, 포레스트 셔먼(Forrest P. Sherman) 해군제독, 반덴버그 공군 참모총장이 참석했다. 정·군의 최고인사들이 한데 모인 회의였다. 트루먼은 이 회의 직후 유엔의 회원국 원조제공 특별결의안이 채택되기도 전에 미군의 한국전 참전을 명령했다.[27]

워싱턴과 토오꾜오 사이의 시차로 인해 미 극동군사령관 맥아더가 이 지시를 받은 시각은 6월 27일 오후 6시였다. 명령 접수 직후 맥아더는 한국인의 사기 회복을 위한 미공군의 즉각적인 북한군 공습을 주장했다. 그리고 그의 주장은 이내 트루먼 대통령에게 닿을 수 있었다. 한국전쟁 당시 전구사령관과 대통령의 의사소통은 국방장관과 합동참모본부(JCS)를 통해 이루어졌다. 이들은 하루 중에도 수차례 의견을 교환했기 때문에 명령 및 건의사항은 매우 신속히 전달될 수 있었다. 루이스 존슨(Louis A. Johnson) 국방장관은 6월 29일 남한 영토만을 공격하도록 제한되어 있는 미공군의 작전구역을 북한지역까지 확대해야 한다고 주장했다. 트루먼은 존슨의 주장을 즉시 승인했다.[28] 트루먼의 북한지역 공격지시가 토오꾜오에 도착한 시간은 한국시간으로 6월 30일 저녁이었다.

한국시간으로 1950년 6월 29일 오전 6시, 맥아더는 수원비행장에 있었다. 그리고 그는 이곳에서 우연히 북한 야크기와 미국 무스탕기의 공중전을 직접 눈으로 확인할 수 있었다. 맥아더는 공중전을 자신의 눈으로 확인한 후 제공권 장악의 중요성을 절실히 느끼게 되었다. 미 극동공군사령관 조지 스트레이트마이어(George E. Stratemeyer)는 기회를 놓치지 않고 맥아더에게 제공권을 장악하려면 즉시 북한지역을 공격해야 한다고 청했다. 맥아더는 현장에서 이를 승인했고, 이 지시는 즉각 실행으로 옮겨졌다. 6월 29일 오후 극동공군 산하 제3폭격전대(3rd Bombardment Group)의 평양비행장 폭격이 진행된 것이다.[29]

이날 맥아더는 작전구역을 북한지역까지 확대하라는 트루먼의 명령이 하달되기도 전에 현장에서 다소 즉흥적으로 북한지역 폭격을 명령했다. 이는 미공군의 북한지역에 대한 최초 공습이었다. 아무리 전쟁이 다급하게 진행될지라도, 전쟁 발발 직후 적대국 수도의 비행장 폭격 지시가 대통령 허가 없이 전구사령관에 의해 결정되었다는 사실은 매우 이례적이라고 볼 수 있다. 더불어 이 상황은 한국전쟁기 내내 문제가 되었던 맥아더의 지휘권 남용을 엿볼 수 있는 장면 중 하나이기도 하다.

미공군 작전구역의 확대는 곧 북한지역 내 주요 군사·산업 시설과 도시지역 상당부분의 파괴가능성을 시사했다. 북폭의 시작과 함께 북한 지도부가 느꼈던 공포와 좌절감은 매우 실재적이면서도 역사적인 성격의 것이었다. 그러나 한국전쟁 초기 38선을 넘어선 미공군 폭격기들에게는 과거와는 달리 2가지 엄격한 제한조치가 있었다는 사실에 유념할 필요가 있다. 첫째는 소련 및 중국 국경지역은 폭격하지 말라는 것이었고, 둘째는 북한지역 내 군사목표만을 정밀폭격하라는 지시였다. 첫번째 폭격정책은 전쟁의 확대를 두려워한 워싱턴의 정치적 고려로 형성된 정책이었고, 두번째 정책은 앞서 살펴보았듯이 한국전쟁 이전 시기에 확립된 미공군 군사교리가 한국전쟁에 적용된 것으로 볼 수 있다.

압록강과 두만강 부근의 국경지역 폭격금지 명령의 중심에는 미 국무부가 있었다. 1950년 6월 29일 미 국무장관 애치슨은 국가안보회의 석상에서 미공군의 작전이 북한으로 확대되어야 한다는 데 동의하지만, 항공작전이 한반도를 벗어나지 않도록 사전예방조치를 취해야 한다고 주장했다.[30] 애치슨의 주장은 합동참모본부와 맥아더를 거쳐 스트레이트마이어에게 즉시 전달되었다. 7월 3일 스트레이트마이어는 극동공군 산하 모든 조종사들에게 국경지역 폭격금지 명령을 하달했다.[31] 이 같은 원칙은 한국전쟁 종결시점까지 변함없이 유지되었다.

군사목표 정밀폭격이라는 미공군의 폭격정책은 앞서 살펴보았듯이 1949년 미공군 전략폭격의 무차별적 성격에 대한 미국 내의 큰 논쟁 이후 사실상 뒤흔들기 힘든 중요한 군사적 가치가 되었다. 미공군 역사학자 로버트 푸트렐(Robert F. Futrell)은 1950년 6월 29일 국가안보회의에서 트루먼 대통령이 북한지역에 대한 '무차별폭격'을 금지했다고 주장한다.[32] 하지만 6월 29일 국가안보회의 자료는 지금까지 공개되지 않고 있기 때문에, 트루먼의 지시 여부는 확실히 입증된 사실은 아니다.³³ 다만 같은 날 맥아더에게 하달된 합동참모본부의 다음과 같은 명령을 통해 '순수 군사목표' 폭격에 대한 트루먼의 명령 가능성을 추측해볼 수 있다. "귀관은 귀관의 작전을 북한지역의 비행장, 보급소, 석유탱크 집합지역, 병력집합소, 기타 순수 군사목표(purely military targets)로 확장할 수 있도록 인가받았다."³⁴ 합참은 미공군의 작전구역을 북한지역으로 확장한 명령서를 통해, 북한지역의 '순수 군사목표'에 대한 제한적 폭격을 동시에 명령했다.

1950년 7월 4일 유엔군사령관 맥아더는 "한국에서의 적대행위와 관련하여 현재 본인의 작전통제하에 있는 군대에 의해 억류되거나 권력 내에 들어온 북한군의 인원과 기타 북한사람들은 무력충돌에 관여한 문명국가들이 적용하고 승인한 인도주의의 원칙에 따라 대우될 것"이라고 선언했다. 그는 "여러 협약들의 인도적 원칙, 특히 1949년 제네바협약 제3조를 지침으로 삼을 것"이라고 말했다.³⁵ 제네바협약 공통 제3조는 전시 가장 우선적으로 보호해야 할 사람을 "적대행위에 능동적으로 참가하지 않은 자"로 규정함으로써, 기존 국제법상의 피보호인 범위를 가장 광범위하게 확장시킨 전시 민간인 보호에 관한 국제법 조항이다.³⁶ 전시 민간인 보호는 거스르기 힘든 시대적 과제처럼 인식되었다. 한국전쟁 발발 후 불과 수일 만에 미공군의 공중폭격과 관련된 주요 정책적 제한조치들이 틀을 갖추었다. 전쟁 초기 미 극동공군은 '국경지역 폭격금지'라는 제한조치와 함께, '군사목표 정밀폭격'이라는 폭격정책 안에서 북폭을 수행해야만 했다.

북폭의 수행주체와 목표

한국전쟁 발발 당시 미 극동공군에는 2차대전기 일본 본토 폭격 같은 대량폭격을 수행할 수 있는 역량이 부족했다. 한국전쟁 발발 직후 북폭의 수행에 최초로 투입된, 극동공군 산하 제5공군(Fifth Air Force, FAF) 제3폭격전대의 폭격기들은 모두 대량폭격에는 부적합한 B-26 경폭격기였다. 오직 극동공군 제20공군 제19폭격전대 소속의 B-29 중폭격기들만이 그와 같은 폭격을 수행할 수 있었다. 이에 1950년 7월 3일 미공군 참모총장 반덴버그는 미 본토의 전략공군사령부 예하 제15공군의 2개 중폭격기부대에 극동지역 임무수행을 명령했다. 이러한 부대이동은 미국 본토 전략공군의 역량을 크게 약화시키는 조치였다. 그러나 반덴버그는 38선 이북 목표물의 파괴가 절대적으로 필요하다는 관점에서 이 폭격부대들을 한국에 파견했다. 반덴버그는 "전선 배후의 공급원을 파괴하고 동시에 보급을 차단하지 않고서는 전장에서의 전술작전이 충분한 성과를 거둘 수 없다"고 스트레이트마이어 사령관에게 말했다.[37]

미 극동공군사령관 스트레이트마이어는 새로운 중폭격기부대들이 합류하고, 북한지역 공중폭격을 수행할 지휘부가 필요하게 되자 1950년 7월 8일 극동공군 폭격기사령부(FEAF Bomber Command)를 창설했다. 이 사령부는 전략공군에서 차출된 중폭격기 2개 전대(제22폭격전대와 제92폭격전대)와 제31전략정찰대대, 극동공군의 제19폭격전대로 구성되었다. 반덴버그는 에멧 오도넬(Emmett O'Donnell, Jr) 소장을 폭격기사령관에 임명했다. 오도넬은 2차대전 초기 필리핀에서 제19폭격전대의 한 중대를 통솔했던 노련한 지휘관이었다. 그는 2차대전

후반기에 마리아나 제도에 대한 전략폭격을 지휘했고, 1948년부터 전략공군 산하 제15공군을 지휘해왔다. 오도넬은 자기 부대 휘하(제15공군)의 2개 전대와 함께 한국전 참전을 명령받은 것이다.[38]

전쟁 초기 극동공군 폭격기사령부의 주요 임무는 북한군의 전투력에 기여하는 북한지역 산업시설과 군수창고, 유류저장소, 한강-삼척 라인 북쪽의 도로·철도·항만과 항공시설 등을 파괴하는 일이었다. 즉 한강에서 압록강 사이에 있는 북한군 수송망을 차단하고, 북한군 병참보급에 도움을 주는 산업시설을 파괴하는 것이 폭격기사령부의 주임무였다.[39] 스트레이트마이어는 1950년 7월 11일 폭격기사령부에는 위와 같은 '북한지역' 임무 수행을 명령했고, 7월 12일 제5공군에는 '남한지역' 전술공군작전을 지시했다.[40] 극동공군은 비로소 자신의 공군 역량을 양분하여 최대로 운용할 수 있는 지휘체계를 확립하게 되었다.

한국전쟁 초기 극동공군 폭격기사령부의 북한지역 폭격 목표는 거의 모두 대도시에 집중되어 있었다. 폭격기사령부는 북한지역 출격 이전에 목표물을 구체적으로 배정했는데, 대부분은 평양, 원산, 흥남, 함흥, 청진, 나진, 성진 등 북한의 대도시에 위치하고 있었다. 한국전쟁 초기 미공군의 북한지역 폭격이 대도시지역에 국한된 이유는 폭격기사령부의 작전 자체가 '차단작전'과 '전략폭격'이라는 2가지 작전개념하에 전개되었기 때문이다.

차단작전(遮斷作戰, interdiction)이란 적의 병력과 물자가 전선으로 이동하지 못하도록 적 후방의 교통중심지, 도로, 철도, 병력이동로, 이동병력의 숙소 등을 폭격하는 항공작전을 일컫는다. 다시 말해 인력과 물자의 이동을 가능하게 하는 적 후방의 모든 시설을 공중에서 파괴하는 작전이다.[41] 따라서 북한 철도와 도로교통의 중심지였던 평양, 원산,

함흥, 청진, 나진 등의 대도시는 전쟁 초기부터 미공군 차단작전의 핵심 목표로 설정될 수밖에 없었다. 특히 원산, 진남포, 나진 등은 물자가 대량으로 드나드는 항구도시이기도 했다. 이렇게 주요 역과 항구를 끼고 있는 북한 대도시들은 '차단작전'이라는 단일한 작전개념만으로도 폭격기사령부의 주요 타깃으로 설정되기에 이미 충분한 요건을 지니고 있었다.

차단작전과 더불어 병행된 전략폭격은 앞서 제1부에서 자세하게 설명했지만, 다시 한번 간략히 설명하자면, 적의 전쟁수행능력과 전쟁의지를 파괴하기 위해 적 후방의 핵심목표를 구조적으로 괴멸시키는 공중폭격작전을 통칭한다. 따라서 전략항공작전은 적의 군사·산업·정치·경제구조를 총체적으로 파괴하고 사기를 꺾는 것을 기본목표로 한다.[42]

북한의 주요 도시들은 당연히 미공군의 전략폭격에서 핵심목표로 설정될 수밖에 없었다. 왜냐하면 당시 북한지역의 주요 도시들은 전략폭격의 주요 목표물인 대규모 산업시설들을 포함하고 있었기 때문이다. 과거 일제는 대동강 하구의 겸이포제철소 건설을 시작으로 1910년대부터 수많은 공업시설들을 북한지역에 건립했다. 특히 1940년대 일제의 전쟁수행과정에서 북한지역의 군사공업은 매우 빠르고 광범위하게 발전해나갔다. 물론 이 같은 일제의 군사·산업 시설들은 해방 후 고스란히 김일성정권에 의해 접수·운용되었다. 일본학자 키무라 미쯔히꼬(木村光彦)와 아베 게이지(安部桂司)는 "일제의 전쟁준비가 김일성의 전쟁준비로 직결되었다"고 주장했는데, 이 같은 주장은 결코 과장된 것만은 아니었다.[43]

그 대표적인 예로는 김일성정권의 평양병기제조소 활용을 들 수 있다. 평양병기제조소는 일제시기 육군병기창 소속의 병기공장으로서,

각종 포용 탄환과 항공기탄 등을 제조하는 곳이었다. 소재지는 평양 중심부에서 가까운 대동강 왼쪽 기슭이었다. 1935년 당시 제조소 부지 면적은 약 66만 1000제곱미터였고, 가까운 곳에 생산물을 보관하는 육군 병기창 평양출장소(1940년 이후에는 평양병기보급창)가 있었다. 제조소의 종전 직전 탄환제조 능력은 월간 18만발(연간 200만발 이상)이었고, 종전 당시에는 6000명의 노동자가 근무할 정도로 대규모였다.[44]

해방 후 김일성은 평양병기제조소에 남겨진 설비와 기술자, 노동자를 모아 북한 병기공업의 중핵으로 삼았다. 1947년 9월에 기관총을 시험 제작했고, 다음 해 3월에는 최초의 제품을 완성했다. 1949년 2월 김일성의 지시하에 평양의 공장은 설비를 확장하고 '65공장'이라는 암호명으로 불리게 되었다. 훗날 김일성은 한국전쟁기 평양 65호 공장의 성과에 대해 다음과 같이 평가했다. "우리는 많은 힘과 자금을 들여 65호 공장을 꾸리고 처음으로 총과 포탄을 생산하기 시작하였습니다. (…) 조국해방전쟁 때 비행기라든가 큰 포 같은 것은 자체로 만들지 못했지만, 기관단총, 박격포, 탄약과 포탄 같은 것은 적지 않게 자체로 생산 보장했습니다."[45] 이처럼 평양 시내 한가운데 위치했던 대규모 병기공장은 응당 한국전쟁 초기 미공군 전략폭격의 핵심목표로 설정되지 않을 수 없었다.

평양 외에도 북한의 여러 도시들은 일제시기 이래 주요한 산업중심지였다. 지역분포로 보면, 일제시기 '북선(北鮮)공업지대'와 '서선(西鮮)공업지대'로 구분되는 지역에 대부분 집결해 있었다. 북선공업지대에는 홍남, 청진, 성진, 길주 등의 공업도시가 있었고, 인근에는 배가 드나들거나 머물기에 좋은 양항(良港)인 나진, 청진, 홍남, 웅기가 있었다. 서선공업지대는 북한지역의 서해안을 따라 형성된 공업지대로, 그 핵심은 평양, 진남포, 신의주였다. 이 지역에도 양항들이 있었고, 철광석, 석탄, 석회석, 텅스텐 등의 자원이 풍부했다.[46] 북한의 주요 도시들에 위치한 대규모 공업지대들은 미공군 전략폭격에서 제외될 수 없는 핵심적 목표물일 수밖에 없었다.

5장
북폭, 그리고 논쟁의 시작

원산폭격: 구름 위의 맹목폭격

　미공군 참모총장 반덴버그의 특별지시에 의해 한국전쟁 참전을 명령받은 전략공군 산하 제22폭격전대와 제92폭격전대는 1950년 7월 13일 오끼나와에 도착하자마자 북한지역 폭격명령을 하달받았다. 전대 전체가 오끼나와로 신속하게 이동해 즉시 폭격을 수행한 과정은 1948년 독도폭격사건의 원인이 된 B-29기들의 제반 훈련과정을 연상시킨다. 2개 전대 소속의 B-29기들은 각각 미국의 마치(March) 공군기지와 페어차일드(Fairchild) 공군기지로부터 이동명령을 받은 후 불과 8일 만에 그들의 첫 임무를 수행하게 된 것이다. 당시까지 미국 역사에서 전대의 이동배치가 이렇듯 신속하게 이루어진 경우는 없었다.[47]

　이들의 첫 임무는 38선 이북의 주요 항구·산업도시이자 철도 요충인 원산의 조차장과 항만을 폭격하는 것이었다. 특히 원산항 남단의 원산정유공장은 한반도 내에서 가장 큰 정유소일 뿐 아니라, 아시아에서도 몇째 가는 대규모 정유시설이었다. 원산 북쪽 8킬로미터 지점에 위치한 조선석유회사는 대형 석유저장시설을 보유했다. 원산부두는 7척의 원

양어선과 50여척의 중소형 선박이 정박할 수 있는 대형항구였다. 항구에 위치한 원산조선소에는 2차대전 종전 당시 830명의 노동자가 목조선을 건조하고 있었다. 원산의 철도는 한반도 3대 철도 간선의 하나였으며, 원산기관차공장은 한반도에서 두번째로 큰 열차수리시설이었다. 2차대전 종전 당시 조선총독부 철도국공장 원산공장에는 978명에 이르는 노동자가 근무했다.[48]

원산은 이와 같은 중요성 때문에 7월 13일 이전에 이미 두차례 폭격을 받은 상태였다. 1950년 7월 6일 9대의 B-29기가 정유공장을 공격했고, 1950년 7월 7일에는 11대의 B-29기가 항만시설을 중심으로 폭격작전을 수행했다.[49] 전략공군 산하의 폭격기들이 오끼나와에 도착하기 전에 극동공군 제20공군 산하의 B-29기들이 먼저 원산지역을 공격했던 것이다. 약 일주일 뒤인 7월 13일의 원산공격은 극동지역에 새로 합류한 2개 전대가 수행한 것이며, 이 2개 전대의 합류와 함께 극동공군 폭격기사령부는 애초 바랐던 자신의 위용을 제대로 갖추게 되었다.[50]

7월 13일의 원산폭격은 당시 폭격기사령부 B-29기 57대 중에 56대가 동원된 매우 이례적인 대규모 작전이었다. 계획에 따르면 B-29기의 애초 목표물은 원산의 "교통 및 저장 복합단지"(transportation and storage complex)였다. B-29기들은 '육안폭격'(visual bombing)을 수행할 경우 폭격의 조준점을 '조차장'에 두고, '레이더폭격'(radar bombing)을 수행할 경우 조준점을 '선착장과 저장시설'에 두기로 계획했다. 그리고 애초 이 같은 계획하에 원산을 향해 출격한 B-29기들은 원산 상공에서 '레이더폭격'이라는 방법을 선택했다. 이는 곧 원산부두와 인근의 저장시설이 폭격의 조준점으로 설정되었음을 뜻했다.[51]

B-29기 조종사들이 원산 상공에서 레이더폭격이라는 방법을 선택한

이유는 폭격 시점의 원산 날씨와 밀접한 관련이 있다. 그날 원산은 짙은 구름이 넓게 분포해 있어 날씨가 매우 흐렸다. B-29기 조종사들은 원산 상공의 흐린 날씨 때문에 짙은 구름 위에서 시야가 가려진 채 레이더 조준에 의한 특정 좌표지점 폭격을 감행했다.

문제는 한국전쟁 당시 레이더폭격은 사실상 특정 좌표지점에 대한 무차별적인 맹목폭격(blind bombing)과 다를 바 없는 폭격술이었다는 사실이다. 당시 B-29기 대원들은 매우 초보적 수준의 레이더에 의지하고 있었다. 더군다나 구름 등에 의해 시야가 완전히 가려진 상태에서 특정 좌표지점을 향해 대량의 폭탄을 무차별적으로 투하했다. 때문에 레이더폭격 방법을 활용한 도심지역 대량폭격에는 적잖은 민간인 희생이 따를 수밖에 없었다. 예컨대 1950년 7월 서울폭격과 1950년 11월 압록강 인근 목표물 폭격 당시 맥아더는 반드시 '육안폭격'만을 수행하라고 명령했는데, 이 같은 명령은 레이더폭격의 부정확성과 무차별적 성격을 염두에 둔 것이었다.[52]

따라서 7월 13일 원산폭격 당시 레이더폭격을 수행할 경우 조준점을 조차장이 아닌 선착장에 두라는 사전계획은 군사목표만을 정밀폭격하여 민간인의 피해를 줄인다는 워싱턴의 폭격정책을 염두에 둔 조치로 보인다. 열차조차장은 원산 도심 한가운데 위치한 반면, 선착장은 상대적으로 민간인 밀집도가 낮은 지역에 위치했기 때문이다. 레이더폭격은 육안폭격에 비해 목표물 적중률이 현저히 떨어졌기 때문에, 폭격기사령부는 레이더폭격 시 선착장을 중심으로 공중폭격을 수행하기로 계획한 것이다.

통상적으로 폭격기사령부는 작전수행 직후 반드시 사진정찰을 통해 폭격결과를 직접 평가했다. 7월 13일 작전에 대한 사진평가는 사흘 후

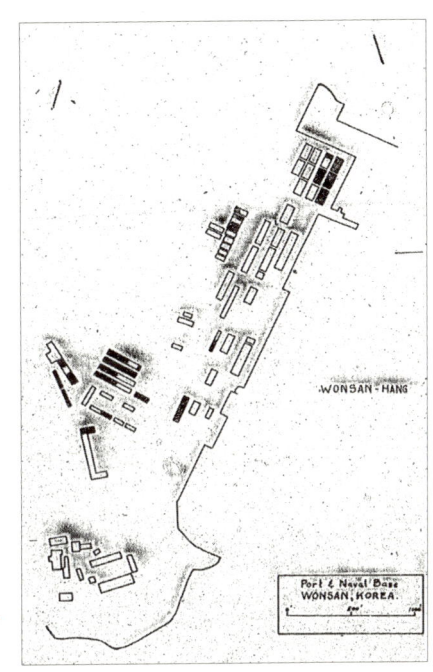

2-1. 1950년 7월 13일 원산선착장과
인근 저장시설 폭격 성과 도면

인 7월 16일에나 가능했다. 악천후 때문에 폭격 직후는 물론 폭격 후 사흘 동안이나 사진촬영을 실시할 수 없었기 때문이다. 그런데 7월 16일 실시된 사진분석관들의 폭격결과평가는 폭격기사령부의 애초 목표가 원산 도시 전체가 아닌, '원산선착장'과 선착장에 연한 '저장시설'이었음을 단적으로 보여준다. 사진분석관들은 원산시 전반의 폭격피해 규모를 평가하지 않고, 애초 목표로 설정했던 선착장 인근의 피해규모만을 정밀 분석하고 있기 때문이다.

위의 그림 2-1은 원산지역 전략폭격작전의 목표물과 폭격성과를 표시한 도면이다. 사진분석관들은 공중폭격의 목표물 자체를 원산 항만에 국한해 인식했다. 평가는 도면에 표시된 개별 건물들로 한정되었고, 폭격피해 정도는 도면상의 건물에 검은색을 덧칠하는 방식으로 표현

5장 북폭, 그리고 논쟁의 시작 111

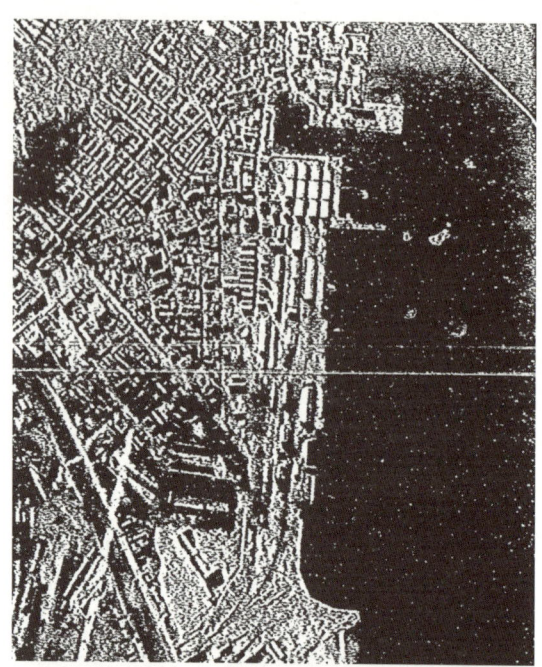

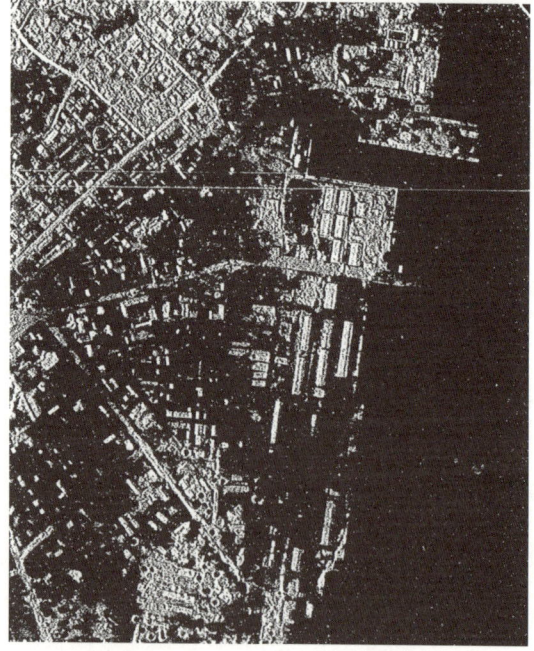

2-2. 1950년 7월 13일 원산지역 폭격 전후의 모습

되었다. 도면상에 검게 덧칠된 건물들은 모두 "심각히 손상되거나 파괴된"(heavily damaged or destroyed) 건물을 의미했다.

사진분석관들은 최종적으로 목표구역의 50퍼센트가 파괴되었다고 평가했다. 이는 애초 공격목표로 설정된 원산선착장과 인근 저장시설의 피해 정도만을 의미했다. 그런데 실상 7월 13일의 폭격은 항만의 창고시설 50퍼센트 파괴에만 그치지 않았다. 실제 공중폭격은 원산조차장과 항만 일대의 광범위한 구역에 피해를 입혔다. 폭격 전후 원산의 모습을 보여주는 사진 2-2를 살펴보자.

사진 2-2의 상단 사진은 7월 13일 폭격 이전 원산선착장 인근의 모습이고, 하단 사진은 폭격 사흘 뒤 미공군이 촬영한 동일 지역의 모습이다. 앞서 제시한 그림 2-1의 도면은 폭격기사령부의 원래 목표가 원산선착장 및 선착장에 인접한 창고 몇동에 불과했음을 보여준다. 그러나 사진 2-2는 원산선착장 부근의 인구밀집지역 전반의 피해가 심각하고 광범했음을 단적으로 보여준다. 폭격 전후의 이 두 사진을 비교해보면, 원래 파괴하고자 했던 선착장과 해안의 창고시설 외에도 광범한 민간지역이 파괴되어 평지처럼 검게 나타난 상황을 확인할 수 있다. 또한 하단 사진의 아래쪽에는 원모양의 폭탄구멍들이 여럿 형성되어 있는 모습도 볼 수 있다.

실제 사진분석관들의 목표물 피해 분석에는 원산지역의 광범위한 파괴 양상을 간접적으로 보여주는 대목이 있다. 사진분석관들은 "폭탄의 주요 탄착점이 조차장 북쪽의 선착장과 창고지역에 집중되었다"고 평가함과 동시에, "조차장 남동쪽 약 3마일(5킬로미터) 지점의 커다랗고 뾰족한 석유저장지역이 광범위한 피해(extensive damage)를 입었다"고 지적한다. 또한 조차장 북쪽의 항구시설과 무관한 조차장 남쪽지역까지

"광범위한 피해"를 입었다고 밝히고 있다.[53] 56대의 B-29기는 악천후 속에서 레이더폭격을 통해 선착장과 조차장을 중심으로 원산 시내 전반에 걸쳐 피해를 입혔던 것이다. 애초 원산선착장에 대한 정밀폭격을 계획했으나 실제 폭격양상은 마치 인구밀집지역 상당부분에 대한 무차별폭격처럼 진행되고 말았다.

여기서 또 주목할 만한 사실은 위와 같은 전쟁 초기 폭격수행자들의 '폭격목표'와 '폭격현실'의 괴리가 당대 '폭격수행자'들과 '폭격피해자'들의 현실인식 차이로 직결되었다는 점이다. 전쟁 초기부터 북한사람들은 미공군의 북한지역 폭격을 도시 그 자체에 대한 무차별폭격으로 인식하고 선전하기 시작했다. 북한은 1950년 7월 19일 원산을 방문한 『데일리워커』 특파원의 말을 빌려, 7월 초의 원산폭격을 다음과 같이 묘사했다.

미군은 7월 6일과 13일, 두차례에 걸쳐 원산에 폭격을 감행했는데, 그중 13일의 폭격은 가장 심한 것이었다. 미군이 그날 아침에 500톤의 폭탄을 구름 위에서 주택구역을 선택하여 투하한 결과, 1249명이 희생되었다. 그 가운데 195명은 여성이었고, 125명은 어린이였고, 122명은 노인이었다고 한다.

원산은 인구 13만의 도시로 소규모의 부두와 소수의 공장이 있으며, 일반주택이 대부분을 차지하고 있다. 그리고 원산에는 적십자병원, 시립병원 및 휴양소가 있었는데, 이 휴양소에서는 170명이 희생되었으며, 대학과 주택지역의 중심과 해변 가까이 있는 소학교는 직격탄을 맞았다. 인구가 조밀한 노동주택지역에서는 13일의 공습 시에 떨어진 대형폭탄으로 말미암아 4046.8평방미터나 되는 지면에 서

있는 집들이 모두 무너졌다.⁵⁴

기사 내용에 따르면, 원산 해변 가까이에 위치한 학교, 휴양소, 병원을 포함해 민간인 주택지역의 상당부분이 파괴되었음을 알 수 있다. 공중폭격은 하루 동안에 1000명 이상의 민간인 사상자를 낳았다. 이처럼 막대한 민간인 사상자 통계가 사실이라면, 북한정권과 주민들은 미군 폭격기들이 원산의 "주택구역을 선택하여 투하"했다고 볼 수밖에 없었다. 전쟁 초기 전선으로부터 상당히 떨어진 후방의 인구밀집지역에서 예고없이 발생한 대량파괴 사건이었기 때문에 그 정신적 충격이 더욱 컸을 것이다. 당대 미공군의 문서들은 B-29기들이 나름의 정밀폭격을 계획하고 시도했음을 보여주지만, 지상의 참혹한 현실은 그들의 의도를 반영하지 못했다.

또한 위의 신문기사에서 주목해볼 점은 미군이 "500톤의 폭탄"을 "구름 위에서" 투하했다는 폭격에 대한 묘사 부분이다. 이는 당대 미공군의 폭격작전을 '정확하게' 묘사한 것이었다. 실제 이날 원산폭격에 동원된 B-29기들은 정확히 '500톤의 폭탄'을 '구름 위에서' 투하했다.⁵⁵ 한국전쟁 초기부터 미국정부는 미공군의 북한 민간인 거주지역 폭격 사실에 대해 완강히 부인했지만, 북한은 폭격사건 발생 직후 발 빠른 피해조사를 통해 가해자 측의 폭격방법까지 상당정도 사실적으로 묘사해내고 있었다. 1950년 8월 5일 북한의 외무상 박헌영은 유엔안전보장이사회 의장 야꼬프 말리끄(Yakov A. Malik)에게 7월 13일의 원산폭격과 관련된 공식적인 항의서한을 보내면서, 최종집계상 사망자와 부상자를 합하여 4000명 이상의 민간인 피해자가 발생했다고 보고했다.⁵⁶

원산폭격 다음날인 7월 14일 미공군 참모총장 반덴버그는 "100퍼센트 레이더폭격을 요했던 불량한 기상에도 불구하고 귀관들이 투하한 500톤의 폭탄은 평화와 독립을 군사적으로 침해하는 자들에게 교훈을 주었을 것"이라고 치하했다.[57] 그리고 3일 뒤인 7월 17일 폭격기사령부는 필요 시까지 원산을 목표물 리스트에서 제외시키라는 명령을 받았다. 원산지역에서 더이상 가치있는 폭격대상을 찾기 힘들다는 이유였다.[58] 하지만 폭격기사령부는 대규모 B-29비행단을 동원하여 원산지역을 폭격했다.

1950년 7월 중반부터 8월 중반까지 지속된 원산지역 폭격양상과 북한정권의 폭격피해 보고를 비교해보면 다음과 같다. 미공군은 7월 22일 1대의 B-29기로 원산을 폭격했고, 8월 7일 10대의 B-29기로 동일 지역을 폭격했다. 북한은 양일의 폭격피해에 대해서는 일절 보도하지 않았다. 8월 9일 미공군은 24대의 B-29기를 동원하여 원산정유공장(B-29기 8대), 원산조차장(B-29기 4대), 도로와 교량(B-29기 12대)을 폭격했다. 북한은 이날 폭격에 대해 미공군이 9대의 폭격기를 동원하여 77발의 폭탄을 투하했으며, 주택지역의 일부 남아 있는 주택 중 28호를 다시 파괴했다고 보도했다. 8월 10일 미공군이 46대의 B-29기를 동원하여 조선정유공장과 원산조차장을 재차 공격한 직후, 북한은 31대의 미군 폭격기들이 120발의 폭탄을 투하하여 노동자 주택 67호를 파괴했다고 주장했다.[59]

위와 같은 한국전쟁기 미공군 자료와 북한 자료의 비교는 2가지 중요한 시사점을 던져준다. 첫째, 북한은 폭격에 동원된 미공군 폭격기의 수와 폭격의 강도를 집계·발표하면서, 미 극동공군 폭격기사령부가 실제 해당 지역에 투입한 것보다 더 적게 집계하거나, 매우 유사하게 총량을 평가했음을 알 수 있다. 아마도 이 같은 평가 경향은 일차적으로

B-29기들의 폭격양상, 즉 폭격 자체가 1만피트 이상의 '구름 위' 고공에서 진행되었다는 사실과 밀접한 관련이 있을 것이다. 지상에서 수만 피트 구름 위의 B-29기 출격수를 정확히 집계하기란 그리 용이한 일이 아니었다.

하지만 이 같은 객관적 한계 속에서도 북한은 최소한 자신들의 집계를 과장하지 않으려 했다는 사실에 주목할 필요가 있다. 북한 측의 폭격 관련 신문기사나 조국통일민주주의전선(이하 조국전선)의 보고서는 대부분 미군의 '만행'을 대외적으로 선전하기 위해 작성되었으나, 폭격양상을 사실 이상으로 과장하지 않았다. 물론 공중폭격 양상을 기사화할 때는 대외적 선전뿐만 아니라 대내적 사기도 고려해 그 공격 및 피해상황에 대한 설명 시 필요 이상의 과장은 자제했을 것이다. 실제 한국전쟁 초기 북한정권과 마찬가지로, 태평양전쟁 초기 일본정부 또한 『매일신보』 등의 신문을 통해 미공군의 일본 본토 폭격이 유럽의 상황에 비해 매우 미미하다거나 이내 좌절되었다고 선전하곤 했다.[60] 요컨대 북한정권은 현재적·가시적으로 광범위하게 진행되던 미공군 공중폭격의 강도와 비인도적 성격을 여과없이 드러내되, 당대 북한군과 북한주민의 사기를 고려하여 그를 필요 이상으로 과장하지 않았다고 평가할 수 있을 것이다. 이는 당대 북한자료의 해석과 관련하여 빼놓아서는 안 될 역사적 사실이다.

둘째, 전쟁 초기 양측의 목표물 인식은 극단적으로 판이했다. 미 극동공군은 군사목표 정밀폭격이라는 폭격정책에 따라, 원산의 조선정유공장·조차장·선착장 등의 목표물을 공격했다. 그러나 북한은 미군 폭격기의 타깃이 5년 전 일본 본토 폭격 당시처럼 도심의 민간지역을 향한다고 주장했다. 실제 원산폭격으로 파괴된 수많은 건물과 희생자 수는

2-3. 원산정유공장의 폭격 직후 모습

2-4. 한국전쟁 초기 공중폭격으로 파괴된 원산의 민간인 주택(1950년 9월 16일)

그들의 주장을 입증하는 듯했다.

　미공군의 원산폭격에 대한 양측 시선의 차별성을 극명하게 보여주는 2장의 사진이 있다. 사진 2-3은 미공군 북폭의 성과를 워싱턴에 보고하기 위해 선별된 사진이며, 사진 2-4는 한국전쟁 초기 미공군 폭격의 비인도적 성격을 보여주기 위해 북한정권이 촬영한 사진이다. 미공군 폭격기사령부는 8월 10일 원산정유공장 폭격 직후 목표의 95퍼센트가 파괴되었으며, 현 지점에 정유소를 재건하는 것은 불가능하다고 평가했다.[61] 미공군은 정유공장이라는 애초의 군사목표에 대한 정밀폭격을 성과적으로 수행했다고 충분히 자평할 만했다. 하지만 8월 10일의 폭격은 단순히 원산정유공장에만 국한되지 않았다. 같은 날 B-29기들은 원산시내 한가운데에 위치한 원산조차장의 동쪽과 북서쪽을 폭격하여 작업장과 수차고의 60퍼센트를 파괴했고, 원산 기관차수리공장의 70퍼센트를 파괴했다.[62] 해당 보고서는 원산지역 민간인주택 파괴 비율에 대해서는 전혀 검토하지 않았지만, 그들의 소위 '정밀폭격' 수행과정에서 사진 2-4 같은 폐허가 형성되었을 가능성은 매우 높아 보인다. 실제 북한의 조국전선은 8월 10일 미공군의 공중폭격에 의해 67호의 노동자 주택이 파괴되었다고 공식적으로 보도했다.[63]

　북한 동해안의 중심도시였던 원산은 1950년 7월 초부터 약 한달가량 지속된 폭격에 의해 핵심 산업시설과 교통시설의 상당부분을 상실했다. 그리고 이 과정에서 원산지역 민간인 주택 수백채와 북한주민 수천명이 함께 희생되었다. 미공군은 전쟁 발발시점의 폭격정책에 따라 군사목표 정밀폭격을 모색했으나, B-29기를 이용한 고공폭격은 필연적으로 대규모의 민간인 희생을 동반할 수밖에 없었다. 전쟁초기 군사목표만을 정밀폭격했다는 미공군 측 주장과, 도시지역 전반에 무차별 폭격피해를 입었다는 북한 측의 주장은 모두 나름의 근거를 지니고 있었던 것이다.

평양폭격: 적의 심장부를 파괴하라

한국전쟁 초기 폭격기사령부는 북한군의 전쟁수행을 지원하는 교통과 산업의 중심지역들을 조직적으로 파괴하고자 했다. 평양은 이 같은 파괴대상에서 예외일 수 없었다. 평양은 북한 정치·경제의 중심지이자, 주요 철로가 통과하는 교통의 중심지이기도 했다. 또한 대규모 화물집하장과 철도수리공장뿐만 아니라 소총, 자동화기, 탄약, 수류탄, 지뢰 등을 대량생산할 수 있는 평양병기제조소(65호 공장)가 있는 곳이기도 했다. 차단작전과 전략폭격이라는 작전개념에서 볼 때, 평양은 목표에서 제외될 수 없는 핵심타깃 중 하나였다.[64]

1950년 6월 29일 평양비행장은 북한지역에서 최초로 미공군의 폭격을 당했다. 당시 극동공군은 제공권의 우위를 점하기 위해 평양비행장을 최초 목표물로 선정했다. 그러나 평양지역은 이후 한동안 극동공군의 주요 작전대상에서 빠져 있었다. 극동공군은 너무나도 짧은 시간 내에 완벽한 제공권의 우위를 점하게 되어 이후 폭격기사령부의 작전이 남한 전선지역 근접지원작전이나, 원산 같은 동북해안 산업지역 파괴를 중심으로 진행되었기 때문이다. 평양은 7월 20일경에 이르러서야 목표물 리스트에 본격적으로 이름을 올리기 시작했다.

1950년 7월 22일 폭격기사령부는 B-29기 22대를 출격시켰다. 이들 중 15대는 나남의 창고와 "보급품 집적소"(supply center)를 폭격했고,

6대는 평양조차장을 공격했으며, 나머지 1대는 원산정유공장을 폭격했다.[65] 북한의 조국전선 조사위원회는 이날의 폭격결과에 대해 다음과 같이 주장했다.

> 7월 22일에 평양에 래습한 미군폭격기들은 인구가 조밀한 주택지구에 70여발의 폭탄을 투하하여 일반주민의 주택 100여호를 파괴하였다. 이날 이미 수차례 폭격으로 거의 전 농촌이 파괴된 평양 남부 양각리 농촌에 또다시 500키로 내지 1톤 폭탄 27개를 투하하여 이 농촌을 완전히 폐허로 만들었다. 7월 22일 미군폭격기 20여대가 함경북도 라남시에 래습하여 폭탄 304개를 투하하는 무차별폭격을 주택지구에 가한 결과 506세대가 사는 166호가 완전 파괴되었다.[66]

7월 22일 실시된 미공군 폭격에 대한 북한의 주장은 출격비행단의 규모(20여대)와 폭격목표(평양과 나남) 등에서 미공군 자료와 거의 일치한다. 폭격기사령부는 다음날인 7월 23일에도 18대의 B-29기를 동원하여 평양조차장을 폭격했는데,[67] 북한 측은 6시간에 걸친 이날의 폭격으로 평양공업대학, 서평양 제1인민병원, 연화리교회, 박구리교회 등이 파괴되었고, 주택지구에 162개의 폭탄이 투하되어 민간인 439명이 살상되었다고 주장했다.[68] 북한 측의 주장에 따르면, 7월 23일 폭격은 민간시설과 민간인에게 특히 많은 피해를 주었다. 이 같은 피해는 당일 B-29폭격기들의 폭격방법과 밀접한 관련이 있는 것으로 추정된다. 7월 23일 B-29기들은 평양 도심의 '조차장'을 향해 '레이더폭격'을 수행했기 때문이다.[69] B-29기 조종사들은 시야가 가려진 상태에서 도심지역 목표물을 향해 대량폭격을 수행했던 것이다.

닷새가 지난 7월 28일, 극동공군 폭격기사령부는 B-29기 7대를 동원하여 또다시 평양조차장을 폭격했다.[70] 당대 미공군 문서들은 폭격기사령부가 7월 22일부터 일주일 동안 3회에 걸쳐 평양조차장을 대량폭격했음을 보여준다. B-29기 수십대가 수회에 걸쳐 평양조차장을 공격했다면, 조차장은 이미 초토화된 상태였을 것이다. 이날의 폭격피해에 대해 북한 측은 다음과 같이 주장했다.

> 7월 28일 평양에 래습한 미군폭격기 7대는 구름 낀 천기를 리용하여 시내 주택지구에 500키로 폭탄 75개를 투하하는 무차별폭격을 감행하여 229호의 주민가옥을 파괴하였으며 많은 재산 가구 및 개인 상점의 상품이 파손 소각되었다. 또 그 주변 주민가옥 200여호가 피해를 받았다.[71]

단순한 우연의 일치일 수도 있지만, 북한 보고서상의 미군비행기 수(7대)와 당대 극동공군 자료상의 출격 비행기 수(7대)가 정확히 일치한다. 게다가 "구름 낀 천기를 리용"했다는 당일 기상에 대한 북한 측 주장을 수용한다면, 폭격기사령부의 B-29기들은 또다시 구름 위에서 레이더폭격을 수행했을 가능성이 높다. 이는 이날 유난히 주택지구 피해 보고가 많았던 이유를 설명해준다.

전쟁 초기 평양 도심지역 폭격은 1950년 8월 7일 그 절정에 이르렀다. 동일 극동공군의 기록에 따르면, 평양 병기창과 조차장은 B-29기 49대라는 대규모 비행단에 의해 다시 한번 공격당했다.[72] 이날의 공습피해에 대해 북한 측은 다음과 같이 주장했다.

8월 7일 평양에 래습한 비29 33대는 주택지구에 450개의 폭탄을 투하하는 무차별적 폭격을 감행한 결과 528호의 일반 주민의 주택이 완전히 파괴되었다. (…) 8월 7일 평양에 래습한 비29 33대는 일반 주택지구와 또 군사시설과는 하등의 관계도 없는 건물들을 무차별폭격하여 수다한 문화시설 국가기관들을 파괴하였다. 이날 미군항공기의 야만적 폭격은 농림성, 평안남도 인민위원회, 남평양내무서, 평양남구인민위원회, 남구검찰소, 역전 리인민위원회, 동흥리 인민위원회, 철도, 우편국 등의 국가기관과 공업대학, 2개의 신문사, 평양 제10인민학교, 국립교육도서출판사, 교통성, 중앙병원, 중앙 결핵진료소 등과 학교, 병원들을 파괴하였다.[73]

위의 폭격피해 보고는 조사보고서의 신뢰성과 관련하여 중요한 시사점을 안겨준다. 북한 측은 8월 7일 33대의 B-29기가 평양을 공격했다고 주장했지만, 실제 평양 상공에서 폭격을 수행한 B-29기의 수는 49대였다. 북한 측은 실제 폭격기사령부의 출격보고보다 16대나 적게 비행기 수를 가늠했다. 미국 측은 미공군 폭격양상에 대한 북한 측의 조사가 과장되었다고 지속적으로 주장해왔지만, 오히려 북한 측의 보고서는 실제 공격양상보다 적게 보고하곤 했다.

사진 2-5의 위쪽 사진은 1950년 8월 7일 B-29폭격기의 공격을 받은 좌표 39°00'N-125°44'E 지점의 평양병기제조소의 모습이다. 폭격기사령부는 해당 폭격을 통해 창고지역 내 주요 건물 10채가 완전히 파괴되고, 13채의 다양한 건물들이 피해를 입었다고 평가했다. 분석관들은 최소 90일 동안 병기창 내 생산이 중단될 것으로 예상했다.[74]

같은 날 평양조차장 또한 심각한 피해를 입었다. 조차장 동쪽의 작업

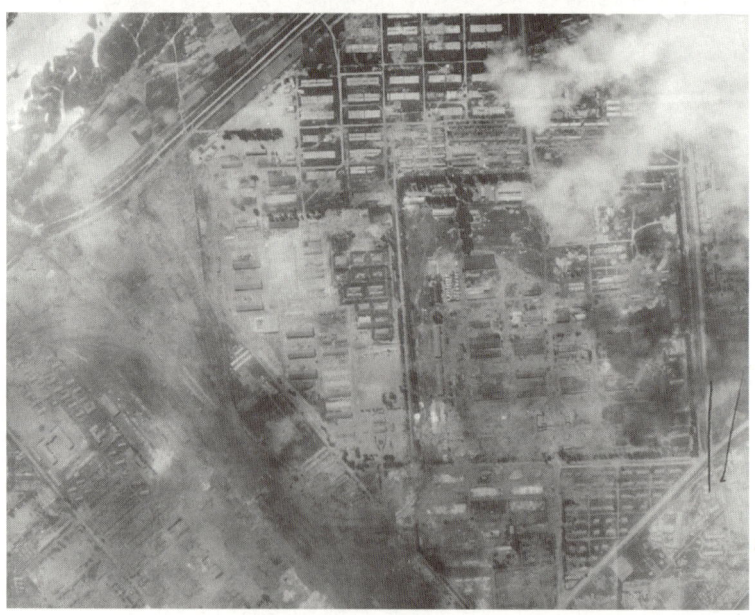

2-5. 1950년 8월 7일 평양폭격 시점(위)과 직후(아래)의 모습

장과 주택구역의 60퍼센트가 파괴되고, 해당 구역의 건물 95채가 완벽히 파괴되는 피해가 발생했다.[75] 8월 7일 조차장 폭격의 피해 정도는 사진 2-5의 하단 사진을 통해 확인 가능하다. 사진의 중앙에서부터 왼쪽 모서리까지의 방사형 시설이 평양조차장이며, 이를 중심으로 양쪽에 위치한 건물의 상당수가 완전 파괴되거나 손상된 모습을 확인할 수 있다. 북한은 이례적으로 8월 7일 폭격에 의해 다수의 국가기관과 문화재가 500여채의 민간주택들과 함께 완파되었다고 주장하면서 그 가공할 파괴력을 강조했는데,[76] 이 같은 대규모 파괴는 평양 대량폭격에 의해 발생했을 것으로 추측할 수 있다. 극동공군의 작전분석가들은 8월 7일 수행된 평양조차장과 병기제조소 폭격에 대해 분석하며, 평양조차장이 극동공군의 목표물 목록에서 완전히 지워졌다고 결론 내렸다.[77]

앞서 살펴본 것과 같이 7월 22일, 23일, 28일과 8월 7일의 미공군 평양 공습과 관련하여, 북한은 폭격기 수와 폭격 강도를 당대 미공군 자료와 거의 유사하게 발표했음을 알 수 있다. 이는 물론 앞서 살펴본 원산폭격의 분석결과와도 동일하다. 또한 미공군은 폭격의 목표를 애초 정밀폭격의 핵심목표인 평양조차장과 평양병기제조소 등으로 설정한 채 해당 목표물에 국한된 결과를 집계한 반면, 북한은 주택지구와 민간인 희생규모를 중심으로 공중폭격의 결과를 평가했다. 해당 기준에 따라 8월 7일 폭격에 대해 미공군은 평양조차장과 병기창 내의 건물 100여채만이 파괴된 것으로 평가했고, 북한은 조차장과 병기창 인근의 민간주택과 공공기관 500채 이상의 건물까지 포함해 집계했던 것이다.

8월 중순에는 이미 평양조차장이나 평양병기제조소 등 평양 시내 극동공군의 주요 목표물들은 상당정도 무력화된 상태였다. 그러나 극동공군사령관 스트레이트마이어는 이에 만족하지 않고, 9월 말 미 지상군의 북진에 앞서 B-29기 100대를 투입하여 평양 전체를 지도상에서 아예 지워버리자고 제안했다. 다음은 평양 대공습을 주장한 스트레이트마이어 전문의 일부이다.

제목: 평양폭격 임무

평양에 남아 있는 가장 중요한 군사목표에 대한 B-29기의 대량폭격을 제안합니다. 선정된 목표에는 군 막사·훈련소·저장소·조차장이 포함되어 있습니다. B-29폭격기 100대를 투입하여 적의 방공망을 무력화시키고, 목표들을 한번에 쓸어버리기 위해 100대 이상의 B-29기를 이 임무에 투입할 필요가 있습니다.[78]

B-29기 100대의 투입은 한국전쟁사에서 전례없는 대규모 공습작전이었다. 스트레이트마이어는 중폭격기 100대를 투입하여 조밀한 민간인 거주지역 내에 위치한 다양한 목표물들을 한꺼번에 쓸어버리고자 했다. 이는 한국전쟁 초기 정치적 고려에 의해 제한되었던 전략공군력을 공세적으로 전환·활용함을 의미했다. 또한 스트레이트마이어의 제안은 한국전쟁 이전 미공군 전략항공력의 전면적 활용을 역설하던 공군 측 주장의 부활 조짐이기도 했다.

맥아더는 스트레이트마이어의 전문을 수신한 당일 해당 내용을 합동참모본부에 보고했다. 합참은 전황이 나쁘지 않은 상황에서 평양에 대한 대규모 폭격을 감행하는 것은 미묘한 정치적 문제를 고려하여 신중히 결정할 사안이라고 주장했다. 이에 대해 맥아더 역시 "만약 평양에 대규모 공격을 하더라도 이러한 공격으로 우리의 인명피해를 막을 수 있게 될 때에만 시행할 것"이라고 화답했다.[79] 결국 미군의 북진에 앞서

B-29기 100대를 동원해 평양을 초토화하고자 했던 스트레이트마이어의 계획은 합참의 정치적 문제제기와 맥아더의 군사적 문제제기로 인해 좌절되었다. 하지만 스트레이트마이어는 잠시 물러섰을 뿐, 평양지역 대량폭격 계획을 완전히 철회하지는 않았다. 수개월 후 그는 유엔군의 수세적 전쟁상황 속에서 평양초토화계획을 실행으로 옮기게 된다.

흥남폭격: 정밀폭격의 이례적 성공 사례

북한에는 원산과 평양 외에도 산업과 교통의 중심도시들이 여럿 존재했다. 흥남은 그중에서도 극동지역 공업 발달을 상징하는 대표적 산업지대였다. 일제시기의 니혼질소 산하의 흥남비료공장, 흥남알루미늄공장, 본궁공장, 흥남제철소, 구룡리제련소, 닛치쯔마그네슘 흥남공장 등과 니혼내화재료 본궁공장, 조선질소화약 흥남공장을 비롯해 극동지역에서 가장 큰 화학 및 경금속 공장들이 즐비하게 세워져 있었다.[80] 일제시기 이 모든 산업시설은 부전강댐과 송전·급수 시설, 양항인 흥남항 등에 의존하여 거대한 규모를 안정적으로 유지했고, 해방 후 김일성정권에 접수되어 한국전쟁 준비와 수행에 고스란히 기여하고 있었다. 따라서 미공군 전략폭격에 의한 흥남공업지구의 파괴는 곧 북한 측의 커다란 경제적·군사적 손실을 의미했다.

극동공군의 흥남폭격은 1950년 7월 말부터 본격화되었다. 특히 현재의 공식적 미공군사는 1950년 7월 30일부터 3일간 지속된 흥남폭격을 극동공군 전략폭격의 가장 성공적 사례로 꼽고 있다.[81] 불과 3일 만에 극동지역에서 가장 큰 산업지역 중 하나인 흥남공업지구를 무용지물의 폐허로 만들어버렸기 때문이다.

  흥남폭격은 7월 30일 '나니에이블'(Nannie Able)이라는 작전명하에 시작되었다. 나니에이블작전은 제22폭격전대와 제92폭격전대 소속 B-29기 47대에 의해 진행되었다. 47대의 B-29기들은 V자 대형으로 날아가서 먹구름으로 덮여 있는 흥남 상공에서 공중폭격을 실시했다. 구름이 낮게 깔려 있어 선두에 있던 B-29기 대대가 APQ-13 레이더로 최초 폭격을 실시했는데, 마침 공장 중심부에 커다란 화염이 형성되며 구름이 벗겨졌다. 이후 후위의 B-29기들은 레이더폭격과 육안폭격을 병행하며 작전을 수행할 수 있었다.[82] 사진분석관들은 흥남 조선질소화약공장의 85퍼센트가 파괴되었다고 평가했다. 공장지역의 약 35퍼센트에 해당하는 46채의 건물이 완전히 파괴되었다. 그밖에 24채 건물이 심각한 화재 피해를 입었고, 42채의 건물이 폭파나 화재로 경미한 피해를 입었다. 분석관들은 해당 공장이 최소 120일 이내에는 생산이 어려울 것이라고 평가했다.[83]

  그림 2-6은 7월 30일 극동공군 폭격기사령부의 폭격목표와 피해상황을 표시한 도면이다. 이러한 도면의 존재는 한국전쟁 초기 미공군 전략폭격의 성격을 분석하는 데 몇가지 중요한 사실들을 알려준다.

  첫째, 해당 도면의 존재는 7월 30일 흥남으로 출격한 B-29기 조종사들이 조선질소화약공장의 내부구조를 철저히 숙지한 상태에서 폭격에 임했음을 알려준다. 도면에는 A부터 J까지 공장내부 건물들의 용도가 세부적으로 묘사되어 있다. 미공군 측의 주장에 따르면, 흥남폭격 직전 폭격기사령부의 한 정보장교가 괌(Guam)의 문서보관소에서 시효가 지난 목표물 도해철을 구해왔는데, 이 낡은 도해철 속에는 북한 내 목표물에 관한 주해가 첨부된 사진들이 포함되어 있었다.[84] 도면상의 구체

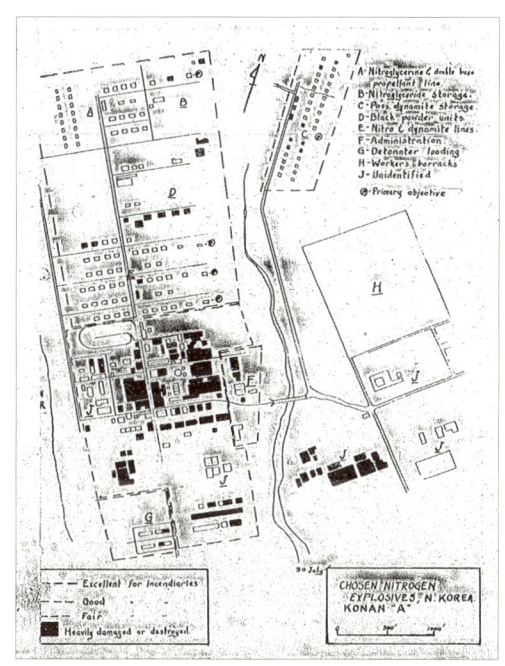

2-6. 1950년 7월 30일 흥남 조선질소화약공장 폭격 성과 도면

적 정보는 아마 해당 사진의 주해를 참조한 내용으로 판단되며, 이 같은 정보는 앞서 제1부에서 살펴보았듯이 일제시기 미군의 수많은 한반도 공중정찰과 첩보활동을 통해 수집한 내용일 것으로 추측된다. 흥남폭격에 임한 B-29기 조종사들은 이렇듯 자세한 목표물 정보를 손에 쥐고서 공격에 임할 수 있었다.

둘째, 그림 2-6의 도면에 따르면 7월 30일 조선질소화약공장 폭격은 민간인 희생을 줄이기 위한 미공군 정밀폭격정책의 대표적 사례일 가능성이 높다. 도면상에서 민간인 노동자 주택지구는 도면 오른쪽의 'H' 지점이다. 극동공군 사진분석관들은 점선(---)과 검은색 블록(■)으로 폭격성과를 평가했는데, 도면 가운데를 가르는 강 동편의 노동자 주택지구는 아무런 폭격피해도 받지 않은 것으로 표시되었다.

5장 북폭, 그리고 논쟁의 시작 129

2-7. 1950년 7월 30일 흥남 조선질소화약공장 폭격 직후의 모습

미 극동공군 폭격피해현장평가반(FEAF Bomb Damage Assessment Field Teams)은 유엔군의 흥남 점령 직후 조선질소화약공장에 대한 현장조사를 실시했다. 극동공군은 이 현장조사에서 자신들의 폭격에 충분한 자긍심을 느낄 수 있었다. 조선질소화약공장 폭격작전은 군사목표 정밀폭격이라는 자신들의 폭격정책을 단적으로 보여주는 훌륭한 사례였기 때문이다. 일제시기부터 공장에 근무했던 홍승황은 극동공군의 최초 폭격에 의해 공장의 생산율이 80퍼센트나 하락했다고 증언했다. 또한 그는 자신들의 주택지구가 B-29기들의 대량폭격에서 명백히 제외되어 있었다는 사실에 놀랐다고 발언했다.[85]

위의 사진 2-7은 1950년 7월 30일 흥남의 조선질소화약공장 폭격 직후의 모습이다. 사진 뒷면에는 다음과 같은 설명이 덧붙여 있다. "공업

지구는 명백히 분쇄된 것으로 판단되지만, 사진 왼쪽 상단의 노동자 주택들은 전혀 손상되지 않았다." 사진 2-7 왼쪽 상단의 주택지구는 그림 2-6 도면의 'H' 지점에 해당하는 노동자 주택단지다. 당시 B-29기 조종사들은 해당 지역이 민간인 노동자 주택지구임을 명백히 인식한 상태에서 출격했고, 실제 폭격과정에서 주택지구를 제외하고 공장지구에만 '성공적으로' 정밀폭격을 수행했다. 극동공군 폭격기사령부는 아마도 이날의 폭격작전을 자신들의 군사목표 정밀폭격 정책을 현실로 구현해낸 가장 성공적인 군사작전 수행일로 자축했을 것이다.

이틀 뒤인 8월 1일 극동공군 폭격기사령부는 '나니베이커'(Nannie Baker)라는 작전명하에 흥남폭격을 재개했다. 제22폭격전대와 제92폭격전대의 B-29기 46대는 조선질소비료회사에 개당 500파운드(225킬로그램)의 폭탄을 집중투하했다. 폭음은 1만 6000피트 상공의 폭격기에게까지 그 진동이 미칠 정도로 흥남시 전체를 뒤흔들었다.[86] 육안폭격과 레이더폭격이 병행된 이날의 폭격으로 조선질소비료회사의 60퍼센트가 파괴되었다. 분석관들은 최소 6개월 동안 이곳의 생산이 중단될 것이라고 예상했다.[87] 8월 3일에는 '나니찰리'(Nannie Charlie)라는 작전명하에 제3차 흥남폭격이 진행되었다. 39대의 B-29기들은 흥남 본궁화학공장의 70퍼센트를 파괴했다. 총 200채의 건물 중에 60채가 완전히 파괴되었고, 6채는 심하게 손상되었으며, 10채는 경미한 피해를 입었다.[88]

위와 같이 흥남지역의 대규모 공업단지들은 단 3일의 폭격으로 회생불가능할 정도로 완파되었다. 이에 반해 1차 폭격이 있던 7월 30일 조선질소화약공장의 노동자 주택지구는 폭격의 피해를 입지 않았다. 이는 출격 전 해당 건물의 용도를 정확히 인지한 상태에서 정밀폭격작전에 임한 극동공군의 노력 덕분이었다. 8월 1일 조선질소비료회사와 8월

3일 본궁화학공장 폭격에서는 노동자 주택이 어느정도의 피해를 입었는지 당대 자료에 구체적으로 드러나 있지 않다. 다만 극동공군은 나머지 2곳의 정보도 비교적 상세히 알고 있었기 때문에, 세차례의 흥남폭격은 비슷한 양상으로 전개되었을 가능성이 높았다.

7월 말과 8월 초, 극동공군의 흥남지역 공격에 대해 북한의 조사보고서는 다음과 같이 평가했다.

> 7월 30일, 8월 1일, 3일의 3차에 걸쳐 흥남지구에 래습한 미군항공기 115대는 동지구에 약 1500발의 폭탄을 투하하는 맹폭격을 가한 결과 많은 주택들과 아울러 흥남 비료공장, 제약공장, 본궁공장, 서본궁공장, 카바이트공장, 흥남제련소 등 중요 공장들을 대부분 파괴하였으며 특히 조선 농업발전에 중대한 의의를 가지고 있는 흥남비료공장은 완전히 파괴되었다.[89]

흥남폭격에 대한 조사보고서에는 원산이나 평양 지역의 폭격피해보고에서 언급된 민간인 피해자 수는 기록된 바 없다. 흥남지역 관공서나 주택지역의 파괴 정도에 대해서도 언급하지 않았다. 단지 115대의 비행기들이 공업지역을 폭격했다고 진술했다. 115대는 흥남지역에 실제 투입된 132대보다 17대 적게 파악한 수다. 대규모 공중폭격에도 불구하고 민간인 피해양상을 과장 보도하지 않았다는 사실은 다시 한번 주목할 만하다.

청진·나진·함흥·겸이포·성진 폭격

한국전쟁 발발 당시 북한에는 원산, 평양, 흥남 외에도 교통과 산업의 중심지들이 여럿 있었다. 대표적 예로는 일제시기 대규모 철강공장과 철도공장이 건설된 청진, 항구와 유류저장시설을 갖춘 나진, 동서 철도망을 연결하는 철도요충인 함흥, 대동강 어귀의 항구도시 겸이포(지금의 송림시), 다양한 중공업 공장들이 밀집해 있던 성진(지금의 김책시) 등을 들 수 있다.

이들 도시 중에서도 청진은 항구 2곳에 철도공장과 일제시기 설립된 대규모 철강공장 2개가 위치한 교통과 산업의 중심지였다. 청진조차장은 만주 및 시베리아와 연결되는 한반도 북동지역 철도망의 주요 요충이었고, 철도공장은 일제 말기 360여명의 종업원을 수용했던 북동지역 유일의 열차수리시설이었다. 또한 일제시기 니혼제철 청진제철소는 1944년 22만 6683톤에 이르는 선철을 생산했고, 미쯔비시광업 청진제련소는 연간 5만톤 수준의 입철을 생산했으며, 니혼원철 청진공장은 1944년 1월 인천육군조병창의 감독공장으로 지정되어 연간 1만톤 이상의 원철을 생산하고 있었다. 이렇듯 청진은 두말할 나위 없이 한반도 북동지역 교통과 산업의 중심지였기 때문에 미공군의 전략폭격 타깃 리스트에서 결코 제외될 수 없었다.[90]

1950년 8월 19일 폭격기사령부는 청진시에 대한 최초 폭격을 실시했다. 무려 63대의 B-29기가 동원된 대규모 폭격작전이었다. 이는 실상 청진지역 대부분의 대량파괴를 의미했다. 청진시에 투입된 63대의 비행기들은 크게 4조로 나뉘어 작전을 수행했다. 22대 청진항 공격, 23대

청진조차장 공격, 16대 철강공장 공격, 나머지 2대의 청진 일대 자유공격이 일시에 수행되었다.[91] 이날의 청진폭격에 대해 북한 측은 다음과 같이 주장했다.

> 청진시에 래습한 미군 폭격기 60여대는 주택지구에 1012발의 폭탄을 투하하는 맹폭을 감행한 결과 2626호의 주택이 완전파괴 또는 사용 불가능하게 되었다. (…) 8월 19일 청진에 래습한 미군폭격기들은 청진시의 90퍼센트를 폐허로 만드는 야만적 맹폭을 감행하였다. 그 결과 청진시민 1034명(그중 393명은 녀자)이 즉사하였으며 2347명이 부상당하였다.[92]

북한 측 폭격피해 보고는 앞서 살펴본 원산, 평양, 흥남 지역 피해보고와 마찬가지로 극동공군 자료와 많은 부분 일치한다. 조사보고서는 청진에 60여대의 비행기가 출몰했다고 보고했는데, 이는 63대 출격을 보고한 극동공군 자료와 사실상 일치한다. 다만 북한 측의 조사보고서는 청진시의 90퍼센트가 파괴되었다는 표현을 사용할 정도로 민간지역 피해가 극심했음을 암시하고 있는데, 이는 군사목표만을 정밀폭격했다는 미공군의 폭격정책과 상당히 괴리된 평가였다. 북한 측의 폭격피해 조사보고서가 8월 19일 청진폭격의 피해를 이토록 대규모로 평가한 이유는 무엇일까?

사진 2-8의 상단 사진은 8월 19일 청진조차장의 폭격 직전 모습이고, 하단 사진은 폭격 시점의 모습이다. 이날 청진조차장에는 B-29기 23대가 동시에 투입되었다. 사진을 통해 알 수 있듯이 조차장 인근은 청진시의 주요 인구밀집지역이었다. 사진 2-8은 단 한번의 폭격만으로도 수많

2-8. 1950년 8월 19일 청진조차장 폭격 전(위)과 당시(아래) 모습

은 민간주택들이 동시에 파괴되는 모습을 생생하게 보여준다. B-29기 23대는 여러 편대로 나뉘어 청진 도심의 조차장을 향해 위와 같은 폭격을 수차례 수행했을 것이다. 이날 또다른 공격목표인 청진항에도 22대의 B-29기가 투입되었다. 게다가 2대의 B-29기는 특정 목표 없이 자유 비행하면서 청진 시내 곳곳에서 폭격작전을 수행했다. 이처럼 동시다발적으로 진행된 대규모 폭격은 청진시의 많은 지역을 폐허로 만들며 (북한 측 집계로) 하루에만 3000명 이상의 사상자와 2600호 이상의 주택을 파괴했다. 북한은 도시 주택의 상당수가 손상된 피해양상에 대해 청진시의 90퍼센트가 파괴된 것으로 평가했던 것이다.

열흘 뒤인 8월 29일 폭격기사령부는 또다시 23대의 B-29기를 출격시켜 청진조차장을 폭격했다. 사진분석반의 폭격결과 평가는 조차장 내 건물과 시설에만 철저히 국한되었다. 이날의 폭격으로 열차공장 구역 내 선로의 90퍼센트가 절단되었고, 대형 수리건물 2채가 심하게 손상되었으며, 소형 건물 5채와 소형 수리공장 2채가 파괴되었다. 총 97대의 열차와 2대의 기관차가 파괴되거나 손상되었는데, 이들 중 70대는 이전의 폭격에 의해 파괴된 것들이었다.[93]

북한의 조국전선 조사위원회는 8월 29일 폭격에 대해 다음과 같이 평가했다. "8월 29일 청진시에 래습한 미군 항공기 23대는 거의 폐허로 화한 도시에 또다시 337발의 폭탄을 투하하는 맹폭을 감행하여 주택 141호를 또다시 파괴하였다."[94] 해당 보고서 역시 북한 측 조사의 정확성을 보여준다. 보고서상의 비행기 측정수 23대는 폭격기사령부 자료상에 등장하는 B-29기 실제 출격수 23대와 일치한다.

1950년 8월 12일 폭격기사령부는 한반도 북동쪽 꼭짓점에 위치한 나진을 폭격했다. 이날의 폭격은 해군기지로서 중요한 위치를 차지할 뿐 아니라 유류저장시설과 철도시설을 갖춘 나진시를 괴멸하기 위한 군사작전이었다. 그러나 나진폭격은 워싱턴과 극동지역에서 적잖은 정치적 논쟁을 불러일으켰다. 미 국무부는 나진을 전략폭격의 주요 목표로 설정한 것에 대해 불만이 있었다. 나진은 소련 국경으로부터 불과 27킬로미터 이내에 위치한 소련 접경지대였기 때문이다. 미국은 전쟁 초기부터 전쟁의 확산을 막기 위해 만주 및 시베리아 인접 지역에 대한 폭격을 철저히 금지했다. 즉 미 국무부는 나진폭격이 소련의 한국전쟁 참전 구실로 활용될 가능성에 대해 걱정했던 것이다.

미공군본부는 워싱턴의 분위기에 따라 나진 공격 시에는 오직 육안폭격만을 사용하라고 스트레이트마이어에게 지시했다. 이 지시는 맹목폭격방법인 레이더폭격에 따른 소련지역 오폭 가능성을 막기 위한 조치였다. 그러나 어떤 이유인지 몰라도 극동공군사령부는 오도넬 폭격기사령관에게 이 전문을 전달하지 않았다. 폭격기사령부의 B-29기들은 8월 12일 악천후에 레이더 조준을 통해 나진시를 폭격했다.[95] 한국전쟁기 폭격기사령부의 일지에 따르면, 이날 나진에는 B-29기 50대가 출격하여 조차장과 항구, 해군기지, 유류저장시설 등을 동시에 폭격했다. 출격비행기 수와 폭격방법(레이더폭격), 광범위한 폭격대상 등으로 볼 때, 이날 나진에는 군사시설과 민간시설의 대규모 피해가 발생했을 것으로 짐작된다.[96] 그러나 나진폭격은 폭격기사령부의 작전명령철과 북한 측 조사보고서 양측 모두에서 생략되어 있기 때문에 그 정확한 전모를 파악하기 힘들다.

나진폭격 직후 미국 언론『해럴드 트리뷴』은 나진폭격의 진짜 목적이 한국전쟁을 위한 군사적 목적이 아니라, 소련의 잠수함작전 능력을 무력화하기 위해서였다는 기사를 발표했다.[97] 미 대통령, 국무부, 국방부 모두 이 기사에 민감하게 반응했다. 특히 국무부는 이후 나진폭격 결정 시에는 반드시 국무부의 정치적 개입이 전제되어야 한다고 주장했고, 대통령과 국방장관 양자는 국무부의 주장에 동의했다.[98] 1950년 9월 11일 국무장관 애치슨은 재차, 나진폭격으로 얻게 될 군사적 이점이 정치적이고 군사적인 위험보다 더 중요한지를 고려해야 한다고 강조했다.[99]

나진폭격이 있었던 8월 12일에는 B-29기 5대가 함흥조차장을 폭격하기도 했다.[100] 함흥조차장은 동해안의 주요 철도가 통과하는 지점일 뿐만 아니라 동서해안의 주요 철도를 이어주는 중요한 교통요충이었다. 극동공군 사진분석관들의 평가에 따르면 함흥조차장은 그날의 폭격으로 철도시설의 70퍼센트가 파괴되었다고 한다.[101] 함흥조차장은 8월 19일 B-29기 16대, 8월 20일 B-29기 8대에 의해 또다시 폭격을 당했다.[102] 북한 측 조사보고서는 8월 12일 민간주택 56호가 파괴되었고, 8월 19일 함흥과 흥남 지역을 합해 총 233호의 주택이 파괴되었다고 보고했다.[103]

8월 27일과 28일에는 황해도 겸이포와 함경북도 성진의 제철공장이 폭격을 당했다. 겸이포의 제철공장은 한국 최대 규모의 강철 생산공장이며, 두번째 규모의 선철 생산공장이었다. 1910년대 미쯔비시합자회사가 겸이포 철산(鐵山)을 매입하며 제철소를 건설했고, 2차대전 종전 당시에는 제선 35만톤, 제강 15만톤, 압연 17만톤의 공정을 처리할 수 있는 대규모 공장으로 변모했다.[104] 한국전쟁 당시 미공군은 겸이포제철소가 연간 선철 40만톤, 강철 24만톤, 형강과 금속판 17만 5000톤을 생산해낼 수 있는 것으로 평가했다. 8월 27일 폭격기사령부의 B-29기 25대는 겸이포제철소의 40퍼센트를 파괴했다. 사진분석관들은 당장은

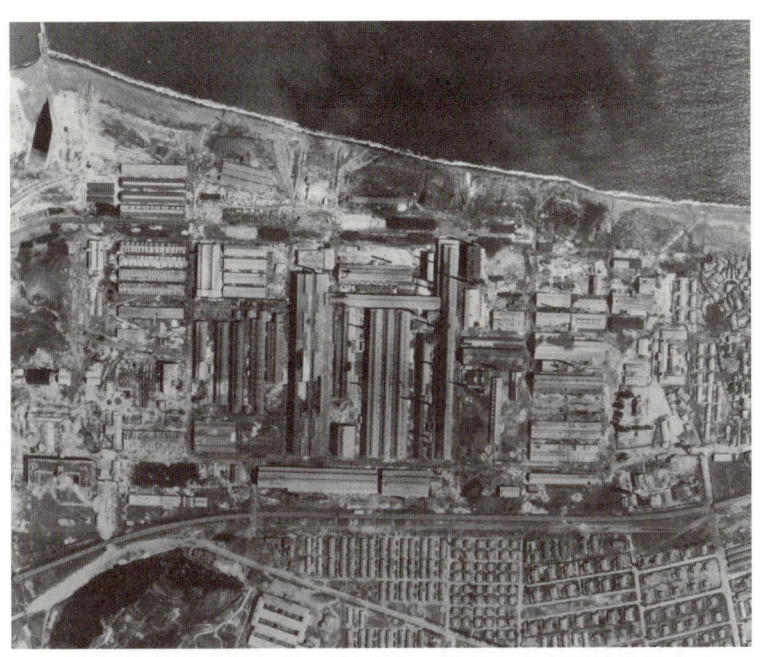

2-9. 1950년 8월 28일 성진제철소 폭격 전후의 모습

공장가동이 불가능하지만 30일 내지 60일 후 제한적 가동은 가능할 것이라고 평가했다.[105]

8월 28일 47대의 B-29기들이 성진을 향해 출격했다. B-29기들의 성진제철소 공격은 해당 지역을 완전히 초토화하는 방식으로 진행되었다. 단 하루의 공격으로 성진제철소의 90퍼센트가 파괴되었다. 폭격기사령부의 평가에서 목표물의 90퍼센트 파괴는 사실상 해당 지역의 전면적 파괴를 의미했다. 성진제철소는 2차대전 이전 시기에 약 2만톤의 코발트, 망간, 스테인리스 등을 생산했다. 폭격기사령부는 한반도에서 가장 중요한 제철소 중 하나를 지도에서 지워버린 것이다. 앞의 사진 2-9는 폭격 전후 제철소 인근의 모습을 보여준다. 뼈대만 앙상히 남은 중심 건물과 잔해조차 볼 수 없는 주변 건물들, 그리고 사진을 가득 메운 수많은 폭탄구멍들은 폭격의 위력을 실감케 해준다. 극동공군 사진분석관들은 형태 자체가 완전히 파괴된 건물이 70채에 이른다고 평가했다.[106]

1950년 9월 15일 극동공군사령관 스트레이트마이어는 전쟁수행에 필요한 북한군의 군수산업 목표는 실질적으로 무력화되었다고 선언했다. 9월 26일 워싱턴의 합동참모본부는 북한지역 전략폭격을 중지시켰다. 미국은 벌써 전쟁승리 후 전후복구와 구호사업에 들어갈 막대한 비용까지 걱정하기 시작한 것이다. 유엔군이 북진해 올라갈수록 폭격기사령부의 작전권역은 계속 줄어들었다. 10월 10일 스트레이트마이어는 B-29기들을 달리 운용할 방법이 없었기 때문에 일일출격횟수를 25회로 줄였다. 그리고 10월 25일 맥아더는 제22 및 제92폭격전대를 후방으로 옮겨도 좋다고 허락했다. 이에 따라 두 폭격전대는 10월 27일 미국으로 철수했다.[107]

논쟁의 시작: B-29기 정밀폭격의 위력과 한계

　1950년 8월 5일 북한 외무상 박헌영은 유엔 안전보장이사회 의장 말리끄에게 장문의 서한을 발송했다. 그 주요 내용은 미공군이 북한의 "무방비의 도시들과 산업지대들을 야만적으로 공격"했다는 것이었다.[108] 유엔 소련대사이기도 했던 말리끄 의장은 이 서한을 접수한 후 며칠 지나지 않아 유엔에서 공개적으로 낭독해 국제적인 파장을 낳았다. 당시 워런 오스틴(Warren R. Austin) 유엔 미국대사는 소련이 안전보장이사회 의장직을 이용하여 침략전쟁을 원조한다고 비난했고, 남한의 국방장관 신성모(申性模)도 서둘러 반박성명을 발표했다.[109] 1950년 9월 6일 애치슨 국무장관 또한 소련과 북한이 제기한 미공군의 민간지역 폭격 문제에 대해 정면으로 반박하는 성명을 발표했다. 애치슨은 당시 성명을 통해 미공군의 공격 타깃은 철저히 군사적 목표물에 국한된다고 주장했다.[110]

　지금까지 살펴본 미공군의 다양한 북폭 사례에서 볼 수 있듯이, 전쟁 초기 북폭에 동원된 폭격기들의 대부분은 '군사목표'에 대한 정보를 사전에 입수한 상태에서 나름의 구체적 폭격방법과 세부목표물까지 설정하고 공격에 임했다. 반면에 북한 측의 폭격피해 보고서들은 미공군의 폭격이 오히려 민간지역을 중심으로 진행되었다고 주장했다. 당시 북한 측 보고서들은 공격에 임한 미공군 비행기 수와 폭탄의 수까지 대부분 미공군 측 자료와 유사하게 보고했다. 미공군의 '만행'을 외부세계에 알리고자 작성한 보고서들조차 미군의 공격양상(출격 비행기 수와 폭탄의 양)을 과장하는 경우가 드물었다. 그러면 당시 미국과 북한의 미공군 작전양상에 대한 인식의 괴리와 격렬한 논쟁은 구체적으로 어떤 역사적 사실로부터 비롯된 것일까?

전쟁 초기 북한지역 폭격을 전담한 미 극동공군 폭격기사령부는 B-29 중폭격기로 구성된 전투부대였다. 정식명칭 '보잉 B-29 슈퍼포트리스'(Boeing B-29 Superfortress), 흔히 B-29라고 불린 이 가공할 폭격기는 2차대전 시기 일본 본토 소이탄 폭격 및 원폭을 수행한 것으로 유명하다. 당시 B-29기와 일반 비행기의 성능 비교는 소총과 고무줄 새총으로 비유되곤 했다. B-29기는 다른 어느 비행기보다 크고, 넓고, 무겁고, 빠르고, 항속거리가 길었다. 그 폭은 풋볼경기장의 절반에 해당하는 43.06미터였고, 길이 30.17미터, 높이 9.05미터, 총 무게 6만 2368.9킬로그램에 달했다.[111] B-29기는 10톤이나 되는 폭탄을 싣고도 시속 575킬로미터로 날 수 있었고, 거실에서와 같이 편안한 상태로 11명을 싣고 16시간 이상 비행할 수 있었다.[112]

사진 2-10은 1950년 8월 11일에 인화되어 8월 14일에 공개된 자료로, B-29기들이 8월 초에 실행한 흥남폭격의 한 장면을 촬영한 것으로 추정된다. 사진에서 투하된 폭탄들은 흔히 '파괴폭탄'으로 불리는 폭탄이다.[113] 파괴폭탄은 한국전쟁 초기 B-29기가 주로 사용한 폭탄이었다. 전략공군사령관 르메이와 폭격기사령관 오도넬은 전쟁 초기부터 B-29기의 소이탄 활용을 주장했지만, 중국군이 참전할 때까지 미 극동공군은 B-29기의 주무기로 파괴폭탄만을 사용했다.

1951년 3월 22일 제5공군 작전분석실에 의해 작성된 「김포비행장 폭격피해분석」(Assessment of Bomb Damage to Kimpo Air Base)은 225 내지 455킬로그램에 달하는 파괴폭탄의 위력을 가장 잘 보여주는 자료 중 하나다. 1951년 1월 7일과 8일 극동공군 폭격기사령부와 제5공군의

2-10. 1950년 8월 B-29기들의 흥남폭격 장면

폭격기들은 이틀 동안 594발의 파괴폭탄과 40발의 소이탄을 김포비행장에 투하했다.[114] 이는 공산 측에 의해 사용될 가능성이 높은 김포비행장을 사전에 무력화하기 위한 작전이었다.

당시 김포비행장 활주로의 아스팔트 두께는 10~15센티미터 정도였다. 폭격 직후 이 아스팔트 활주로에는 수많은 폭탄구멍과 함께 42.672미터에 이르는 집중적 균열현상이 발생했다. 폭탄구멍의 크기는 파괴폭탄의 위력을 적나라하게 보여주었다. 구멍의 지름은 최소 9.144미터에서 최대 15.24미터에 달했다. 구멍의 깊이 역시 최소 2.133미터에서 최대 3.658미터에 이르렀다. 부피 면에서 461.565세제곱미터에 달하는 구멍도 있었다. 1세제곱미터가 1000리터이므로 약 46만 1564리터의 물이 들어갈 수 있는 구멍이 폭격에 의해 형성된 것이다.

제5공군 엔지니어들은 2개 대대 규모의 공군 공병대가 두달 동안 쉬지 않고 복구작업을 해야만 김포비행장을 정상적으로 활용할 수 있을 것이라고 최종평가했다. 단 이틀 동안의 폭격으로 비행기가 뜨고 내리는 길 자체가 완전히 사라져버린 것이다.[115] 1950년 11월 5일 미군은 평양에서 지름 30.48미터의 폭탄구멍을 발견하여, 이를 사진자료로 남겨두기도 했다. 사진상의 구멍은 대형건물의 건축을 위해 인위적으로 만들어놓은 듯 거대했다.[116] B-29기들이 일순간에 쏟아부은 파괴폭탄의 위력은 이토록 가공할 만했다.

한국전쟁 초기 B-29기들은 위와 같이 위력적인 파괴폭탄들을 대량으로 사용했다. 하지만 이 시기 B-29기의 폭격양상에서 중요한 사실 중 하나는 조종사의 시야가 완전히 가려진 상태에서 진행된 맹목폭격이 매우 빈번히 수행되었다는 사실이다. 앞서 살펴보았듯이 B-29기 조종사들은 기상악화로 인해 목표물을 육안으로 확인할 수 없는 상태임에도 불구하고, 1만피트 이상의 고공에서 대량의 파괴폭탄을 도심 목표물을 향해 투하하곤 했다. 이런 경우 조종사와 폭격수는 매우 세밀한 목표물 판단근거를 지녀야 했는데, 실상 그들은 지극히 초보적 수준의 레이더장치만을 유일한 목표인식의 근거로 갖추고 있었다. 조종사들은 이러한 맹목폭격 방법을 레이더폭격이라고 불렀고, 앞서 살펴본 원산과 평양 등의 목표물을 향한 대량폭격에서 이 방식을 빈번히 활용했다.

실상 B-29기는 굳이 레이더폭격이 아닌 주간육안폭격을 수행한다 할지라도 필연적으로 주변지역 상당부분을 동시에 파괴할 수밖에 없었다. 이는 B-29기의 높은 '오폭률' 때문이었다. 한국전쟁 초기 극동공군 작전분석실(FEAF Operations Analysis Office)은 B-29 중폭격기의 목표물 적중률 실험을 진행했는데, 실험 결과 6,096미터(폭)×152.4미

2-11. 1950년 11월 6일 흥남 인근의 파괴된 건물들

터(높이)의 목표물에 대한 개별폭탄적중률(폭탄 하나를 개별적으로 투하했을 경우의 목표물 적중률)은 0.7퍼센트에 불과했고, 9.144미터×304.8미터의 목표물에 대한 개별폭격 적중률은 1.95퍼센트에 불과했다. 작전분석관들은 6,096미터×152.4미터의 목표물에 대해 50퍼센트의 적중률을 기록하기 위해서는 90발의 폭탄이 필요하고, 80퍼센트의 적중률을 기록하기 위해서는 209발의 폭탄을 투하해야 한다고 분석했다. 더불어 9.144미터×304.8미터의 목표물에 대해 50퍼센트와 80퍼센트의 적중률을 기록하기 위해서는 각각 35발과 81발의 폭탄이 필요하다고 주장했다.[117] 다시 말해 이는 폭 약 10미터, 높이 200~300미터의 대형건물을 B-29 중폭격기에서 투하한 폭탄 하나로 적중시킬 수 있는 확률이 0퍼센트에 가까우며, 최소한 100~200발의 폭탄으로 대량폭격을 가해

야만 50~80퍼센트의 적중률을 기록할 수 있음을 의미한다. 한국전쟁기 B-29기의 교량폭격 임무의 어려움에 대해 분석한 또다른 보고서 또한 "평균 1회 4발의 폭탄을 사용하여 13.3회의 폭격을 가한 후에야 (교량을) 파괴할 수 있었다"고 분석했다.[118] 소위 한국전쟁 초기 북한 도시지역을 대상으로 진행된 미공군의 '정밀폭격'은 위와 같이 매우 낮은 목표물 적중률 속에서 진행되었던 것이다.

사진 2-11은 1950년 11월 6일 촬영된 흥남 인근 건물 잔해의 모습이다. 미 극동공군은 흥남지역 건물들의 파괴 정도를 미공군에 보고하기 위해 해당 사진을 촬영했다. 하지만 이 사진에서 파괴된 건물보다 더 눈에 띄는 것은 주위의 넓은 논바닥에 형성된 다수의 폭탄구멍들이다. B-29기들은 수채의 건물을 파괴하기 위해 수많은 폭탄을 투하했고, 그 대부분이 건물과 무관한 논바닥에 투하되었음을 알 수 있다. 사진 2-11은 전쟁 초기 북한지역 전략폭격의 성과가 아니라, 오히려 B-29기의 낮은 목표물 적중률을 입증한다.

이와 같은 B-29기 정밀폭격의 수행절차와 위력 및 한계는 한국전쟁 초기 미공군 공중폭격의 역사적 실체를 이해하는 데 매우 중요한 기본 전제들이다. 미공군은 군사목표 정밀폭격을 정책적으로 분명히 했다. 하지만 이 정책은 사실상 실행 불가능한 목표나 다름없었다. 폭격목표물들이 대부분 도시 인구밀집지역 부근에 위치한 반면에, 폭격을 수행할 B-29기들의 목표물 적중률은 터무니없이 낮았기 때문이다.

첨단과학기술에 절대적으로 의존한 2000년대 미군의 공중폭격 무기들은 1950년 당시 파괴폭탄과는 비교도 안 될 정도로 높은 목표물 적중률을 자랑한다. 그중에서도 가장 높은 목표물 적중률을 자랑하는 정밀유도폭탄의 경우, 레이저 유도탄이 약 8미터, GPS 유도탄이 약 3~13미터의 원형공산오차를 보여준다. 즉 레이저 유도탄은 반지름 8미터의 원 안에 폭탄의 50퍼센트가 적중 가능하다. 미국은 이러한 무기들을 이용해 '정밀조준폭격'을 수행하나 이 역시 종종 타깃으로부터 1킬로미터 이상 떨어진 민간지역에 피해를 입혀 국제적 비난을 사기도 했다.[119]

이렇듯 우리는 한국전쟁으로부터 반세기 이상 지난 시기에 발생한 현대전에서도 이른바 미공군의 '오폭'에 의해 수많은 민간인들이 희생되는 모습을 어렵지 않게 볼 수 있다. 한국전쟁기 미국은 자국의 폭격기들이 군사목표만을 정밀폭격한다고 끊임없이 주장했지만, 이는 사실상 현실과 거리가 먼 수사에 불과했다. 한국전쟁기 북폭에 동원된 수많은 폭격기 조종사들은 대량의 폭탄을 한꺼번에 쏟아부어 타깃 인근의 민간지역 전반을 완전히 괴멸시키는 방식으로 폭격을 진행해야만 자국의 군사적 목적을 달성할 수 있다는 사실을 누구보다 잘 알고 있었다. 그리고 실제 그러한 방식으로 폭격을 수행했다.

6장
북한의 피해와 대응

충격과 공포, 그리고 증오

한국전쟁 초기 제공권을 완벽히 장악한 상태에서 수행된 B-29 중폭격기의 북한지역 폭격은 필연적으로 미 극동공군에게는 커다란 성과를, 북한 측에는 커다란 인적·물적 피해를 안겨줄 수밖에 없었다. 북한군의 전쟁수행에 필수적인 주요 군사·산업·교통시설이 미공군의 공중폭격에 의해 조직적으로 붕괴되었고 더불어 대규모 민간인 희생도 지속적으로 이어졌다. 북한 지상군은 짧은 기간 동안 한반도의 90퍼센트 이상을 점령하며 연이어 승전보를 올리고 있었지만, 실제 38선 이북의 전쟁 후방지역에서는 연일 충격과 공포의 절규가 울려퍼지고 있었다.

1950년 7월 1일 스딸린은 슈찌꼬프 북한 주재 소련대사에게 다음과 같은 내용의 전문을 보냈다. "미 항공대의 북조선 급습에 북조선 지도부가 어떤 태도를 취했는지 보고하시오. 놀라 당황하지는 않았는지, 굳건히 버텨내고 있는지 궁금합니다. 북조선정부는 미국의 급습과 무력간섭에 공개적으로 항의해야 된다고 생각하지는 않는지 궁금합니다. 우리는 이와 같은 조치가 꼭 필요하다고 생각합니다."[120] 같은 날 슈찌꼬프는 다음과 같이 답신했다. "김일성과 박헌영은 조선민주주의인민공화국을 향한 미군의 공습으로 인해 조선이 난관에 처해 있음을 이해하고, 이와 관련하여 전쟁에 필요한 인적·물적 자원을 안정적으로 확보하기 위한 필수조치를 취하고 있습니다."[121] 슈찌꼬프는 김일성과 박헌영이 미공군의 공중폭격에 나름대로 침착히 대응하고 있다고 답신했다.

그러나 슈찌꼬프는 위와 같은 전문을 보내고 불과 일주일도 지나지 않아 북한지도부 내에서 급속히 확산된 비관적 분위기에 대해 스딸린에게 보고했다. 최고인민회의 상임위원장 김두봉과 청우당 지도자 김달현은 벌써부터 전쟁의 결말에 대한 우려를 김일성에게 직접 표명하고 있었다. 특히 김두봉은 매일 김일성을 찾아가 소련의 전쟁개입 가능성에 대해 물었고, 박헌영은 미공군에 대응하여 북한지역을 엄호할 수 있는 소련항공대의 필요성을 소련정부에 공식적으로 요청해야 한다고 김일성에게 주장했다. 김일성은 김두봉, 김달현, 박헌영을 비롯한 다수의 북한지도부의 요구와 조바심을 직접적으로 꾸짖었다. 김일성은 그러지 않아도 자신이 "신경과민 상태이기 때문에 자신을 실망시키지 말라"고 그들에게 요청했다. 미공군의 대대적인 북한지역 폭격은 이렇듯 북한지도부에 짙은 그림자를 드리우고 있었다. 김일성도 이미 자신의 상태를 "신경과민"이라고 표현했다. 당시 북한지도부의 대다수가 이미 상당한 패닉 상태에 빠져 있었던 것으로 판단된다. 이 모든 상황이 한국전쟁 발발 후 불과 10여일밖에 지나지 않은 시점의 평양에서 벌어진 일들이다.[122]

공중폭격을 직접 감내해야 했던 주요 도시지역 민간인들의 충격과 공포는 북한지도부의 그것을 훨씬 뛰어넘었다. 일제시기 평양, 원산, 흥남 등의 도시에서는 적잖은 방공선전과 방공훈련이 반복되었지만, 실제 하늘에서 폭탄들이 쏟아지자 이 모든 것은 무용지물이 되고 사람들은 판단력을 상실한 채 오직 살기 위해 허둥대기 시작했다. 전쟁 초기 북한의 내부 보고서들을 살펴보면, 북한은 사실상 방공과 관련된 현실적 대책을 구체적으로 마련하지 않은 채 전쟁에 돌입했음을 알 수 있다.

예컨대 전쟁 초기 주요 도시들의 당·정 지도간부들은 미공군의 폭격이 시작되자 너무 당황한 나머지 자신들의 전시 임무를 망각한 채 자기 신변의 안전만을 도모하는 경우가 빈번하게 발생했다. 강원도 인민위원회를 비롯한 수십개의 국가기관과 사회단체는 폭격이 진행되자 사방으로 무질서하게 흩어지기 시작했는데, 여기에는 위급한 민중들을 보호해야 할 의무가 있는 의료기관과 직장구급소까지 포함되어 있었다. 특히 원산과 남포 같이 주요 산업시설이 밀집된 지역에서는 폭격으로 인한 발화를 진압하고 파괴된 건물 내의 물자를 소개할 인력이 필요했음에도, 원산시당은 시민들을 분산시키려고만 애를 썼고, 남포시당은 시민들을 소개할 결정만을 채택했다. 폭격이 집중된 평양 중구역과 남구역에서는 시민들의 안전을 책임질 의무가 있는 당원 200명이 이미 도피한 상태였다. 폭격은 북한 당·정 지도간부들의 이성을 마비시킨 듯했다.[123]

미공군의 북폭은 주요 산업시설의 출근율과 생산율도 급감시켰다. 예컨대 원산차량공장의 출근율은 11.5퍼센트, 남포제련소의 출근율은 21퍼센트를 기록했다. 나머지 노동자들은 대부분이 시민들과 함께 시외로 도피한 상태였다. 충격과 공포에 사로잡힌 다수의 간부들과 노동자들이 자신의 역할조차 망각한 채 오직 생존만을 위해 사방으로 흩어졌다. 조선노동당은 "폭격으로 인한 공포와 유언에 동요되어 국가적 책임임무를 포기하고 피난한" 남포시 재판소장 김창걸, 남포육운사업소장 박명식을 출당시키고, 강원도당 위원장 림춘수, 도인민위원장 정영표, 원산시당 부위원장 박상범, 남포시당 위원장 곽기원에게 경고 처분을 내렸다. 또한 전시 비상식량으로 사용될 국가양곡을 제때 후방으로 소개하지 않아 국가에 막대한 손실을 입힌 양정국장 권영태를 직위해제했다.[124] 전시 후방에서 민간인들을 보호하고 전쟁수행을 도와야 할 의무를 지닌 당·정의 주요 간부들과 산업시설 노동자들이 보여준 폭격 직후의 태도는 전쟁 초기 공중폭격에 대비한 구체적 지침이 사실상 북한에 부재했음을 보여주고, 이들의 충격과 공포가 얼마나 컸는지 미루어 짐작할 수 있게 해준다.

한국전쟁 초기, 북한 현지에 있었던 영국 『데일리워커』 기자는 이 같은 북한 사람들의 충격과 공포와 관련하여, 미공군의 공중폭격을 '테러폭격'(terror bombing)이라고 규정했다. 그는 "이러한 폭격들은 순전히 테러폭격이며, 항쟁하려는 조선 일반 인민의 의지를 꺾으려는 목적밖에는 없다"라고 주장했다. 이 외신기자는 원산 시내의 폭격 희생자 대부분이 어린이, 여성, 노인으로 구성된 현실에 매우 큰 충격을 받았다. 그의 눈에 비친 미공군의 정밀폭격은 순수 민간인들을 향한 무차별폭격에 다름없었다.[125]

위의 영국 기자처럼 1939년 일본군의 충칭폭격 당시 현지에 있었던 미국의 저명한 저널리스트 에드거 스노우(Edgar Snow)는 공중폭격에 대한 민간인들의 공포와 증오심을 다음과 같이 기술했다. "공습은 급강하 폭격기를 피하기 위해 지하실에 처박히고 들판에 얼굴을 파묻어본 적이 없거나, 혹은 자기 아들의 떨어진 머리를 찾고 있는 어머니를 본 적이 없거나, 불에 타버린 학생들의 고약한 냄새를 맡아본 적이 없는 사람은 누구도 진실로 이해할 수 없는 완전히 개인적인 증오를 일으킨다."[126]

2-12. 폭격에 희생된 김두원 가족의 어린이들

스노우가 표현한 "완전히 개인적인 증오"는 당대 북한의 사진과 문헌들에서도 쉽게 발견된다. '폭격에 희생된 김두원 가족의 어린이들'이라는 제목의 위의 사진은 폭격에 의해 파괴된 가옥과 어린이 시체를 고스란히 노출시킴으로써 당대 북한주민의 분노와 좌절을 생생하게 전달하고 있다. 원산을 방문한 『데일리워커』기자 또한 일주일 동안 꼼짝하지 않고 폭격에 의해 희생된 가족들의 유물을 바라보고 있던 한 노인에 대해 묘사했는데,[127] 이 같은 묘사 속에 담긴 좌절과 증오의 감정은 위의 사진 속의 두 여성이 느꼈던 그것과 크게 다르지 않을 것이다.

1950년 9월 9일 『로동신문』은 미공군의 평양폭격과 관련하여 다음과 같은 기사를 게재했다. "높이 솟았던 선암리 교회당과 고아원 및 기타 문화시설들도 완전히 파괴되었다. 폭연 속에서는 잃어버린 가족들을 부르는 비통한 목메인 목소리들이 들려오고 있었으며, 구호대원들은 이곳저곳에서 무너진 벽돌을 헤치고 어린이와 늙은이들의 시체를 끌어내고 있었다." 폭격 현장에서 아내와 아이를 잃은 김리익은 다음과 같이 미국을 향한 증오를 표현했다. "우리는 원쑤들의 이 만행을 영원히 잊지 않을 것이다. 우리는 최후의 피 한 방울까지 다하여 골수에 사무친 이 원한을 갚고야 말 것이다."[128] 스노우의 표현처럼, 미공군의 공중폭격은 한국전쟁 초기부터 "누구도 진실로 이해할 수 없는 완전히 개인적인 증오"를 북한 곳곳에서 만들어내고 있었다.

방공의 등장

앞서 제1부에서 살펴보았듯이, 방공이란 적의 비행기나 미사일의 공격을 막기 위한 활동을 총체적으로 일컫는 것으로서, 폭격을 가하기 위해 접근하는 비행기를 사전에 탐지·파괴하고, 만일 폭격을 당할 경우 그 피해를 최소화하여 전쟁수행능력을 유지하는 방책을 통칭한다. 이 같은 정의에 따르면, 한국전쟁 초기 북한은 그야말로 무대책 상태에서 미공군의 공중폭격에 노출되었다고 보아도 무방할 지경이었다. 미공군은 단기일에 제공권을 완벽히 장악한 상태에서 거리낌없이 공중폭격을 수행했지만, 북한지도부는 대량폭격에 당황한 나머지 판단력을 상실한 채 갈피를 잡지 못하고 있었다.

김일성은 이틀에 걸친 미공군의 원산폭격이 진행된 다음날인 1950년 7월 8일에 공중폭격과 관련된 최초의 의미있는 성명을 발표했다. 이날은 북한 주재 소련대사 슈찌꼬프와 공중폭격의 심각성에 대해 논의한 다음날이기도 하다. 김일성은 공식성명을 통해 38선 이북의 평양, 남포,

해주, 원산, 함흥 등의 도시들이 수차례 폭격당했다는 사실을 강조하며, 미공군의 폭격은 "평화로운 도시들과 농촌들"에 대한 공격이라고 맹비난했다. 더불어 김일성은 1950년 6월 26일 한국전쟁 발발 직후에 방송연설을 통해 전쟁발발의 주체를 "리승만 매국역도"라고 비난했던 것과는 달리, 이날 연설에서는 "미 제국주의자들"을 무력침공의 주체라고 강조했다. 전쟁발발 직후 북한은 미국을 자극하지 않기 위해 스스로 조작한 북침 시나리오의 주체를 남한정부로 설정했지만, 미국의 공식 참전 직후부터 북침의 주체를 '미국'으로 급하게 변경시켰던 것이다.[129]

같은 날(7월 8일) 김일성은 조선민주주의인민공화국 군사위원회 회의에서 미공군의 철도 및 도로 차단작전에 대응한 '전시철도복구연대'의 조직을 명령했다. 북한은 미공군의 폭격이 시작되면 이동복구대와 공무공작대를 급조하여 철도복구업무를 진행시켰고, 폭격이 북한 각 지역으로 확산된 이후에는 교통성 산하에 전시철도복구연대를 조직하여 파괴된 철도의 신속한 복구를 도모했다. 철도를 활용한 병력, 무기, 식량의 지속적 이동은 전쟁의 성패를 좌우할 수 있는 매우 중요한 사업이었다.

북한지도부는 전시 철도복구사업의 험난한 성격을 고려하여 복구연대를 마치 군부대처럼 강한 조직과 규율 속에서 통제했다. 복구연대 대원들은 제복을 입고 직무에 따라 견장을 달았으며, 군사규율을 준수해야만 했다. 또한 북한지도부는 전시철도복구연대를 조직하고, 모든 철도관리국에 2개 조의 철도복구대를 조직하여 중요지점들에 배치할 것을 명령했다. 또한 이 업무는 기동성을 요하는 사업이므로, 복구대원뿐 아니라 해당 지역민들을 동원하라는 지시도 하달했다.[130] 7월 10일 김일성은 내무성 시설처 산하의 전직원을 '후방복구연대'라는 새로운 조직

에 배속시켜, 미공군에 의해 파괴된 도로와 교량의 신속한 복구를 명령했다.[131]

북한은 후방지역 복구와 함께 폭격피해 조사 또한 활발히 진행했다. 앞서 우리는 한국전쟁기 북한 측 피해조사보고서가 폭격 일자, 장소, 규모 면에서 당대 미공군 내부문서와 많은 부분 일치했다는 사실을 확인할 수 있었다. 이 같은 폭격피해 통계는 피해지역 자체적으로 집계된 피해보고서들과 위로부터 파견된 조사위원들의 조사보고서가 종합적으로 검토된 결과였다.

한국전쟁 초기 북한에서 가장 광범하고 종합적인 전쟁피해 조사는 조국전선 조사위원회에 의해 진행되었다. 조국전선은 1949년 6월 25~28일 평양에서 남북한의 71개 정당·사회단체 대표 704명이 참석해 결성대회를 개최하며 조직된 단체로서, 북한의 통일노선과 정책을 관철하는 전위기구 역할을 수행했다. 실제 한국전쟁 이전 시기 조국전선은 북한 평화통일 공세의 주역으로 활동한 사실을 확인할 수 있다. 이 같은 조국전선 역할의 연장선상에서 한국전쟁기에는 주로 전쟁피해 내역을 조사하고 선전하는 활동을 담당했다.[132]

조국전선 조사위원회는 1950년 7월 14일 조국전선 중앙위원회 상무위원회의 결정에 의해 조직되었다. 위원장은 조국전선 의장인 허헌(許憲)이 맡았다. 조국전선 조사위원회는 그 조직구성 직후인 7월 16~17일 양일에 걸쳐 조사지역을 북반부지구(평양·남포지구, 원산·함흥지구), 서울·인천지구, 경기·황해지구, 강원내륙지구, 강원해안지구 등 다섯 지역으로 나누어 조사단을 파견했다. 북반부지구는 장순명(張順明, 위원장), 현정민(북조선 민청위원장), 홍순철(조국전선 주필), 서울·인천지구는 박정애(위원장), 김창준, 김병제(金秉濟, 남조선 청우당 위원장),

경기·황해지구는 한설야(韓雪野, 위원장), 현칠종(玄七鍾, 북조선 농민동맹부위원장), 강원내륙지구는 최경덕(위원장), 김도현(북조선천도교청우당 부위원장), 류문화(민주조선 주필), 강원해안지구는 리기영(李箕永, 위원장), 최용달(崔容達, 법학자), 리호림(李浩林, 의학박사) 같은 저명인사들로 구성되었다.[133]

한국전쟁기 미군에 의해 탈취되어 현재 미 국립문서보관소에 소장되어 있는 일부 북한 측 문서들은 당대 조국전선 조사위원회의 활동이 어떤 방식으로 진행되었는지 잘 보여준다. 그 대표적 사례로 강원도 연천군에서 발생한 8월 26일 폭격피해와 관련된 조국전선 연천군 조사위원회의 보고서 작성 건이 있다. 우선 피해조사의 1차작업으로서, 당일 연천군에서 폭격을 직접 목격한 지역민 김기춘, 현백남, 정운복, 윤기헌이 폭격양상과 피해규모를 구술의 형식으로 진술하고, 이를 정치지도원 정용하가「진술서」로 작성했다. 이후 연천군 피해조사위원회 대표 박상화와 최철수, 연천 주민 임종호가「진술서」에 기초하여 공동으로「조서」를 작성했다. 그리고 마지막으로 피해조사위원회 대표이자 조선노동당 연천군당부 위원장인 박상화, 연천면 인민위원회 위원장 송완근, 연천군민청 위원장 이호은, 연천 주민 윤기헌의 서명하에 폭격피해를 최종적으로 증명하는「결의문」을 채택했다.[134] 이렇게 작성된「진술서」「조서」「결의문」의 3가지 문서는 즉각 북조선노동당 강원도당부 위원장에게 발송되었고, 최종적으로는 조국전선 강원내륙지구 조사위원장 최경덕에게 전달되었을 것으로 추측할 수 있다.

위와 같이 현지에서 직접 전쟁피해 양상을 조사했던 조국전선 조사위원회는 1950년 8월 18일에 이르러 자신의 피해조사보고서 제1호를 처음으로 발표했다.『로동신문』에 따르면, 이 보고서는 한국전쟁 발발

2-13. 「국영 룡성기계제작소 폭격피해조사보고서」(1950년 8월 23일)

직후부터 1950년 8월 5일까지의 전쟁피해를 종합한 내용이라고 한다. 이 보고서는 8월 5일까지 폭격과 함포사격에 의해 1만 5200여호의 민간인 주택이 파괴되었고, 4천 수백여명의 민간인이 학살당했으며, 5200여명이 부상당했다는 내용을 담았다.[135] 전쟁이라는 극도의 혼란기에 이렇듯 아래로부터 단계적으로 조사가 이루어지는 과정은 여러모로 인상적이다.

아래로부터 철저하게 폭격피해를 조사하고, 이를 상급단위에서 체계적으로 종합하는 과정은 한국전쟁 내내 지속적으로 반복된다. 예컨대 앞의 사진 2-13은 1950년 8월 23일에 작성된 함경남도 흥남시 룡성기계제작소의 폭격피해조사보고서다. 보고서는 8월 19일 진행된 미공군의 공중폭격 양상과 공장의 피해내역을 상세히 기술한다. 보고서에 따르면, 8월 19일 미공군은 500킬로그램의 직격탄을 투하하여 룡성기계제작소의 양성소와 인근 교사를 완파했다. 보고서는 파괴된 건물 내부에 있던 교사용 책상, 학생용 책상, 칠판, 도서함, 서류함, 시계, 봉투, 노트 등의 피해수량과 금액까지 세세하게 밝혔다. 공중폭격의 양상과 피해규모 집계는 이렇듯 매우 세밀하게 진행되고 있었다.

사진 2-13의 보고서는 당시 작성된 수많은 북한 측 보고서의 빙산의 일각에 불과하다. 피해조사보고서는 행정구획의 최하급단위인 리 단위까지 치밀하게 작성되었다. 그리고 이 같은 보고서 작성방식은 다음의 사진 2-14에서 볼 수 있는 것처럼, 북한군의 새로운 점령지역인 남한지역에서도 예외일 수 없었다. 사진 2-14는 1950년 9월 16일에 작성된 경기도 시흥군 동면분주소의 공습피해조사서다. 이 조사보고서는 사망자와 부상자의 성명, 나이, 성별, 피해장소, 피해 정도까지 매우 꼼꼼하게 밝히고 있다. 현재 미 국립문서보관소에서 확인할 수 있는 노획문서군

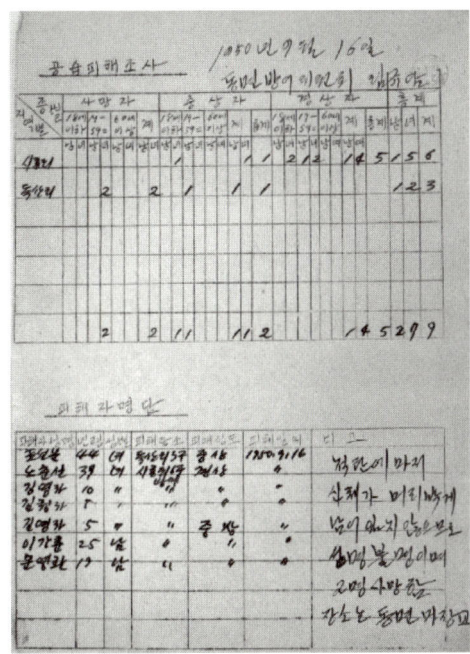

2-14.「시흥군 동면분주소 공습피해조사서」(1950년 9월)

에는 한국전쟁 초기 경기도 시흥군의 조사보고서 외에도 고양군의 리 단위 폭격피해조사보고서와 청주시의 리 단위 폭격피해조사보고서 등이 포함되어 있다. 물론 이 보고서들 또한 시흥군의 조사보고서와 동일하거나 유사한 형식을 띤다.[136]

북한지도부가 위와 같이 전쟁피해 조사를 엄밀하게 진행한 일차적인 이유는 폭격 주체와 규모, 피해 정도 등을 정확하게 파악하여 추후의 피해를 최소화하고, 수집된 자료를 선전용으로 활용하기 위한 조치였을 것이다. 실제 1950년 7월 조선노동당은 조국전선의 활동과는 별개로 '검열조사위원회'를 구성하여 폭격피해상황 조사 및 복구대책 수립 임무를 하달했다. 7월 29일 이 위원회는 조선노동당 당중앙정치위원회 제48차 회의에서 조사결과를 발표했는데, 해당 자료에는 공중폭격으로 인해 패닉에 빠진 북한 당·정 지도간부, 노동자, 도시민 들의 모습이 생생하게 담겨 있다. 북한지도부는 군사·산업 시설의 복구를 넘어 민간인들을 체계적으로 보호할 수 있는 법규와 조직 마련이 시급했다.[137]

전쟁피해와 관련된 조선노동당 검열조사위원회의 신랄한 발표 직후인 7월 30일과 8월 1일, 북한지도부는 공중폭격으로부터 민간인을 보호하기 위한 최초의 공식 조치들을 잇달아 발표하기 시작했다. 우선 1950년 7월 30일 김일성은 조선민주주의인민공화국 군사위원회 위원장의 자격으로 군사위원회 명령 제37호를 발표했는데, 이는 "적의 공습·함포사격 및 적에 의하여 부상된 일반 인민들의 구호사업"을 보장하기 위한 조치였다. 김일성은 해당 명령을 통해 부상당한 사람들에 대한 간단한 응급치료와 가난한 사람들에 대한 의료비 보장을 지시했다.[138]

이틀 뒤인 8월 1일 김일성은 방공사업과 관련된 최초의 공식명령인 「조선민주주의인민공화국 군사위원회 명령 제39호: 방공사업 강화에 대하여」를 발표했다. 김일성은 이 명령을 통해 등화관제의 엄수, 음폐(陰蔽)호의 굴설과 위장, 소방시설의 완비 등을 지시했다. 더불어 북한지역에서 아직 투하되지 않은 소이탄에 대한 대비책 강화, 방공시설에 대한 내무기관의 검열 강화, '인민반'을 기초로 한 방공대 규율의 강화 등을 지시했는데, 이는 역사적 관점에서 매우 흥미롭게 읽힐 수 있는 대목이다. 왜냐하면 이는 마치 일제 말기에 강조된 소이탄 대비법, 내무기관 검열, '애국반' 활용 정책 등의 부활처럼 느껴지기 때문이다.[139]

북한지도부는 위와 같은 명령을 통해 대민 방공활동을 강화하고, 지역별 민간방공부를 설치하여 미공군의 민간지역 공습에 대비했던 것으로 추측된다. 북한군의 남한 점령시기에 제작된 서울시 민간방공부의

『민간 방공지도원 수첩』이 그 증거다. 이 수첩의 제1면에는 앞서 등장한 김일성의 명령 제39호 「방공사업 강화에 대하여」의 전문이 게재되어 있다. 작은 책자인 수첩의 목차는 크게 대피, 경비, 폭탄, 소이탄, 특설방공대의 방공활동, 음폐호·피신호의 굴설 등으로 구분된다. 하지만 수첩에 등장하는 폭격기들이 주로 한국전쟁기의 주력 기종이라기보다는 2차대전 당시 미군의 주력 기종이라는 사실로부터 판단컨대, 수첩은 일제시기에 제작·배포된 일본의 방공 자료를 많은 부분 참조하여 제작된 것으로 판단된다. 더불어 일제시기 직장과 학교 시설에 배치된 '특설방공대'와 명칭까지 동일한 방공대의 조직을 학교·공장·병원에 지시한 사실을 통해, 일제 말기와 한국전쟁기 방공정책의 유사성을 다시 한 번 살펴볼 수 있다. 북한정부는 일제의 정책과 지식까지 적극적으로 수용하여 미국의 공중폭격에 적극적으로 대처하려 했고, 도시와 산업시설의 민간인들 또한 상부의 정책에 능동적으로 호응하며 자기 나름의 방식으로 폭격에 대응해나가기 시작했다.[140]

1950년 8월 24일 미공군의 흥남제련소 폭격에 대한 현지 노동자들의 발 빠른 대응은 7월 말부터 강화된 방공시설 완비와 방공대책 교육의 성과를 분명하게 보여주는 사례다. 이날 폭격기사령부는 제련소 조종실 건물의 60퍼센트를 파괴하는 등 전체 공장의 75퍼센트를 파괴하거나 심하게 손상시켰다. 극동공군은 최소 120일 동안 공장가동이 불가능할 것이라고 분석했다.[141]

실제 유엔군의 북한지역 점령 시기에 흥남공업지구 현지조사를 실시한 극동공군 폭격피해현장평가반은 이날의 흥남제련소 폭격이 매우 강력했음을 다양한 증거들로 입증하고 있다. 공장기술자 전규태(Jeun Kyu Tae, 41세), 김연운(Kim Yeun Un, 34세), 민경섭(Min Keung Seub,

31세)은 18년 된 견고하고 커다란 건물들이 삽시간에 무너져내린 상황을 믿을 수가 없었다고 증언했다. 공장건물들은 일본인이 지은 것으로 1931년 착공된 후 1년 이상의 기간에 걸쳐 완공된 것이었다.[142] 전규태는 화재진압 후 실시한 조사를 통해 공장구역 내에서만 91개의 폭탄구멍을 발견할 수 있었다고 언급했다. 그런데 제련소 노동자들의 증언에 따르면 놀랍게도 폭격 직후 "단 1명의 노동자도 공격에 의해 죽거나 다치지 않았다"고 한다. 전규태는 폭격과 동시에 노동자들이 폭격 피신처로 재빨리 모여들었다고 증언했다.[143] 전체 공장의 75퍼센트가 파괴되거나 심하게 손상된 상황에서 인명피해가 없었다는 사실은 7월 말부터 강화되기 시작한 북한 내 방공대책이 이미 어느정도 성과를 내기 시작했음을 의미한다. 한국전쟁 초기 미공군은 한반도의 제공권을 완전히 장악한 상태에서 북한 상공을 제집 앞마당처럼 넘나들며 대량폭격작전을 수행했다. 그러나 당대 북한지도부와 주민들은 지상에서 속절없이 폭격피해를 당하고 있지만은 않았다. 북한은 피해조사사업에서부터 피해복구와 방공시설 마련에 이르기까지, 짧은 시간 동안에 최선의 대안을 분주히 찾고 있었다.

제3부

평범한 임무

"나는 임무에서 돌아온 조종사들이 머리에 보따리를 이고 가는 여인을 쏘아서 그녀의 몸이 터지는 장면을 보았다고 으스대는 것을 보았습니다. 우리는 민간인들이 많은 일을 하기 때문에 그들을 공격하라고 교육받았습니다. 그러나 나는 그렇게 할 수 없었습니다." *

_레이먼드 스터전 Raymond Sturgeon

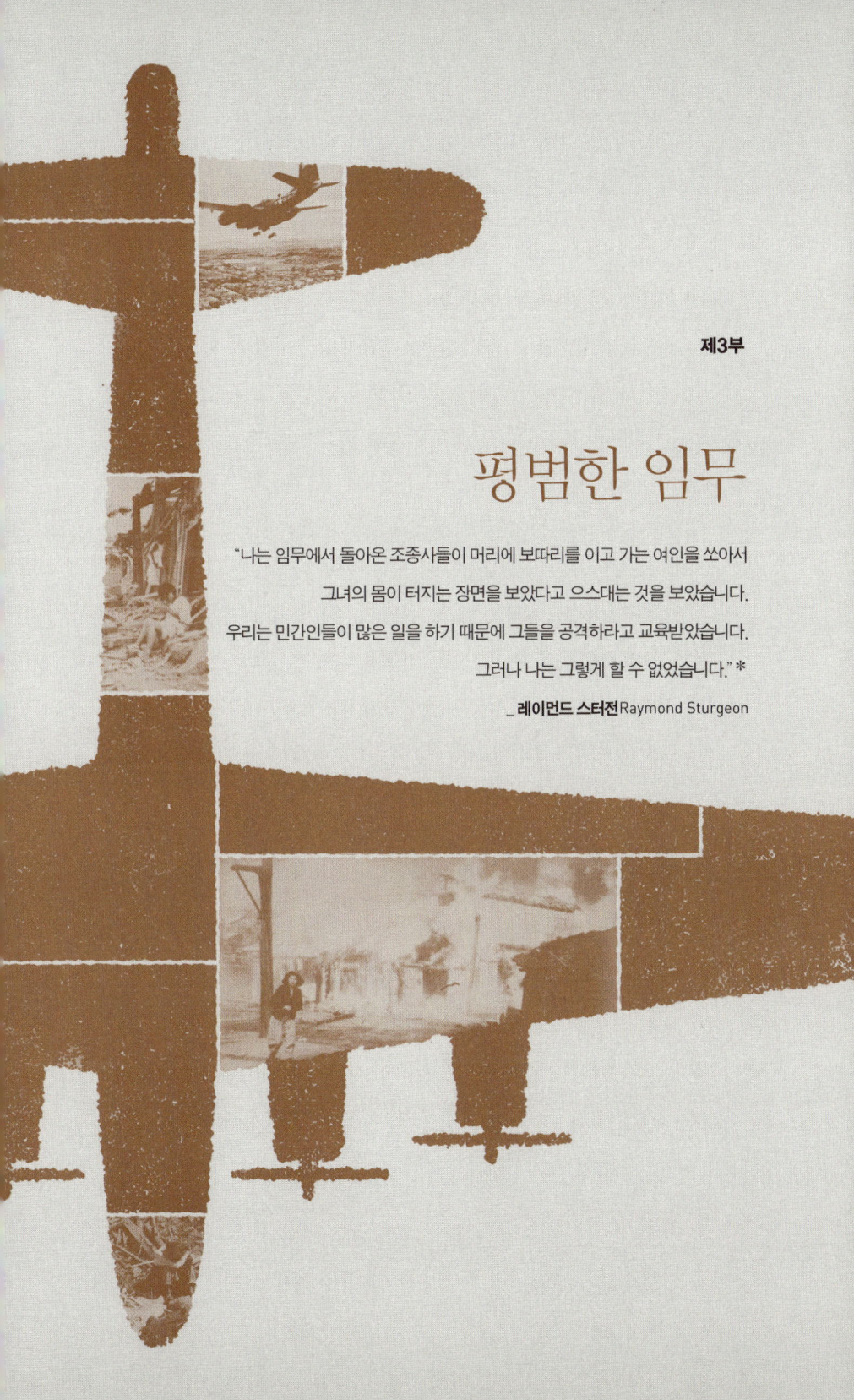

"그것은 아마 누구도 듣고 싶지 않았던 이야기였다."

강렬한 첫 문장으로 시작하는 장문의 언론보도 하나가 전세계에 큰 충격을 주었다. 1999년 9월 29일 미국의 AP통신이 한국전쟁기 미군의 민간인 집단학살사건인 노근리사건을 기사화한 것이다. '노근리사건'이란 1950년 7월 26일부터 29일까지 충북 영동군 황간면 노근리 일대에서 피난길에 나선 한국 민간인 수백명이 미군의 사격에 의해 무고하게 사망 또는 부상당한 일련의 사건을 일컫는다. 여기서 미군의 사격이란 미군전폭기의 공중폭격과 지상군의 기관총 사격을 통칭한다. AP통신은 1950년 7월 말 한국의 한 철도 굴다리와 그 주변에서 400명에 달하는 피난민들이 미군의 공격으로 사망했다는 한국 생존자들의 주장을 전했다. 또한 이제 인생의 황혼기를 맞은 12명의 미 퇴역군인들을 인터뷰하고, 그 여름 낯선 땅에서 벌어진 일들을 기억한다는 인터뷰 내용도 전했다.[1]

모순적이게도 영어 표기로는 '총 없는 마을'(No Gun Ri)인 충북 영동의 작은 마을, 포도 재배지로 유명했던 이 마을은 곧 한·미 정부와 세계 언론의 주목을 받게 되었다. 미국정부는 즉각 진상규명을 위한 조치를 하달했고, 같은 해 10월 2일 김대중 대통령 또한 노근리사건 진상규명을 지시했다. 사건의 재조사가 본격화되자 한국 국방부에는 무려

61건에 이르는 유사 사건들이 피해사례로 접수되었다.[2] 사건의 피해자나 목격자가 그때까지 생존하여 그 피해 정황을 생생하게 증언할 수 있는 신고사례만 무려 61건에 이르렀던 것이다. 대다수의 피난민들이 낯선 타지의 피난처에서 연고 없이 쓸쓸하게 죽어갔다는 사실을 감안하면 61건은 결코 적은 수가 아니었다.

대부분의 한국사람들은 한국전쟁 초기 미군의 남한지역 민간인 공격과 관련하여 의례히 노근리사건을 떠올리나, 공중폭격의 관점에서 보자면 노근리사건은 결코 '특수한' 사례가 아니라 당대의 '보편적' 현상의 일례에 불과하다. 이후에 자세히 쓰겠지만, 당대 전폭기 조종사들은 북한군 점령하의 남한지역 도시와 농촌을 향해 일상적으로 폭격작전을 수행했고 흰옷을 입은 민간인 무리를 향해 무차별적으로 기총소사를 가하곤 했다. 조종사들은 그 같은 자신들 행위를 군사적 관점에서 적극적으로 정당화했다. 그들 상당수는 한국전쟁 당시 미공군 작전분석실과의 인터뷰에서, 적지의 민간인과 적 병력을 동일시하는 관점을 아무렇지도 않게 드러냈다.

한국정부의 진실·화해를위한과거사정리위원회(이하 진실화해위원회) 조사과정에서 드러난 경남 함안 남산벌판 피난민 폭격 사례나 포항 홍안리 곡강천변 피난민 폭격 사례는 당시 흰옷을 입은 민간인 무리들을 향한 미공군의 무차별적 폭격의 실상을 적나라하게 보여준다. 1950년 8월 남산벌판과 곡강천변에는 외지에서 피난민 수천명이 몰려들어 해당 지역을 온통 하얗게 뒤덮었는데, 미공군 전폭기들이 이들을 향해 무차별적으로 폭격과 기총소사를 실시하여 수많은 희생자들을 발생시켰다고 한다. 당시 피난민들은 대낮에 사방이 트인 나대지에서 자신이 민간인임을 알리기 위해 흰옷, 수건, 태극기 등을 열심히 흔들어댔으나 이

러한 노력도 전폭기들의 반복적인 공격을 막기에는 무력했다.[3]

도대체 미공군 전폭기들은 무슨 이유로 아군 측 민간인들이나 다름없는 남한지역 민간인들을 향해 그토록 가혹한 군사작전을 펼쳤던 것일까? 어떤 구조와 상황이 조종사의 민간지역 공격을 적극적으로 정당화했던 것일까? 궁극적으로 한국인들의 자유와 민주주의를 위해 참전한다고 선전했던 미군이 왜 남한의 도시와 농촌에 무차별적으로 폭탄을 투하하고, 흰옷을 입은 사람들을 향해 실탄을 발사했던 것일까? 제3부에서는 한국전쟁기 미공군이 직접 작성한 다수의 문서들에 기초해 이 같은 질문들에 나름의 답을 제시해보려 한다. 더불어 전세계적으로 잘 알려진 노근리사건이 미군의 수많은 민간인 공격사례 중 하나에 불과한 구조와 원인에 대해서도 자세하게 살펴볼 것이다.

7장
폭격의 구조

불안정한 전술항공작전의 구조

워싱턴 시각으로 1950년 6월 30일 오전, 트루먼 대통령은 미 육·해·공군 부대의 전면적인 한국전쟁 개입을 제안한 맥아더의 요구를 승인했다. 맥아더는 지상군 투입이 결정되자마자 미 제8군 산하 제24사단의 출동을 명령했다. 맥아더의 초기 작전구상은 제24사단 병력으로 북한군의 남하를 저지한 후 인천상륙을 통해 적을 일거에 격멸시키는 것이었다. 그러나 제24사단의 실병력은 평시 편제인 1만 2000명에도 미치지 못했을 뿐만 아니라 거의가 실전경험이 없는 신병들이었는데, 이들 제24사단 산하 제21연대 제1대대가 특수임무부대로 지정되어 7월 2일 가장 먼저 대전에 도착한 것이다. 이들은 7월 5일 오산 북방 죽미령에서 맞은 북한군과의 최초 전투에서 전체 병력의 3분의 1 이상을 상실했다. 북한군은 주요 침투공격을 위해 보병사단에 탱크대대를 부속시킨 반면 전쟁 초기 미군은 탱크를 저지할 수 있는 병력과 지상무기가 부족했다. 전쟁 초기 지상에서는 명백히 북한군이 남한군과 미군보다 전력 면에서 우위에 있었다.[4]

북한군은 전쟁 초기 지상병력 면에서 우위를 점하고 있었음에도 이내 곤란한 지경에 처했다. 미공군의 제공권 장악과 남한지역 전술항공작전의 전개가 그 직접적 원인이었다. 1950년 7월 20일경 북한군은 남한정부의 임시수도였던 대전 점령을 목전에 두고 있었다. 대전이 점령된다면 노도와 같은 기세로 남한 전체를 점령할 수 있을 것 같았다. 그러나 같은 시간 북한군 최고사령관 김일성은 전선의 상황을 "파국적 상황"이라고 묘사하며 전선사령관 김책(金策)과 전선참모장 강건(姜健)을 강하게 질책하고 있었다. 김일성이 말한 파국적 상황의 근거는 다름 아닌 미공군의 폭격 때문이었다.[5] 한국전쟁 초기부터 대거 투입된 미공군의 폭격으로 인해 후방인 북한지역의 교통 및 산업시설이 파괴되었고, 남한지역에서도 전선과 후방에 대한 대대적 폭격으로 군의 이동 자체가 어려웠다.

'전술항공작전'(Tactical Air Operations)이란 적 지상군과 그 지원시설의 발견 및 파괴, 제공권 확보 등을 위해 육군 또는 해군과 협력하여 벌이는 공군의 작전을 의미한다. 한국전쟁 초기 전투 중인 미 지상군에 대한 공군의 직접적 화력지원은 모두 전술항공작전의 영역에 속한다. 적 후방지역을 폭격하는 전략폭격은 목표물 사전 선정과정을 통해 비교적 명확하고 체계적으로 진행되지만, 전술항공작전은 매일 급변하는 전황에 따라 다양한 경로로 수행되었다. 이러한 까닭에 한국전쟁 초기 미공군 전술항공작전의 구축 및 체계화에 대한 이해는 폭격의 수행과정과 성격을 밝히는 데 중요한 선행 과제다.

전쟁 초기부터 남한지역 전술항공작전을 전담한 전투부대는 미 제5공군이었다. 또다른 전투부대인 극동공군 폭격기사령부는 극동공군사령관의 명령을 받거나 제5공군사령관과 조율을 거친 후에나 38선

이남지역에서 활동할 수 있었다.[6] 제5공군의 임무는 전투지역 제공권의 우위 유지, 일본에 대한 영공방위, 적의 수송수단과 교통시설 파괴, 병력 이동과 호위, 수색·정찰과 구조업무, 폭격기 사령관과 조율하의 38선 이북지역 작전활동 등이었다.[7]

한국전쟁기 제5공군의 전술항공작전은 기본적으로 미공군의 일반적 전술항공작전 개념 속에서 작동했지만, 한국전쟁의 특수한 상황 속에서 일정한 차별성을 보여주기도 했다. 요컨대 공군의 보편적인 전술항공작전은 크게 제공권 장악, 전선지역 차단, 지상병력 화력지원 등으로 구분할 수 있는데, 이중에서 미공군은 일반적으로 제공권 장악을 가장 중시했고, 다음으로 병력과 물자의 이동을 막는 차단작전을 중시했으며, 지상군에 대한 화력지원은 이상의 작전이 완수된 후에 이행하는 것으로 판단했다.[8]

그러나 1950년 남한에서는 이러한 단계설정이 상당정도 와해되었다. 북한 공군력이 열악했기 때문에 미공군은 가장 중요한 목표였던 제공권 장악을 단기일 내에 완수할 수 있었다. 또한 지상전황이 급박하게 전개되었기 때문에, 차단작전보다 전선의 지상군에게 직접적인 화력지원을 제공하는 근접지원작전(Close Air Support)이 중시되기 일쑤였다. 특히 지상군 작전에 가장 큰 비중을 두었던 유엔군사령관 맥아더는 전략항공작전에만 투입되었던 B-29기종을 근접지원작전에 투입시키라고 지시해 공군사령관들의 반감을 사기도 했다. 극동공군사령관 스트레이트마이어는 자신의 일기를 통해, "어제 B-29폭격기에 근접항공지원을 맡긴 것은 우리의 착오"라고 평가하면서, "어쨌든 맥아더 장군이 직접 지시했기 때문에 앞으로도 그렇게 해야 할 것"이라고 토로했다.[9]

전쟁 초기 미공군의 전술항공작전은 폭격수행을 위한 구체적 방법

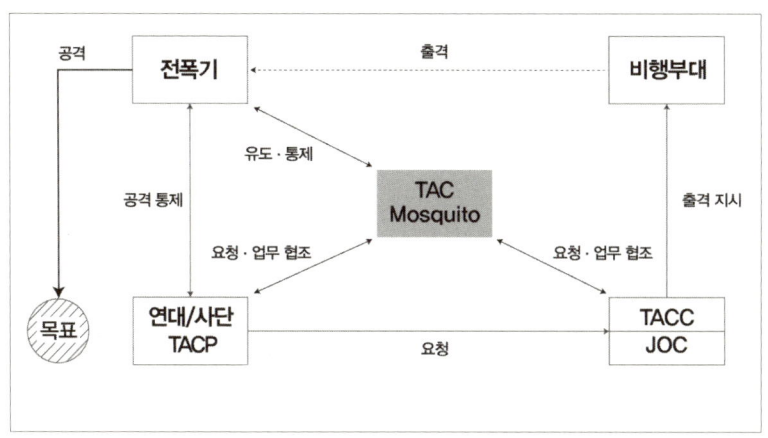

3-1. 한국전쟁기 미공군의 전술항공통제씨스템

면에서도 적잖은 혼란을 겪었다. 이는 극동공군이 원래 방어 목적의 부대였다는 사실에서 기인했다. 한국전쟁 이전 시기 제5공군은 일본 영공 방위를 담당한 부대였다. 제5공군은 일본의 미 제8군과 함께 어떤 합동 훈련도 치러본 경험이 없었다. 전술항공작전을 위한 인력과 장비도 절대적으로 부족했다.[10]

제5공군사령관 얼 파트리지(Earle E. Partridge)는 전술항공작전을 위한 통제구조를 임시변통으로 만들어 사용했다. 이는 숙련된 인력이 부족하고 통신채널이 열악한 상황에서 진행된 악전고투였다. 한국전쟁 초기에 형성된 전술항공통제씨스템을 그림으로 그려보면 위의 그림 3-1과 같이 표시할 수 있다.

지상군과 전술공군 사이의 공대지작전을 통제하는 메커니즘의 심장부는 그림 3-1의 오른쪽 하단에 있는 합동작전센터(Joint Operations Center, JOC)였다. 이곳은 육군과 공군의 대표들이 협력하여 전술항공작전의 기본틀을 제시하는 곳이었다. 합동작전센터의 공대지작전부

(air-ground operations section)는 전술항공작전을 위한 '육군'의 요구를 접수하는 곳이었고, 전투작전부(combat operations section)는 이 요구들을 전술공군부대에 명령으로 전달하는 기구였다. 공대지작전부는 육군장교들로 구성되며 육군사령관을 대표했고, 전투작전부는 공군 병력으로 구성되며 전술공군사령관을 대표했다. 제5공군은 합동작전센터(JOC)를 위한 작전부를 7월 3일 일본 이따즈께에 조직했다. 제5공군 장교들과 제8통신대대(8th Communications Squadron) 조종사들을 포함, 총 10명의 장교와 35명의 조종사가 전투작전부에 소속되었다. 제5공군 작전부장 존 머피(John R. Murphy)가 작전부를 책임졌다. 머피 중령과 이하 대원들은 7월 5일 대전으로 가서 제24사단 본부 내에 합동작전센터(JOC)를 수립했다. 합동작전센터의 수립으로 한국전쟁기 육군과 공군의 협력체계가 최초로 구축되었다.[11]

합동작전센터와 더불어 제5공군의 공대지작전에서 핵심적 위상을 차지한 기구로는 전술항공통제센터(Tactical Air Control Center, TACC)를 들 수 있다. 제5공군사령관은 전술항공통제센터를 통해 자기 휘하 부대의 모든 공군활동을 통제했다. 전술항공통제센터는 합동작전센터 전투작전부의 지시에 따라 비행기 통제를 담당했다. 전술항공통제센터는 처음에 대전에서 급조되었다가, 7월 14일 일본 이따즈께에 제6132전술항공통제대대(6132nd Tactical Air Control Squadron)가 수립된 후 즉시 대구로 이동하여 완전한 형태를 갖추었다. 7월 20일에는 주한제5공군본부(HQ, Fifth Air Force in Korea)가 합동작전센터와 전술항공통제센터가 있는 대구에 위치하면서, 명령과 통제가 한곳에서 이루어지게 되었다.[12]

전술항공통제씨스템의 최전방부대는 전술항공통제반(Tactical Air-

3-2. 무선연락을 주고받는 한국전쟁기 미공군 전술항공통제반원들(위) 1951년 봄 평택비행장에 체류 중인 모스키토 정찰기들(아래)

craft Control Parties, TACP)이었다. 이는 전방 육군부대 주변에서 근접 항공지원공격을 통제하기 위해 특별히 조직된 팀이었다. 이 전술항공통제반은 사진 3-2의 위의 사진에서 볼 수 있듯이, 무전기를 갖춘 지프 차량과 숙련된 조종사인 전방사령관, 차량의 통신장비를 운용하는 공군 사병으로 구성되었다. 그러나 한국의 거친 도로에 구형 AN/ARC-1 무전기와 지프차가 쉽게 망가져 임무수행이 어려웠으며, 비무장 지프차는 북한군의 화력 앞에 무력했기 때문에 최전방통제관의 역할을 제대로 수행할 수 없었다.[13] 이러한 이유로 제5공군은 전선의 최전방에서 활약할 수 있는 '공중통제관'의 활용에 대해 고민하기 시작했다.

"작은 벌이 윙윙거리는 소리가 들리면, 우리는 이내 이 작은 벌이 말벌의 독침을 불러온다는 사실을 알았다."[14] 이는 폭격의 공포를 직접적으로 드러낸 어느 북한군 포로의 언급으로, 전선 최일선에서 활약한 제5공군 전술항공통제씨스템을 상징적으로 표현한 말이다. 작은 벌은 북한군의 위치를 정찰하는 공중통제관 '모스키토'(Mosquito)기를 의미하고, 말벌은 모스키토기에 의해 호출된 제5공군 전폭기를 뜻한다.

모스키토는 공중통제관, 혹은 공중통제관이 운행하는 항공기에 대한 별칭이었다. 제5공군이 1950년 7월 15일 하달한 작전명령을 통해 공중통제관에게 "모스키토 에이블"(Mosquito Able), "모스키토 베이커"(Mosquito Baker) 등의 호출부호를 붙였는데, 이 호출부호가 곧 널리 퍼져 인기를 얻게 된 것이다.[15] 한국전쟁기 모스키토는 임무지역에서 낮고 빠르게 오랫동안 정찰활동을 펼칠 수 있는 비무장의 프로펠러기 T-6가 담당했다. 사진 3-2의 아래 사진에서 볼 수 있는 경량의 프로펠러기 T-6는 주간에 북한군이 숨어 있는 전선 부근을 윙윙대며 오갔는데, 이는 북한군에게 상당한 공포의 대상이 될 수밖에 없었다. 마치 모

3-3. 한국전쟁기 F-80 편대의 비행 모습

기가 우는 듯한 프로펠러의 윙윙거림 이후에는 전폭기의 폭격이 말벌의 독침처럼 가해지곤 했기 때문이다.

전폭기는 전술항공통제씨스템의 최일선에서 표적공격을 전담했다. 전쟁 초기 남한지역 전술항공작전에서 가장 두드러진 활약을 보인 전폭기종은 단연 F-80 슈팅스타(Shooting Star)였다. F-80은 2차대전기 P-80으로도 불린 미 육군항공단 최초의 제트기다. F-80은 길이 10.49미터, 날개 11.81미터, 높이 3.43미터, 무게 3819킬로그램, 최고시속 969킬로미터의 특징을 지니며, 50구경 기관포(포당 300발 장전, 총 1800발 장전 가능) 6대와 로켓 8발을 적재할 수 있었다.[16] 1950년 7월 15일까지 F-80기종은 전투출격횟수의 70퍼센트를 담당했고, 해당 시기 북한이 폭격기로부터 입은 피해의 85퍼센트를 초래했다.[17] 때문에 극동공군사령관 스트레이트마이어는 전투기종 교체에 대한 얘기가 흘러나왔을 때 "F-80은 전술정찰에 사용되고 전투 중에 파손되더라도 귀환할 수 있으며 로켓과 기관총 공격도 훌륭하게 수행할 수 있다"[18]고 언급하며, F-80기의 지속적 사용을 주장했다.

사진 3-3은 한국전쟁기 제5공군 제8전투폭격단(8th Fighter-Bomber Wing) 소속 F-80 편대의 비행모습이다. F-80기들은 사진과 같이 보통 2~6대의 비행기가 1개 편대를 이루어 작전을 수행했다. F-80기에 장착된 50구경 기관포와 5인치 고속로켓(5″HVAR)은 기총소사와 조준사격을 통해 작은 촌락 하나를 금세 파괴할 수 있는 가공할 무기였다. 특히 순식간에 진행되는 50구경 기관포의 기총소사는 적에게 분산·은폐할 시간적 여유를 주지 않음으로써, 북한군 병력과 보급품의 파괴에서 중요한 역할을 담당했다. 더불어 5인치 고속로켓은 전쟁 초기 북한군의 탱크를 파괴하는 데 핵심무기로 활용되었다.

다만 이처럼 가공할 위력을 지닌 F-80기의 고속로켓은 현대 미공군 전투기들의 정밀유도폭탄과는 비교가 안 될 정도로 매우 낮은 목표물 적중률을 기록하고 있었다. 예컨대 전쟁 초기 극동공군 작전분석실은 5인치 고속로켓의 목표적중률에 대해 4개 부대 조종사들을 대상으로 설문조사를 실시했다. 그 결과 부대 1은 6개 로켓 당 1~1.5개, 부대 2는 8~10개 로켓당 1개, 부대 3은 12개 로켓 당 1개, 부대 4는 12~15개 로켓 당 1개가 목표물에 적중했다고 대답했다. 이는 전쟁 초기 고속로켓 적중률의 저조함을 단적으로 보여준다. 물론 이처럼 낮은 목표물 적중률은 응당 표적 인근 인명피해를 적잖이 야기할 수밖에 없었고, 적과 아군이 근접해 있는 근접지원작전의 수행과정에서 아군의 희생까지 유발할 수 있었다.[19]

한국전쟁기 F-80기의 전투력과 관련하여 좀더 중요한 기계적 한계로는 짧은 항속거리를 들 수 있다. 통상 전폭기들의 항속거리란 연료를 가득 채운 상태에서 작전수행 후 기지로 돌아올 수 있는 거리를 의미하는데, 한국전쟁 초기 일본에서 이륙한 F-80기들은 항속거리가 짧아 남한지역의 목표지역에서 불과 10~15분 동안만 머물 수 있었다. 조종사들은 비행 내내 불안정한 무선환경의 전술항공통제씨스템뿐 아니라, 연료부족의 압박감과도 싸우면서 최대한 빠른 시간 안에 스스로의 판단에 따라 표적을 찾아내 폭격임무를 완수해야만 했다.

이 같은 연료부족 문제는 전폭기에 보조연료탱크를 장착함으로써 점차 해결될 수 있었지만, 한국전쟁 초기 625리터의 보조연료탱크를 장착했을 때에도 제49폭격전대의 F-80기들은 일본기지로부터 563.5킬로미터 떨어진 전투지역에서 15분 정도만 머물 수 있었다. 결국 미공군은 목표물을 찾을 수 있는 시간이 부족해 출격기의 약 25퍼센트만이 효율적으로 활동할 수 있었다는 결론에 이르기도 했다.[20] 조종사들은 "만약 30~45분 동안 목표지역 상공에 머무를 수 있는 연료가 주어졌다면, 나는 좀더 많은 차량들을 발견해냈을 거라고 확신한다. 때때로 가치있는 표적을 발견했음에도 연료가 부족해 해당구역을 떠나야만 했다"며, 전폭기의 짧은 항속거리에 대한 불만을 줄곧 드러냈다.[21]

요컨대 한국전쟁 초기 미공군의 전술항공작전은 당대 북한지도부에게 커다란 위기의식을 불러일으킬 정도로 전선에서 적잖은 군사적 성과를 올리고 있었지만, 그 작전수행의 효율성과 정밀성 면에서는 심각한 문제점을 곳곳에서 노출하고 있었다. 전폭기 조종사들은 전술항공통제씨스템의 불안정성으로 인해 무선통신이 자주 결렬되는 상황 속에서 그때마다 자신의 판단에 의지해 표적을 색출해야만 했다. 또한 연료부족의 압박감 속에 빠른 속도로 비행하는 제트기 안에서 짧은 시간 내에 가치있는 타깃을 발견해내야만 하는 부담도 있었다.

미 극동공군은 한국전쟁 초기에 맞닥뜨린 전술항공통제씨스템의 여러 문제점을 극복하기 위해 다양한 해결책을 강구하고자 했다. 그 대표적 예로 F-80 제트기보다 항속거리가 다소 긴 구형 프로펠러 전폭기 F-51 무스탕기를 다시 전장으로 불러들인 조치를 들 수 있다. 1950년 7월 8일 제5공군의 에드워드 팀버레이크(Edward J. Timberlake, Jr.) 부사령관은 무스탕기 기지를 한국에 두려는 계획을 확정하면서 대구에서 출격할 수 있는 F-51기 1대의 효과는 일본 본토에서 출동한 F-80기 4대와 대등하다고 주장했다.[22] 이후 실제 극동공군은 7월에 20대에 불과했던 F-51의 수를 불과 한달 사이에 141대로 대폭 증강했다.[23]

극동공군의 적극적 시도에도 불구하고 불과 1~2개월의 짧은 기간 동안에 전술항공통제씨스템의 구조적 문제를 근본적으로 해결할 수는 없었다. 공지합동 작전체계가 확립되어 있지 않은 상황에서 F-51기들도 이내 F-80기와 동일한 문제에 봉착하고 만 것이다. 불안정한 전술항공통제씨스템의 구조 속에서 활동했던 전폭기들은 상당수의 작전에서 조종사 자신의 판단에 의지해 표적을 식별·공격해야만 했는데, 이는 전폭기 기종과 무관하게 어려운 일이었다. 결국 한국전쟁 초기 전술항공통제씨스템의 불안정성에 전폭기 자체의 기계적 한계까지 더해져 아군병력이 여러차례 오폭 피해를 입는 등 문제의 심각성이 직접적으로 드러나기 시작했다.

1950년 7월 3일 F-51 무스탕기 5대가 평택과 오산 사이의 도로 위 한국군을 북한군으로 오인하여 공격하는 사고가 발생했다. 이 사고 직후 맥아더는 한국군도 미 지상군과 동일한 식별표식인 흰색 별을 차량의 지붕과 옆면에 그려넣으라고 지시했다.[24] 8월 10일에는 F-80 전폭기가 미 제19연대의 분대원들에게 기총소사를 가해 3명의 사상자가 발생했다.[25] 우연히도 이날 극동공군은 "공중으로부터 적과 아군을 분간하는 것이 불가능한 상황" 때문에 근접지원작전에 곤란을 겪고 있다고 호소했다.[26] 8월 29일에는 제24연대의 미군과 한국군 병사 21명이 기총소사에 의해 부상을 당했다. 9월 10일에는 더욱더 기막힌 사건이 발생했다. 제68전천후전투기대대의 한 조종사가 유엔군 영역 내의 교량을 폭격했을 뿐만 아니라, 같은 대대의 대대장이 대구를 김천으로 착각하고 3번의 기총소사를 도시 한가운데 가한 사건이 발생했다. 대구는 당시 주한 제5공군 본부가 위치한 곳이었다. 해당 대대장은 즉시 해임되었다.[27]

9월 23일에는 4대의 F-51기가 영국 제27여단을 향해 네이팜탄 및 기총소사 공격을 가해 60여명의 사상자가 발생했다.[28] 제5공군사령관 파트리지는 사건을 설명하며, 공격목표였던 북한군에 영국군이 너무 근접해 있었다고 언급했다.[29] 스트레이트마이어는 사건의 심각성 때문에 파트리지의 보고를 받은 직후 공군 참모총장 반덴버그에게 이 내용을 보고했다.[30] 더불어 스트레이트마이어는 지상의 적군과 아군의 경계를 명시적으로 알려주는 폭격선(bomb line) 정보를 좀더 조속히 자신에게 건네달라고 맥아더에게 직접 요구했다. 폭격선이란 통상적으로 지상군사령관이 규정한 선으로, 그 선 전방에 대한 폭격은 자기 부대에 위험을 초래하지 않으리라고 인정하는 선을 의미한다. 스트레이트마이어는 이러한 조치가 유엔군에 대한 공격 가능성을 없애고 북한 병력 및 장비를 최대한 파괴하기 위해 필수적이라고 강조했다. 그는 폭격선 정보가 최대 6시간 단위로 극동공군뿐만 아니라 폭격기사령부와 제5공군에도 제공되어야 한다고 주장했다.[31] 그러나 극동공군사령관이 오폭을 막기 위해 최선을 다해야 한다고 강조하던 그 순간에조차 미공군기들은 유엔지상군에 대한 오폭을 반복하고 있었다. 바로 다음날인 9월 24일과 26일에도 미군 비행기들은 미 제7사단을 공격했다.³²

사라진 적들

한국전쟁 초기 매우 불안정했던 전술항공통제씨스템 속에서 속출했던 미공군의 유엔지상군 공격 사례들은 명백히 '오폭'으로 분류 가능한 사건들이지만, 당시 미공군 전폭기들의 임무보고서에서 확인할 수 있는 남한지역 도시와 농촌에 대한 폭격은 대부분이 이와는 거리가 먼 것이었다. 수많은 임무보고서들은 미공군 전폭기들이 전술항공작전에서 전선 인근의 촌락들을 애초부터 타깃으로 설정했음을 생생히 보여준다. 전폭기 조종사들은 북한군 병력의 존재 여부를 공중에서 확인할 수 없는 상태에서도 예사롭게 남한 민간지역에 폭격을 가하곤 했다.

2001년 1월 반기문(潘基文, 당시 외교통상부 차관), 백선엽(白善燁, 자문위원장) 등이 포함된 한국정부의 노근리사건조사반은 보고서를 통해 한국전쟁 초기 전폭기들의 민간지역 공격과 관련하여 다음과 같은 분석결과를 제시했다. "(1950년) 7월 24일 이후 미 전폭기들은 적의 탱크, 트럭, 병력, 철도차량, 교량 등의 군사목표뿐 아니라 적의 장비나 게릴라 및 병력이 은둔해 있다고 판단되는 철도 터널, 건물, 마을, 도시 등에 대해서도 공중공격을 활발히 전개한 것으로 확인된다. 즉 공격대상이 된 도시나 마을은 모두 전선 근처의 적 병력이 은폐하고 있다고 의심되는 지역이나 게릴라 출몰 예상지역으로 판단하여 공격한 것으로 평가된다."³³

노근리사건조사반은 노근리사건 발생을 전후한 시점의 미공군 전폭기 임무보고서들을 전반적으로 검토하는 과정에서 나름의 적잖은 당혹감과 충격 속에 해당 결론에 도달했을 것으로 예상된다. 왜냐하면 당대 미공군 전폭기들의 임무보고서들 대부분이 남한의 도시와 농촌, 혹은 흰옷을 입은 피난민 행렬을 향한 전폭기의 무차별적 공격이 일상적인 임무인 듯 너무도 태연하게 서술하고 있기 때문이다. 이처럼 당대 문서가 분명히 보여주는 미공군의 민간지역 공격양상을 군사작전의 일환으로 설명할 수 있는 유일한 수단은 아마도 '적 은폐 의심지역 폭격'이라는 수사일 텐데, 실제 이 같은 발상은 당대 역사적 현실과 관련해 전혀 근거 없는 주장은 아니었다. 왜냐하면 실제 1950년 7월 중순 이후 전폭기가 활발하게 폭격작전을 수행했던 낮 시간 동안에는 전선과 후방에서 북한군 병력이 완벽하게 종적을 감췄기 때문이다. 전술항공작전을 담당한 전폭기들은 어떻게 해서든 북한군 병력이나 보급품을 찾아내 이를 파괴한 후 자신의 공군기지로 돌아가야 했지만, 1950년 7월 중순 이후 북한군의 자취는 한반도의 전선과 후방 어디에서도 쉽게 찾을 수 없었다.

한국전쟁 발발 직후 북한군은 한국군의 전술적 방어대형을 정면으로 공격하는 방식으로 남진을 지속했다. 당시 한국군은 북한군의 우세한 전투력에 대항할 수 있는 강력하고 밀도 높은 방어망을 갖추고 있지 않았다. 따라서 북한군은 남한의 주도로를 따라 대규모 병력과 차량, 탱크 등을 이동시키며 한국군 방어망을 정면으로 해체해나갔고, 차량과 보급품 또한 정찰기에 노출되기 쉬운 한강 북측의 제방이나 주한 미대사관 차량기지, 서울역 등 자신들의 주요 이동경로에 체류시키는 경우가 많았다.[34]

그러나 7월 초 미공군 전폭기의 전술항공작전이 급증하면서 북한군의 작전양상은 변화하기 시작했다. 북한군은 남한군 추격에서 우회로와 산악도로를 이용한 측방공격, 우회, 독립 저항거점 포위 등의 방법을 활용하기 시작했다. 더불어 전투대형에 대한 미공군 폭격 때문에 부대이동은 주로 야간에만 이루어졌다. 지원을 위한 모든 형태의 수송 또한 주로 야간에 이루어졌고, 강우 등 비행이 불가능한 날씨에만 주간이동이 진행되었다.[35]

북한군 최고사령관 김일성 또한 미공군 근접지원작전의 약점을 찾기 위해 애썼다. 1950년 7월 20일 북한 주재 소련대사 슈찌꼬프는 김일성과 만났다. 김일성은 이 만남에서 전선의 상황이 파국적일지도 모르겠다고 언급하며, 이 모두가 미공군 때문이라고 분개했다. 김일성은 이날 전선사령관 김책과 전선참모장 강건을 두차례나 질책했는데, 당시 김책과 강건은 미공군의 공중폭격 때문에 주간작전이 불가능하다고 주장했다. 김일성은 슈찌꼬프에게 최근 며칠 동안 미공군 때문에 전투작전을 멈추었다고 말하면서, 전선의 난국을 극복하기 위해 어떤 조치를 취해야 하는지 다급하게 물었다.[36]

북한 측의 주장에 따르면, 김일성은 슈찌꼬프와의 다급한 회동 후 10여일 뒤인 8월 1일 북한군의 전선사령부였던 수안보를 방문했다. 그리고 그곳에서 미공군 근접지원작전에 대한 나름의 대책을 북한군인들에게 직접 하달했다. 만약 북한의 주장이 사실이라면, 김일성의 전선방문은 미공군 전폭기들이 폭격선 이북의 움직이는 모든 것을 공격하던 시점에 강행된 커다란 모험이었다. 김일성 일행이 타고 있던 자동차가 모스키토나 정찰 중인 전폭기에 발각될 경우 공격당할 것은 명백했다. 김일성은 이 방문에서 미군의 공중공격에 대응하여 야간전투의 중요성을 강조하는 한편, 산길을 적극적으로 활용하여 이동하라고 지시했다.[37] 이는 제5공군 전폭기들의 허점을 파고든 작전이었다. 전폭기들은 빠른 속도와 짧은 항속거리 때문에 산길에 잠복한 북한군을 색출해내는 것이 사실상 불가능했다. 더불어 F-80과 F-51 등은 주간작전에만 활용 가능했기 때문에, 야간에 침투해 들어오는 적에 대한 야간 근접지원작전은 '완전히' 불가능했다. 북한의 자료 윤색 가능성을 최대한 고려하여, 설령 당일 김일성이 수안보에 가지 않았다 할지라도, 다급한 전황 속에서 해당 지시가 하달되었을 가능성은 매우 높다.

실제 북한군은 유엔군과의 대치상황에서 미군 전폭기들의 근접지원을 피하기 위해 야간전투에 집중하기 시작했다. 1950년 8월 초 한국군은 북한군 야간전투에 대한 대응의 중요성을 강조하며 다음과 같이 주장했다. "북괴군이 야간 위주의 싸움을 하게 된 것은 유엔공군의 일방적인 제공권의 확보 때문이라고 본다. 반면에 아군은 야간전투에서는 위축된 싸움을 하여 성과를 거두지 못했다. 이러한 약점을 제거하기 위해서는 빨리 야간전투에 적응시키는 지휘관의 지휘능력과 각자의 능동적인 정신자세가 필요하다."[38] 야간전투 양상은 미공군 근접지원작전이 집중된 곳에서 더욱 두드러졌다. 미공군은 1950년 8월 16일 B-29기를 대거 동원하여 낙동강 인근의 왜관지역을 폭격했는데, 유엔지상군은 이곳에서 8월 18일부터 25일까지 7회에 걸친 북한군의 야간침투와 맞서야만 했다.[39] 진주 부근 낙동강 전선에 있었던 북한군의 한 사단은 1950년 9월 4일 다음과 같은 명령을 하달했다.

> 지금까지 야간전투 경험에 의하면, 우리는 어둠 속에서 4~5시간 동안만 작전을 수행할 수 있다. 이는 우리가 밤 11~12시 사이에 야간

공격을 시작하기 때문이다. 만약 전투가 새벽 이후에도 계속된다면, 우리는 많은 손실을 입게 될 것이다. 앞으로는 낮 시간 동안 최대한으로 전투를 준비하고, 일몰 직후부터 공격을 시작하라. 전투행위를 야간에 집중시켜 적의 기지를 점령하라. 심야에 전투를 계속하여 적진 100~150미터 이내로 접근하여 근접전을 수행하라. 그러면 설령 동이 튼다 할지라도, 적의 비행기들은 적과 아군을 구분할 수 없기 때문에 커다란 손실을 막을 수 있을 것이다.[40]

북한군 포로 심문과정에서 드러난 위의 진술내용은 미공군의 근접지원이 북한군에게 커다란 부담을 주었음을 보여준다. 제5공군 작전분석실은 1950년 남한지역에서 생포된 북한군인들을 대상으로 미공군 전폭기들에 대한 인식과 대응에 대해 조사했는데, 조사인원 37명 중 약 4분의 1에 해당하는 9명이 자기 부대의 이동행태에 대해 '오직 야간에만 이동'이라고 진술했다. 북한군 사령관 하나는 낮 동안에는 자신의 부대를 이동시킨 적이 없다 했고, 또다른 트럭 운전병은 항상 야간에 헤드라이트까지 끈 상태에서만 이동했다고 진술했다. 북한군인들은 불가피하게 주간에 이동할 경우, 폭격의 피해를 입지 않도록 바위, 도랑, 나무 등의 자연지형을 적극적으로 이용하면서 이동했다. 각 부대의 사령관들은 전폭기가 접근해올 경우 개인참호나 자연지형물에 몸을 철저히 은신한 상태에서, 절대 총포로 공격하지 말라고 지시했다. 총격은 오로지 전폭기의 선제공격 이후에만 실시되었다.[41] 실제 1950년 8월 북한군 제9보병사단장 박효삼(朴孝三)은 "행군은 강행군으로 하여 주간은 일간 휴식을 실시한 다음 주로 야간행군을 실시"하라는 「행군명령」을 하달하기도 했다.[42]

이렇듯 북한군은 폭격에 대한 공포 속에 야간이동 및 주간엄폐를 통해 자신을 철저히 보호했다. 목표물 색출이 어려워지자 낮 동안 잠복한 북한군을 찾아내는 일이 전폭기 조종사들의 전술항공작전 수행에서 가장 중요한 목표로 대두되었다. 제5공군 작전분석실은 또다른 조사과정에서 전폭기 조종사들에게 은신처에 숨어 있는 적 병력 색출방법에 대해 질문했다. 이 질문에 조종사들은 아래와 같이 대답했다.

주간에는 마을은 물론 어떤 지형에서도 적 병력을 거의 볼 수 없다. 모든 흔적들을 추적하는 수밖에 없다. 지나간 자국 또는 꺼진 불 등 모든 것이 추적대상이다.

잠복한 적 병력을 실질적으로 발견한다는 것은 극도로 어렵기 때문에, 언제나 병력이 숨어 있을 것처럼 보이는 장소를 찾으려고 노력한다.[43]

작전분석보고서는 위와 같은 대답을 "의심의 여지 없이 인터뷰에 응한 대부분 조종사들의 견해"라고 언급했다.[44] 드넓은 평지에 나와 있는 사람들조차 적군인지 아군인지 구분하기 어려운 상황에서 은신처에 숨어 있는 적 병력을 발견해내는 것은 사실상 불가능했다. "모든 흔적"을 추적해야만 한다는 조종사들의 푸념에서 제5공군 전술항공작전의 어려움을 읽을 수 있다.

요컨대 한국전쟁 초기 남한지역에서 미공군 전폭기들의 전술항공작전은 여러모로 매우 열악한 상황에 처해 있었다. 표적의 위치를 알려줄 수 있는 전술항공통제반이나 모스키토는 절대적으로 부족했고, 무선통신 상황도 열악했으며, 급변하는 전황 속에서 폭격선은 요동쳤고, 빠르게 비행하는 전폭기 안에서 주간에 이동하는 적 병력과 차량을 찾아내기란 무척 어려운 일이었다. 그리고 이 같은 열악한 상황에서 전폭기 조종사들은 전투수행 책임의 많은 부분을 떠맡게 되어 자신의 주관적 판단에 의지해 적극적으로 표적을 찾아 공격을 완수해야만 했다. 따라서 남한지역 전술항공작전의 진짜 속살을 보기 위해서는 궁극적으로 전폭기 조종사들이 어떤 성장배경을 지녔고, 어떤 교육과 훈련과정을 거쳤으며, 어떤 방식으로 자신의 표적을 선택하고 공격했는지를 이해하는 것이 매우 중요하다.

조종사들: 기능주의적 전쟁기계

한국전쟁기 미공군 조종사들은 육군이나 해군 장교들과는 성장배경과 교육환경 면에서 꽤나 달랐다. 기본적으로는 2차대전기 육군항공대 소속의 장교들과 마찬가지로 청교도 배경의 시골 백인 출신들이 주를 이루었다. 그러나 1947년 공군이 육군으로부터 독립한 후 공군 장교단이 육군 장교단과 가장 구분되는 점은 그들의 교육환경과 훈련과정에 있었다. 군사(軍史)를 전공한 미국의 역사학자 존 셔우드(John Darrell Sherwood)는 1996년 약 50명의 한국전쟁 참전 조종사들에 대한 인터뷰 연구결과물을 1권의 책으로 묶어 출판했다. 이 책은 현재까지도 한국전쟁기 미공군 조종사들의 비행복무자세에 대한 독보적인 연구성과로 남아 있다.[45]

셔우드의 분석에 따르면, 한국전쟁기 미공군 조종사들 대부분이 엘리뜨 계층과는 거리가 먼 사람들이었다. 조종사들은 노동자나 중산층 가정 출신의 청년들로 구성되어 있었다. 1950년대 육군과 해군 간부들 중에서는 단지 5퍼센트 정도만이 노동자계급 출신이었지만, 같은 시기 공군 장성의 13.5퍼센트, 대령의 35퍼센트 정도가 노동자계급 출신으로 분류되었다. 공군 조종사에 지원한 대부분의 청년들은 대학에 갈 처지가 못 되어 사병으로 의무 징집되어야만 하는 상황에서, 의무적인 군복무를 매력적인 모험과 계급상승의 기회로 바꾸고자 했던 사람들이었다.[46] 그들 중에는 미국 동부 아이비리그의 명문대학교는 물론, 그외 유수의 대학 출신도 없었다. 심지어 1947년 7월과 다음해 12월 사이에 임관한 1만 4000명의 공군장교 중 77퍼센트의 장교가 학사학위를 갖고 있지 않았다. 1948년 해군장교의 75.4퍼센트, 육군장교의 62.8퍼센트가 학사학위 소지자인 반면 공군장교 중 학사 출신은 겨우 37.5퍼센트에 불과했다.[47]

공군 조종사 배출의 주요 제도 중 하나인 조종간부후보계획(Aviation Cadet Program)은 공군장교 양성의 최대 임관제도로 1948년과 1949년에 연간 약 2000명을 배출했다. 1945~47년 조종간부후보계획이 재개되었을 때 후보생 합격 기준은 2년제 대학 상당의 학력시험과 신체검사에 불과했다. 1949년에 이르러 2년제 대학 학력 소지는 필수조건이 되었지만, 1948년과 1949년 각각 2000명씩 배출된 교육수료생 중 4년제 대학 학위를 지닌 사람은 2퍼센트에 불과했다. 1947년 기존의 군으로부터 독립하여 새롭게 형성된 미공군은 장교단을 급성장시키는 과정에서 의도치 않게 장교들의 저학력 현상을 초래하고 있었다.[48]

더불어 조종간부 훈련생들은 그 훈련과 선발과정에서 철저하게 '육체적인 숙련도'를 강조하는 검증절차를 통해 자신의 능력을 드러내야 했다. 그들에 대한 검증절차는 인문학적·사회과학적 측면과는 거리가 멀었고, 거의 전적으로 손과 눈의 상호작용, 우수한 시력과 시계(視界) 등의 운동기능 면을 강조했다. 때문에 검증을 거친 훈련생들은 주로 전통 학문과는 거리가 먼 운동선수의 자질을 지니고 있었다. 결국 한국전쟁 전후 시기 미공군은 교육을 가장 적게 받은 장교 집단을 꾸리게 되었다.[49] 게다가 비행훈련만을 중시한 훈련과 선발과정은 궁극적으로 훈련 이수 조종사들 간에 협동정신이나 조직적 기율을 세우지 못한 채, 전문화되고 격식을 존중하지 않으며 오로지 조종기술만을 강조하는 기능주의적 조종사들을 대거 양산하게 되었다.[50]

1950년대 미공군의 조종술제일주의는 다른 군과 확연히 차별화되는 점이었다. 육군이나 해군의 장교들은 ROTC나 사관학교에서 임관되었지만, 공군장교의 3분의 2는 조종간부 비행훈련을 거쳐 임관되었다. 간단히 말해 조종사 훈련은 공군장교 대다수를 위한 초등 군사훈련의 시발점이었던 것이다. 한국전쟁기 공군장교의 절반 이상이 조종사 자격을 지녔고, 사령관들 역시 대부분이 조종사였다. 1950년의 경우 207명의 공군장성 중 200명이 조종사 출신이었다. 공군장교들은 명실상부한 공군의 일원이 되기 위해 불가피하게 조종훈련에 임했고, 비행기량에 따라 자신의 가치를 평가받았다. 공군장교들은 심지어 군 기강, 리더십, 계급구조보다 비행기량을 우선시하는 경향이 강했다. 즉 공군은 비행기 조종 역량에 따라 모든 것을 평가받는 남성의 세계였던 것이다.[51]

지금까지 살펴본 것처럼, 기초교육과 훈련과정에서 인문학적·사회과학적 지식을 배제한 채 기능주의적인 전쟁기계로 육성된 미공군 조종사들의 전시 행동양식은 폭격의 구조와 양상을 살피는 데 중요한 분석대상이다. 과거 2차대전기 상당수의 미군 조종사들이 자신들의 전쟁을 인종우월주의, 군국주의, 광신적 민족주의, 팽창주의에 맞서는 숭고한 성전(聖戰)이라고 여겼다.[52] 그러나 한국전쟁에 지원한 공군 조종사들은 달랐다. 조종사 선발, 교육, 임무브리핑, 작전 과정에서 정치적 요소들은 오히려 탈색되었다. 조종사들에게 강조되는 제일의 덕목은 오로지 유능한 비행술과 폭격술뿐이었다. 조종사 개개인의 전투 동기부여도 마찬가지였다. 2차대전 당시 나치의 인종주의와 일본군의 진주만 공격, 미군포로 학대 등은 비행기 조종사들에게 커다란 적개심을 불러일으켰다. 하지만 한국전쟁에 참전한 조종사들은 개인적 출세와 성공과 같은 원인들에 이끌려 매일 조종간을 잡고 있던 셈이다.

1952년 1월 7일 신의주 남쪽에서 포로가 된 미국인 조종사 찰스 스툴은 포로 심문과정에서 자신이 받은 교육에 대해 다음과 같이 언급했다. "내가 수원에 도착한 이후 전술교육을 위한 간부소집은 한번도 없었다. 정치에 대한 강의뿐만 아니라 학문적인 질문도 없었다. 다만 우리는 비행안전에 대한 강의(긴급상황에 대한 강의)를 들었을 뿐이다."[53] 스툴은 훈련이나 임무브리핑과정에서 어떤 정치적 언급도 없었다고 말했다. 북한군의 포로가 된 B-29기 조종사 해럴드 큐비섹 또한 비슷하게 언급했다. 그는 B-29기 조종사들이 전투와 유사한 조건의 비행훈련 외에 생존훈련과 주특기 전문교육만을 받는다고 진술했다.[54]

훈련과 임무명령뿐 아니라 조종사 스스로의 동기부여 또한 매우 개인적 관점에서 진행되었다. 한국전쟁에서 전폭기를 몰았던 조종사 스터전은 "공군에서 입지를 보장받기 위해 전투에 자원했다"고 언급했다. 그의 참전 이유는 애국심 같은 도덕적 명분이 아닌 개인적 출세와 성공이었다. 제8전폭비행단장 윌리엄 엘더(William Elder) 또한 한국에서의 전투비행임무가 자신의 비행경력에 중추적 위상을 차지할 것이라고 언급했다. 그는 "나에게 이런 계기가 없었다면 (…) 비행사단에 계속 배속된다는 것은 꿈도 꿀 수 없는 일이었다"고 말하며, 한국전쟁 경력이 자신의 성공에 중요한 역할을 했다고 평가했다.[55]

개인적 성공이라는 목표 외에 전투기 조종사들에게 중요했던 비행 동기부여 요소는 '동료들의 압력'이었다. 조종사들은 일단 공격을 위한 진입대열에 서면 동료들에게 창피한 꼴을 보이지 않기 위해서라도 전투공격을 회피할 수 없었다. 공격을 중단시킬 권한은 대개 전투경험이 풍부한 편대장만이 갖고 있었다. 편대원들은 용맹한 편대장들의 통솔에 따를 수밖에 없었다. 개인적 출세나 동료들의 압력은 모두 지극히 개인적인 동기부여였다. 어느 누구도 위기에 처한 국가나 국제질서 등을 논하지 않았다. 2차대전기 조종사들에게 강조된 파시즘의 축출 같은 정치적 구호들은 한국전쟁 과정에서는 완전히 논외였다.[56]

한국전쟁기 조종사들의 전형적인 일과는 동트는 새벽녘부터 시작되었다. 대부분의 조종사들은 공군의 자유로운 분위기 속에서 술을 많이 마셨기 때문에 아침이면 숙취로 고생하는 이들이 많았다. 조종사들은 아침을 간단히 해결한 후 전투작전상황실에서 임무브리핑을 받았다. 한국전쟁기 폭격기와 전폭기 조종사들은 이른 아침 임무브리핑으로 하루를 시작했지만, 브리핑 내용에 구체적 폭격방법과 목표물 색출법이 제시되지는 않았다. 브리핑의 주요 내용은 지상현황, 대공포 위협, 도피 및 탈출 방법, 모(母)기지 및 작전임무지역의 기상시간 등이었다. 최종적으로 해당 편대의 편대장이 "프래그"(FRAG)라고 부르는 당일 임무에 대해 설명해주었다. 프래그는 문자 그대로 일일전투명령 쪽지(fragment)를 뜻했다. 편대장은 비행기 엔진시동 시간, 비행지역과 비행고도, 수행해야 할 특수임무 등에 대해 지시하고, 조종사들은 비행지도, 필기구, 메모판, 비상탈출 시 사용할 암구호 등을 챙겼다. 조종사들은 개인적 역할 분담을 위한 비공식적 회의를 진행한 후 바로 비행에 임했다.[57]

일단 한반도 상공을 향해 출격한 모든 전폭기 조종사들은 기계적이고 기능주의적으로 자신의 임무를 처리하곤 했다. 한국전쟁기 전폭기 편대들의 수많은 임무보고서에 따르면, 조종사들은 자신의 임무구역에 들어가자마자 전술항공작전의 컨트롤타워인 전술항공통제센터(TACC)와 접속을 시도했다. 한국전쟁기 전술항공통제센터 호출구호는 '멜로우'(Mellow)였다. 전폭기들은 전술항공통제센터와 접속될 경우, 그 즉시 해당 임무구역 내의 지상통제관 전술항공통제반(TACP)이나 공중통제관 모스키토기와 연결되었다. 이후 교신에 성공한 전폭기들은 적의 존재 유무를 확인하지도 않은 채 정찰병의 지시에 따라 무조건 표적에 무기를 쏟아부은 후 자신의 공군기지로 돌아갔고, 교신에 실패한 전폭기들은 연료부족의 압박감 속에 어떤 형식으로든 짧은 시간 내에 자신의 공격임무를 완수하고 기지로 귀환하려 했다. 전폭기 조종사들은 그저 정찰병의 지시를 기계적으로 따르거나, 무감각하게 임무구역 내에 폭탄을 소진하는 것으로 자신의 역할을 한정했다. 그들은 자신의 타깃이 구체적으로 무엇이고, 자신의 작전이 어떤 성격의 군사작전이며, 왜 그 같은 공격을 수행해야만 하는지 되묻는 경우가 없었다.[58]

이처럼 한국전쟁기 한반도에서 전술항공작전을 수행했던 전폭기 조종사들은 각자의 성장배경과 교육 정도에 더해 조종훈련을 거쳐 실제 폭격에 참여하기까지의 과정을 통해 사상이 철저히 배제된 기능주의적 전쟁기계로 양성되었다. 즉 미국의 전쟁수행을 위한 일종의 부속품으로 육성되었던 것이다. 그러나 이들도 분명 인간이었다. 기계로 육성되었어도 인간이기에 측은지심(惻隱之心)과 시비지심(是非之心)이 있었고, 그렇기에 괴로워했다. 대부분의 조종사들이 매일 술을 마시지 않고서는 한반도 상공에서 마주하는 정신적 괴로움을 이겨내지 못했다. 심지어 한국전쟁 초기 미공군 소속의 군의관들은 조종사들의 심리적 고통을 덜기 위해 의도적으로 '임무위스키'(mission whisky)라는 술을 모든 조종사에게 권하기도 했다.59

조종사들은 기계로 양성되었지만 결코 완전한 기계가 될 수 없었기 때문에 필연적으로 자신의 인격과 개성을 지키기 위해 스스로 무차별적인 민간지역 폭격이나 민간인 공격을 정당화시켜야만 했다. 그러지 않고서는 이 아시아의 낯선 공간에서 그들 대부분은 미쳐버렸을지도 모른다.

한국전쟁 이전 시기 기독교 목사였던 딘 헤스(Dean Hess)는 매일 한반도 상공에 F-51기를 몰고 나가 파괴와 살인 행위를 저지르는 자신을 정당화하기 위해 부단히 애썼다. 그가 찾은 최후의 자기정당화 논리는 자신의 모든 전투행위를 일종의 '소명'으로 간주하는 것이었다. 헤스는 자신이 비록 살인과 파괴를 저지르고 있지만, 이 또한 신이 자신에게 부여한 소명이라고 스스로를 변호했다. 그는 이 같은 소명의식을 한국전쟁기 내내 재점검하고 정당화해야만 했다. 물론 이 같은 소명의식은 타인의 시선에서 볼 때 상당히 소름끼치는 것이었고, 끝내 헤스는 냉혈동물이라는 악명까지 얻게 되었다고 고백한다.60

헤스가 선택한 종교적 소명의식은 한국전쟁기 조종사들의 전형적인 자기정당화 방식은 아니다. 한국전쟁기 민간인 살상이나 민간지역 폭격과 관련하여 조종사들이 제시한 가장 상투적이고 전형적인 자기정당화 논리는 크게 2가지다. 첫째는 북한군 점령지역의 모든 민간인이 궁극적으로 북한군의 군사활동을 돕는 세력으로서 사실상 적과 동일시될 수 있다는 논리고, 둘째는 군인으로서의 직업정신을 강조하는 논리로, 자신의 민간인 공격을 부대 상관이나 정찰병의 지시에 의한 직업적 임무수행으로 규정하는 것이다.

셔우드의 인터뷰 분석결과에 따르면, 조종사들은 살인으로 이어지는 자신의 공격행위를 합리화하기 위해 의식적으로 전투원과 민간인 사이의 구분을 흐리게 만드는 경향이 강했다고 한다. 예컨대 한국전쟁 초기 포항 인근의 촌락에 공중폭격을 가했던 베일리(M. J. Bailey)라는 이름의 조종사는 자신이 공격한 민간인 촌락을 "게릴라 본부"(guerrilla headquarters)라고 규정함으로써 자신의 공격을 합리화했다. 또다른 조종사 제리 민턴(Jerry Minton)은 자신이 공격한 마을들을 "병력집결지점"(troop concentration point)이라고 주장했다. 셔우드는 약 50명의 한국전쟁기 조종사와 인터뷰한 결과, 베일리나 민턴뿐 아니라 대부분의 조종사들이 한국의 민간인들에게 "위장병력"(disguised troops)이나 적 활동에 대한 "지원세력"(supporters)이라는 꼬리표를 붙여 자신의 공격을 정당화했다고 주장한다.[61]

셔우드의 주장은 한국전쟁 당시에 작성된 미 제5공군 작전분석실의 조종사 인터뷰 결과보고서를 통해 생생하게 뒷받침된다. 한 조종사는 다음과 같이 말했다. "마을 내 민간인 활동의 징후가 보이면, 나는 그곳에 적 병력 또한 있는 것으로 간주한다. (…) 나는 적이 민간인들을 위장용으로 이용하면서 마을 내에 섞여 있었다고 확신한다." 또다른 조종사는 다음과 같이 말했다. "그들은 명백히 우리 편이 아니었다. 따라서 나는 무자비하게 행동했다. 만약 마을 내에서 사람들이 발견되면, 나는 그들을 병력이나 병력을 지원하는 이들로 간주했다. 적 병력을 지원하는 모든 이는 우리의 적이다. 따라서 나는 그들을 공격할 만한 가치가 있다고 생각했다." 또다른 조종사도 "대개의 민간인들은 우리의 엔진소리에 숨을 곳을 찾는다. 나는 특수한 행동을 발견하면 민간인 병력 혹은 강제된 민간인으로 간주한다"라고 발언하며, 자신의 민간인 공격을 정당화했다. 적의 영토에 있는 민간인들은 그저 적의 지원세력이거나 적 그 자체일 뿐이었다.[62]

또한 제5공군 작전분석실과 인터뷰한 조종사들은 자신의 민간인 공격을 상관이나 정찰병의 지시 이행으로 국한하려는 자세를 취하기도 했다. 예컨대 일부 조종사들은 적 병력 색출과 관련하여 마을과 자연지형 모두를 수색했는데, 이는 "적 병력이 모든 곳에 숨어 있다"는 정보장교들의 브리핑에 따른 것이라고 답했다. 또다른 조종사들은 산이나 골짜기 같은 자연지형에서 적을 찾지 않고 오직 마을정찰에만 집중한다고 대답하면서 "정보장교들이 마을 내 적의 체류에 대해 말해주었기 때문"이라고 주장했다. 어느 조종사는 "우리는 움직이는 모든 것을 공격하라는 지시를 받았다"(We have been instructed to hit anything that moves)라고 말하며, 자신의 무차별적 공격을 정당화했다.[63]

한국전쟁 초기부터 민간지역을 향한 무차별적 공격을 퍼붓던 미공군 조종사들은 위와 같이 각기 다양한 방식으로 스스로를 정당화하며 한반도 상공에서의 정신적 고통을 극복하려 노력했다. 그러나 일부 조종사들은 전쟁이 끝나고 반세기 이상 지난 오늘날까지도 자신의 정신적 고통에 대해 다양한 방식으로 얘기하곤 한다. 아이다호 주 시골의 노동자계급 가정에서 태어난 하워드 하이너(Howard Heiner)는 2차대전기 육군과 해군에 헌신한 두 매형을 자랑스러워했던 평범한 어린아이였다. 그는 한국전쟁이 시작되자 공군 학군단에 들어갔는데, 그 이유는 "애국적인 근무의 필요성을 느꼈기 때문"이었다. 그러나 오늘날 그는 한국전쟁 참전 결과로 얻은 공군수훈십자훈장을 "대량학살"(massacre)의 증거라고 묘사한다. 애국적인 결심에 의해 시작된 전투행위의 가장 자랑스럽고 상징적인 결과물이 그에게는 가장 치욕적인 원죄로서 가슴에 깊은 상처를 남기고 말았던 것이다.[64]

중산층 백인들의 도시인 웨스트필드에서 성장한 조지 버크(George Berke)는 오로지 비행에 대한 동경심으로 공군 간부후보생에 지원했던 평범한 청년이었다. 그는 한국전쟁에 참전하며, 적군의 최정예 전투기와의 화려한 공중전을 꿈꾸었다. 그러나 대부분의 제트기 조종사의 일상은 일일명령서에 따라 매일 한반도의 촌락들을 향해 로켓을 쏘거나 네이팜탄을 투하하는 일로 점철되어 있었다. 버크는 자신이 공중전의 임무를 주로 수행하는 전투요격기가 아니라 지상폭격 임무를 담당하는 전폭기를 조종하게 되었음을 알고는 득달같이 지휘관실로 달려가 항변했다고 한다. "나는 하찮은 동양인들(gooks)을 불태워죽이려 공군에 들어온 것이 아닙니다." 그의 상관도 소리쳤다. "그냥 익숙해지시오!" 갑작스러운 역풍을 맞은 버크는 당황했다. 그리고 이후 그의 상관의 호통처럼 한국에서의 폭격 업무에 익숙해지기 시작했다.[65] 순박한 애국심과 막연한 비행에 대한 동경으로 공군 조종사가 된 미국의 청년들은 미국의 전쟁수행에 절대적으로 필요한 전투기계로 육성되어 과거에는 한번도 들어본 적 없는 한국이라는 나라의 흰옷을 입은 평범한 민간인들을 향해 무감각하게 폭탄을 투하하고 있었다.

8장

흰옷을 입은 적들

이해하기 힘든 것들에 대하여

1950년 7월 중순 이후로 전폭기 조종사들은 낮 동안 전선 부근에 잠복한 북한군 병력들을 색출해내는 데 매우 큰 곤란을 겪고 있었다. 북한군의 적극적인 병력 은폐는 미공군의 불안정한 전술항공통제씨스템, 전폭기의 기계적 한계 등에 더해 조종사들에게 임무완료의 막중한 부담을 안겼다. 조종사들은 상당수의 작전과정에서 연료부족의 압박감 속에 10~15분 내에 자신의 폭격임무를 완수해야만 했다. 게다가 전폭기 착륙시 안전보장을 위해서는 일단 전폭기에 싣고 간 로켓이나 폭탄을 모두 소진해야만 했다. 한국전쟁기 전폭기 조종사들은 제한된 시간 안에 탑재된 무기들을 자신의 임무구역 내에서 어떤 형식으로든 모두 투하하고 돌아올 수밖에 없었다. 필자와 인터뷰한 한국전쟁 참전 조종사 또한 모든 전폭기가 자신의 무기들을 임무구역 내에서 소진하고 돌아왔다고 증언했고,[66] 실제 한국전쟁기 전폭기 임무보고서들을 살펴보면, 모든 로켓과 폭탄이 임무구역 내에서 소진된 양상을 쉽게 확인할 수 있다.

전폭기 전술항공작전의 위와 같은 다양한 구조적 한계들은 당대 남한의 민간인들에게는 비극적 현실이 될 수밖에 없었다. 전술항공작전의 여러 구조적 한계 속에서 상당수의 미군 조종사들이 적 병력의 존재 여부를 확인하지 못한 채 도시와 농촌을 향해 무차별적으로 폭탄을 투하했기 때문이다. 이들은 안정적 전술항공씨스템하에서 군사목표만을 엄격하게 선별적으로 공격하는 것이 아니라, 폭격선 너머의 민간지역 내에서 적으로 의심되는 것, 적으로 믿고 싶은 것, 증거는 없지만 육감적으로 적인 듯한 것을 향해 무분별하게 폭격을 가하기 시작했다. 앞서 살펴보았듯이, 조종사들은 북한군 점령지역의 한국 민간인들에게 "위장병력"이나 "적 병력 지원세력"이라는 꼬리표를 붙이거나, 민간인 촌락을 "게릴라 본부"와 동일시함으로써 자신의 공격을 적극적으로 정당화했다.

현대 한국인의 입장에서는 왜, 어떻게 한국의 절대 우방국인 미국의 군인들이 대한민국 국적의 국민들을 향해 무차별적으로 대량공격을 가했는지 상식적으로 이해하기 힘들 수도 있다. 그러나 한국전쟁 초기 남한지역에서조차 미공군 전투기들은 적의 존재를 발견할 수 없는 남한 도시와 농촌에 매우 일상적으로 폭격을 가했고, 심지어 천여명 이상의 피난민들이 모인 지역에 반복적인 폭격작전을 펼치기도 했다. 지금부터 제시할 남한 내 도시와 농촌, 민간인 무리를 향한 전폭기 공격 사례들은 모두 한국전쟁기 미공군이 직접 작성한 문서들에 근거한 것들이다. 공군조종사들이 작성한 수많은 임무보고서와 한국전쟁 당시에 실시된 조종사 인터뷰 자료 등은 전폭기 조종사들의 한국 민간인에 대한 인식과 민간인 거주지역 폭격의 구조 등을 또렷이 보여줄 것이다.

정찰병의 지시에 따른 무차별폭격

전술항공통제반(TACP)이나 모스키토 정찰병의 유도에 의한 공중폭격은 전폭기의 전술항공작전 수행에서 가장 원칙적·보편적으로 활용되는 폭격절차다. 전선지역에 배치된 통제관의 유도에 의한 폭격은 목표물 발견이 힘든 전폭기 입장에서는 매우 효율적인 공격방법이었다.

하지만 한국전쟁기 전술항공작전의 성격 규명에서 중요한 사실 중 하나는 정찰병의 유도에 의해 공중폭격을 실시하는 경우, 일단 공격지시가 하달되기만 하면 모든 전폭기 조종사는 공격지점의 적 병력이나 민간인 존재 여부와 무관하게 '무차별적으로' 공격을 진행했다는 점이다. 전쟁 중 실시된 인터뷰 내용에 따르면, 실제 전폭기 조종사들은 연료부족에 따른 심리적 압박감 때문에 전술항공통제반이나 모스키토 정찰병의 공격지시에 절대적으로 의존하여 '반문하지 않고' 공격을 실시했다.[67] 1950년 9월 20일경 제5공군 전폭기들의 근접지원 과정에서 발생한 아래의 여러 사례들을 통해 이와 같은 공격 유형들을 검토해볼 수 있다.

16시 55분에 멜로우에 접속했다. 해머(Hammer)의 통제에 따르라는 지시를 받았다. 해머는 목표물이 없지만 김천(36°08'N-128°07'E)으로 갈 것을 지시했다. 로켓과 50구경 기관총 탄환을 읍내에 쏟아부었다. 읍내에 남아 있던 가옥들과 건물들에 9×5인치(23×12.7센티미터) 고속로켓과 50구경 기관포 탄환을 발사했다. 2발의 로켓 직격탄으로 창고 2곳을 파괴했고 4채의 건물에 피해를 입혔다. (…) 김천의 3분의

1 정도가 화염에 휩싸였다. 김천 부근에서 어떤 적 병력이나 움직임도 볼 수 없었다.[68]

위의 사례는 9월 20일 오후 4시 40분에 이륙하여 6시 15분에 기지로 돌아온 제49전투폭격전대(49th Fighter Bomber Group) 제7전투폭격대대(7th Fighter Bomber Squadron) 1개 편대의 일일임무보고다. 이 편대는 3대의 F-80으로 구성되어 있었다. 근접지원임무 222(Close Support Mission 222)로 명명된 이 작전에서 편대는 모스키토 해머의 지시에 따라 무조건 김천 읍내에 공격을 가했다. 전폭기들은 김천 읍내의 어느 구역에 적이 있는지 구체적으로 되묻지도 않았다. 그저 "읍내에 남아 있던 가옥들과 건물들"(houses and buildings that were remaining in town)에 로켓을 발사하고 기총소사를 가할 뿐이었다.

읍내에 "남아 있는" 건물이라는 표현에서 여러 추가적 사실들을 가늠해볼 수 있다. 제5공군의 김천지역 근접지원작전은 사실상 그 지역의 초토화 형식으로 진행되었고 위의 편대작전 이전에 이미 잦은 공격이 김천지역에 가해졌다는 점 등이다. "김천의 3분의 1 정도가 화염에 휩싸였다"(About 1/3 of Kumchon is on Fire)라는 표현을 통해 공중폭격의 가공할 위력을 실감할 수 있다. 그러나 이보다 더 주목할 만한 내용은 어쩌면 "김천 부근에서 어떤 적 병력이나 움직임도 볼 수 없었다"(Saw no troops or activity near Kumchon)라는 보고의 마지막 문장일 것이다. 전폭기들은 전술항공통제센터(TACC), 전술항공통제반(TACP), 모스키토기의 지시가 하달되면 적 병력 존재유무와 무관하게 공격을 실시했던 것이다.

비슷한 시기 경상북도 의성군 의성읍에서 수행된 근접지원임무

150의 예를 보자. 이번에도 제7전투폭격대대의 1개 편대에 의해 수행된 근접지원작전이다.

    멜로우에 접속했다. 그는 우리를 의성지역의 모스키토 엔티도트 (Antidote)에게 인도했다. 그가 2개의 다른 편대와 일하는 동안 10분 정도 선회했다. 얼마 후 그는 편대를 의성 북쪽 지점(36°26'N-128°10'E)의 마을로 유도하여, 적 병력 살상을 위해 마을에 기총소사를 가하고 로켓을 발사하라고 지시했다. 해당 지역 전반에 10발의 로켓과 50구경 기관포를 발사했다. 3채의 가옥이 로켓 직격탄을 맞고 파손되었다. 편대는 병력을 볼 수 없었기 때문에 사살된 적 병력 현황을 알 수 없었다. 통제기로부터도 예상치를 얻을 수 없었다. 건물 북동쪽 1마일(1.6킬로미터) 지점의 수레와 말을 공격했다. 말을 사살하지 못했다.[69]

    제7전투폭격대대의 F-80 4대로 구성된 편대는 9월 23일 14시 30분부터 15시 사이에 목표지점의 촌락들에 기총소사를 가하고 로켓을 발사했다. 편대는 "해당 지역 전반에"(into the general area) 10발의 로켓과 50구경 기관포로 공격을 가했다. 민간인이 거주할 수도 있는 마을에 구체적 목표물 지정 없이 무차별적 공격을 진행한 것이다. 공격 직후 편대는 어떤 적 병력도 발견할 수 없었다. 편대는 마지막으로 시야에 들어온 말에게 총격을 가했으나 그마저도 적중시키지 못했다.
    다음날 김천에서 진행된 근접지원임무 159 또한 모스키토의 유도에 의한 민간인 거주지역 폭격양상을 보여준다.

멜로우에 접속했다. 그는 우리 편대를 애미어블(Amiable)에게 보냈다. 그러나 그와 접속할 수 없었다. 팬티웨이스트 14(Pantywaist 14)와 연결되었다. 그는 애미어블이 공중활동에서 벗어났다고 말했다. 팬티웨이스트는 편대를 김천 상공의 모스키토 해머(Hammer)에게 보냈다. 통제기는 마을 내에 적 병력과 병참물자가 있으며, 우리 편대에 마을을 불태우라고 말했다. 편대는 시내에 15회의 기총소사를 가하며 지나갔고, 15발의 로켓을 발사했다. 편대는 마을에서 어떤 적의 움직임도 발견할 수 없었다. 우리 편대는 시내 10~15곳에 화재가 발생했다고 추측했다. 약 15채의 가옥이 파괴되었고, 비슷한 수의 가옥이 손상되었다고 보고했다. (…) 김천 북쪽 높은 산등성이에서 20여개의 1인용 참호를 발견했으나 어떠한 병력도 발견하지 못했다. 김천 북쪽 1마일(1.6킬로미터) 지역에 광범위하게 퍼져 있는 100여개의 은신처를 발견했다.[70]

이 근접지원작전 또한 제7폭격대대 소속의 1개 편대에 의해 진행되었다. F-80 4대로 구성된 해당 편대는 김천에 15발의 로켓을 발사했고, 15회의 기총소사를 실시했다. 이는 "마을을 불태우라"(wanted flight to burn the town)는 모스키토의 지시에 따른 공격이었다. 그러나 "편대는 마을에서 어떤 적의 움직임도 발견할 수 없었다"(Flight did not observe any troop activity in the town). 마을 10여곳에 화재가 발생한 중대형 공격이었음에도 적들은 소총화기로 대공포화를 1발도 쏘지 않았고, 북한군 복장의 인적조차 발견되지 않았다. 이는 당시 F-80전폭기들이 소수의 북한군들만 거주하거나 북한군 병력이 아예 거주하지 않는 지역에 폭격을 감행했을 가능성을 시사한다.

실제 당시 김천 '시내'에는 북한군이 아예 존재하지 않았을 가능성이 꽤 높았다. 전쟁 초기 북한군은 대로와 도시를 거점으로 전쟁을 수행했으나, 미공군 근접지원폭격이 본격화된 이후 이를 피하기 위해 산으로 숨어들어갔기 때문이다. 게다가 김천은 수일 전부터 미공군 폭격이 집중적으로 실시된 지역이었다. 사실상 김천 부근에 위치한 부대들은 이미 해당 지역 인근의 산속에 은신했거나, 김천 시내로부터 완전히 벗어났을 가능성이 높았다. 위의 보고에 등장하는 김천 북쪽 산등성이의 1인용 참호들과 100여개의 은신처를 그 일례로 들 수 있다.

같은 시기 이와 유사한 사례들은 무수히 많다. 제7폭격대대의 1개 편대는 김천 공격 전날인 9월 23일 현재의 포항시 북구 신광면 토성리를 공격했는데, 해당 보고서의 말미에도 "마을 좌우의 양쪽 언덕에 1인용 참호들이 발견되었다"는 관측내용이 등장한다.[71] 9월 20일에는 북한군 100여명을 총살시킨 성공적 공격보고가 있었는데, 해당 편대가 북한군을 찾아낸 곳은 경상북도 현풍 서쪽 4.8킬로미터 지점(35°41'N-128°24'E)의 언덕(Hill 409)이었다. 편대는 그곳에서 많은 1인용 참호들과 오솔길을 볼 수 있었다고 보고했다.[72]

이러한 보고들은 모두 이 시기 북한군의 전투수행방식과 밀접하게 관련된다. 미공군의 공중폭격이 본격화된 후, 북한군 병력들은 주로 야간에 이동하고 주간에는 산속의 개인참호나 은신처에 머물렀다. 북한군 종군작가 민병균(閔丙均)과 리태준(李泰俊)의 기록에 따르면, 북한군 병사들은 미군 항공기를 '머저리'라고 불렀다. 미공군이 북한군 병력이나 보급품과 무관한 민간지역을 향해 지속적으로 폭격작전을 진행했기 때문이었다.[73] 북한군 종군작가 김남천(金南天)은 산속의 자신들과 무관한 민간지역 폭격을 바라보며 다음과 같은 글을 남겼다. "아침 새벽해 돋을 무렵에 산 우에서 나는 서운처럼 나부낀 안개 속으로 파란 논밭 바탕에 회색무더기로 널려 있는 농민들의 부락을 다시없는 평화스런 마을로 내려다보았었다. (…) 그러나 그날 낮이었다. 반시간 이상을 계속 가는 폭격과 기관포 사격과 소이탄 투하로 이 평화 그대로인 마을은 졸지에 불바다로 변하였다. (…) 대체 이 마을에 무슨 군사시설이 있다는 것인가? 군대가 주둔해 있다는 것인가?"[74] 제5공군 작전분석실의 인터뷰에 응한 북한군 포로들 또한 김남천과 유사한 말들을 남겼다.

> 정찰기가 마을에서 짐을 나르다가 쉬고 있는 주민들을 발견했다. (…) 우리는 마을로부터 떨어진 언덕에 있었고 공격을 직접적으로 받지 않았다. (…) 그들은 마을주민들을 이동 중에 쉬고 있는 부대원들로 오해했지만, 공격 시에 우리는 거기에 없었다. (N-58)

> 우리는 바위 사이, 나무 아래, 도랑 등에 교묘히 숨었다. (…) 결론적으로 우리는 매우 적은 피해를 입었다. 마을주민들은 우리보다 더 많은 인명피해를 당했다. (N-69)[75]

위의 인터뷰에서 북한군 포로들은 미공군 비행기들의 마을폭격이 진행되는 동안 대부분 마을로부터 떨어진 은신처에 머물렀다고 주장한다. 위의 주장은 인터뷰에 참여한 북한군 포로들 대부분의 견해였다. 김천과 포항 인근의 산등성이에서 발견된 다수의 개인참호들은 이러한 산악활동의 증거였다. 요컨대 당시 정찰병의 지시에 따라 민간지역에 무차별적 공격을 가했던 전폭기들은 심지어 적 병력의 군사활동과 완전히 무관한 지역에 반복적 폭격을 가했을 가능성도 결코 낮지 않았다.

이 같은 사례들은 한국정부에 의해 구성된 진실화해위원회의 여러 조사결과 보고서를 통해서도 확인할 수 있다. 이 보고서에 등장하는 수많은 폭격피해 당사자의 증언들은 전폭기 폭격으로 인한 민간인 피해의 상당수가 정찰기 정찰 직후 북한군 군사활동과 무관한 지역에서 일어났음을 뚜렷이 보여준다.

1950년 8월 10~13일 경상남도 의령군 화정면 상일리 일대에서 발생한 미군 폭격과 관련된 피해자들의 진술내용을 살펴보면, 사건 발생 당시 스무살 청년이었던 심○○은 자신이 목격한 것을 진술하며, 정찰기가 마을을 두바퀴 돌고 간 뒤에 폭격기 3대가 연이어 폭격과 기총소사를 가했다고 증언했다. 그는 당시 마을사람들이 주로 흰옷을 입은 채로 생활했고 마을에는 북한군이 전혀 없었지만, 비행기들이 주로 집을 향해 폭격을 가했다고 말했다. 당시 열여섯살이었던 심○○ 또한 정찰 직후 폭격이 진행되었고, 북한군은 사건 당시에는 없었고 사건 일주일 후에 해당 지역을 지나갔다고 말했다. 스무살 청년이었던 김○○ 또한 북한군과의 전투가 없었지만 정찰기의 정찰 후 폭격이 진행되었다고 했다. 당시 열일곱살 조○○과 스물여섯살 김○○ 등도 비슷한 내용을 말했다.[76]

1950년 8월 14일경 경상북도 경주시 강동면 안계리의 기계천 일대에서 발생한 미군 폭격과 관련해서도 피해자들은 프로펠러 비행기의 정찰, 저공폭격과 기총소사, 흰옷을 입고 있던 민간인들, 인근 지역 북한군의 부재 등에 대해 공통적으로 증언했다. 예컨대 사건 당시 스무살 청년이었던 이○○는 프로펠러 달린 정찰기 2대의 정찰 후에 전폭기 폭격이 진행되었고, 인근의 벌판인 현풍들과 기계천 둑에는 인민군이 없었으며, 사람들은 여름이라 흰색 삼베옷을 입고 있었다고 말했다. 열세살이었던 이○○ 또한 프로펠러 1개 달린 정찰기의 정찰 후, 매우 높은 고도에서 전폭기들이 기총소사를 가했다고 말했다. 이○○도 위의 이○○와 마찬가지로 주변에 인민군이 없었고, 모두 흰옷을 입고 있었으며, 기총소사 시 흰옷을 흔들기도 했다고 증언한다. 그외에도 대부분의 사건 목격자들이 비슷한 내용을 말했다.[77] 여름의 더운 날씨 탓에 대부분 하얀 삼베옷을 입고 있었던 남한의 민간인들은 북한군의 활동과 무관한 지역에 있었음에도 불구하고 모스키토기 정찰 이후의 전폭기 공격에 의해 무차별적으로 희생되었던 것이다. 전폭기 조종사들은 항공통제반이나 정찰기의 공격지시를 받아 무차별적으로 타깃에 폭탄을 쏟아부은 후 비행기지로 돌아오는 임무를 수행했을 뿐이다.

육감에 의존한 시험폭격

한국전쟁기 미공군 작전분석실과의 인터뷰에 응한 모든 전폭기 조종사들은 적 병력이나 보급품의 존재를 전혀 확인할 수 없는 민간지역에 대한 무차별적 '시험폭격'에 대해서도 매우 담담히 증언했다. 앞서 살펴보았듯이 전폭기 조종사들은 대낮에 전선 인근의 북한군 병력을 찾아내는 데 많은 곤란을 겪었다. 빠르게 비행하는 전폭기 내에서 산속에 은신한 적을 찾는 일은 어려웠다. 이런 까닭에 미공군 조종사들은 점차 적 병력이 거주하는 것으로 '의심되는' 특정지역을 향해 무차별적으로 폭탄을 투하하는 것을 점차 당연하게 생각하기 시작했다. 그리고 이 같은 '의심지역 시험폭격'에서 민간인 거주지역 또한 예외일 수 없었다. 다수의 조종사들은 오로지 자신의 '육감'(hunch)에 의존해 남한의 도시와 농촌을 향해 무차별적으로 폭탄을 쏟아붓기 시작했다.

제5공군 작전분석실은 전폭기 조종사들에게 다음과 같은 질문을 던졌다. "당신은 잠복한 적을 은신처로부터 뛰쳐나오도록 만들기 위해 비행기나 공중무기를 활용하는 특정 방법이 있는가?" 이에 대한 조종사들의 견해는 다양했다. 먼저 아래의 대답을 살펴보자.

> 나는 네이팜탄이 적을 엄폐물로부터 뛰쳐나오도록 만드는 가장 최고의 무기라고 생각한다. 나는 어떤 생명체도 존재하지 않는 것처럼 보이는 마을을 선회하다가 2발의 네이팜탄을 그곳에 투하했다. 곧 가옥들 내에서 많은 움직임이 보였다. 사람들은 건물들과 주위 언덕을 벗어나곤 했다. (…) 로켓은 그다지 효과가 좋아 보이지 않았다.(15; 네이팜 탄에 대한 유사한 언급을 조종사 B와 20이 했다.)[78] (강조는 인용자)

위의 조종사 15는 북한군의 존재를 직접 확인하거나 통보받지도 않은 민간인 거주지역에 '시험적으로' 네이팜탄을 투하한 사실을 매우 당연한 듯 진술하고 있다. 네이팜탄 투하 직전 마을은 "어떤 생명체도 존재하지 않는 것처럼" 고요하기만 했다. 조종사는 네이팜탄 투하 직후 "사람들"(people)의 움직임을 볼 수 있었다고 강조했다. 그러나 작전분석반은 조종사 15가 언급한 "사람들"은 "병력"(troops)이 아니라 "민간인"(civilians)일 가능성이 높다고 분석했다. 앞서 살펴보았듯이, 작전분석반은 이미 북한군 포로들에 대한 심문을 통해 그들 대부분이 마을 외곽의 개인참호나 산속의 지형지물을 이용해 낮 동안 휴식을 취한다는 정보를 갖고 있었다.[79]

또다른 조종사 22와 32 또한 네이팜탄이나 기총소사가 적 병력을 은

폐시설로부터 노출시키는 데 효율적인 무기라고 언급한다. 그들의 발언을 살펴보자.

> 나는 적이 스스로 발각되었다는 사실을 확신할 때까지 잠복한다는 사실을 알게 되었다. 따라서 기총소사나 네이팜탄 투하가 한번 이루어질 때까지 그들은 앉아서 기다린다. 지형을 자세히 볼 수 있는 저속 비행기가 아닌 경우, 나는 이것이 스스로 정체를 드러내지 않는 적 병력의 존재여부를 알아내는 최고의 방법이라고 생각한다.(22)

> 맞다. 마을에 투하된 네이팜탄은 적 병력들을 급하게 마을로부터 도망가도록 만들었다.(32; 인터뷰의 또다른 지점에서 이 조종사는 모든 사람들을 "병력"(troops)으로 인식했다고 말했다)[80]

조종사 22와 32 또한 앞서 인용된 조종사 15와 마찬가지로 적 병력을 은신처 밖으로 노출시키기 위한 시험폭격을 매우 당연시했다. 더불어 위의 조종사들은 마을에 대한 시험폭격이 민간인들에게 피해를 입힐 수도 있다는 문제의식이나 도덕적 책임감을 전혀 느끼지 않았다. 그들에게 중요한 것은 빠른 시간 내에 적 병력을 찾아내 살상하는 것뿐이었다. 이들은 네이팜탄 투하나 기총소사로 인한 시험적 공격으로 인해 해당 지역의 민간인이 다칠 수도 있다는 사실을 전혀 고려하지 않았다. 심지어 15와 32를 포함한 일부 조종사들은 마을주민들을 사실상 적과 동일시했다. 전폭기 조종사들은 마을주민을 살상하거나, 그들의 재산을 완전히 소실시킬 수 있는 시험공격을 아무렇지도 않게 실행하고 있었다. 위와 같이 전폭기 조종사들의 상당수는 시험폭격의 효용성을 긍정했고, 이에 더해 일부는 민간인과 적 병력을 동일시하기도 했다. 더욱 흥미로운 점은 민간인지역 시험폭격을 당연시하는 태도와 민간인과 적 병력을 동일시하는 태도는 시험폭격의 비효율성을 주장하는 조종사들에게도 발견된다는 점이다. 다음의 대답들을 살펴보자.

> 나는 다수의 작은 촌락들을 공격했지만, 그들은 공중공격에 매우 현명하게 대처했다. 그들은 일단 집 안에 자리를 잡으면 절대 뛰쳐나오지 않는 것 같았다. 우리 비행기의 무기체계로는 적을 고정적 위치로부터 벗어나게 만들 수 있는 방법이 없다.(14)[81]

조종사 14는 전폭기 무기를 활용한 시험폭격이 비효율적이라고 주장한다. 그 주장의 근거는 "다수의 작은 촌락"(many small villages)에 대한 시험폭격에도 불구하고, 적 병력이 촌락의 가옥에서 절대 뛰쳐나오지 않았다는 것이다. 그는 적 병력을 가시적으로 확인할 수 없는 촌락에 대한 시험폭격을 당연시하고 있다. 더불어 그는 거의 모든 촌락에 적 병력이 존재하는 것을 확신하는 듯하다. 만약 시험폭격의 결과 적 병력이 집 밖으로 뛰쳐나오면 시험공격은 효과적인 것이 되고, 적 병력이 뛰쳐나오지 않으면 비효율적인 것이 된다. 이런 태도는 시험폭격의 비효율성을 주장한 다른 조종사들에게서도 발견된다.

> 나는 그들의 교육이 매우 엄격했다고 생각한다. 그들은 실제 공격 당하지만 않는다면 움직이지 않을 정도로 단호했다. 우리의 경험에 의하면 그들은 기총소사를 당한다 할지라도 절대 건물을 벗어나지 않았다. 그들을 움직이게 만들 수 있는 것은 근접신관(포탄·유도탄 등의

탄두에 결합하여 정해진 고도에 이르면 자동으로 폭발하는 신관—인용자) 같은 무기뿐이라고 생각한다. 나는 어떤 것도 그들을 두렵게 할 수 없었다고 생각한다. 그들은 처음에는 비행기를 두려워하지만, 비행기가 저속으로 비행하든 고속으로 비행하든, 또는 기총소사 직선비행을 하든 집중공격을 하든 그들에겐 중요치 않았다. (…) 누군가 저 작은 악마들에게 건물 안이 다른 어느 곳보다 더 안전하다고 확신시킨 것이다. 나는 좀더 효율적인 무기를 보유하지 않는다면 어떤 방법으로도 저들을 움직일 수 없을 것이라고 생각한다.(12)[82]

조종사 12의 발언은 앞서 인용된 14의 발언의 연장선상에 있다. 조종사 12는 시험폭격이 비효율적이라고 주장한다. 그 근거는 건물 내의 적들에게 공격을 가할 때, 적들은 절대 건물을 벗어나지 않았다는 점이다. 조종사 12는 북한군이 미공군 전폭기의 건물 공격 시 절대 건물에서 벗어나지 않도록 교육받았다고 주장한다. 더불어 흥미로운 사실은 그 어느 조종사도 마을의 가옥들에 북한군이 없는 것 같다고 언급하지 않았다는 점이다. 대부분의 조종사들은 북한군 병력의 마을 체류에 대해 확신했다. 아래의 언급들 또한 비슷한 맥락에서 분석 가능하다.

네이팜탄은 일반적으로 그들을 참호로부터 뛰어나오게 만들지만, 마을로부터는 아니다.(26)

건물들은 폭탄에 맞아 불탔지만 적 병사들은 공격 시 거의 움직이지 않았다.(27)

내 경험에 따르면, 적 병력을 그들의 위치로부터 벗어나게 만드는 것은 매우 힘들었다.(28)[83]

조종사 26은 네이팜탄 공격이 북한군을 '참호'로부터 뛰어나오도록 만드는 데는 유용하지만, '마을'로부터 노출시키는 데는 비효율적이라고 주장한다. 조종사 27은 네이팜탄 공격 시 건물로부터 뛰쳐나오는 적 병력을 볼 수 없었다는 사실을 지적하고 있고, 조종사 28은 어느 곳에서도 시험폭격에 의한 적 병력 관측이 불가능했다고 언급한다. 3명의 조종사 모두 마을폭격이 적 병력 색출에 유용한 방법이 아님을 지적한다. 그러나 조종사들은 북한군의 마을 체류를 확신했고, 민간인 거주지역에 대한 시험폭격 자체에 대해서는 전혀 문제삼지 않았다. 때문에 실제 제5공군 전폭기 임무보고에서 이를 명확히 가려내기란 쉽지 않다. 시험폭격을 통해 적의 존재를 확인할 수 있는 증거가 포착될 경우, 해당 지역에 추가적으로 대량폭격을 수행하면 될 뿐이므로, 조종사들은 그들의 임무보고를 통해 구태여 '시험폭격'이라는 표현을 사용해가며 자신의 무분별한 공격양상을 드러내지는 않았다.

그럼에도 불구하고 굳이 임무보고서에 등장하는 시험폭격의 예를 찾자면, 아마도 적 병력의 흔적이 부재한 상황 속에서 전술항공통제반이나 모스키토의 지시 없이 조종사의 자의적 판단에 의해 진행된 민간인 거주지역 폭격 사례들을 들 수 있다. 조종사들은 특정 지시나 구체적 목표물이 없는 상황에서도 남한의 도시나 촌락을 향해 빈번히 폭탄을 투하하곤 했다. 1950년 7월 24일 F-80 편대의 군산 시내 공격을 살펴보자.

멜로우에 접속했다. 멜로우는 대전에서 군산에 이르는 도로를 정찰하고, 127°34'E-36°08'N의 강 동쪽으로 정찰을 진행하라고 지시했다. 정찰로에서 표적을 발견할 수 없었다. 이후 편대는 군산에 네차례 직선주행 기총소사를 실시하고 로켓을 발사했다. 로켓이 수많은 건물을 폭파시키는 장면을 볼 수 있었다.[84]

제9전투폭격대대의 F-80 슈팅스타 4대로 구성된 편대는 대전에서 군산에 이르는 지역에 대한 무장정찰(armed reconnaissance)을 지시받았다. 편대는 목표지역에서 적절한 표적을 발견할 수 없었다. 이에 4대의 F-80은 인근의 군산으로 날아가 시내에 기총소사를 실시하고 로켓을 발사했다. 이는 멜로우나 모스키토의 지시에 의한 공격이 아니었다. 단지 군산 시내에 북한군 병력이 주둔할 수 있다는 가정하에 진행된 공격이었다. 로켓은 "수많은 건물"(numerous buildings)을 폭파시켰다.

7월 26일 멜로우에 접속할 수 없었던 제9전폭대대의 1개 편대는 경남 하동군 하동읍에 로켓을 발사하고 기총소사를 가했다. 공격 후 편대는 읍내에서 어떤 움직임도 볼 수 없었다.[85] 9월 4일 F-51 2대로 구성된 편대는 전선 인근의 경북 경주시 안강읍 안강리에 4발의 로켓을 발사하고 기총소사를 가했다. 통제기가 이미 편대를 떠난 상태에서 수행된 공격이었다. 편대는 자의적 판단에 의해 안강리를 공격했으나, 공격의 근거는 드러나 있지 않다.[86] 같은 날 같은 부대의 F-51 3대로 구성된 편대는 45분 동안이나 목표구역에서 통제기와 접속하려다 결국 실패했다. 편대는 아무 근거 없이 35°37'N-128°18'E 지점의 지도에 없는 마을에 폭격을 가했다. 해당 좌표의 마을은 경상남도 합천군의 낙동강 인근 촌락 중 하나였다.[87]

앞서 살펴보았듯이 제5공군 전폭기들은 남한지역에서 전술항공작전을 전개하면서 자의적 판단에 따라 촌락이나 도시에 폭격을 가하곤 했다. 이들 중 적잖은 경우는 북한군의 존재유무를 알아내기 위한 시험폭격일 가능성이 있다. 다만 임무보고서에는 이런 폭격들이 구체적 목표물을 향한 폭격인지, 적 병력을 노출시키기 위한 시험폭격인지, 아니면 그저 민간시설을 향한 무차별적 폭격인지 명시적으로 밝혀져 있지 않을 뿐이다.

제5공군 작전분석실은 이상의 인터뷰 내용에 근거하여, 한국전쟁기 대부분의 전폭기 조종사들이 자신의 "육감"을 테스트하기 위해 공격의 최초단계에서부터 명백하게 공중화기를 활용했다고 단언했다.[88] 조종사들은 자신의 공중화기가 틀림없이 적 병력들을 공격한다고 주장했다. 그러나 조종사들은 그 같은 자기 주장의 정당성 확보를 위해 마을 내 민간인을 적 병력과 동일시하거나, 마을 내 적 병력이 폭격에도 불구하고 움직이지 않을 뿐이라는 변명을 늘어놓아야만 했다. 작전분석실은 이 같은 조종사들의 민간지역 공격의 군사적 비효율성에 대해 논하면서, "상당수의 공중공격은 적 병력이 마을로부터 어느정도 떨어진 언덕이나 참호에 은신해 있는 동안 근처 마을을 향해 진행되었다"고 단언했다.[89]

'크기'정책: 좋아 보이거나 큰 것을 공격하라

제5공군 전폭기 조종사들은 자신들의 육감에 따라 남한지역 민간인 거주지역에 무차별적으로 공격을 가하곤 했다. 그들은 북한군의 존재를 확인할 수 없는 상황에서도 과감하게 민간인 거주지역을 폭격했다.

그러면 전폭기 조종사들은 북한군의 흔적을 어느정도 확신할 수 있는 상황에서는 어떻게 행동했을까? 아마 누구나 쉽게 예상할 수 있듯이, 제5공군 조종사들은 북한군의 존재를 확인시켜주는 증거가 조금이라도 포착될 경우에는 해당 지역을 완전히 초토화시켜버리곤 했다. 물론 민간인 거주지역도 이런 공격에서 예외일 수 없었다. 빠르게 비행하는 전폭기 내에서 은신한 적 병력을 찾아내는 것은 사실상 불가능했기 때문에 이들에게 적의 존재를 확실하게 말해주는 것은 적의 차량과 보급품 집적소였다.

> 우리가 비행하는 속도에서 모든 정확한 은신처를 세밀하게 관측하기란 매우 어렵다. 사실상 가치있는 목표물을 찾아낼 유일한 방법은 적의 존재를 일러주는 위장된 차량이나 보급품을 찾는 것이었다. 모스키토기의 통제의 의한 공격이 아닌 경우, 내가 노상이나 은신처의 병력을 찾아내는 경우는 거의 없었다.(28)[90]

조종사 28의 언급은 앞서 살펴본 전폭기들의 공격행태와 일맥상통한다. 북한군의 은신처를 찾아내는 것이 사실상 불가능하다는 점, 따라서 모스키토의 통제에 절대적으로 의존할 수밖에 없다는 점 등에서 그러하다. 하지만 실상 도로 옆 도랑이나 협곡, 나무 아래 등에 볏단이나 나뭇가지로 위장해놓은 차량과 보급품 집적소를 찾는 것 또한 쉬운 일이 아니었다. 이는 모스키토기에게도 마찬가지였다. 때문에 모스키토기나 전폭기 들은 마치 위장된 차량이나 보급품 집적소처럼 보이는 대상들을 공격했다. 물론 이때에도 가장 중요한 판단기준은 '육감'이었다. 다음의 언급을 살펴보자.

우리의 가장 큰 문제는 '보급품 집적소란 무엇인가'였다. 피난민들이 목재와 원료를 보관해둔 야외 집적소란 무엇인가? 당신은 지독히도 많은 정체불명의 소규모 물건더미들을 보게 될 것이다. 만약 당신이 그 모두를 파괴하고자 한다면, 아마도 무기가 부족할 것이다. 가장 합리적인 대상을 찾는 것은 다소 우스꽝스럽다. 나는 그에 대해 정말 어떻게 얘기해야 할지 모르겠다. 만약 대상이 무척 좋아 보이면, 여타의 것보다 좀더 커 보이면, 나는 그곳에 공격을 가한다. 우리는 이들 보급품 집적소에 대한 '크기'정책을 수립했다. 만약 목표물이 보통의 것보다 크다면, 나는 이에 접근해 공격한다. (…) 차량일 가능성이 있는 큰 것들은 모두 공격하고, 이후 도탄(跳彈) 존재여부를 점검한다. 도탄은 목표물을 점검하는 가장 중요한 판별기준이었다.(12)[91]

북한군은 자동차와 보급품을 볏단이나 나뭇가지로 위장시켜 보관했는데, 전폭기 조종사들은 이런 위장시설을 북한군 병력의 존재를 확인시켜주는 중요 단서로 간주했다. 그러나 남한의 농촌과 도시 지역에서 이러한 보급품 집적소를 정확히 구분해내기란 매우 힘들었다. 쌀을 주식으로 하는 한국인들에게 추수 후의 마른 볏단은 매우 유용한 농가 재산이었다. 볏단은 초가지붕의 주재료로 활용되었을 뿐만 아니라, 축우에게 먹일 여물의 주원료였고 여러 살림살이의 재료이기도 했다. 썩은 볏단은 거름으로도 활용 가능했다. 때문에 집채만 한 짚더미들은 1950년대 남한 농촌지역에서 매우 흔한 것이었다.

보급품 집적소 탐색과 관련된 조종사 12의 푸념은 과거 한국 농촌의 일상적 풍경과 밀접한 관련이 있다. 미공군 조종사들은 빠르게 비행하는 전폭기 내에서 북한군 병력은커녕 보급품 집적소조차 찾아내기 힘들었다. 남한지역 농촌 곳곳에 산재한 수많은 짚더미, 나뭇더미, 물건더미 중에 어떤 것이 북한군의 차량이나 보급품인지 명확하게 가려내기란 사실상 불가능했다. 때문에 전폭기 조종사들은 소위 '크기'정책을 수립하여 보급품으로 의심되는 대상에 공격을 가하기 시작했다. 조종사들은 여타의 것들보다 '좋아 보이고 커 보이는' 대상에 폭격을 가했다.

크기에 따라 목표물을 정하는 공격패턴은 단순히 나뭇더미나 짚더미에 한정되지 않았다. 조종사들은 마을 공격 시에도 동일한 공격방식을 사용했다. 전폭기 조종사들은 도시나 농촌에서 가장 크고 번듯한 건물들부터 공격했다. 그들은 이런 건물들에 차량이나 보급품이 은닉된다고 확신했다. 더불어 전폭기 조종사들은 의심스러운 대상에 대한 폭격 후, 해당 목표물이 북한군의 보급품이라는 확신이 설 경우 목표물 인근 마을에도 무차별적인 공격을 가했다. 목표물에 대한 기총소사 시 발생하는 탄환의 튕김현상, 연료탱크의 폭발로 발생하는 커다란 화염 등은 북한군 보급품의 존재를 확신시켜주는 증거들이었다. 이 같은 공격 사례들은 제5공군 전폭기 편대들의 임무보고서에 잘 드러나 있다.

먼저 전선 부근에서 활동한 제5공군 전폭기가 북한군의 차량이나 보급품을 확실하게 확인한 경우다. 이런 경우 전폭기들은 발견된 차량과 보급품을 파괴하는 선에서 그치지 않고, 인근의 마을까지 공격했다. 1950년 8월 19일 낙동강전선 부근에서 행해진 다음의 폭격작전을 살펴보자.

파인애플(Pineapple)은 송정동 서쪽 2~3마일(3~5킬로미터)의 마을 3곳을 공격하라고 지시했다. 파인애플은 모든 마을에 보급품과 차량이 있으며, 아마 적 병력도 있을 수 있다고 보고했다. 마을들 가까이에 폭탄을 투하하여 마을 2곳에 불을 질렀고, 마을 내에 로켓과 50구경 기관총탄 일체를 쏟아부었다. 모든 마을에서 불길이 솟아올랐다. 비행기가 해당 지역을 벗어나려 할 때 큰 불 하나가 분출했다. 탄약이나 가연성 보급품이었을 것이다.[92]

1950년 8월 19일 제18전폭비행단 제39전폭비행대대(18th Fighter Bomber Wing, 39th Fighter Bomber Group)의 1개 편대는 송정동[93] 인근의 마을 3곳을 완전히 초토화시켰다. 편대는 모스키토기로부터 마을 3곳에 보급품과 차량이 있다는 보고를 들었다. 편대는 이 공격에서 총 8발의 폭탄을 투하한 후, 4대의 F-51에 탑재된 로켓과 기관총탄을 모두 소진했다. 편대는 공격 후 치솟은 불길을 보면서 그 마을에 가연성 보급품이 은닉되어 있었을 것이라고 보고했다. 편대는 마을 3곳 내 북한군의 존재 여부에 대해서는 보고하지 않았다.

1950년 8월 31일 경북 구미시 원평동에 출격한 1개 편대의 활동내용도 위의 사례와 비슷하다. 다음의 임무보고서를 살펴보자.

멜로우와 접속했다. 모스키토 와일드웨스트(wild west) 구역에 파견되었다. 임무번호 134에 배정되었다. 와일드웨스트는 원평동(36°08'N-128°17'E) 촌락의 보급지점을 불태워 없애버리라고 지시했다. 연료통으로 생각되는 몇개의 통과 차량 1대를 발견하고 기총소사 및 16발의 로켓을 촌락에 발사했다. 연료화염으로 생각되는 붉은 화염과 검은 연기의 화재 3건이 발생했다. 촌락은 완전히 폐허가 된 것 같다.[94]

제7전폭비행대대 소속의 편대는 경상북도 구미시 원평동의 마을을 폭격했다. 전폭기 조종사들은 마을 내 연료통과 차량이 북한군 병력의 존재를 확인시켜주는 것으로 간주했다. F-80 4대로 구성된 편대는 마을에 16발의 로켓을 발사하고 기총소사를 가했다. 편대는 연료로 인한 것으로 판단되는 붉은 화염이 솟아올랐다고 보고했으나, 북한군 병력의 존재여부에 대해서는 보고하지 않았다. 보고서의 표현에 따르면, 마을은 폭격 후 완전히 "황폐화"(deserted)되었다.

위의 사례들은 최소한 해당 지역 인근의 차량이나 보급품처럼 북한군의 존재를 예상할 수 있는 공격의 '최소근거'라도 제시된 경우다. 그러나 실상 보급품 집적소를 공격했다는 전폭기들의 보고는 대체로 마을 전반 또는 마을 내 특정건물에 대한 무차별폭격을 의미했다. 앞서 한국전쟁기 인터뷰 내용에서 제시된 것처럼, 전폭기 조종사들은 자신들의 육감에 의지하여 마치 위장된 차량이나 보급품 집적소처럼 보이는 대상들을 공격하기 시작했다. 마을 내에서 보급품이나 차량을 은닉하고 있을 것이라고 예상되는 대상이나 건물은 비행기 조종사들에 의해 임의로 선정되었다. 다음의 임무보고를 살펴보자.

멜로우에 접속했다. 멜로우는 편대에게 호스래디쉬(Horseradish)와 접속할 것을 지시했다. 호스래디쉬는 안젤로 러브(Angelo Love)와 교신할 것을 지시했다. 러브는 편대에게 청산면(127°48'E - 36°22'N)에 기총소사 및 로켓 발사를 지시했다. 편대는 로켓을 발사할 대상으로 평행하게 서 있는 큰 건물 2채를 선택했으며, 해당 건물에 2발의 로켓을 명중시켰다. 두 건물은 파손된 것으로 생각된다. 후에 편대는

조그만 나선형의 연기를 보았다. 우리는 이것이 총좌일 것이라고 생각하여 2회 기총소사하며 지나갔다.[95]

제5공군 전폭기들의 공격을 당한 지역은 현재의 충북 옥천군 청산면이다. 편대는 전술항공통제반의 지시에 따라 청산면을 폭격했다. 모스키토기는 해당 지역에 대한 공격 이유를 구체적으로 밝히지 않았다. 그저 목표지역에 공격을 가하라는 것이 지시의 전부였다. 편대는 편대장의 지시에 따라 목표지역 내의 커다란 건물 2채를 선정한 후 이를 중심으로 목표지역 전반에 공격을 가했다.

도시나 마을 내에서 가장 좋거나 큰 건물을 주요 타깃으로 삼는 공격방법은 전폭기 조종사들 사이에서 가장 빈번히 사용된 민간인 거주지역 공격방법이었다. 제5공군의 한 조종사는 작전분석실 인터뷰에서 다음과 같이 언급했다. "우리는 보통 수상쩍어 보이는 집 1채를 선정하고, 이 하나의 가옥을 관찰한 후 폭격을 가한다. 만약 그곳에 무언가 있다면, 이들은 통상 폭발하거나 화염에 휩싸인다."[96] 이 발언은 앞서 등장한 언급, 즉 "만약 대상이 무척 좋아 보이면, 여타의 것보다 좀더 커 보이면, 나는 그곳에 공격을 가한다. 우리는 이들 보급품 집적소에 대한 '크기' 정책을 수립했다. 만약 목표물이 보통의 것보다 크다면, 나는 이에 접근해 공격한다"[97]라는 언급과 연관지어 살펴볼 수 있다. 전폭기 조종사들은 그저 '수상쩍어 보이는' 마을의 '수상한' 건물에 폭격을 가했는데, 대개는 마을 내의 '큰' 건물들을 수상한 건물로 지목했다. 다음의 사례들을 살펴보자.

포항(36°02´N-129°21´E) 공격을 지시받고 항만지역의 커다란 건물들에 네이팜탄을 투하했다. 커다란 건물 2채가 불타올랐다. 커다란 연료저장탱크 2개를 날려버렸다. 연료 또는 무기집적소로 보이는 곳에 기총소사를 가해 파괴시켰다.[98]

F-51 2대로 편성된 제18전폭비행대대 소속의 편대는 1950년 9월 6일 모스키토기의 지시에 따라 포항을 공격했다. 모스키토기는 포항지역의 구체적 표적을 지목해주지 않았다. 편대는 임의적으로 포항의 "커다란 건물들"(large buildings)에 네이팜탄 4발과 로켓 8발을 발사했다. 편대는 구체적 공격대상 없이 해당 지역의 큰 건물들을 중심으로 공격을 수행한 것이다. 또다른 F-51 편대의 임무보고를 살펴보자.

목표지역에서 한시간 동안 선회했다. 악천후 때문에 해당 지역의 목표물을 볼 수 없었다. 버사14(Bertha No. Fourteen)은 편대에게 낙동강 서쪽으로 갈 것을 지시했다. 신반리(경남 의령군 부림면 신반리―인용자) 상공에서 구름 틈의 열린 공간을 발견한 후 마을 남동쪽의 커다란 건물에 네이팜탄을 투하했다. 마을의 나머지 지역에 기총소사를 가했다. 작은 화재가 발생했다.[99]

구형의 F-51 무스탕기 2대로 구성된 편대는 악천후 때문에 목표지역에서 한시간이나 선회해야만 했다. 편대는 모스키토기의 지시에 따라 낙동강 서안으로 가 경남 의령군 부림면 신반리의 상공이 열리자마자 탑재한 무기들을 모조리 마을에 쏟아부었다. 2대의 F-51기들은 네이팜탄 4발을 이 마을에 투하했다. 공격의 구체적인 근거는 없었다. 낙동강 서안으로 가라는 지시와 때마침 열린 하늘 때문에 신반리는 무차별적인 공격을 당했다. 편대는 마을 내의 "커다란 건물들"을 중심으로 네이팜탄을 투하했고, 이후 마을 전반에 기총소사를 가했다.

1950년 7월 17일 F-80 4대로 구성된 편대가 현재의 경북 영주시 풍기읍을 공격했다. 편대는 전술항공통제반 러브의 지시에 따라 풍기읍 내 학교에 폭격을 가해 2채의 건물에 손상을 입혔다. 전술항공통제반은 학교 운동장과 건물이 보급품 집적소라고 추측했다.[100] 7월 20일 F-80 4대는 전선 인근의 유성(현재의 대전 유성구)지역에 창고처럼 보이는 커다란 건물들과 학교에 기총소사를 가하고 로켓 7발을 발사했다.[101] 9월 22일 제7전폭비행대대 소속의 F-80 4대는 진주지역의 모스키토 보드빌(Vaudeville)의 지시에 따라 강 남쪽 마을 남단의 커다란 건물에 기총소사를 가하고 로켓을 발사했다. 편대는 총 16발의 로켓을 발사하여 13발을 건물에 적중시켰다.[102] 앞서 조종사들의 증언처럼 전폭기 조종사들은 도시나 마을의 큰 건물을 중심으로 공격을 전개했다는 사실을 확인할 수 있다. 모스키토기나 전폭기 조종사들은 북한군 병력·차량·보급품 등이 민간인 거주지역의 커다란 건물 내에 은폐되어 있다고 믿었던 것이다.

전폭기 조종사들은 북한군 보급품의 상당수가 마을 내에 산적해 있다고 판단했다. 그리고 이러한 판단하에 보급품을 은닉한 것으로 추측되는 마을 내 큰 건물들을 무차별적으로 폭격하기 시작했다. 마을 내의 큰 건물이나 번듯한 기와집들은 언제나 폭격의 제1순위에 올랐다. 학교 같은 거주지의 큰 건물들은 전쟁 초기 공중폭격에 의해 금세 사라져 갔다. 1951년 봄 문교부장관 백낙준(白樂濬)은 교사와 학교 당국자 들에게 숲, 모래밭, 산 등 어디라도 가능하다면 수업을 시작하자고 호소했다. 이때 남한 전역에서 최소한 건물 내부 수업이 가능한 곳은 국민학교

32퍼센트, 중고등학교 26퍼센트, 사범학교 56퍼센트, 대학교 35퍼센트에 불과했다.[103] 나머지 학교의 학생들은 노천에서 수업을 시작했다.

흰옷의 무리들을 향한 무차별폭격

한국전쟁 초기 남한지역에서 활동한 제5공군의 전폭기 조종사들은 전선 부근에 무리 지어 모여 있는 흰옷의 민간인들에 대해 무차별적으로 폭격을 가하기도 했다. 앞서 살펴본 남한지역 도시와 농촌에 대한 폭격 역시 비인도적 성격이 강한 군사작전임에 틀림없지만, 최소한 해당 작전들은 목표지역에 적 병력이나 보급품이 존재할 것이라는 막연한 추측이나 자기정당화, 혹은 일말의 공격 근거라도 갖고 있었다. 그러나 탁 트인 평지의 민간인들, 그것도 아군 측의 민간인들을 기관포의 표적판에 겨누어 무차별적으로 공격한 사실은 아무리 전쟁의 비정함을 전제한다 할지라도 이해하기 쉽지 않다. 전폭기 조종사들은 왜 흰옷을 입고 있던 남녀노소의 민간인 집단을 향해 공격을 가했던 것일까?

우선 전쟁 초기 미 전폭기들의 전선 부근 민간인 집단에 대한 공격은 지상군의 피난민 통제정책과 밀접한 관련을 지닌다는 사실에 주목할 필요가 있다. 한국전쟁 초기 북한군 특수부대원들은 정찰 및 저격업무 수행을 위해 민간인 복장을 한 채 피난민대열에 섞여 전선지역에 먼저 투입되곤 했다.[104] 7월 말 주한 미대사 무초와 남한지도부는 이 같은 북한군의 침투작전에 강력히 대응하기로 결정했다. 그들은 다음과 같은 문구가 포함된 결정을 채택했다. "만약 피난민들이 미 방어선 북쪽에 나타날 경우 경고사격을 하고 계속 전진하면 총격을 가한다."[105]

피난민 총격 가능성을 제시한 한·미 양국의 결정은 이내 대규모 민간인 희생으로 이어졌다. 노근리사건이 그 대표적 예다. 노근리 생존자들은 7월 26일 전폭기의 폭격과 기총소사로 약 100여명의 피난민들이 목숨을 잃었고, 이후 7월 29일까지 계속된 쌍굴다리 안팎에 대한 지상군의 사격으로 200~300명이 희생되었다고 주장한다.[106]

지금까지 AP통신은 노근리사건과 관련된 많은 자료들을 발굴해왔다. 그것들 중 전폭기 공중공격과 관련하여 가장 중요한 자료로 볼 수 있는 것이 1950년 7월 25일 제5공군 작전부장 터너 로저스(Turner C. Rogers)에 의해 작성된 「민간 피난민 기총소사 정책」(Policy on Strafing Civilian Refugee)이다. 이 문서는 다음과 같은 내용으로 구성되어 있다.

> 1950년 7월 25일
> 팀버레이크 장군에게
>
> 제목: 민간 피난민 기총소사 정책
> I. 문제점
> 1. 도로로 이동하는 민간 피난민에 대한 제5공군 예하 부대의 기총소사 공격지침의 수립.
> II. 문제점과 관련된 사실들
> 2. 북한군으로 구성되어 있거나, 북한군에 의해 통제되고 있는 많은 민간인들이 미군 진지로 침투한다는 보고가 있다.
> 3. 육군은 미군 진지로 접근하는 모든 민간 피난민들에게 항공기로 기총 공격할 것을 요청했다.
> 4. 현재까지 공군은 이러한 육군의 요청에 응해왔다.

III. 토의

5. 민간인들에 대한 기총공격을 포함하는 우리의 작전은 광범한 대중의 관심을 받을 것임에 틀림없고, 이런 상황은 유엔과의 관계에서 미공군과 미정부를 난처하게 만들 것이다.

6. 이러한 민간인 집단들은 미군 진지를 통과하여 도로로 이동하고 있는 것 같다. 육군이 왜 이러한 인원들을 막지 않고 이들이 통과할 때 사격을 실시하지 않는지 이해할 수 없다. 또한 항공작전에는 좀더 적합한 표적이 있을 것이며, 이러한 표적이 파괴되면 결국 육군에 더욱 유리할 것으로 판단된다.

IV. 건의사항

7. 공군의 보호를 위해서, 제5공군은 민간 피난민 무리 속에 북한군이 포함되어 있거나 또는 이들이 적대행위를 하고 있다는 것이 확실하지 않을 경우에는 민간 피난민들을 공격하지 말라는 지침을 수립할 것을 건의한다.

8. 또한 상기 내용을 미 제8군사령부에 통보할 것을 건의한다.

작전부장 터너 로저스 대령[107] (강조는 인용자)

위 문서에 따르면 1950년 7월 제5공군은 미 제8군의 요청에 따라 전선으로 접근하는 피난민 대열에 연속해서 기총소사를 가했음을 알 수 있다. "현재까지 공군은 이러한 육군의 요청에 응해왔다"(To date, we have complied with the army request in this respect)라는 단정적 표현은 피난민 대열 기총소사의 사실성과 일상성을 대변하는 듯하다. 특히 이 자료는 제5공군 정보부장과 함께 남한지역 전술항공작전을 책임졌던 제5공군 작전부장이 작성한 문서였고, 수신자 역시 제5공군 부사령관 팀버레이크였다. 작전부장 로저스는 피난민 대열에 대한 기총소사가 외부에 알려질 경우 발생할 수 있는 역효과에 대해 걱정하며, 이에 대한 제대로 된 정책의 수립이 필요하다고 팀버레이크에게 제안했다. 육군의 요청에 의한 피난민 대열 기총소사는 문서상에서 당시 제5공군의 일상적이고 당연한 작전처럼 전제되어 있다.

한국과 미국 정부는 AP통신의 노근리사건 기사화 이후 합동조사반을 구성해 1년 3개월 동안 사건의 실체를 조사했다. 그리고 그 조사결과를 바탕으로 2001년 1월 12일 「한·미 공동 발표문」과 『노근리사건 조사결과보고서』를 내놓았다. 「한·미 공동 발표문」은 노근리 피난민 공중공격의 중요 단서인 로저스의 문서를 간단하게 무시해버렸다. 해당 문서를 무시해버린 이유는 단 한줄로 언급되어 있다. "미공군 조종사 출신의 증언자들은 그러한 지침을 기억하지 못하고 있다."[108]

설령 전폭기 조종사들이 해당 지침을 기억하지 못한다는 사실을 인정한다 할지라도, 피난민 기총소사가 전폭기 조종사들에 의해 충실히 수행되었을 가능성은 여전히 존재한다. 피난민 기총소사 지침은 군이 전폭기 조종사들에게 직접 하달될 필요 없이, 모스키토 통제관들에게만 알려줘도 충실히 이행될 수 있기 때문이다. 7월 말 모스키토 통제관들은 출격 전에 언제나 작전전투부에 들러 임무지역의 전황과 폭격허용선 및 작전 관련 지침들에 대한 사전브리핑을 들어야만 했다.[109] 그런데 과연 앞서 살펴본 작전부장 로저스의 기총소사 지침이 이 같은 작전전투부 사전브리핑에서 언급되지 않았을 확률은 얼마나 될까? 로저스 문서의 단정적 표현을 통해 볼 때, 작전전투부 브리핑에서 공중통제관들이 피난민 기총소사 지침을 전해 들었을 확률은 매우 높아 보인다. 또한 앞서 살펴보았듯이 전폭기들은 모스키토의 지시가 떨어지면 반문 없이 공격임무를 실행했다. 피난민 기총소사 지침은 모스키토 조종사들에 대한 브리핑만으로도 충분히 이행 가능했다.

실제 앞서 살펴보았던 딘 헤스의 회고는 모스키토 지시에 의한 피난민 공격 사례의 관점에서도 중요하게 짚어볼 수 있다. 공격 당시 그는 미 제25사단에 대한 근접지원작전을 수행 중이었다. 모스키토 통제관은 진주와 마산 사이의 간선도로에 있는 병력을 공격하라고 지시했다. 헤스는 병력의 존재를 확인할 수 없었지만 모스키토의 지시에 따라 임무를 수행했다. 그러나 헤스는 공격 직후 열두살가량의 소녀가 길 위에 쓰러져 있는 것을 보았다. 그녀는 이미 토막 난 상태였다. 그들은 모두 피난민들이었다.[110] 저공 저속으로 비행하는 프로펠러기 T-6를 조종했던 모스키토 통제관은 헤스보다 더 정확하게 군중의 실체를 파악할 수 있었다. 그럼에도 불구하고 모스키토 통제관은 피난민 대열에 대한 공격을 지시했고, 전폭기 조종사는 반문 없이 폭격을 가했다.

1950년 7월 25일 제5공군 작전부장 로저스의 문서가 제출되던 시점 전후에 진행된 여러 기총소사 사례들은 피난민들에 대한 기총공격이 상당히 보편적이었음을 보여준다. 7월 20일 제35전폭대대의 1개 편대는 "유성 3~4마일(5~6.5킬로미터) 남쪽의 흰옷을 입은 사람들에게 기총소사를 가했다"고 보고했다.[111] 동일 동대대 소속의 다른 편대 또한 다음과 같이 전선 부근 민간인 집단에 대한 공격 사실을 보고했다. "그들은 피난민일 수 있었다. (…) 통제관의 지시에 따라 기총소사를 가했다. 피격된 사람들의 수는 알 수 없다."[112] 1950년 7월 24일 제9전폭대대의 1개 편대는 약 100명의 흰옷을 입은 병력들이 둘 또는 셋으로 짝지어 북쪽으로 향하는 것을 발견하고 2번의 기총소사를 실시했다.[113] 노근리지역 피난민들에 대한 미군의 공격이 진행되었던 1950년 7월 27일, 경북 상주시 함창읍에서도 민간인으로 추정되는 흰옷을 입은 군중에 대한 공중폭격이 수행되었다.[114]

남한 전선지역 군중에 대한 공격은 피난민통제가 강조된 7월과 8월 시기에만 등장한 것이 아니었다. 다음의 사례들을 살펴보자.

> 9시 45분에 모스키토 와일드웨스트와 접속되었다. 배정된 목표는 겉보기에 피난민으로 보이는 약 30명의 사람들이었다. 통제관은 그들에게 공격을 가하라고 말했다. 네이팜탄으로 직격탄을 날렸다. 모두 죽었다. 이후 마을(35°09'N-128°23'E)을 공격했다. 네이팜탄으로 직격탄을 날렸다. 적잖은 화염이 발생했다. 마을 남쪽 4분의 3마일(1.2킬로미터) 지점의 건물을 공격했다. 건물에는 보급품이 있는 것 같았다. 2발의 로켓으로 직격탄을 날렸다. 피해규모는 알 수 없다. 오전 10시 20분에 해당 구역으로부터 벗어났다.[115] (강조는 인용자)

위의 임무보고서에 따르면, 1950년 9월 4일 제18전폭비행전대 제12전폭비행대대 소속의 F-51기 2대는 경북 구미시 낙동강 인근의 특정지점(36°09'N-128°24'E)에 위치한 30여명의 사람들에게 네이팜탄 공격을 가했다. F-51 편대의 조종사들은 그들을 피난민으로 인식했다. 그러나 통제관은 그들에 대한 폭격을 명령했고, 언제나 그렇듯이 그들은 통제관의 명령에 따라 순순히 네이팜탄 공격을 수행했다. 이들 군중은 무스탕기가 자기 상공을 맴도는 상황에도 흩어지지 않고 계속 모여 있었던 것으로 추측된다. 이날 편대가 소비한 네이팜탄 전체가 4발이었음을 감안할 때, 군중에게 투하된 폭탄은 1~2발에 지나지 않았다. 그러나 모여 있던 사람들은 그 자리에서 모두 몰살당했다. 위의 사례는 전선 부근의 군중에 대한 폭격뿐만 아니라, 마을에 대한 네이팜탄 시험폭격, 보급품이 있는 것으로 예상되는 건물에 대한 추측폭격 등의 사례를 동시에 보여준다는 점에서 흥미롭다. 더불어 같은 날 같은 부대 소속의 F-51 편대 또한 경북 구미시 낙동강 인근 특정지점(36°12'N-128°29'E)의 "민간인 복장을 하고 있는 불특정 수의 병력(undetermined number of troops in civilian clothes)을 죽고 다치게 했다"고 보고했다.[116] 물론 해당 편대는 그들을 북한군 병력으로 판단한 근거는 제시하지 않았다.

이상에서 볼 수 있듯이 미공군 전폭기들은 남한의 전선 인근에서 발견되는 민간인 집단을 향해 무분별하게 공격을 퍼붓곤 했다. 전폭기 조종사들은 임무구역 개별 정찰과정에서 자발적 판단에 의해 군중들을 공격하기도 했고, 모스키토 정찰기의 지시에 따라 흰옷의 민간인들에게 공격을 가하기도 했다. 주한 미대사 무초의 전문, 제5공군 작전부장 로저스의 문서, 전폭기 조종사들의 다수의 임무보고서 같은 한국전쟁 당시의 미국 자료들은 위와 같은 공격양상을 매우 생생하게 보여주었다. 이 같은 공격양상은 피해자 입장에 있었던 다수의 한국인들의 증언들을 통해서도 선명하게 드러난다.

1950년 8월 초 경남 함안의 남산벌판에 모여 있던 피난민들의 폭격피해는 그 대표적 사례 중 하나로 꼽을 수 있다. 사건 생존자들의 증언에 따르면, 피난민들은 전투를 피해, 혹은 당국의 소개조치에 따라 마을을 떠났으나, 어디로 가야 할지 모르는 상태에서 오히려 자신들의 안전을 도모하기 위해 넓은 벌판에 흰옷을 입고 모여 있었다.[117] 생존자 조○○은 피난민들 모두 흰옷을 입어서 들판이 "뽀오얀 색"이었다고 증언한다. 강○○는 폭격 당시 다수의 사람들이 자신들이 피난민임을 알리기 위해 흰옷과 수건을 흔들었지만 폭격이 계속되었다고 말했다.[118] 황○○ 은 정찰기가 다녀가고 난 후 비행기 폭격이 이어졌는데, 태극기도 흔들 고 옷을 벗어서 흔들었지만 총격이 계속되었다고 진술했다. 송○○ 또 한 정찰기가 왔다 간 직후 폭격이 시작되었는데, 피난민들이 모두 흰옷 을 입고 수건을 흔들어댔지만 전폭기는 이에 상관없이 폭격을 지속했 다고 언급했다.[119] 다수의 민간인들은 넓은 남산벌판의 대부분을 흰색 으로 뒤덮고 자신의 신분을 드러내기 위해 하얀 옷과 수건을 열심히 흔 들어댔지만, 전폭기 조종사들은 정찰기 지시에 따라 무차별적 공격을 연이어 가했다.

 1950년 8월 16일 포항 흥안리 곡강천변에 모여 있던 피난민들의 집 단희생 사건 또한 비슷한 사례로 들 수 있다. 진실화해위원회의 조사에 따르면, 흥안리 마을과 인근 곡강천변의 피난민 폭격의 이유는 해당 지 역 인근에 고립되었던 국군 제3사단의 철수작전을 엄호하고, 피난민 속 에 숨어 있을 수 있는 북한군을 제거하기 위한 것이었다.[120] 폭격 피해 자 김○○는 당시 곡강천변에 수천명의 피난민이 모여 있었다고 증언한 다. 그는 수천명이라는 숫자가 과장되었다고 볼지도 모르지만, 당시 곡 강천변에는 강원도를 포함한 각지에서 몰려든 피난민들이 좁은 공간도 차지하기 힘들 정도로 개천에 빽빽이 모여 있었다고 말한다. 이○○ 또 한 곡강천변에 수천명의 사람들이 있었던 상황은 분명하다고 증언한 다. 임○○는 하천변에 사람들이 정말 많아서 온통 하얬다고 말했다. 폭 격이 있던 날, 미공군 전폭기들은 이처럼 흰옷을 입은 대규모의 민간인 집단을 향해 지속적이고 반복적인 공격을 가했다. 이○○의 증언에 의 하면, 폭격 후 사방에서 잃어버린 사람을 찾는 절규와 아우성이 울려 퍼 졌다고 한다.[121]

9장
남한지역 대량폭격

B-29기의 근접지원: '융단폭격' 신화의 형성

한국전쟁 초기 B-29기는 단연 북한지역에서 압도적인 활약상을 보여주고 있었다. B-29기의 대량폭격은 평양, 원산, 흥남, 청진 등의 군사·산업시설뿐만 아니라 인구밀집지역 상당부분을 동시에 허물어뜨렸다. 북한의 상공을 제 안방 드나들듯이 비행하는 B-29기 편대는 그 존재만으로도 북한지도부와 주민들을 두려움에 떨게 만들기에 충분했다.

B-29기의 대량폭격에 두려움을 느낀 것은 비단 북한사람들만이 아니었다. 38선 이남지역의 북한군과 남한주민들까지도 이내 B-29기 대량폭격의 위력에 공포를 느끼게 되었다. 미 극동공군은 한국전쟁 발발 직후에는 B-29기를 북한지역 전략폭격과 차단작전에만 활용할 예정이었으나, 지상전의 상황이 급격히 악화되자 B-29기를 남한의 지상군 '교전지역'까지 불러들였다. 유엔군사령관 맥아더는 지상군의 수세상황에 맞서 공군의 근접지원작전을 매우 강조했다. 특히 파병시기가 가장 빨랐던 미 제24사단이 위험에 직면하자 7월 9일 맥아더는 B-29 중폭격기

전부를 출동시켜 악전고투하는 지상군을 지원해야 한다고 주장했다.[122] 이에 극동공군사령관 스트레이트마이어는 평양, 서울, 원산 조차장 폭격 계획을 즉시 취소하고, B-29기의 근접지원계획을 이행하기 시작했다.[123]

이후 폭격기사령부의 B-29기들은 매일 남한지역 전선 부근에 대량폭격을 실시했다. 7월 10일과 11일 B-29기 10대가 천안-평택지역 근접지원에 동원되었다. B-29기들은 차량, 탱크, 조차장, 병력 등을 공격했다.[124] 7월 14일 스트레이트마이어는 B-29기 1개 전대를 전술적 목표물 공격에 활용하고, 다른 1개 전대를 전략적 목표물 공격에 활용하는 데 동의했다.[125] 7월 18일 스트레이트마이어는 근접지원작전을 최우선으로 간주하라는 명령을 폭격기사령부에 하달했다.[126] 이후 전통적으로 적군과 아군의 교전지역 공중폭격에 부적합한 폭격기종으로 간주되었던 B-29기들이 남한의 전선 부근에도 등장하면서, 한국전쟁기 미공군에 의한 소위 '융단폭격'(carpet bombing) 신화도 동시에 형성되기 시작했다.

폭격기사령부 B-29기들의 근접지원작전이 절정에 이른 시점은 1950년 8월 중순이었다. 8월 중순 북한군은 낙동강전선을 돌파하여 부산을 점령할 목적으로 낙동강 북안의 경북 칠곡군 왜관읍 주변에 병력을 결집하고 있었다. 맥아더는 8월 13일 극동공군사령관을 자기 사무실로 불러 적의 대병력이 집결하고 있는 지역을 B-29기 '전부'를 동원하여 융단폭격하라고 지시했다.[127] 스트레이트마이어는 다음날 폭격기사령관 오도넬과 협의를 거쳐 극동공군 작전부장 크랩(Jarred V. Crabb)에게 다음과 같은 전문을 보냈다.

우리는 가로 1마일(1.6킬로미터) 세로 5마일(8킬로미터) 구역에 70대의 B-29폭격기를 동원하여 500파운드(225킬로그램) 폭탄 2520발을 투하할 수 있다. 극동공군 폭격기사령부에서 이 폭탄을 탑재할 것이며 8월 16일에 이 임무를 수행할 준비를 갖추게 될 것이다. 고도 5000~6000피트에서 폭탄을 투하하려면 양호한 기상이 필수적이다. 아군 병력에 대한 오폭을 막기 위해 낙동강 같은 명확한 지형지물이 있어야만 한다. 만약 북한군이 낙동강 동안에 대한 대량공격을 감행할 경우, 이런 공격은 매우 효과적일 것이라고 생각한다(날씨가 좋다면 8월 16일 수요일, 악천후 시에는 8월 18일로 연기될 수 있다).[128]

작전수행 이틀 전 작전부장에게 전달된 명령의 개요를 통해 알 수 있듯이, 8월 16일에 예정된 왜관지역 폭격은 해당 지역을 완전히 '초토화'시키는 작전이었다. 225킬로그램 폭탄 2500발이면 해당 지역에 촘촘히 수를 놓듯 폭탄을 투하할 수 있었다. 실제 1950년 8월 16일 B-29기 내부에서 촬영된 다음의 사진 3-4를 보면서 폭격기사령부의 근접지원작전에 대해 살펴보자.

사진 3-4의 상단 사진은 B-29기에서 투하된 파괴폭탄의 폭발 모습이고, 하단 사진은 폭격 직후 왜관지역(현재 행정구역상 경북 구미시 형곡동 일대)의 모습이다. 상단 사진의 뒷면에는 다음과 같은 내용이 적혀 있다. "한국 내 육군의 요구에 따라 미공군의 B-29기들은 지상군에 대한 직접지원을 위해 대량폭격을 실시했다. 이 사진들은 실제 폭격과정에서 촬영된 것들이다. 모든 폭탄은 약 3.5×7.5마일(5.6×12킬로미터) 구역의 낙동강 서안에 투하되었다. 모두 목표지점에 적중했지만, 지상병력이 해당 지역에 진입할 때까지 폭격에 대한 평가는 이루어질 수 없었다."[129]

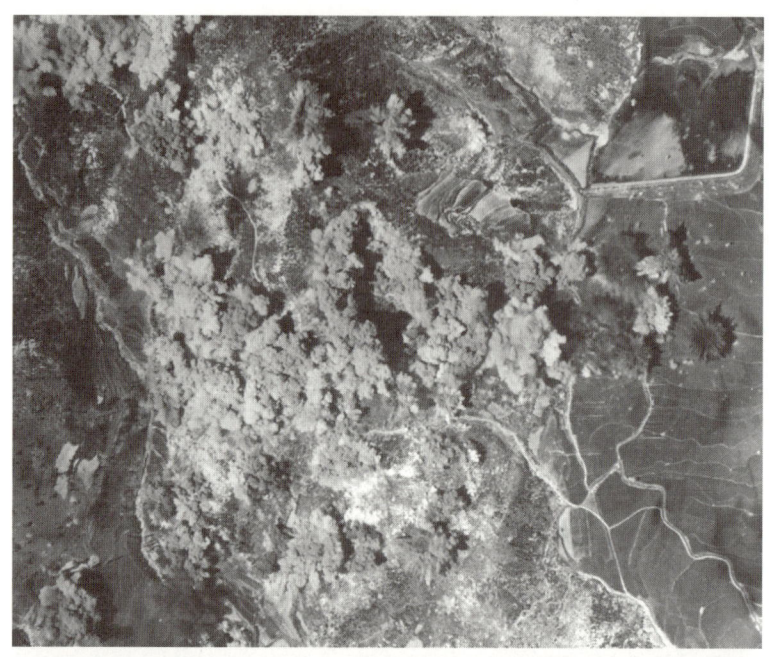
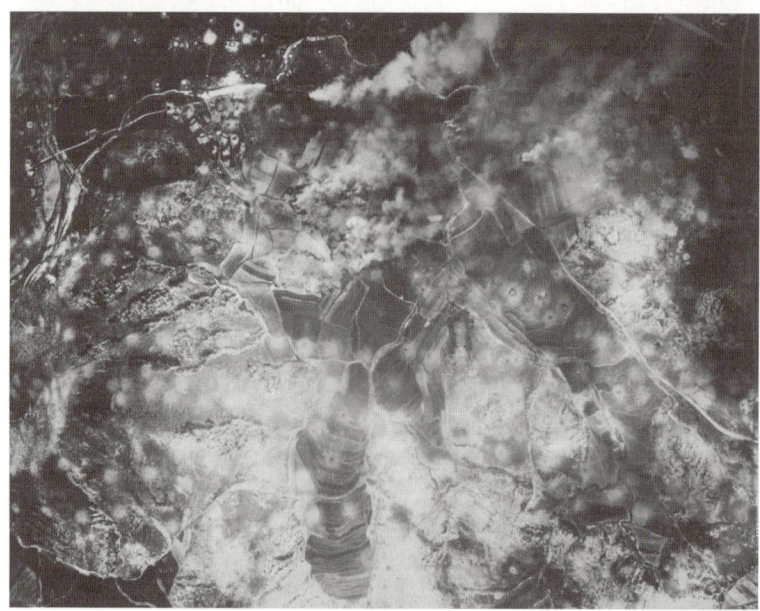

3-4. 1950년 8월 16일 왜관지역 폭격

사진 설명은 왜관지역에 대한 폭격이 사실상 무차별폭격이었음을 간접적으로 시사한다. B-29기 내에서 폭격 결과를 확인하는 것이 불가능할 정도로 폭격 자체가 고공에서 이루어진 것이다. 사진에는 초가집으로 구성된 작은 촌락들이 작게나마 눈에 띈다. 이 촌락들은 각각 70호와 60호의 민가들로 구성된 시무실(현재 경북 구미시 형곡1동)과 사창마을(현재 경북 구미시 형곡2동)의 일부로 판단된다.[130]

사진 3-4의 하단 사진 뒷면에는 다음과 같은 문구가 적혀 있다. "사진은 육군의 요청에 따라 8월 16일 실시된 B-29 대량폭격의 현장을 보여준다. 이 사진은 선명한 500파운드(225킬로그램) 폭탄의 탄흔으로 형성된 폭격의 조밀함을 사진 전반에 걸쳐 보여준다."[131] 사진은 그 해설처럼 폭격의 위력과 조밀함을 잘 보여준다. 낙동강 부근의 논밭과 숲, 촌락은 본래의 형태조차 상실했다. 이 시기 바로 왜관지역에서 북한군과 대치했던 한국군 제1사단장 백선엽은 "낙동강 서쪽 약목과 구미 사이 가로 5.6킬로미터, 세로 12킬로미터의 직사각형 구역이 쑥밭이 됐다"고 회상했다.[132] 이는 어쩌면 당연한 결과였다. 폭격기사령부는 (공식기록상) 98대의 B-29를 동원하여 3084발의 225킬로그램 파괴폭탄과 150개의 450킬로그램 파괴폭탄을 이 구역에 투하했다.[133] 이는 2차대전 노르망디상륙작전 이래 최대 폭격작전이었다.

그러면 이 같은 무차별적 대량폭격을 통해 발생한 군사적 효과나 인명피해는 어느 정도였을까? 폭격 후 폭격기사령부의 오도넬 소장은 직접 목표상공을 2시간 반 동안 정찰했으나 북한군 활동과 관련된 어떤 증거도 발견할 수 없었다. 그는 협소한 지역에 적군이 집결되어 있거나 지상상황이 매우 급박한 경우가 아니라면, 이런 작전을 수행하지 말아야 한다고 조언했다.[134] 제5공군사령관 파트리지 또한 육군사령관들이 공군력의 한계에 대해 알게 되었을 것이라고 자평했다.[135] 8월 19일 스트레이트마이어는 B-29폭격기를 더이상 전선 근처에 투입하지 말아야 한다고 맥아더에게 권고했다.[136]

직접 지상에서 왜관폭격을 지켜본 백선엽 또한 공군장교들과 비슷한 평가를 내렸다. 그의 회고에 따르면, 북한군의 주력부대는 이미 낙동강을 도하하여 남한군과 근접대치 중이었기 때문에 치명적 타격을 피할 수 있었다. 백선엽은 8월 16일 왜관폭격의 진정한 효과는 물리적인 것이 아니라 심리적인 것에 있었다고 말한다. 폭격 전날의 융단폭격 소식은 남한군 병사들의 사기를 치솟게 했기 때문이다.[137] 백선엽의 회고는 오도넬의 평가와 상당히 일치한다.

북한 종군기자 리태준 또한 8월 16일 B-29기 근접지원 대량폭격작전의 비효율성에 대해 언급했다. 다음의 글을 살펴보자.

놈들의 왜관 방어진지가 중심 깊이 뚫어져버린 十六일은 밝기 전 새벽 세시부터 약목시 주변에 남은 농촌에 기총소사를 시작하였다. (…) 八, 九대씩 편대로 오더니 우리가 있는 산에서 一천五백메-터 밖에 있는 과수원과 농촌에 폭탄을 퍼부었다. 인민군들은 이놈의 비행기를 '머저리'라 부르거니와 무엇을 보고 무엇 때문에 폭탄을 쏟는지 알 수 없는 것이다. 농민들을 죽이고 그들의 주택과 농장을 파괴하는 것 이외에는 다른 아무 결과도 없을 짓을 하고 있는 것이다. 폭격기 편대가 열한차례나 와서 퍼부었다. (…) 이날 조선농민은 로소남녀 또 二백여명이 뼈도 추리지 못할 참혹한 죽엄을 하였고 동네 하나와 과수원들이 재와 가루가 되었다.[138]

윗글에 따르면, 리태준이 속한 부대는 폭격지역으로부터 1.5킬로미터 떨어진 산 위에 위치하고 있었다. 북한군은 산속의 자신들과 동떨어진 지역에 집중폭격을 하고 있는 미공군의 행태를 이해하기 힘들었다. 이들은 엉뚱한 곳을 공격하는 미공군을 "머저리"라고 조롱했다. 리태준은 8~9대의 편대들이 11번 나타났다고 주장했는데, 이는 98대라는 당일 B-29기 출격수와 사실상 일치한다. 리태준은 왜관지역에서 200여명의 민간인이 희생되었다고 주장했다.

실제 리태준의 주장은 반세기가 지난 후 진실화해위원회의 전쟁피해자 진상규명과정에서 드러난 해당 지역 폭격피해 묘사와 매우 유사하다. 당일 공중폭격을 직접 목격했던 이○○은 폭격피해를 당한 마을의 명칭이 시무실과 사창이며, 각각 70호와 60호의 민가로 구성되어 있었다고 증언한다. 사진 3-4를 통해 확인할 수 있듯이, 당시 마을 인근 지역은 분지 지형으로서 안전하다고 소문이 나 낙동강을 건너지 못한 피난민들이 상당수 모여들었다고 한다. 피난민들은 흰옷을 입고 있었고, 폭격 당시 마을에는 북한군이 없었다. 이○○에 따르면, 사건 직후 면장이 파악한 전체 희생자수는 131명이었다.[139]

당일 폭격으로 머리에 박힌 파편 8개를 제거해야 했던 장○○ 또한 해당 지역이 피난골이라고 불릴 정도로 안전하다고 소문이 나 냇가에 300~400명의 피난민들이 운집했다고 증언한다. 그는 피난민들이 삼베나 옥양목으로 만든 흰옷을 입었고, 마을에는 북한군이 없었다고 한다. 그의 증언에 따르면, 폭격으로 마을이 불바다가 되어 하루 종일 불길이 일었다고 한다.[140] 최○○는 피난민들이 하복인 홑적삼을 입고 있었고, 그 시신들이 물에 휩쓸려 떠내려가서 전체적으로 얼마나 죽었는지를 알 수 없다고 말했다.[141] 131명으로 신고된 공식적 희생자 외에 그 규모를 예측하기 어려운 피난민 피해까지 합할 경우 약 200여명의 민간인이 희생되었다는 리태준의 주장은 결코 과장된 것이 아님을 알 수 있다.

왜관폭격 직후 스트레이트마이어는 맥아더에게 중폭격기를 활용한 대규모 근접지원작전의 비효율성에 대해 분명하게 전달했다. 그러나 극동군사령부는 한국에서 지상병력을 돕기 위해 B-29기의 활동을 지속한다는 입장을 분명히 했고, 이에 스트레이트마이어는 사실상 북한지역의 전략폭격목표가 모두 파괴되었으므로 B-29기 활동을 지상군 지원에 집중시킬 수 있는 방안을 연구하라고 오도넬 장군에게 지시했다.[142]

8월 16일 왜관폭격 이후 9월 초순까지 B-29기의 대규모 근접지원작전은 거의 눈에 띄지 않는다. 이는 이 기간 동안 B-29기의 남한지역 활동이 미미했음을 의미하는 것은 아니다. B-29기들은 남한지역에서 근접지원과 더불어 전술항공작전의 양대 축을 이루고 있던 차단작전에 투입되어 계속 활동하고 있었다. B-29기들은 남한지역 전선의 유동성에 따라 언제든지 근접지원작전에 투입될 수 있었다. 실제 9월 중에 간헐적으로 진행된 대규모 근접지원작전이 그 직접적 예다.

9월 2일 폭격기사령부의 B-29기 25대는 김천, 고창, 진주에 225킬로그램 폭탄 803발을 투하했다. 이 공격은 원래 이날 해주의 조선질소폭약공장을 공격하기로 예정되어 있던 제307폭격전대에 의해 이루어졌다.[143] 다음날인 9월 3일에는 35대의 B-29기들이 안동, 성주, 의성, 합천, 고령, 상주, 영동, 제천 전선 부근의 병력과 장비를 공격했다.[144] 9월 18일에는 42대의 B-29기들이 왜관 서쪽과 북서쪽 지역의 2곳에서 대규모 근접지원폭격을 전개했다. 극동공군작전사는 이곳에 적 병력들이 집중해 있었다고 적고 있다.[145]

B-29기의 근접지원작전에 의한 민간인 피해규모는 산출이 불가능하

다. 이는 목표물을 구체적으로 분간해낼 수 없는 고공에서 폭격이 수행되기 때문이다. 즉 미공군에게도 B-29기에 의한 병력살상 규모에 대한 정보는 없다는 것이다. 그러나 대전, 영동, 제천, 대구, 김천, 안동 등 중소규모 도시를 중심으로 행해진 폭격작전에서 적잖은 민간인이 희생되었을 가능성은 충분하다. 한국전쟁기 극동공군 폭격기사령부가 자신의 작전사에서 '유일한' 민간인 거주지역 '오폭' 사례라고 시인한 사건이 있다. 1950년 7월 17일 B-29기들의 안동지역 폭격이 그 예다. 당시 북한군은 문경, 단양, 영주 지역까지 진격한 상황이었고, 원래 폭격기사령부는 단양과 풍기를 폭격할 예정이었다. B-29기는 목표지역 자체를 완전히 오판한 상황 속에서 안동을 단양 인근으로 착각하고 폭격을 수행했다. 여기서 문제가 된 것은 안동이 전선과 완전히 무관한 아군의 후방이었다는 점이다. 아마 폭격선 이북지역에 대한 오폭이었다면, 이는 아무런 문제도 되지 않았을 것이다. 극동공군은 안동지역 오폭 결과 22명의 민간인이 사망했고 8명이 부상당했으며, 미국인 희생자는 없었다고 보고했다. 극동공군사령관은 폭격기사령부에 폭격 이전에 목표물을 명확히 확인하라고 지시했다.[146]

B-29기의 차단작전: 교통중심지 파괴

미공군은 한국전쟁 초기 급박한 전선의 상황 때문에 다수의 B-29기들을 원래 용도와는 달리 지상군 근접지원작전에 대거 동원했다. 7월 10일에서 26일 사이에 130대의 B-29기들이 근접지원작전에 동원되었다. 이 기간 동안 맥아더는 B-29기의 근접지원작전이 전쟁수행에서 필수적 요소라고 강조했다.

그러나 같은 시기 대부분의 공군 인사들은 맥아더의 주장에 의문을 표하고 있었다. 극동공군 장교들이 볼 때, 당시 북한군은 별 어려움 없이 병력과 보급품을 전선까지 지속적으로 이동시키고 있었다. 적 후방지역에 대한 적절한 차단계획이 실시되지 않았기 때문에 전선의 북한군 병력은 빠르게 증강되었다. 웨일랜드(Otto P. Weyland)는 당시 상황을 "마치 폭포 아래에서 흐름을 막는 것과 같았다"고 말했다.[147]

공군 측의 우려는 1950년 7월 22일 유엔군 최고사령부에 목표선정위원회(Target Selection Committee)가 수립되며 해소되기 시작했다.[148] 목표선정위원회는 7월 24일 회의 끝에 1개의 B-29전대는 근접지원에 당분간 머물지만, 나머지 2개 전대는 차단작전을 위해 활용되어야 한다고 제안했다.[149] 7월 25일 맥아더는 B-29기 2개 전대는 주로 38선 이북지역에 대한 차단작전을 수행하고, 나머지 1개 전대는 근접지원작전을 수행한다는 계획에 결국 동의했다.[150]

앞서 제2부에서 살펴보았듯이, 미공군은 전략폭격과 차단작전이라는 명목하에 북한의 주요 도시들의 인구밀집지역 상당부분을 공중폭격으로 파괴했다. 그리고 북한군의 남진과 함께, 북한군 병력과 보급품 통과지역이 대부분의 남한지역으로 확장되면서 미공군은 어쩔 수 없이 적 점령하의 38선 이남지역에 대해서도 차단작전을 수행하지 않을 수 없게 되었다. 극동공군은 1950년 7월 1일 한강 남안을 따라 최초로 폭격선을 설정했는데, 이 폭격선이 유엔군 후퇴와 함께 결국 낙동강 인근까지 내려오게 된 것이다. 스트레이트마이어는 조종사들에게 폭격선 남쪽의 목표물 공격시에는 공격 이전에 적극적으로 목표물을 확인할 것을 요구했지만, 폭격선 북쪽의 목표물에 대해서는 제한없는 공격을 허락했다. 폭격선은 전선의 남하와 함께 남쪽으로 이동했고, 제한없는 공격의 범위는 남한지역 전반에 걸쳐 점차 확장되었다.[151]

전쟁 초기의 여러 우여곡절을 거치며 잠시나마 근접지원에 동원되었던 B-29기들은 다시 차단작전에 대거 투입되기 시작했다. 마치 폭포 아래에서 물의 흐름을 막는 것 같다고 투덜대던 미공군 관계자들은 흐름 자체를 차단하기 위한 작전을 좀더 본격적으로 수행하기 시작했다. 물론 차단작전의 주목표는 앞서 살펴보았듯이 병력과 보급품의 주요 거점이자 이동경로인 북한지역에 집중되었다. 그러나 남한지역 역시 차단작전에서 예외일 수 없었다. 특히 남한지역 작전에서 가장 강조된 것은 교량의 차단이었다.

열차, 차량, 탱크, 병력의 이동을 막기 위한 교량의 파괴는 전쟁발발 시점부터 남한지역에서 가장 강조된 작전 중 하나였다. 1950년 6월 28일 극동공군은 남한지역 파괴 우선순위에서 교량을 탱크와 병력 다음의 3순위 목표로 지정했다.[152] 6월 29일 극동공군은 모든 한강의 교량을 파괴하라고 지시했다.[153] 전쟁이 발발하고 10여일이 지난 7월 7일 극동공군은 북한군의 전선지역에 대한 보급활동이 교량폭격에 의해 명백히 둔화되었다고 보고했다. 이런 현상은 특히 서울, 평택, 안성, 청주 지역에서 두드러졌다.[154] 이는 서울-청주 라인에 있는 크고 작은 모든 교량들이 극동공군의 폭격대상이 되었음을 의미한다. 극동공군 폭격기들은 전쟁 발발 시점부터 남한지역의 교량들을 눈에 띄는 대로 속속 파괴해나갔다.

전쟁 초기 남한지역 교량 공중공격은 필연적으로 많은 민간인 희생을 야기할 수밖에 없었다. 전쟁의 포화를 피해 길을 떠난 민간인들이 피난행로의 병목과도 같은 교량에 대거 운집한 상황에서 북한군의 전선

진입을 차단하고자 했던 유엔 지상군과 공군은 피난민들에게 사전 경고 없이 교량을 폭파하곤 했다.

공중폭격에 의한 교량파괴는 아니지만, 1950년 6월 28일 새벽 2시 30분경의 한강다리 폭파는 한국전쟁 초기 교량파괴에 의한 민간인 희생의 대표적 예다. 다리를 건너지 말라는 어떠한 예고도 없이 진행된 남한군의 교량 폭파로 다수의 민간인들이 목숨을 잃었다. 증언에 따르면 이 한번의 폭파로 최소 500명에서 최대 4000명 정도가 사망한 것으로 추정된다.[155] 1950년 8월 3일 미 지상군에 의한 경상북도 칠곡군 왜관읍의 왜관교와 고령군 성산면 득성리에 위치한 득성교 폭파 또한 하나의 사례로 언급될 수 있다. 미 육군 3개 사단은 낙동강 동쪽 제방까지 퇴각한 뒤, 북한군의 사용을 막기 위해 다리를 폭파했다. 참전 미군과 한국인 목격자들의 증언, 미군 문서에 의하면 폭파 당시 다리 위로는 수많은 피난민들이 강을 건너고 있었고, 이중 수백명이 사망했다.[156]

이 사례들은 지상군의 교량 폭파에 의한 민간인 피해양상을 보여준다. 전쟁 초 북한의 공격에 후퇴를 지속하던 미 제8군과 남한군은 북한군의 이동을 지연시키기 위해 주요 교량을 폭파하며 퇴각했다. 이들은 교량을 건너는 민간인들을 자신의 두 눈으로 확인했음에도 불구하고, 피난민에 대한 통제지시 없이 폭격을 예정대로 실시했다. 이는 한국전쟁 초기 미공군의 주요 공격목표였던 교량폭격과 관련하여 중요한 시사점을 던져준다. 교량 위 피난민을 가시적으로 확인할 수 있었던 지상군조차 피난민을 통제하지 않는 상황에서, 고공의 폭격기 조종사들이 피난민 존재를 확인하고 통제했을 가능성은 매우 희박하다. 더불어 폭격기들의 차단작전이 피난민들의 이동시간대인 낮 시간에 집중되었다는 점, 전쟁 초기 교량은 피난민들의 병목지점이 될 수밖에 없다는 점에

3-5. 한국전쟁 초기 B-29기에 의한 남한지역 교량폭격

서 미공군 교량폭격에 의한 민간인 희생규모는 세심하게 재고될 필요성이 있다.

사진 3-5는 한국전쟁 초기 B-29기의 교량폭격 모습을 담은 사진들이다. 상단의 사진은 1950년 9월 2일 B-29기 중폭격기가 구체적 장소가 밝혀져 있지 않은 철교를 폭격하는 모습이고, 하단의 사진은 1950년 7월 24일 B-29기가 이천 남동쪽 1.6킬로미터 지점의 도로 교량을 폭격하는 모습이다.

사진 3-5는 모두 B-29기에서 투하된 폭탄이 철교와 도로 교량에 적중한 모습을 담고 있다. 상단 사진에는 "1950년 9월 2일 B-29 스피릿 오브 프리포트 롱아일랜드(Spirit of Freeport, Long Island)기가 한국의 교량에 직격탄을 적중시키고 있다"는 설명이 적혀 있고, 하단 사진에는 "강도 높은 훈련의 결과 정확성이라는 성과를 거둘 수 있었다"는 설명이 첨부되어 있다.

그러나 사진을 꼼꼼히 들여다보면 사진의 설명은 사실과는 거리가 있는 자화자찬임을 금세 알 수 있다. 교량 부근의 무수한 폭탄구멍들이 이를 입증한다. 상단 사진의 철교 양끝을 보면 강둑에 무수히 많은 폭격의 흔적들이 남아 있음을 볼 수 있다. 강물은 탄흔을 남기지 않기에 철교 파괴에 투입된 폭탄의 전체 규모를 짐작할 순 없지만, 강바닥에는 훨씬 더 많은 탄흔이 남아 있을 것으로 추측할 수 있다. 수만피트 고공에서도 선명히 보이는 파괴폭탄의 탄흔은 그 가공할 위력을 짐작케 해준다. 수많은 폭탄을 투하했음에도 여전히 강고하게 버티고 있는 철교의 모습을 통해, 목표물 적중률이 매우 낮았다는 사실 또한 알 수 있다. 경기도 이천 부근의 도로 교량폭격 모습을 담은 하단 사진의 수많은 폭탄구멍 역시 B-29기로부터 투하된 폭탄의 위력과 낮은 적중률을 생생하게 보여준다.

이 사진들에서 볼 수 있는 B-29기 파괴폭탄의 위력은 민간인 희생의 가능성을 추측케 해준다. 예고없이 진행된 폭격으로 교량 위의 민간인들뿐만 아니라, 교량 인근에 거주하거나 이동 중이던 사람들까지 모두 B-29 차단폭격작전의 희생양이 되었을 것이다. 한국전쟁 초기 미공군의 교량폭격은 비록 의도성은 없었지만, 적잖은 민간인 희생자를 양산할 수밖에 없었다.

교량폭격보다 훨씬 더 많은 민간인 희생을 낳았던 목표물은 도심에 위치한 철도역과 조차장이었다. 북한지역 사례에서 볼 수 있었던 것처럼, 인구가 조밀하게 밀집해 있던 도심의 역과 조차장을 향한 B-29기의 대량폭격은 필연적으로 대규모 민간인 희생을 동반할 수밖에 없었다. 그 대표적 사례로는 서울 용산역과 조차장을 향한 대량폭격을 들 수 있다.

앞서 살펴보았듯이, 1950년 7월 1일 미 극동공군사령관은 한강 이남을 따라 형성된 최초의 폭격선을 발표하고 폭격선 북쪽의 목표에 대해서는 아무런 제한 없는 공격을 가해도 된다고 지시했다. 이는 곧 서울지역의 주요 시설들이 전황에 따라 제한없이 파괴 가능한 군사목표가 되었음을 의미했다. 그러나 미 극동공군 기록에 따르면, B-29기는 6월 29일과 30일 한강 북안 폭격 이후 7월 16일 용산지역 폭격이 있기까지 한강교량 폭격 이외에는 단 한차례도 서울지역 폭격에 활용되지 않았다. 앞서 7월 13일 원산폭격에 극동공군 폭격기사령부 전력의 98퍼센트에 해당하는 55대의 B-29기들이 동원된 사례를 통해 알 수 있는 것처럼, 당시 B-29기들은 북한지역 전략폭격과 차단작전에 자신의 역량을 최대한 집중하고 있었다.

그러나 7월 중순에 이르러 유엔지상군의 전황이 악화되면서, 미 극동공군 수뇌부는 B-29기 폭격 대상에서 잠시나마 벗어나 있던 서울지역 대량폭격을 진지하게 고려하기 시작했다. "마치 폭포 아래에서 흐름을 막는 것 같았다"는 웨일랜드의 당대 전황 묘사에서 알 수 있는 것처럼, 서울조차장 파괴를 포함한 남한지역 차단작전의 수행도 긴급히 필요하게 된 것이다. 1950년 7월 12일 극동공군사령부는 서울조차장 파괴에 대해 기본적으로 승인하면서도, 다음과 같은 조건을 중요하게 제시했다. "서울조차장의 파괴가 중요하다 할지라도, 도시 자체를 공격할 수는 없다."[157] 이 같은 지시는 사실상 전쟁 초기 북한지역 전략폭격 과정에서 강조된 '군사목표 정밀폭격' 정책의 연장선상에서 하달된 것이었다. 7월 15일 맥아더는 다음날 수행예정인 서울조차장 폭격과 관련하여, 육안폭격으로만 공격을 진행하라고 지시했다. 맥아더는 당시 폭격술로는 사실상 맹목폭격과 다름없었던 레이더폭격 대신, 폭격의 정확도를 높일 수 있는 육안폭격을 명령했던 것이다.[158]

7월 16일 극동공군 폭격기사령부 산하의 B-29기 55대가 한반도를 향해 출격했다. 이들 중 제92폭격전대 소속의 B-29기 8대는 청주 전선 부근 근접지원작전에 임했고, 나머지 제19폭격전대와 제22폭격전대 소속의 B-29기 47대는 서울조차장 차단폭격작전을 수행했다. 서울로 출격한 B-29기들은 조차장 내 철도차량과 철로를 파괴하고, 철도공장을 불태워버렸다.[159]

1950년 7월 20일 워싱턴에 배포된 사진 3-6의 상단 사진에는 "공군의 B-29기들이 최근의 공중공격에서 한국의 서울지역 조차장을 공격했다"라는 설명이 첨부되어 있다. 사진의 배포시기와 『극동공군일일작전사』에 서술된 B-29기들의 활동내용을 통해 볼 때, 상단 사진은 7월 16일

3-6. 1950년 7월 B-29기의 서울조차장 폭격 장면(위) 1950년 7월 16일 폭격 직후의 서울조차장(아래)

B-29기가 수행한 서울폭격의 결과를 촬영한 게 거의 확실하다. 워싱턴에 보고용으로 제출된 이 사진은 서울역과 조차장 파괴라는 상부의 지시를 B-29기들이 충실히 수행했음을 잘 보여준다. 더불어 연기가 철도 조차장을 중심으로 피어오르고 있는 것으로 보아 레이더폭격을 통한 무차별적 폭격을 금지시킨 상부의 목적에도 충실하고자 노력한 듯하다. 즉 한국전쟁 초기 북한지역 전략폭격 양상과 유사한 '정밀폭격'이 서울에서 수행되었던 것이다.

사진 3-6의 하단 사진은 7월 16일 공중폭격 직후 서울조차장의 모습을 보여준다. 스트레이트마이어에 따르면, 이날 조차장에 투입된 47대의 B-29기들은 총 1504발의 225킬로그램 파괴폭탄을 용산지역에 투하했다고 한다.[160] 두께 10~15센티미터의 아스팔트 도로 위에 지름 최소 10미터에서 최대 17미터의 폭탄구멍을 낼 정도로 강력한 무기였던 파괴폭탄은 일순간에 용산 일대를 폐허로 만들어버렸다.[161] 당시 제5공군은 7월 16일 폭격을 통해 용산 일대 철도시설의 80퍼센트가 파괴되었다고 자평했다.[162] 조차장 내의 수많은 건물과 열차·철로는 순식간에 무용지물이 되고 말았다. 하지만 47대의 B-29기로부터 쏟아진 1504발의 파괴폭탄들은 애초 목표였던 사진상의 조차장만을 폐허로 만든 것이 아니었다. 순차적으로 투하된 수많은 폭탄들은 용산을 중심으로 한 인근 지역 상당부분을 동시에 파괴했다. 한국전쟁 발발 당시 만 스물한살이었던 서울시립대 교수 손정목(孫楨睦)은 7월 16일의 공중폭격에 대해 아래와 같이 회고했다.

어둠 속 독서에 지쳐 후암동에 있는 은사댁을 다녀오기 위해 남산에 오른 1950년 7월 16일의 일은 아직도 생생하게 기억할 정도로 충격적이었다. 당시 울창한 솔밭이었던 남산을 오르려면 오솔길을 걸어가야만 했다. 폭이 너무 좁아 차량은 다닐 수 없었다. 지금의 해방촌 언덕을 지나 남산 능선에 오른 순간 요란한 비행기 굉음에 놀라 뒤돌아보았더니 남쪽 하늘이 미군 폭격기로 뒤덮여 있었다. 그때 1시간 가까이 지켜본 폭격장면은 평생 가장 무서웠던 체험 중의 하나로 남아 있다. 이날 폭격으로 용산 일대가 완전히 파괴됐다. (…) 피해지역은 이촌동에서 후암동, 원효로를 지나 마포구 도화동, 공덕동에 이르렀다. 일제시대 대표적 건물의 하나였던 용산역사, 철도국, 용산·마포구청 등이 이날 파괴됐다. 이날의 대폭격 외에도 북한에 점령된 석 달과 인천상륙작전, 1·4후퇴를 거치면서 서울은 수많은 폭격으로 잿더미가 되다시피 했다.[163]

1951년부터 공직생활을 시작하여 한국현대사의 수많은 역사적 사건들과 대면했던 손정목은 7월 16일 미공군의 용산지역 폭격을 "평생 가장 무서웠던 체험 중의 하나"라고 회고했다. 그는 폭격피해지역이 용산 일대의 광범한 지역에 달하며, 주요 관공서를 포함한 다수의 건물들이 파괴되었다고 말한다. 손정목은 자신의 저서를 통해 약 50대의 대형 폭격기들이 용산 일대를 쑥대밭으로 만들었다고 회고했는데, 이는 당일 출격 중폭격기 수 47대와 거의 일치한다. 반면에 그는 미공군의 목표물에 용산역의 조차장과 철도공장뿐만 아니라, 조선서적인쇄주식회사, 육군병기창, 효창공원 고사포 진지까지 포함되어 있었다고 주장했는데,[164] 이는 당시 미 극동공군 문서상의 기록과는 상이한 주장이다. 7월 16일 폭격기사령부의 B-29기들이 파괴하고자 했던 목표물은 "용산 철도공작창과 조차장(Ryuzan RR Shops and M/Y)"뿐이었다.[165] 손정목의 주장은 아마도 타깃 일대의 상당부분을 동시적으로 파괴한 B-29기의 높은 오폭률과 전폭기의 호위사격 등을 종합적으로 반영한 것으로 볼 수 있다. 앞서 제2부에서 살펴보았듯이, 한국전쟁기 B-29기 폭탄 하나로 가로 5미터 세로 150미터 크기의 타깃을 적중시킬 수 있는 확률은 0퍼센트에 가까웠고, 최소한 100~200발의 폭탄으로 대량폭격을 가해야만 50~80퍼센트의 타깃 적중률을 기록할 수 있었다.[166]

7월 16일 B-29기 47대로부터 쏟아진 225킬로그램 파괴폭탄 1504발은 목표물 적중률이 몹시 낮은 상태에서 투하되었다. 따라서 용산 부근 철도시설을 목표로 투하된 수많은 폭탄들은 사실상 인접 민간지역의 상당부분을 동시에 파괴했다고 볼 수 있다. 당시 서울대 사학과 교수 김성칠(金聖七)은 7월 16일 일기를 통해 용산지역 군사시설과 교통시설이 파괴될 때 이른바 '해방촌'도 맹폭을 입고 수천명의 무고한 희생자가 발생했다고 했다.[167] 해방촌은 행정구역상 현재의 용산2가동 지역으로, 1946년부터 북한으로부터 이주해온 월남민들이 집단 거주하던 지역이었다.[168] 해방촌은 서울조차장과의 인접성뿐만 아니라, 조밀한 인구밀집 상태와 '판자촌'으로 불린 건축자재 특성 탓에 B-29기의 오폭과 화재로 인한 피해확산 가능성이 높았다.

극동공군은 B-29 중폭격기를 이용한 공격을 1950년 7월 16일 이후에도 꾸준히 지속했다. 8월에만 해도 4일과 5일 각각 B-29기 12대, 20일과 21일 각각 B-29기 8대, 25일 B-29기 8대로 서울조차장에 지속적으로 폭격을 가했다.[169] 폭격기사령부는 8월 21일과 22일의 서울조차장 폭격 결과를 다음과 같이 평가했다. "이전 공격에서 손상되지 않았던 남쪽 조차장 끝의 건물 4채가 완파되었다. 남서쪽 구석의 건물 1채가 심각한 손상을 입었다. 이전에 파괴되었던 용산역 남동쪽의 중간 크기의 막사식 건물과 창고가 제거되었다."[170] 8월 22일 폭격기사령부는 기존 폭격 과정에서 완벽히 제거되지 않았던 서울조차장 내 몇채의 건물마저 완벽히 없애버리고자 했음을 알 수 있다.

1950년 서울 수복 직후 대한민국 공보처 통계국은 1950년 6월 25일부터 9월 28일까지 서울지역 지역별 사망자 수와 부상자 수를 조사하고, 그 원인들을 공폭·총포·화재·피살·행방불명 등으로 나누어 분석했다. 공보처의 분석 결과 공중폭격(4250명), 총격 및 포격(2378명), 피살(1721명), 화재(445명)의 순으로 공폭, 즉 공중폭격은 한국전쟁 초기 서울시민 전쟁피해의 가장 주요한 원인이었다. 더불어 용산구가 전체 사망자 수(2706명)와 공중폭격으로 인한 사망자 수(1587명) 부분에서 가장 많은 수치를 기록했다는 사실은 서울조차장 차단폭격의 양상을 간접적으로 보여준다. 용산구의 공중폭격 사망자 수는 2번째인 서대문구(518명)보다는 약 3배, 동대문구(138명)나 성북구(159명)보다는 약 10배 이상 많은 공중폭격 사망자 수를 기록했다.[171] 김성칠 일기에 등장하는 용산지역 해방촌 주민 수천명의 폭사는 상당정도 역사적 사실에 가깝다고 볼 수 있다.

B-29 중폭격기를 활용한 남한 도시지역 차단작전은 비단 서울에 국한된 것이 아니었다. 1950년 7월 26일 15대의 B-29기들이 38선 인근의 차단목표공격에 동원되었다.[172] 7월 27일에는 서울조차장 공격에 투입된 B-29기 6대 이외에 B-29기 8대가 북위 37도선과 38도선 사이의 교량과 조차장 폭격에 동원되었다.[173] 1950년 9월 15일 극동공군 폭격기사령부의 B-29기 17대는 전선과 무관한 대전과 안동의 조차장과 창고를 공격했다.[174] 대전과 안동이라는 남한의 중소도시 폭격에 중폭격기가 17대나 동원된 것은 이례적 규모의 작전이었다. 서울에 비해 상대적으

로 소규모인 대전과 안동에 동원된 17대의 폭격기들은 당일 그 지역 조차장과 주요 건물 상당수를 파괴했을 것이다. 물론 그날 대전과 안동 지역에 머무르고 있던 상당수의 민간인들도 적잖은 피해를 입었을 것이다.

전폭기의 차단작전과 무장정찰: 움직이는 모든 것을 공격하라

전쟁 발발 직후 남한지역에 대한 공군작전은 본래 제5공군의 몫이었다. 극동공군 폭격기사령부 소속의 B-29기들은 모두 북한지역의 차단작전과 전략폭격에 활용될 예정이었다. 그러나 지금껏 살펴보았듯이, 전쟁 초 유엔군이 급속하게 수세에 몰리면서 폭격기사령부의 B-29기들이 대거 남한지역의 근접지원작전과 차단작전에 활용되었다. 유엔군사령관 맥아더는 제5공군 소속 전폭기만으로는 북한군의 남진을 조기에 봉쇄할 수 없다고 판단했던 것이다.

남한지역 공군작전을 담당했던 제5공군의 주력은 F-51이나 F-80 같은 전폭기였다. 그러나 제5공군에게도 폭격기가 없지 않았다. 제3폭격전대 소속의 B-26 경폭격기가 그것이다. B-26기는 폭 21.3미터, 길이 15.24미터, 높이 5.66미터, 총 무게 6만 2368.6킬로그램에 달하는 경폭격기로서, 태평양전쟁기 야간폭격에서 두드러진 활약을 펼쳤던 폭격기종이다.[175]

사진 3-7은 1950년 9월 16일 B-26 경폭격기가 폭격선 북쪽의 전북 이리(현재 익산)조차장을 폭격하는 장면이다. 사진을 통해 볼 수 있듯이, B-26기는 B-29 중폭격기와는 달리 저공폭격 능력을 갖춘 폭격기종이

3-7. 1950년 9월 B-26 경폭격기의 전북 이리조차장 폭격 장면

었다. B-26기로부터 투하된 파괴폭탄에는 낙하산이 장착된 경우가 많았다. 낙하산은 폭격의 정확성을 높여주고, 저공비행 중인 B-26기가 폭탄투하지점으로부터 재빨리 벗어날 수 있는 시간적 여유를 주었다. 폭탄에는 대개 지상 낙하 후 몇초 후에 폭발하는 퓨즈가 장착되어 있었다.[176] 사진 3-7 속의 폭탄들 또한 내부에 낙하산과 낙하 4~5초 후 폭발하는 퓨즈를 장착하고 있었다.[177]

B-26기는 한국전쟁기 약 5만 5000회쯤 출격해 3만 8500대의 차량과 3700대의 열차, 406대의 기관차를 파괴하는 성과를 올렸다.[178] 특히 한국전쟁 초기 교량파괴에 동원되어야 하는 B-29기의 상당수가 근접지원작전에 활용됨으로써, B-26기는 B-29기 대신 교량파괴 및 철도차

단 작전에서 중요한 역할을 수행했다.[179] 이 기간 동안 B-26 경폭격기들은 2~3대가 하나의 편대를 이루어 소규모의 교량을 공격했고, 4~6대가 1개 편대를 이루어 대규모 교량을 파괴했다. 또한 B-26 편대들은 1950년 6월 25일부터 10월 31일까지 245회의 철도차단에 총 1140개의 폭탄을 투하했는데, 이중 517개가 목표에 적중했고, 52개는 근처에 투하되었으며, 85개는 불발되었다.[180] B-26기는 이처럼 전쟁 초기 남한지역 차단작전에서 매우 중요한 역할을 담당했다.

제5공군 소속의 전폭기들 또한 B-26 경폭격기와 함께 남한지역 차단작전에서 중요한 역할을 수행했다. 차단작전은 근본적으로 전선으로 향하는 보급품과 병력의 이동을 막는 것을 주목적으로 하는데, 제5공군의 F-51기와 F-80기는 도로상에 움직이는 차량과 병력의 파괴에서 중요한 역할을 담당했다. 근접지원목표를 발견하지 못한 전폭기들은 노상에 움직이는 우연적 목표를 공격하라는 사전브리핑을 받았던 것이다. 제5공군 전폭기들의 도로상 목표물 공격은 1950년 7월에 가장 맹위를 떨쳤다. 7월 7~9일 3일 동안 제5공군은 평택-서울 구간에서 197대의 트럭과 44대의 탱크를 파괴했다고 주장했다. 기상악화로 출격이 어려웠던 7월 10일 늦은 오후 F-80 편대는 평택지역 구름 아래로 침투하여 대규모 탱크 및 차량 행렬을 발견했다. 이들은 바로 그 직전에 폭격된 교량의 북쪽 지점에 꼬리에 꼬리를 물고 늘어서 있었다. 이날 이 지점에 접근 가능한 모든 폭격기와 전폭기가 모여들어, 117대의 트럭과 38대의 탱크를 파괴하고, 다수의 북한군 병력을 사살했다.[181] 전쟁 초기 전폭기들의 활약은 기대한 성과를 이끌어냈고, 결국 북한군 보충 병력과 차량들은 야간행군과 산악행군을 통해 전선으로 이동할 수밖에 없었다.

앞서 전선 부근의 임무구역에서 연료부족의 압박감에 시달렸던 전폭기 조종사들이 북한군 병력과 보급품을 찾아내기 힘들어진 상황 속에서 민간지역을 향해 무차별폭격을 가하곤 했다는 사실을 보여주었다. 이러한 공격양상은 비단 전선뿐만 아니라 전투활동과 무관한 남한의 적 후방지역에도 동일하게 반복되었다. B-26 경폭격기와 전폭기는 '조차장 파괴'라는 차단작전 명목하에 폭격선 북쪽의 남한 도시지역을 수시로 공격했다. 더불어 전폭기 조종사들은 북한군 병력과 보급품이 폭격선 북쪽의 남한 촌락지역에 은닉되어 있다는 판단하에 도로 인근의 촌락들을 공격했다. 1950년 8~9월 전투지역은 낙동강 인근을 중심으로 구축되었지만, 전선 후방의 남한지역은 미공군의 폭격으로부터 자유롭지 못했다. 한국전쟁 초기 작성된 제5공군의 수많은 문서들은 B-26 경폭격기와 전폭기가 남한 후방지역 도심의 역과 조차장 및 촌락을 폭격했음을 직접적으로 보여준다.

먼저 B-26 경폭격기의 폭격선 북쪽 남한지역 조차장 폭격의 '효율성'을 보여주는 다음의 문서를 살펴보자.

나는 8월 10일 제3폭격전대 방문길에 전대와 함께 임무에 나갈 수 있는 기회를 얻었다. 내가 동승한 편대의 목표물은 단양 인근 36°25′N-128°20′E 지점의 작은 철도역 또는 조차장이었다. 우리는 각각의 비행기에 1000파운드(455킬로그램) 폭탄 4개를 싣고 있었다. 수평폭격 기술을 사용했고, 폭격은 약 8000피트에서 실시되었다. 결과는 꽤 좋았다. 탄흔 중앙은 철도의 선로에서 약 400피트(122미터) 정도 빗나갔다. 탄흔 가장자리의 폭탄들 중 최소한 하나는 선로를 차단한 것 같았다. 그러나 연기와 먼지 때문에 결과를 명확하게 확인할 수 없었다.[182]

위의 자료는 미공군 행정·기획 부사령관 크레이기(L. C. Craigie) 소장이 극동공군사령관 스트레이트마이어에게 보낸 전문이다. 크레이기는 8월 10일 제3폭격전대의 B-26기에 동승하여 폭격기의 효율성에 대해 평가했다. 그가 동승한 B-26기는 455킬로그램 폭탄 4개를 단양 인근 철도역 또는 조차장에 투하했는데, 탄흔의 중앙이 철로에서 122미터 정도 벗어나 형성되었다. 목표로부터 120미터나 벗어난 지역에 대한 폭격은 실상 오폭에 가까워 보인다. 그러나 크레이기는 탄흔 가장자리 폭탄의 일부가 최소한 하나의 선로를 차단한 것 같다고 언급하면서, "결과는 꽤 좋았다"(Results were fairly good)고 평가했다. 선로에서 100미터 이상 떨어진 구역을 중심으로 이루어진 폭격의 결과를 '꽤 좋다'고 평가한 사실로 미루어 저공폭격을 수행하는 B-26기의 목표물 적중률 또한 그다지 높지 않았음을 짐작할 수 있다.

위와 같은 남한 내 적 후방지역 조차장 폭격 사례는 제5공군 전폭기 편대의 임무보고서에도 다수 등장한다. 예컨대 1950년 8월 1일 '하루 동안' 제5공군 제49전폭전대 제8전폭대대 소속 F-80 전폭기 편대들이 남한지역 조차장을 공격한 사례들만 짚어보아도 그 같은 폭격이 얼마나 빈번히 전개되었는지 충분히 미루어 짐작할 수 있다. 각각 4대의 F-80 전폭기로 구성된 5개의 비행편대는 8월 1일 하루 동안 개별적으로 광주조차장, 논산조차장, 전주조차장, 춘천조차장, 원주-단양 사이의 조차장, 천안조차장 등에 다수의 로켓을 발사하고 기총소사를 실시했다.[183] 1개 비행대대 소속의 5개 편대들이 하루 동안 무려 6곳에 이르는 남한 조차장들을 폭격했던 것이다. 폭격지역 또한 전라남도, 전라북도, 강원도, 충청남도, 충청북도 등 광범위하게 분포되어 있다. 사실상 폭격선 북쪽에 위치한 남한지역의 모든 조차장이 전폭기들의 공격대상

3-8. 한국전쟁 초기 B-26 경폭격기의 남한 농촌지역 폭격 장면

이었음을 알 수 있다.

제5공군 경폭격기와 전폭기의 폭격선 북쪽 차단작전의 대상은 도심의 조차장에만 국한된 것이 아니었다. 다수의 민간인들이 거주하는 촌락이나 도시 자체가 북한군 병력과 보급품의 이동을 차단하기 위한 목표로 설정되기도 했다. 우선 사진 3-8을 살펴보자.

위의 사진 3-8은 1950년 7월 24일 제5공군 제3폭격전대 소속 B-26 경폭격기의 폭격선 북쪽 남한 농촌지역 폭격 장면을 담았다. 위에서 내려다본 마을의 풍경은 1950년대 여느 남한의 농촌처럼 한가롭고 고요하다. 낙하산 끝에 매달린 폭탄들 또한 고요히 마을 위를 부유한다. 사진 아래쪽 담벼락의 원 안에는 흰옷을 입은 남자가 도망갈 생각을 않고, 제자리에 멈춰선 채 고개를 젖혀 낙하산을 바라본다. 사진의 뒷면에

9장 남한지역 대량폭격 255

는 다음과 같은 설명이 첨부되어 있다. "1950년 7월 24일 제3폭격전대의 B-26기에서 투하된 낙하산파괴폭탄들이 한국 어딘가에 있는 그들의 목표를 향해 떠가고 있다." 물론 이후 사진 속 마을의 상당부분은 부서지고 불타 없어졌을 것이다.

왜 사진 속의 남자는 도망갈 생각은 않고 하늘을 올려다보고 있었을까? 그는 꽃송이처럼 하늘에서 떨어지는 낙하산의 신비한 모습에 놀라 잠시 하늘을 멍하니 올려다보았을 수도 있고, 미군이 투하하는 것이 폭탄일 리 없다는 판단하에 도망가지 않고 당시 상황을 즐기고 있었을 지도 모른다. 이러한 사례는 1950년 7월 11일 B-29기들이 전북 이리역(현재 익산역)에 폭탄을 투하할 때에도 있었다. 당일 해당 지역민들은 미군의 투하물이 폭탄일 가능성은 없다고 판단해 오히려 폭격 발생 직전까지 자신들의 상황을 즐겼다고 한다. 한국전쟁기 이리운전사무소 기술주임 설모 씨는 당시 상황에 대해 다음과 같이 묘사했다. "B-29야 B-29야 하면서 모두들 좋아하였지요. 그러더니 기수를 아래로 돌려 저공으로 내려오면서 까만 덩어리들을 떨어뜨리기 시작하는 것을 똑똑히 볼 수 있었어요. 삐라다 삐라다 모두들 이렇게 외치는 순간 쾅쾅 요란한 폭발과 함께 순식간에 먼지와 연기에 눈앞이 보이지 않는 생지옥이 되었어요. 삐란 줄 알았지 누가 폭탄인 줄 알았겠습니까."[184]

사진 3-8의 폭격 상황을 촬영한 또다른 미공군 측의 사진에는 해당 지역의 좌표가 등장한다.[185] 이 지역은 좌표 36°07'N-127°26'E에 해당하는 곳으로, 좌표가 정확하다면 이는 현재의 충청남도 금산군 금성면 인근이다. 사진상의 폭격이 진행된 7월 24일 당시 북한군은 경상북도의 영덕-포항선, 안동-의성선, 상주-군위선, 김천-왜관선과 경상남도의 함양선, 하동-진주선 등에서 유엔군을 압박하고 있었다. 7월 23일 당시

유엔군은 경상북도 영덕-옹천-함창-상주-김천 간의 160킬로미터 정면에 8개 사단을 배치하고 있었으나, 김천(경북)-거창(경남)-하동(경남) 간의 서남부 120킬로미터에는 전남북지구에서 철수한 군소부대만이 간신히 북한군과 전선을 유지하고 있었다.[186] 사진 3-8의 좌표상 지역은 김천-거창선으로부터 괴리된 적 후방지역이었다.

사진 3-8을 통해 알 수 있듯이, 한국전쟁 초기 제3폭격전대의 B-26기들은 지상의 전황과 무관한 적 후방의 남한 농촌지역에 무차별적인 폭격을 가했다. 낙하산에 매달린 225킬로그램 폭탄들은 마을에 적잖은 인적·물적 피해를 주었을 것이다. 미공군은 7월 24일부터 27일까지 4일 동안 무려 8000톤의 폭탄을 투하했다고 발표했다.[187] 이 과정에서 얼마나 많은 남한의 농촌 및 도시지역의 민간인들이 피해를 입었을지 추측할 수 있다.

제5공군 전폭기 편대들의 임무보고서 또한 전쟁 초기 폭격선 북쪽에 편입된 남한지역 농촌과 도시에 대한 전폭기들의 폭격 사실을 생생하게 보여준다. 예컨대 1950년 7월 29일 제8전폭대대 소속의 F-80 편대는 광주(35°09'N-127°55'E)로 가서 "해당구역의 어떤 것"(anything in that area)에 기총소사를 가해도 좋다는 지시를 받았다. 편대는 광주조차장에 로켓을 발사하며 지나간 후, 역 내의 건물과 열차를 눈에 보이는 대로 파괴했다.[188] 광주는 7월 23일 북한군에 의해 완전히 점령된 지역이었다. 다음날 제9전폭대대 소속의 F-80 편대는 담양(35°19'N-126°95'E)으로 가서 20시 35분에 로켓과 기관총으로 읍내 남단에 위치한 창고를 파괴했다.[189] 폭격선 북쪽에 위치한 창고식의 건물은 북한군의 보급품 보관소로 의심되었기 때문에 그 규모와 무관하게 여지없이 공격의 대상이 되었다. 그 다음날인 7월 31일에는 제8전폭대대 소속의 F-80

편대가 충남 천안시 입장면의 촌락 한가운데에 6번의 기총소사를 가해, 10분 동안 6채의 건물을 파괴 또는 손상시켰다.[190] 같은 날 같은 대대 소속의 다른 편대는 전주로 가서 시내 북쪽의 "반원형 오두막집" 5채를 손상시켰다.[191] 한창 전투가 진행 중인 전선 부근의 민간인 거주지역뿐만 아니라, 적 후방의 농촌·도시지역까지 이처럼 전폭기의 폭격으로부터 자유로울 수 없었다.

적 후방지역에 대한 전폭기 공격은 대체로 무장정찰을 통해 진행되었다. 전폭기 편대들은 대개 근접지원과정에서 모스키토기의 유도에 의해 폭격을 수행하곤 했지만, 무장정찰에서는 전폭기 조종사 개인의 판단에 따라 자의적으로 목표물을 설정하여 공격을 진행하는 경우가 대부분이었다. 따라서 무장정찰 시 폭격은 이동 중인 적 병력, 차량, 탱크 등이 중요한 목표로 설정되었으며, 앞서 등장한 조차장이나 마을 폭격이 혼재되어 등장하기도 했다. 아래의 2가지 예를 살펴보자.

오전 10시 25분에 편대는 목표지역에 들어갔다. 편대는 멜로우에 접속했고 폭격선 북쪽에서 우연히 발견하는 목표물을 공격해도 좋다는 허가를 받았다. 편대는 충주(36°58´N-127°56´E)로 가서 충주와 문경(36°44´N-128°06´E) 사이의 도로 상공에서 무장정찰을 실시했다. 편대는 충주 철도역 부근의 건물에 로켓을 발사했다. 건물은 불타올랐다. 편대는 문경의 커다란 건물에 기총소사를 가하고 로켓을 발사했다. 피해는 알 수 없었다. 편대는 오전 11시 15분에 해당 지역에서 떠났다.[192]

편대는 멜로우에 접속할 수 없어, 여수에서 북서쪽 순천으로 이어지는 도로에 기총소사를 가하기 위해 해당 지역으로 갔다. 노상에서 차량을 발견할 수 없었다. 순천조차장의 유개화차 10여대를 공격했다. 시간은 11시 5분이었다. 결과는 알 수 없다. 또한 교량리(34°54'N-127°30'E)[193]의 가옥들과 학교 운동장에 기총소사를 가했다. 결과는 알 수 없다.[194]

위의 두 기록은 1950년 7월 30일과 31일 제9전폭대대 소속의 편대들에 의해 작성된 임무보고서들이다. 첫번째 임무보고서에서 해당 편대는 자의적 판단에 따라 충주-문경지역을 정찰하며 충주역 부근의 건물과 문경 읍내의 커다란 건물에 기총소사를 가하고 로켓을 발사했다. 이러한 공격은 폭격선 북쪽에서 우연히 발견되는 어떤 목표물에 대해서도 공격을 가해도 좋다는 전술항공통제센터의 지시에 따른 것이었다. 임의적 무장정찰 시에 철도역 공격과 마을 공격이 동시에 수행되었음을 알 수 있다.

특히, 두번째 임무보고서에서 편대는 폭격선 북쪽 여수-순천 사이의 도로에서 무장정찰을 수행했다. 편대는 노상의 자동차를 공격하려 했으나 적절한 목표물을 찾지 못해 순천조차장을 폭격했다. 이후 현재의 순천시 교량동에 위치한 가옥들과 학교 운동장에 기총소사를 가했다. 편대는 민간인 거주지역에 공격을 가한 이유를 따로 밝히지 않았다. 폭격선 북쪽의 민간인 거주지역에 대한 폭격은 그만큼 일반적인 작전형태였기 때문이었다.

무장정찰 방법을 통한 전폭기의 차단작전은 도로상에 이동 중인 적 후방 민간인 집단과 이들을 수송하는 차량 및 이동수단에 대해서도 예외없이 적용되었다. 다음의 예들을 살펴보자.

멜로우는 거창(35°40'N-127°50'E)으로 가서 모스키토 마이크 (Mike)와 접속할 것을 지시했다. 모스키토 마이크와 접속할 수 없었다. 편대는 송천리(35°43'N-127°35'E)[195]로 갔다. 마을 외곽 노상의 흰옷을 입은 사람들과 소달구지에 기총소사를 가했다. 사람들과 소달구지는 서쪽으로부터 마을에 들어가고 있었다. 목표물 상공 위에 있던 시간은 오전 11시 45분이다. 결과는 알 수 없다.[196]

정찰을 위해 제4구역으로 직행했다. 모스키토 피터(Peter)가 사천 (35°05'N-128°06'E)으로부터 고성(34°58'N-128°20'E) 서쪽 2마일 (3.2킬로미터) 지점까지 노상에 대한 정찰을 하면서, 도로 양쪽 50피트 (15미터) 내의 어떤 것에 기총소사를 가해도 괜찮다는 지시를 내렸다. 편대는 약 400~500명의 사람들 외에는 어떤 것도 볼 수 없었다. 사람들은 다양한 종류의 옷을 입고 있었고, 짐 꾸러미를 여러개 나르고 있었다. 몇몇은 도랑에서 반격을 가했다. 편대는 45분 동안 이 도로를 정찰했다. 약 100명의 사람들이 사살당했다. 일반적 이동방향은 남서쪽이었다. 정찰구역에서 19시 10분부터 19시 50분까지 있었다.[197]

위의 첫번째 임무보고서에서 제9전폭대대 소속의 F-80 편대는 공중통제관과 접속하지 못한 상황에서 임무지역에 대한 무장정찰을 실시했다. 편대는 흰옷을 입은 사람들과 소달구지에 총구를 겨누었다. 그들은 그저 마을로 진입하는 평범한 민간인일 확률이 높았지만, 전폭기 조종사들은 적 후방의 병력과 보급품의 이동을 막는다는 명목하에 이들을 사살했다.

위의 두번째 임무보고서는 사천-고성지역 도로에서 무장정찰을 실시한 전폭기 편대의 활동양상을 보여준다. 1950년 8월 1일 제8전폭대대 소속의 F-80 편대는 공중통제관으로부터 사천-고성 "도로 양쪽 50피트 이내의 어떤 것에 기총소사를 가해도 괜찮다"(strafe anything five zero FT from either side of the road)라는 지시를 받았다. 당시 북한군이 대개 도로 양쪽의 개울이나 도랑에 보급품을 은닉했다는 사실에 비추어 볼 때, 이는 해당 지역 병력 및 보급품 파괴와 밀접한 관련을 지닌 지시였다. 그러나 북한군은 대낮에 대로를 따라 400~500명씩 무리지어 이동하지 않는다는 점을 감안할 때, 위의 폭격에 의한 피해자 중 상당수는 민간인일 가능성이 높다. 물론 "몇몇은 도랑에서 반격을 가했다"(Some returned fire from ditches)라는 보고를 통해 볼 때, 이들 500여 명의 무리 중에는 일부 북한군 게릴라들이 포함되었을 확률 또한 높다. 그러나 사살당한 100여명의 사람 중에 북한군 게릴라들이 얼마나 포함되어 있었을지 매우 의심스럽다. 이동 인구의 규모로 볼 때 이들은 소수의 북한군 게릴라가 혼재된 다수의 평범한 피난민 또는 보급품수송에 강제 동원된 민간인일 가능성이 높아 보인다.

1950년 7월 27일 제9전폭대대 소속의 한 편대는 경북 상주시 함창읍 서쪽 약 30킬로미터 지점의 작은 촌락과 대로에 기총소사를 가한 후, 대로 남쪽 언덕 위에 흰옷을 입은 사람들에게 기총소사를 가했다. 편대는 사실상 도로정찰 과정에서 발견되는 모든 것에 공격을 가했는데, 공격의 구체적 이유는 밝히지 않았다.[198] 1950년 8월 1일 제8전폭대대 소속의 1개 편대 역시 완도군 신리(또는 대신리)에서 흰옷의 사람들을 태운 화물차를 파괴했고, 장리(Jyang-Ni) 북쪽에서 짚더미를 실은 소달구지를 공격한 후, 'Kimming-Ni'(좌표불명)라는 마을의 건물들을 파괴하기도 했다.[199] 남한 내의 북한군 점령지역 정찰에서 발견되는 이동수단들은 그 사용 주체와 목적 여하를 불문하고 모두 공격대상이 되었음을 알 수 있다.

1950년 7~8월 남한지역의 여름은 여느 해와 마찬가지로 매우 무더웠다. 그리고 거의 모든 민간인들은 찌는 듯한 더위 속에서 삼베나 광목으로 만든 얇은 흰색 옷을 입고 있었다. 일부 미군들은 이 하얀색 옷이 자신들의 파자마처럼 보였는지 한국인들을 '하얀 파자마'(white pajamas)라고 불렀다. 조종사들은 이 하얀 파자마들이 민간인이라는 사실을 잘 알고 있었지만, 남한 내 북한군 점령지역에 있는 흰옷의 사람들을 향해 무차별적으로 폭격을 가하곤 했다. 그들은 자신들의 공격의 결과가 얼마나 참혹한 결과를 낳았는지 지상에서 확인할 기회가 없었다. 그러나 실제 땅 위에서는 아비규환의 생지옥이 펼쳐지곤 했다.

이 같은 상황은 다수의 한국인들이 한국전쟁기 미군의 가장 대표적인 군사적 성과로 칭송하는 인천상륙작전 전개과정에서도 동일하게 발생했다. 1950년 9월 10일 인천 월미도에서 발생한 민간인 집단희생 사건이 그 대표적 예다. 진실화해위원회의 조사에 따르면, 당시 미군 폭격기들은 90여개의 네이팜탄을 월미도 동쪽 민간인 거주지역에 투하하여 지역민 상당수를 불태워 죽였다고 한다. 생존자들의 여러 증언은 당시 조종사들이 확인할 수 없었던 민간인 희생의 처참한 광경을 매우 생생하게 들려준다. 예컨대 사건 목격자 임○○는 옆집에 살던 10대 고아 삼남매가 전쟁기에 노역 등을 하며 어렵사리 생계를 이어가고 있었는데, 미군의 공중폭격으로 사방에 불이 붙자 서로 꼭 껴안고 함께 타 죽었다고 증언한다. 더불어 자신의 아버지와 할머니, 사촌 여동생이 폭격을 피해 갯벌로 뛰는데 비행기가 날아와 무차별 기총소사를 가했다는 말을

들었다고 증언했다.[200] 사건 당시 열아홉살이었던 이○○ 또한 폭격을 피해 갯벌로 뛰었는데, 동생이 안 보여서 뒤를 돌아보니 동생이 갯골에 빠져 있었고 그 주변으로 기관총이 빗발친 흔적을 볼 수 있었다고 한다. 그녀는 동생을 갯골에서 끌어내 업은 뒤 인천 방면으로 정신없이 달렸다고 했다.[201]

과연 지금의 우리가 이와 같은 전쟁 피해자들의 고통을 감히 상상이나 할 수 있을까. 총탄이 빗발치는 와중에 자신의 길을 되돌아가 갯골에 빠진 어린 동생을 꺼내어 업고 살기 위해 뛰어야 했던 열아홉살 소녀의 마음을 감히 상상이나 할 수 있을까. 어린 동생들을 지키지 못하고 그저 꼭 끌어안은 채 불타 죽은 맏형의 고통을 과연 지금의 우리가 헤아릴 수 있을까. 미공군 조종사들은 그저 상부의 명령에 충실했을 뿐이라고 스스로를 정당화하며 무감각하게 한국의 민간인들을 향해 폭탄을 쏟아부었지만, 지상의 민간인들은 그 아픔의 크기를 감히 상상할 수 없을 정도로 엄청난 고통 속에 영영 이 땅으로 다시 돌아올 수 없는 불귀의 객이 되고 말았다.

제4부

초토화정책

트루먼: 중국이나 러시아가 개입할 가능성에 대해서는 어떻게 생각하십니까?
맥아더: 거의 없습니다. (…) 우리는 한반도에 우리의 공군기지를 보유하고 있기 때문에, 만약 중국이 평양으로 밀고 내려오려 한다면 최악의 대량학살이 벌어질 것입니다.*

1950년 10월 19일 평양을 탈환한 미군지휘관들은 마치 전쟁이 끝난 것처럼 기쁨에 싸여 있었다. 이미 미 육군부와 유엔군사령부는 한국에 있는 미 제2사단을 유럽으로 재배치하는 계획을 준비하고 있었고, 10월 24일에 이르러 육군부는 10월과 11월에 극동지역으로 보낼 보충병을 취소하겠다고 유엔군사령부에 통보했다. 미 제8군사령관 월턴 워커(Walton Walker)는 10월 22일 맥아더에게 이제부터 한국으로 반입될 모든 탄약을 일본 보급창으로 보내라고 요청했다. 워커는 현재 비축된 탄약만으로도 충분히 한반도에서의 작전을 완수할 수 있다고 판단했던 것이다. 맥아더도 이를 승인하여 포탄을 선적한 6척의 선박을 하와이와 미 본토로 돌려보내도록 조치했다.[1]

9월 중순 인천상륙작전 이후 일련의 군사작전에서 연전연승하던 유엔군사령부는 승리에 도취되어 전쟁이 종결되어가는 것처럼 군사조치를 취했고, 장병들 또한 추수감사절(11월 네번째 목요일)에는 토오꾜오에서 칠면조 고기를 먹을 수 있을 것이라고 생각하며 들떠 있었다. 그러나 유엔군이 평양을 탈환하던 바로 그날 10월 19일, 항미원조 보가위국(抗美援朝 保家衛國)이라는 기치하에 중국인민지원군 본진이 압록강을 조심스럽게 건너고 있었다. 전쟁은 이미 기존과는 다른 국면으로 급변하고 있었다.

1950년 10월 하순 유엔군 지휘부와 장병들이 이토록 들떠 있었던 주요 배경에는 10월 15일 미국 대통령 트루먼과 유엔군사령관 맥아더의 웨이크섬(Wake Island) 회의도 중요한 역할을 담당했다. 당일 회의에는 래드퍼드 미 태평양함대 사령관, 무초 주한 미대사, 프랭크 페이스(Frank Pace) 육군장관, 브래들리 합참의장, 딘 러스크(Dean Rusk) 국무차관 등도 참석하고 있었다. 이 회의에서 맥아더는 "추수감사절 무렵 남북한 전체에서 공식적 저항이 끝날 것"이며, "본인의 희망은 크리스마스 때까지 제8군을 일본으로 철수시키는 것"이라고 단언했다. 회의 참석자들은 맥아더의 호언장담의 신빙성에 대해 추궁하지 않았다. 오히려 회의는 전후의 복구, 남한정치, 전범처리, 국방정책 등의 문제에 집중되었다.

전후 한반도 정치·경제 문제에 대한 논의가 진행되던 중간에 트루먼 대통령이 맥아더에게 다소 돌출적인 질문을 던졌다. "중국이나 러시아가 개입할 가능성에 대해서는 어떻게 생각하십니까?" 맥아더의 대답은 단호했다. "거의 없습니다. (…) 우리는 한반도에 우리의 공군기지를 보유하고 있기 때문에, 만약 중국이 평양으로 밀고 내려오려 한다면 최악의 대량학살(greatest slaughter)이 벌어질 것입니다." 트루먼은 "대량학살"이 벌어질 것이라는 맥아더의 발언에 특별히 토를 달지 않았다. 여타 참석자들도 이 발언에 대한 세부질문을 던지지 않았다. 회의는 무심히 다음 논의로 전환되었다.[2]

중국군이 참전할 경우 최악의 대량학살을 벌이겠다는 맥아더의 발언은 실제 1950년 11월 초 중국군의 한국전쟁 참전이 공식화되면서 구체적인 현실로 드러나기 시작했다. 1950년 11월 5일 맥아더는 북한의 모든 도시와 마을을 군사목표로 간주하는 '초토화정책'(Scorched Earth

Policy)을 명령했다. 이후 한국전쟁 발발 이래 워싱턴의 정밀폭격정책에 따라 금지되어오던 B-29기의 소이탄 투하가 한반도 상공에서 현실화되었다. 1950년 겨울, 유난히 추웠던 북한 도시와 농촌의 눈밭 위에 불의 비가 쏟아지기 시작했다.

1950년 11월 17일, 맥아더는 주한 미대사 무초를 만난 자리에서 북한 지역이 사막화될 것이라고 공언했다.[3] 이는 사실상 10월 15일 중국군이 남하할 경우 "최악의 대량학살"이 벌어질 것이라는 자기 발언의 재확인 과정이었다. 그리고 실제 1950년 겨울 한반도의 소도시와 마을은 2차대전기 유럽과 일본의 도시들이 겪었던 가공할 소이탄의 악몽에 고스란히 노출되기 시작했다.

10장
초토화정책의 결정

전쟁 초기 네이팜탄의 등장과 실험

한국전쟁 초기 북한지역을 폭격했던 B-29기들은 워싱턴의 정밀폭격 정책에 따라 보통폭탄이나 GP폭탄이라고도 불리는 파괴폭탄을 자신의 무기로 활용했다. 물론 앞서 제2부에서 살펴보았듯이, 당시 B-29기로부터 투하되던 파괴폭탄들은 엄청난 파괴력에 비해 표적 적중률이 현저히 낮았기 때문에 정밀폭격은 사실상 수사에 지나지 않았다. 그러나 당시 미국정부가 자신의 정밀폭격정책 수행을 강력하게 주장할 수 있었던 배경에는 과거 2차대전기 독일과 일본 폭격에서 가공할 파괴력을 보여주었던 B-29 중폭격기의 소이탄 폭격을 북한지역에서는 전혀 수행하지 않았다는 사실이 주효하게 작용했다.

워싱턴의 정·군 최고위급의 소이탄 폭격금지 결정은 한반도에서 실제 폭격작전을 수행하는 미 극동공군 관계자들에게는 커다란 불만 요인이었다. 특히 극동공군 주요 부대의 사령관들은 대부분 2차대전기 아시아지역에서 자신의 군사경력을 키워온 군인들로서, 인구밀집지역을 향한 소이탄 집중폭격이 적에게 안겨주는 군사적·심리적 충격에 대해 누구보다 잘 알고 있었다. 때문에 과거 일본 본토 폭격을 주도했던 미 전략공군사령관 르메이, 극동공군사령관 스트레이트마이어, 극동공군 폭격기사령관 오도넬 등은 전쟁 초기부터 워싱턴의 정책에 반하는 인구밀집지역 소이탄 폭격을 유엔군사령관 맥아더에게 지속적으로 강권하고 있었다.

예컨대 한국전쟁 발발과 동시에 극동공군 폭격기사령관으로 부임한 오도넬은 맥아더와 처음 만나는 자리에서부터 북한의 인구밀집지역을 향한 소이탄 투하를 강력하게 주장했다. 그는 "북한지역에 있는 5곳의 산업중심지를 불태워버리기 위해" 소이탄을 사용해야만 한다고 역설했다.[4] 이 같은 오도넬의 주장은 2차대전 후 전략폭격의 강화를 주도했던 미 전략공군사령관 르메이의 지시에 따른 것이었다. 르메이는 일본 본토 폭격에서 악명을 떨쳤던 소이탄 사용을 통해 북한 내 목표지역을 효과적으로 파괴할 수 있다고 주장했다. 전략공군은 B-29기 2대가 1조의 편대를 이루어, 1대는 목표지역에 소이탄을 투하하고 다른 1대는 산업시설에 정밀공격을 가하기 위해 파괴폭탄을 투하하는 방법을 계획했다.[5] 르메이는 이 계획을 오도넬에게 보내 맥아더의 승인을 받도록 했다. 그러나 당시 맥아더는 이미 정밀폭격에 관한 트루먼정부의 정책을 전달받은 상태였기 때문에 르메이의 계획을 단호히 거부했다. 맥아더는 오도넬에게 말했다. "로지(Rosy, 오도넬의 별칭), 그건 안 되겠네. 나는 아직 그렇게 멀리까지 나아갈 준비가 되어 있지 않아. 나의 지침은 매우 명백하네."[6]

르메이는 훗날 미공군 관계자 인터뷰에서 한국전쟁기 오도넬의 공격적 입장이 실은 자신의 계획이었다고 분명하게 밝혔다. 그는 한국전쟁 초기의 전면적 폭격작전이 유엔군의 진정성을 공산주의자들에게 보여주어 전쟁을 조기에 종식시켰을 것이라고 말했다. 또한 그는 미공군의 작전에 대해 설명하면서, "일단 당신이 문제의 해결을 위해 군사력을 사용하기로 결정했다면, 당신은 그것을 사용하되 압도적인 군사력을 동원해야만 한다"고 강조했다. 전쟁의 포화가 멈추고 약 20년이 흘렀지만, 르메이는 여전히 전쟁 초기부터 소이탄을 활용해 인구밀집지역을 공격하지 못했다는 사실에 대해 아쉬워하고 있었다.[7]

한국전쟁기 극동공군사령관 스트레이트마이어 역시 이런 생각을 적지 않게 공유하고 있었다. 스트레이트마이어는 1943년 중국-버마-인도 작전전구 내에서 동부공군사령관, 동남아시아 전구공군사령관 등의 직위를 역임했고, 1945년 7월 12일부터 1946년 1월까지 중국전구 육군항공대사령관으로 복무했으며, 1949년 4월 일본의 미 극동공군사령관으로 부임하여 한국전쟁을 맞이한 인물이었다.[8] 다시 말해 그는 2차대전 이래 아시아지역 공군작전에서 명성을 쌓은 인물로 기본적으로 민간지역 폭격과 관련해 르메이와 동일한 생각을 갖고 있었다. 게다가 스트레이트마이어는 1943년 9월 B-29기들의 일본에 대한 소이탄 공습을 루스벨트 대통령에게 직접 제안했던 인물이기도 했다.[9] 그는 기본적으로 아시아지역에서 소이탄의 가공할 위력을 누구보다 잘 알고 있는 사람이었고, 이 같은 자신의 지식과 성향을 한국전쟁 내내 다양한 경로를 통해 표출하고 있었다. 그 대표적 예는 전쟁 초기부터 반복적으로 제시된 네이팜탄 활용 요구였다.

네이팜(napalm)은 고농축원유 소이탄 매개체(thickened oil incendiary agents)의 가장 일반적 호칭이다. 네이팜탄(napalm bomb)은 네이팜이 든 공중폭탄을 일컫는 것으로, 한국전쟁기에는 연료저장용 탱크에 네이팜을 채워 폭탄으로 사용했기 때문에 "네이팜탱크"(napalm tank)

라고 불리기도 했다. 최초의 네이팜은 1942년 2월 가솔린과 알루미늄 나프텐, 알루미늄 팔미틴산염, 카본 블랙 등을 조합해 만들었다. 이어 1942년 7월 4일 하바드대학의 미식축구장에서 최초 실시된 실험에서부터 네이팜은 인상적 결과를 낳았는데, 네이팜에서 뿜어져나온 인 조각이 젤로 변해 직경 약 45미터의 둥근 지역을 골고루 불태운 것이다. 네이팜은 구식 소이탄보다 더 오래 더 넓은 곳을 불태웠다.[10] 2차대전이 끝날 무렵 네이팜 농축액의 생산량은 연 3500만 킬로그램에 달했고, 네이팜을 원료로 하는 M-69폭탄은 약 3000만개가 제작되었다.[11] M-69는 태평양전쟁에서 일본인을 비롯해 수많은 아시아인들을 희생시킨 폭탄이었다.[12]

극동공군의 고위급 인사들은 과거 자신의 극동지역 경험에 근거하여, 이토록 강력한 파괴력을 지닌 네이팜을 한반도에서 즉시 사용할 것을 요구하기 시작했다. 앞서 살펴보았듯이 폭격기사령관 오도넬은 르메이의 지시하에 맥아더와의 첫 만남에서부터 북한 인구밀집지역을 향한 소이탄 대량폭격을 주장했다. 그러나 이 같은 공군 측 인사들의 주장은 궁극적으로 워싱턴 최고위급 인사들의 지시에 의해 결코 수용될 수 없는 것이었다. 반면에 미 대통령은 물론 국무부와 국방부 어느 곳에서도 남한지역의 미 지상군을 돕는 전술항공작전 수행과정에서는 전폭기의 네이팜탄 투하를 명시적으로 제한하지 않았다. 더 정확하게는, 맥아더를 비롯한 극동공군 인사들이 적 후방지역을 대규모로 소각하는 작전이 아닌, 유엔지상군을 지원하는 과정에서 네이팜탄을 사용하는 데 대해 워싱턴의 재가를 받을 필요성 자체를 인식하지 못했다고 볼 수 있을 것이다.

실제 스트레이트마이어를 포함한 다수의 극동공군 인사들은 한국전쟁 참전 직후부터 네이팜탄을 적극적으로 활용하고자 했다. 스트레이트마이어의 1950년 8월 27일자 일기에서도 네이팜탄을 적극적으로 활용하려는 그의 의지가 직접적으로 드러난다.

나는 파트리지 장군에게 편지를 보내, 왜 네이팜탄 사용에 관한 보고가 없는지, 왜 근접지원임무와 트럭, 탱크 및 다른 수송수단들과 적 병력 집결지에 네이팜탄을 더 사용하지 않는지 질문했다. 나는 인도와 버마에서 이 폭탄을 성공적으로 사용했고, 클레어 체놀트(Claire L. Chenault)는 중국에서, 조지 케니(George Kenney)는 극동에서 실효를 거두었다. 이 폭탄이 효과가 있다는 것을 아는데 파트리지 장군이 사용내역에 대해 보고를 하지 않으니 애가 탄다. 네이팜탄 사용에 대한 그의 의견을 묻고 싶다.[13]

스트레이트마이어는 이미 소개한 대로 2차대전 당시 극동지역에서의 경험을 바탕으로 네이팜탄의 유용성을 확신했다. 그가 미공군의 한반도 작전개시와 함께 내린 주요 지시 중 하나는 네이팜을 가득 채운 연료탱크를 소이탄으로 활용하라는 것이었다.[14]

미 극동공군 문서에 따르면, 1950년 6월 29일 제68전천후전투기대대(68th Fighter-All Weather Squadron)의 F-82 트윈무스탕이 한반도에서 최초로 네이팜을 활용한 공격을 시도했다. 당시 F-82는 투하 가능한 연료탱크에 네이팜을 가득 채워 소이탄으로 활용했다.[15] 극동공군은 또한 7월 6일 제5공군에 적 병력의 사기저하와 목표물 파괴를 위해 네이팜탄을 써야 한다고 주장했고,[16] 7월 7일 적 탱크를 향한 네이팜탄 공격을 제안했으며,[17] 7월 8일에는 움직이는 표적과 탱크를 향한 F-51 무스

4-1. F-51기의 네이팜탄 투하 장면

탕기의 네이팜탄 공격을 다시 제안했다.[18] 7월 8일 스트레이트마이어는 극동공군의 참전과 동시에 주장했던 네이팜탄 활용이 그 효력을 발휘하기 시작하자 자신의 일기장에 다음과 같이 들뜬 마음을 표현했다.

> 내가 일주일 전부터 주장한 네이팜탄의 최초 사용이 다음과 같은 결과를 보여주기 시작했다. 폭격과 기관총 공격임무로 출격했던 F-51 전폭기 2대가 각각 6발의 네이팜탄을 사용하여 4대의 소형탱크와 35피트(10.6미터)의 트레일러가 연결된 트럭 5대를 파괴했다.[19]

사진 4-1은 한국전쟁기 F-51기 편대의 네이팜탄 투하방식을 보여주는 대표 자료 중 하나다. 제18전투폭격단소속의 F-51 편대가 1951년

8월 네이팜탄으로 평양시를 폭격하는 장면이다. 사진상의 F-51기는 2발의 네이팜탄을 목표물에 투하했는데, 하나는 탄두가 지표면을 향한 채 수직으로 낙하하고 있고, 나머지 1발은 갓 투하되어 수평을 유지하고 있다. 사진설명에 따르면, 좌측의 또다른 F-51기 또한 동일한 방식으로 네이팜탄 2발을 평양의 목표물에 투하했다.[20]

구형 전투기인 F-51 무스탕기들은 사진 4-1과 같은 네이팜탄 폭격작전을 수행하면서 그 활용가치가 점점 높아졌다. 전쟁 초기 F-80 제트기종은 네이팜탄을 운반할 수 있는 폭탄걸이가 없었기 때문에 구형 F-51의 가치가 상대적으로 높아졌다.[21] 극동공군은 네이팜탄을 쓰기 위해 F-80에 활용 가능한 네이팜 컨테이너 개발을 요구했고,[22] 더불어 F-51의 증강에 온 힘을 쏟았다. 그 결과 1950년 7월에 20대에 불과했던 F-51은 한달 사이에 141대로 대폭 증강되었고, 그 출격횟수 또한 7월 683회에서 8월 4946회로 대폭 상승했다. 또한 F-51은 8월 1540발, 9월 2065발의 폭탄을 작전과정에서 투하했는데,[23] 특히 9월에 투하된 폭탄의 상당수는 네이팜탄으로 추정된다. 왜냐하면 당시 극동공군의 다양한 자료들은 인천상륙작전 직후에 남한지역에서 네이팜탄을 대량으로 활용한 정황을 보여주기 때문이다.

미 제8군은 낙동강전선에서의 반격계획을 세우면서 공군력의 충격효과를 최대한 활용했다. 예컨대 제5공군사령관 파트리지의 보고에 따르면, 1950년 9월 17일 미공군 전폭기들은 낙동강의 제2사단지역을 가로질러 퇴각하려는 북한군을 향해 416리터 네이팜탄 260개를 투하하여 최소 1200명을 사살했다.[24] 같은 날 다른 전폭기들은 북한군 병력의 주요 요새였던 영천에 다량의 네이팜탄을 투하하여 불길에 휩싸이도록 만들었다. 9월 말, 북한군 병력들은 미공군의 대규모 네이팜탄 폭격에 당황한 나머지 무방비로 공터로 뛰쳐나왔고, 전의를 상실한 채 자진하여 항복하거나 한꺼번에 현장에서 몰살되곤 했다.[25] 앞서 제3부에서 살펴보았던 월미도 민간인 폭격사건 또한 인천상륙작전을 전후한 시기의 네이팜탄 활용을 보여주는 주요 사례일 것이다.

미 극동공군은 네이팜탄의 효율성을 극대화하기 위한 다양한 실험과 지침도 끊임없이 하달했다. 네이팜탄 활용에 대한 불만족 보고서에 대응해 1950년 8월 15일 극동공군사령관은 네이팜을 적절히 혼합·저장·활용할 수 있는 지침을 예하 사령부들에 하달했다.[26] 9월 6일 극동공군은 매월 1만 1384개의 네이팜용 탱크가 필요할 것으로 예상했다.[27] 9월 10일 스트레이트마이어는 네이팜탄으로 활용할 수 있는 416리터 네이팜탱크들이 극동지역에서 대량으로 생산되어 공수되고 있다는 보고를 받았다.[28] 9월 12일 극동공군은 작전상 필요에 의해 극동지역에서 2만 8000개의 소이탄용 탱크를 조달할 것이라고 미공군에 통지했다.[29] 이상의 기록들은 극동공군이 네이팜탄의 생산과 활용에 얼마나 많은 공을 들였는지를 잘 보여준다.

극동공군은 단순히 네이팜탄의 효율적 활용을 위해 각종 지침과 명령을 하달하는 선에서만 그치지 않았다. 극동공군은 다수의 민간인 과학자들까지 동원하여 전폭기 무기들을 최대한 효율적으로 활용하기 위한 다양한 실험을 반복했다. 예컨대 극동공군 작전분석실은 1950년 9월 30일부터 10월 6일까지 대구비행장(K-2)에서 진행된 실험을 통해, F-80기가 네이팜탄과 로켓을 가장 효율적으로 활용할 수 있는 방안을 강구했다. 작전분석실은 F-80 또한 폭탄걸이를 개조하면 416리터 네이팜탱크 4개를 운반할 수 있다고 결론지었다. 더불어 2개의 네이팜탱크를 더 장착하여 최대 6개까지 탑재 가능하며, 6개의 416리터 탱크를 장

착한 F-80은 241.5킬로미터의 비행거리 내에서 가장 효율적으로 활용될 수 있다고 주장했다.[30]

일주일 동안 지속된 실험에서 네이팜탄이 "한국의 마을"(Korean Village)에 어떤 영향력을 미칠 수 있는지 검토한 내용은 이 보고서에서 가장 주목할 만한 부분이다. 극동공군 작전분석실의 보고서에 따르면, 1950년 9월 30일 작전분석실의 폭격 실험구역인 대구비행장 인근에 위치한 작은 마을의 416리터 네이팜탄 오폭사고는 "우발적으로"(accidently) 발생했다. 당시 북한군 주력부대는 이미 남한지역에서 완전히 철수한 시점이었다. 그럼에도 불구하고 당시 전선으로부터 매우 멀리 떨어져 있던 대구 인근의 한 마을에 네이팜탄이 "우발적으로" 투하되었던 것이다.

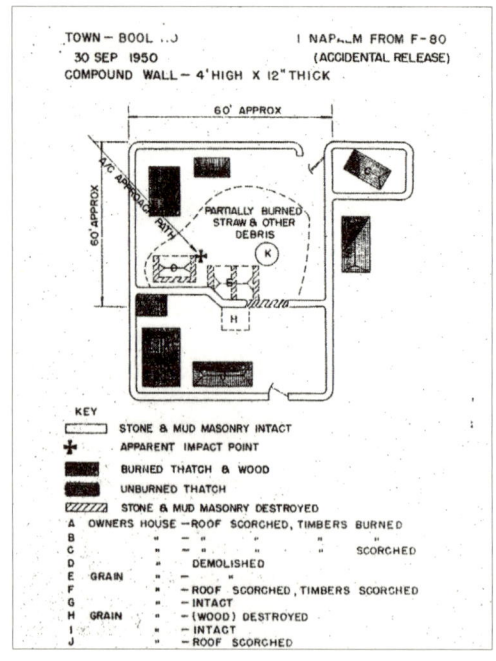

4-2. 한국의 촌락에 투하된 네이팜탄의 위력

하지만 투하된 폭탄의 영향력에 대한 작전분석실의 분석은 단순히 우연이라고 보기에는 너무나 상세하고 치밀했다. 작전분석관들은 네이팜탄 오폭이 "목재 서까래와 초가지붕, 진흙과 자갈로 쌓은 벽으로 된 건물에 대한 네이팜탄의 효과를 관찰할 수 있는 특별한 기회(unusual opportunity)를 제공했다"고 언급하며, 당시의 불행한 상황을 운 좋은 "기회"처럼 반겼다. 작전분석관들은 다수의 사진과 도면을 제시하며 네이팜탄의 마을 폭격 결과를 세밀하게 분석했다. 그림 4-2는 당일 폭격의 결과를 잘 보여준다.

작전분석실은 그림 4-2를 통해 가옥의 재료와 배열에 대해 구체적으로 묘사함과 동시에, 그을음(scorched), 전소(burned), 파괴(demolished, destroyed) 등의 구분을 통해 피해상태를 세밀하게 분석했다. 우연히 투하되었다는 설명에 어울리지 않게, 피해조사는 여러장의 사진촬영과 함께 정밀하게 진행되었다. 작전분석실은 피해분석 결과 1.2미터 높이의 토담으로 인해 젤의 확산이 저지되었다는 사실에 주목하면서, "마을을 확실하게 파괴하기 위해서는 여러개의 폭탄을 투하해야만 한다"고 최종 권고했다.[31]

1950년 9월과 10월 사이에 진행된 이 실험 결과와 권고에 주목하는 이유는, 이 실험에 활용된 네이팜탄이 1950년 11월 초부터 시작된 미 극동공군의 북한지역 초토화작전 수행과정에서 핵심무기로 활용되었기 때문이다. 대도시와 중소도시를 중심으로 소이탄 폭격을 진행했던 2차대전 당시와는 달리, 미 극동공군은 북한지역의 아주 작은 시골마을까지도 모두 불살라버렸다. 깊은 산속에 고립되어 있던 외딴 가옥마저 상당수 그 같은 운명에서 벗어날 수 없었다.

운명의 날: 1950년 11월 5일

1950년 9월 15일 맥아더의 인천상륙작전은 일순간에 전세를 역전시켰다. 북한군은 인천과 낙동강 양측에서 유엔군의 압박이 가해지자 전투의 방향성을 잃고 무질서하게 후퇴하기 시작했다. 게다가 미공군의 지상군 근접지원작전과 보급선 차단작전은 북한군의 전략과 사기를 급속히 저하시키고 있었다. 낙동강전선의 유엔군 반격작전 부대들은 전의를 상실한 약 9000명의 북한군을 생포했다. 나머지 북한군 생존자들은 모든 기동장비를 버려두고 인근 산으로 은신하거나 정신없이 38선 이북지역으로 도주했다. 유엔군의 한반도 통일에는 걸림돌이 없어 보였다.

유엔군의 북진 시기 미 극동공군은 이미 전쟁승리의 기쁨에 한껏 도취되어 있었다. 극동공군사령관 스트레이트마이어는 승리의 공을 어떤 식으로 동료들과 나눌지 벌써부터 고민하기 시작했고, 어떻게 하면 유엔군사령관 맥아더에게 잘 보여서 미래를 보장받을 수 있을지 궁리하고 있었다. 1950년 10월 19일 스트레이트마이어는 공중전에 참여하여 영웅적이거나 특별한 성과를 남긴 장교나 사병에게 수여하는 특등 항공십자훈장(Distinguished Flying Cross)을 맥아더에게 주기 위해 감사장을 작성했다. 그런데 그 훈장 수여의 핵심 근거는 "매번 항공기를 탈 때마다 적에게 체포되거나 사살될 위험을 안고" 있었음에도 불구하고 6월 29일, 7월 27일, 9월 29일, 10월 20일의 네차례에 걸쳐 비행을 감행했다는 것이었다.[32] 다음날 10월 20일 맥아더의 네번째 비행 직후에 스트레이트마이어는 훈장수여 의사를 맥아더에게 직접 전달했다. 그는

"장군을 존경하며, 극동공군은 당신의 지적 능력과 지도력과 전략을 잘 안다"고 아첨을 떨었다. 전구사령관으로서 전장과 거리가 먼 일본에 머무르며 한반도 상공을 고작 몇차례 비행한 사실을 두고 이들은 이렇듯 유난을 떨고 있었다. 맥아더는 "내 모든 훈장의 제일 위에 이것을 달고 다니겠네"라고 화답하여 스트레이트마이어를 "감동"시켰다.[33]

이날 스트레이트마이어는 2개의 B-29 중폭격기 전대를 본국으로 돌려보내는 방안을 맥아더로부터 구두로 승인받았다.[34] 유엔군의 북상과 함께 적 후방지역이 축소되면서 B-29기들은 더이상 북한지역에서 가치있는 전략폭격 목표를 찾을 수 없었던 것이다. 한국전쟁 당시 미공군 측 기록에 따르면, 이 시기 제92폭격전대 소속의 B-29기는 북한지역에 공격할 타깃이 없어서 도로상의 오토바이 1대를 추격하면서 폭탄이 그를 적중시킬 때까지 끊임없이 투하하는 우스꽝스러운 모습을 연출하기도 했다. 이는 대량폭격을 수행하는 B-29기의 전형적 전투작전 양상과는 상당히 괴리된 것이었다. 결국 1950년 10월 25일 맥아더는 제22폭격전대와 제92폭격전대의 미국 본토 귀환을 공식적으로 승인했다.[35] 유엔군사령부는 공군의 핵심전력을 본토로 돌려보낼 정도로 이미 전쟁의 승리를 확신하고 있었다. 그러나 그 며칠 후부터 한반도의 전황은 그들이 확신했던 방향과는 완전히 다르게 급변하기 시작했다. 중국인민지원군이라는 새로운 적이 그들 앞에 등장했던 것이다.

1950년 10월 8일 중화인민공화국의 최고지도자 마오 쩌둥(毛澤東)은 중국군의 한국전쟁 참전을 공식적으로 명령했다. 참전의 목적은 "조선인민의 해방전쟁을 지원하고 미 제국주의와 그 주구들의 침략에 맞서 조선인민과 중국인민, 그리고 동방의 다른 모든 나라 인민들의 이익을 수호하기 위해서"였다. 같은 날 마오는 평양의 중국대사에게 전문을 보내 김일성에게 다음과 같은 통지를 보냈다. "현재의 정세를 감안하여 우리는 동지가 침략자에 대항하는 것을 돕기 위해서 지원군을 파병하기로 결정했습니다." 그날 밤 전문을 받아든 김일성은 박수를 치며 소리쳤다. "잘 되었습니다! 좋습니다."[36]

중국인민지원군의 본대는 한국군이 평양을 탈환했던 바로 그날, 10월 19일 저녁부터 안둥(지금의 단둥), 장전하구, 지안을 통해 압록강을 건너 각각 신의주, 삭주, 만포진에 도달하기 시작했다. 최초로 한반도에 진입한 중국인민지원군은 제13병단 예하 4개 군 12개 사단을 포함해 총 병력 26만명에 달했다.[37] 애초 이들은 예상방어지역을 확보하여 일정기간 방어 후 공세로 전환한다는 작전방침을 갖고 있었다. 그러나 이 작전방침은 유엔군의 북한지역 전진 방식에 조응하여 급속히 변경되었다. 당시 유엔군은 중국군의 참전 사실을 모른 채 부대별로 흩어져서 무질서하게 전진하고 있었다. 몇몇 사단은 전선에서 돌출되어 있었다. 10월 21일 마오는 다음과 같이 지시했다. "원래의 계획을 포기하라. 대신 기동 중에 적들을 섬멸하라."[38]

당시 유엔군의 무질서한 전진은 군지휘부와 전투병들 사이에 급속히 번진 전쟁결과에 대한 낙관론과 그에 조응한 맥아더의 성급한 명령 때문이었다. 10월 24일 맥아더는 서부전선의 미 제8군사령관과 동부전선의 미 제10군단장에게 전병력을 투입하여 최고 속도로 진격하라는 새로운 명령을 하달했다. 모든 유엔군 부대들은 성과달성을 위해 마치 국경선까지 경주대회라도 하듯 정신없이 전진하면서 적에게 자신의 취약점을 고스란히 노출시켰다.[39] 중국군은 이렇듯 고립된 상태로 접근해 오는 유엔군 부대들을 개별적으로 철저히 "각개격파"해나갔다. 1950년 10월 말부터 11월 초까지 중국군을 만난 미군과 한국군은 여지없이 그 병력의 상당수를 잃었다.

　11월 1일 저녁, 중국군이 평안북도 운산지역의 한국군과 미군을 공격하며 중국군 제1차 전역이 본격적으로 시작되었다. 당시 운산에 위치했던 한국군 제1사단과 미 제8기병연대는 당시 언론을 통해 부대원 전원이 괴멸되었다는 보도가 나올 정도로 막심한 피해를 입었다. 당시 제1사단장이었던 백선엽은 운산전투에서 530여명의 한국군 병력이 전사하거나 실종되었다고 회고했다.[40] 미 제8기병연대 또한 2400명의 병력 가운데 800명의 사상자가 발생했다. 그중 제3대대는 개전 초기 800명이던 병력 중 200명 정도만 살아남았다. 이는 한국전쟁에서 미군이 당시까지 겪었던 패배 중 명백히 최대 규모였다.[41] 온정리와 희천 일대에서도 한국군과 미군은 중국군에게 철저히 압도되었고, 10월 26일 압록강변에 태극기를 꽂았던 한국군 제6사단 제7연대 또한 초산지역 철수과정에서 연대 병력 총 3552명 가운데 875명만이 사선을 넘어 집결할 수 있었다.[42]

　11월 5일 중국군은 그들의 소위 제1차 전역의 중지를 선언했다. 그들은 이번 공세에서 얻은 전쟁의 주도권을 유지한다는 전제 아래 힘을 재충전할 기회를 확보하고자 했다. 중국군은 한국군 제6사단에 괴멸에 가까운 타격을 입혔고, 한국군 제1사단과 제8사단, 미 기병 제1사단에 커다란 피해를 입혀 총 1만 5000여명의 병력을 살상한 것으로 자평했다.[43] 이 숫자는 상당히 과장된 것이었지만, 중국군의 압도적 승리는 명백한 사실이었다. 그리고 이 같은 사실은 전쟁승리에 들떠 있던 유엔군사령부에 큰 충격을 주었다. 11월 5일, 맥아더는 약 한달 전 웨이크섬에서 트루먼에게 건넸던 약속을 떠올릴 수밖에 없었다. 그것은 중국군이 참전하여 평양을 향해 남진할 경우 미공군력을 동원해 벌이기로 한 "최악의 대량학살"이었다.

1950년 11월 5일 오전 11시 5분, 유엔군사령관 맥아더를 포함해 육군 참모총장 도일 히키(Doyle Hickey), 작전부 에드윈 라이트(Edwin Wright), 극동공군사령관 스트레이트마이어 등 유엔군 군사작전의 핵심인사들이 한자리에 모였다. 이 자리에서 맥아더는 유엔군의 한국전쟁 수행방식의 급격한 변화를 뜻하는 중대한 명령을 하달했다.

맥아더 명령의 핵심은 다음과 같다. "북한의 모든 설비와 시설, 마을은 군사적이고 전술적인 목표물이 되었다. 유일한 예외는 만주국경에 있는 거대한 수력발전소와 한반도 내 다른 수력발전소들뿐이다." 소련 국경지역의 나진시 역시 이 명령에서 제외되었다. 그외에 북한지역에 있는 모든 시설은 언제라도 완전히 파괴 가능한 군사목표로 간주되었다. 스트레이트마이어는 추후 진행될 폭격작전의 양상을 다음과 같이 예상했다. "압록강에서 시작해 한반도 내부로 확산되며, 모든 지상의 통신시설들을 파괴할 것이다. 소련과의 국경지역을 제외하고 압록강을 따라 형성된 북한 내 모든 소도시들(towns)은 파괴될 것이다. (…) 위에서 적시한 예외들을 제외하곤 북한 어디에서든 레이더폭격이 가능하다." 앞서 여러차례 설명되었듯이, 레이더폭격은 사실상 무차별폭격의 다른 표현이었다. 나진시와 수력발전소들을 제외하곤, 북한 내 모든 시설물이 미공군의 무차별적 폭격의 공식 타깃으로 간주된 것이다. 스트레이트마이어는 자신의 일기를 통해 회의 당시 긴장된 상황을 묘사하며, 맥아더가 "소각과 파괴를 위한 초토화정책(scorched earth policy to burn and destroy)을 되풀이하여 강조했다"고 설명했다.[44]

하지만 맥아더의 초강경 조치는 불과 이틀 전까지 그가 취하고 있던 입장과는 매우 다른 것이었다. 맥아더는 초토화정책을 공식적으로 하달하기 이틀 전인 11월 3일, 신의주를 불태워버리자는 스트레이트마이어의 주장에 정면으로 반대하는 입장을 제시했었다. 맥아더는 그 도시를 적절히 활용하길 원하기 때문에 도시 전반을 불태우는 데 동의하지 않았다. 실제 맥아더는 약 2주 전 스트레이트마이어가 신의주 도심을 향한 대량폭격을 주장할 때에도 "워싱턴이 발표한 일반정책"에 따라 그 같은 공격을 허용할 수 없다고 말했다.[45] 워싱턴의 일반정책은 전쟁 초기부터 공식적으로 제시되었던 군사목표 정밀폭격정책을 지칭한다. 당시 유엔군은 38선 이북지역으로 진격을 준비하는 과정에서 "교전이 끝나면 우리의 중폭격기들에 의해 파괴된 다수의 북한 시설들에 대한 재건 책임을 안게 될 것"[46]이라는 사실을 분명히 인지하고 있었고, 이 같은 전후복구 책임의 부담을 줄이기 위해서라도 도시 전체를 불태우는 방식의 폭격은 바람직하지 않다는 입장을 줄곧 견지했다. 9월 26일 합동참모본부는 맥아더에게 38선 돌파의 권한을 허용하면서 북한 내 전술목표 공격에만 집중하라는 지시를 하달하기도 했다.[47] 하지만 미공군 측 인사들은 내내 대량폭격작전의 필요성을 맥아더에게 호소하고 있었다.

11월 3일 맥아더의 반대에도 불구하고 스트레이트마이어는 신의주 내 군사목표들을 지적하며 도시폭격을 향한 자신의 의지를 좀처럼 굽히지 않았다. 맥아더도 굴하지 않고 "나는 이번에는 신의주의 막사 건물들이나 여타 어떤 시설도 파괴되길 원치 않네"라고 계속 반대했다. 그러자 스트레이트마이어는 신의주폭격 대신 새로운 안을 제시했다. 신의주 말고 북한 내의 다른 소도시들을 "시험 삼아"(as a lesson) 불태워보자는 것이었다. 스트레이트마이어는 그 시험의 대상으로 교통중심지인 강계를 지목했다. 맥아더는 스트레이트마이어의 끈질긴 요구에 체념한 듯한 말투로 강계폭격에 동의해주었다. "그토록 원한다면 불 태워버리시오(Burn it if you so desire). 스트레이트마이어, 그곳 말고 도 적에게 군사적으로 가치있으리라 판단되는 다른 소도시들도 시험 삼아 불태우고 파괴하시오(burn and destroy as a lesson any other those towns)."[48]

이날 맥아더는 그동안 대기상태에 있던 B-29기의 활동재개 또한 명령했다. 다음의 11장을 통해 자세히 설명하겠지만, 실제 11월 4일과 5일에 걸쳐 신의주폭격을 위한 일종의 시험폭격으로서 한국전쟁 최초의 B-29기 소이탄 대량폭격이 청진과 강계에서 진행되었다.

신의주폭격에 신중했던 맥아더의 태도로 볼 때, 11월 5일 초토화작전의 지시는 강경한 군사노선으로의 급선회를 의미했다. 스트레이트마이어는 맥아더가 소각과 파괴를 위한 초토화정책을 "되풀이하여 강조했다"고 말한다. 스트레이트마이어는 갑작스레 강경해진 맥아더의 태도에 약간은 당황한 듯했지만, 초토화작전의 실행을 지속적으로 요구한 이가 스트레이트마이어 그 자신이었기에 그 정책의 현실화 방안 또한 서둘러 마련했다. 11월 5일 스트레이트마이어는 맥아더가 구두로 명령한 내용을 문서 형식으로 완성해서 그의 공식적 재가를 받았다. 극동공군사령관이 제5공군사령관과 폭격기사령관에게 작전명령을 하달하는 형식을 취하고 있는 초토화작전 명령 문서의 전문(全文)은 다음과 같다.

스트레이트마이어가 파트리지와 오도넬에게

본 지령은 5부로 구성됨.
I. 1950년 11월 5일 맥아더 장군이 다음의 작전을 하달했다.

A. "한국-만주 국경에 위치한 모든 국제 교량의 한국 쪽 부분을 파괴할 것." 나는 이 지시를 한국 연안으로부터 첫번째 수면 위의 경간(俓間)을 파괴하라는 뜻으로 해석한다.

B. "나진과 수풍댐과 여타 북한 내의 발전소를 제외하고, 모든 통신수단, 모든 설비, 공장, 도시와 마을을 파괴할 것. 현 상황에서 이러한 모든 것들은 군사적 잠재력을 지니고 있으며, 따라서 군사시설로 간주될 뿐임. (원문상의 밑줄) 이 파괴 작전은 한국-만주 국경에서 시작해 남쪽으로 진행될 것임."

C. "국경 인근의 모든 목표물은 오직 시계비행(視界飛行) 조건에서만 공격할 것. 국경을 침범할 수 없고, 침범해서도 안 됨."

D. "극동공군의 최대역량이 향후 2주 동안 발휘될 것임. 필요할 경우 전투원을 최대한계까지 투입함."

II. 위의 정책명령은 즉시 효력을 발휘할 것임. 구체적 명령이 뒤따를 것임. 제5공군과 극동공군 폭격기사령부 사이의 직접 통신을 허용함. 극동공군 폭격기사령부는 제5공군과의 연락부서를 배치할 것임.

III. 전반적으로 극동공군 작전명령은 극동공군 폭격기사령부를 국제 영구교량들의 한국 쪽 끝부분을 파괴하는 임무에 배치하고, 제5공군을 부설될 부교들을 파괴하는 임무에 배치할 것임. 극동공군 폭격기사령부는 도시와 읍내를 파괴할 것임. 제5공군 산하의 비행기들은 은신처를 제공할 수 있는 모든 건물을 포함한 여타 목표물들을 파괴할 것임.

IV. 위의 정책은 소련 국경이 아니라 만주 국경에서 실행된다는 사실에 주의깊게 주목할 것. 이 작전은 청진에서 무산으로 이어지는 선의 북쪽에서는 수행되지 않을 것임.

V. 북한의 만주 국경지대, 특히 국제교량에 대한 사진정찰을 즉시

수행하는 것이 필수적임. 귀관의 RF-80기들이 이 임무에 즉시 배치되어야 함. 정찰기들은 이 정찰을 수행하는 과정에서 절대 국경을 침범해서는 안 됨. 귀관의 RF-80기들이 이 정책에 따라 사진정찰을 수행할 수 없는 목표물들을 나에게 알려주면, 나는 해당 목표물들을 제31비행대대에 배정할 것임.[49]

위의 문서는 한국전쟁사뿐만 아니라 미국의 동아시아 냉전정책에 있어서도 중요한 의미를 담고 있어 그 내용을 구체적으로 검토해볼 필요가 있다. 우선 원문상에서 밑줄이 그어져 있는 부분, 즉 "현 상황에서 이러한 모든 것들은 군사적 잠재력을 지니고 있으며, 따라서 군사시설로 간주될 뿐"이라는 문장은 애초 스트레이트마이어가 작성한 명령서에는 없던 내용이다. 이 문장은 맥아더가 스트레이트마이어의 명령을 전반적으로 검토하며 유일하게 수정·삽입한 것이었다. 앞서 맥아더는 도시와 마을을 불태우는 작전을 구두로 하달하며 '초토화정책'이라는 단어를 반복적으로 사용했다. 그러나 맥아더는 자신의 지시를 문서화하는 과정에서 북한의 도시와 마을(City and Village)을 '군사시설'로 표현하며 자신의 초토화정책을 적극적으로 정당화했다. 즉 맥아더는 자신의 민간지역 무차별폭격이 워싱턴의 '군사목표' 정밀폭격이라는 일반정책에 어긋나지 않음을 명확하게 강조했던 것이다. 훗날 발생 가능한 워싱턴의 비난이나 국제사회의 인도주의적 관점의 비판으로부터 스스로를 적극적으로 정당화하기 위해 이 같은 문장을 삽입한 것으로 추측할 수 있다.

또한 초토화작전 수행과정에서 폭격기사령부와 제5공군의 임무가 상이하게 배정되었다는 사실도 눈여겨볼 필요가 있다. 이는 곧 폭격기사령부 소속의 B-29 중폭격기의 임무와 제5공군 소속의 B-26 경폭격기와 전폭기의 임무가 서로 달랐음을 의미한다. 명령서에 따르면, B-29기들은 국경선의 대규모 국제교량을 파괴하고 도시와 읍내를 파괴하는 임무를 맡았고, B-26기와 전폭기들은 국경선의 부교와 그외 모든 시설물에 대한 파괴 임무를 배정받았음을 확인할 수 있다. 실제 B-29기와 여타 폭격기 들은 위의 명령서에서 배정한 대로 서로 상이한 목표물들을 조직적으로 파괴해나갔다.

마지막으로 주목해볼 만한 내용은 "은신처를 제공할 수 있는 모든 건물을 포함한 여타 목표물들을 파괴"하라는 지시내용이다. 이는 폭격수행 시점에 도시나 마을의 건물들이 적 병력에 의해 점령된 상태가 아니라 할지라도, 향후 미래에 은신처를 제공할 수도 있으므로 적 점령 이전에 파괴할 것을 명령했다는 점에서 중요하다. 이 같은 명령은 사실상 순수 민간지역을 향한 '사전폭격(事前爆擊)'으로 유엔군 군사작전의 비인도적 성격을 노골적으로 드러낸 것이라 볼 수 있다. 11장에서 다양한 사례분석과 함께 자세히 설명하겠지만, 이 같은 민간지역 사전폭격 명령은 극동공군 산하의 폭격기들에 의해 매우 충실하게 이행되었다.

맥아더의 초토화작전 명령은 워싱턴의 최고위급 정·군 인사들에게도 즉각적으로 전달되었다. 이 내용은 당연히 트루먼 대통령을 포함한 워싱턴 최고인사들에 의해 검토되었을 것이다. 11월 7일 미 육·해·공군의 참모총장이 포함된 대통령 군사자문기관인 합동참모본부가 맥아더에게 해당 명령에 대한 검토결과를 보냈다. 합참의 답신에는 도시와 마을을 향한 소이탄 폭격에 대한 별다른 언급이 없었다. 북한 내 민간지역이 군사시설로 간주될 수 있다고 정당성을 부여하긴 했지만, 맥아더의 군사작전은 명백히 무차별적 초토화작전으로 워싱턴의 군사목표 정밀폭격이라는 일반정책에 어긋나는 것이었다. 그러나 워싱턴은 침묵했다. 대신 "만주 국경 5마일(8킬로미터) 이내 지역에 대한 폭격을 연기하라"는 지시만 하달했다.[50] 합참은 전쟁의 확대를 야기할 수 있는 국경지역 폭격만을 금지했다.

맥아더는 이 같은 합참의 지시에 즉각적으로 반발했다. 그는 만주로부터 쏟아져 들어오는 인력과 물자가 유엔군에 "엄청난 손실을 초래할 수 있다"고 위협하며, 합참 명령의 즉각적인 재검토를 요구했다.[51] 같은 날 맥아더는 합참에게 보내는 다른 전문을 통해 병력 증원을 요청하며, "그렇지 못할 경우 궁지에 몰리거나 여태까지 얻은 모든 것을 한꺼번에 잃어버리게 될 것"이라고 다시 한번 협박했다.[52] 결국 합참은 "기존에 계획했던 신의주 표적과 압록강 철교 끝부분을 포함하는 국경 인근 북한지역 폭격을 허용한다"고 맥아더에게 전문을 보냈다. 합참은 국경지역 폭격을 허용하는 전문에서 "미국의 국익 차원(the national interest of the U.S.)에서 볼 때 한반도 분쟁을 국지화하는 게 결정적으로 중요"하다는 표현을 추가했다. 그러나 해당 전문에서 '한국인들을 위해' 민간지역 폭격에 신중해야 한다는 표현은 어디에도 없었다.[53] 마치 1950년 10월 15일 트루먼 대통령과 맥아더의 대화에서 중국군 참전 시 "최악의 대량학살"을 벌이겠다는 맥아더의 발언에 트루먼이 침묵했던 것처럼, 1950년 11월 5일 맥아더가 실제 최악의 대량학살을 현실화시키려 했을 때 워싱턴의 그 누구도 이에 대해서는 아무런 문제도 제기하지 않았다.

11장

불타는 눈발

사라진 도시: B-29기의 소이탄 투하

맥아더의 초토화작전 명령을 그대로 옮긴 스트레이트마이어의 1950년 11월 5일자 작전명령서에 따르면, 극동공군 폭격기사령부의 B-29 중폭격기들은 압록강의 대규모 국제교량 파괴 임무와 함께 "도시와 읍내" 파괴 임무를 맡게 되었다. 한편 폭격기사령부 소속의 중폭격기들은 1950년 10월 25일부터 모두 대기상태에 머물러 있었다. 실제 당시 미공군 문서를 보면, 10월 25일부터 11월 3일까지 10일이라는 짧지 않은 기간 동안 폭격작전을 수행한 B-29기가 단 1대도 없었던 사실을 확인할 수 있다. 이 기간 동안 극동공군은 심리전 전단을 살포하거나, 정찰업무를 수행하는 데 1~3대의 B-29기를 동원했을 뿐이었다.[54]

하지만 고요한 대기상태는 11월 3일 맥아더의 지시에 의해 완전히 급변했다. 이날 맥아더는 신의주 도심을 향한 소이탄 대량폭격을 주장하는 스트레이트마이어를 자중시키면서, 신의주폭격 이전에 "시험 삼아" 강계를 불태우는 작전에 대해서는 못 이기는 척 동의해줬다. 그리고 작전을 실행하기 위해 10일 동안 대기상태에 있던 B-29기의 활동재개를 명령했다.[55] 10일간의 대기상태는 표현 그대로의 폭풍전야에 불과했다. 일본의 비행기지에 머무르며 완벽한 휴식을 취한 B-29기들은 기존의 파괴폭탄 대신 소이탄을 장착했다. B-29기에 새롭게 장착된 소이탄들은 미국의 한국전쟁 수행방식의 명백한 전환을 의미했다.

11월 3일 맥아더와 스트레이트마이어의 긴 대화 끝에 한국전쟁기 무수히 반복된 '도시 자체'에 대한 파괴작전의 첫번째 목표물로 강계가 선정되었다. 지시 다음날인 11월 4일, 극동공군 폭격기사령부는 27대의 B-29기를 강계지역으로 출격시켰다. 그러나 당일의 기상이변으로 인해 타깃은 2차목표인 청진으로 바뀌었다. 강계지역의 날씨가 좋지 않았기 때문에 B-29기들은 육안폭격을 수행할 수 없었던 것이다. 강계는 압록강을 경계로 중국과 맞닿아 있기 때문에 시야를 확보하지 않은 상태에서 대량폭격을 수행할 경우 자칫하면 중국영토 오폭사건을 유발할 수도 있었다. 따라서 소이탄을 잔뜩 싣고 강계로 날아갔던 B-29기들은 비행방향을 선회하여 동해안 북쪽의 청진으로 날아갔다.

당일 미공군 문서에 따르면, 27대의 비행기 중 레이존(razon)폭탄을 장착한 3대의 B-29기는 기지로 돌아왔고, 나머지 24대의 비행기들이 레이더조준으로 청진을 폭격했다고 한다. 이날 B-29기가 사용한 무기는 2차대전 시기 일본에서 악명을 떨쳤던 소이탄이었다. 한국전쟁 최초의 B-29 중폭격기에 의한 소이탄 폭격이 시작된 것이다.[56] 이미 남한지역에서 전폭기들이 네이팜탱크를 소이탄으로 활용하고 있었지만, B-29기의 소이탄 투하는 이날이 처음이었다.

다음날 청진시를 정찰한 비행기는 여전히 청진시가 "다수의 대형 화염"(many large fires)에 휩싸여 있으며, 도시 북쪽으로 피난하는 많은 사람들을 볼 수 있다고 보고했다.[57] 불길이 24시간 이상 지속된 점도 그

4-3. 1950년 11월 5일 폭격 전후의 강계시

러하나 한국전쟁 발발 이래 계속된 폭격에도 청진에 머물러 있던 지역민들이 대거 피난을 떠난 사실은 소이탄 폭격의 위력이 얼마나 대단했는지 미루어 짐작케 해준다.

다음날인 11월 5일에는 22대의 B-29기들이 애초 계획대로 강계에 대량의 소이탄 폭격을 실시했다. 앞의 사진 4-3은 11월 5일 폭격 전후 강계의 모습을 보여준다. 상단 사진은 폭격 직전의 모습이고, 하단 사진은 소이탄 폭격 직후의 모습이다. 단 하루의 공격으로 인해 강계 시내의 인구밀집지역 대다수가 폐허가 되었음을 알 수 있다. 극동공군은 사진분석을 통해 "강계의 군 보급품 집적소, 교통중심지, 고위사령부의 65퍼센트가 소이탄 공격에 의해 파괴되었다"고 평가했다.[58] 스트레이트마이어 또한 미공군 참모총장 반덴버그에게 보내는 전문을 통해, "강계 전체가 사실상의 병기창이자 매우 중요한 교통중심지입니다. 이러한 까닭에 한국에서 최초로 소이탄 폭격을 결정했습니다"[59]라고 보고했다. 그러나 사진을 통해 알 수 있듯이 폭격피해를 입은 지역은 단일한 병기창이 아닌 강계 시내의 광범위한 인구밀집지역이었다. 모든 것을 불태워버리는 가공할 소이탄의 위력은 강계의 인구밀집지역을 순식간에 짓눌린 종잇장처럼 폐허로 만들어버렸다.

11월 8일에는 폭격기사령부의 신의주공습이 진행되었다. 앞서 살펴보았듯이, 신의주공습은 11월 5~7일 맥아더와 합참의 공방 끝에 "신의주 표적과 압록강 철교 끝부분을 포함하는 국경 인근 북한지역 폭격을 허용한다"[60]라는 합참의 재가 이후에 현실화된 것이었다. 이날 폭격기사령부는 78대의 B-29기를 신의주 상공으로 출격시켰다. 78대 중 70대는 신의주 도시 전체를 소이탄으로 육안폭격했고, 6대는 신의주 국제교량을 파괴폭탄으로 공격했으며, 2대는 신의주 동쪽 14.5킬로미터 지

4-4. 1950년 11월 8일 폭격 직후의 신의주

점의 복선철도교량을 레이존폭탄으로 폭격했다. 제5공군 소속 전폭기 87대 역시 폭격기 호위임무를 수행하면서 동시에 폭격작전을 수행했다. 11월 8일 단 하루 동안 신의주에는 640톤의 폭탄이 투하되었고, 도시 전체는 순식간에 잿더미로 변했다.[61] 신의주폭격 직후 극동공군은 사진정찰을 통해 신의주시 184만 제곱미터 중 약 110만 4000제곱미터 이상이 완전 파괴되었다고 결론내렸다.[62] 이날 하루 동안에만 약 8만 5000발의 소이탄이 투하되었다.[63] 한국전쟁 발발 당시 신의주에는 1만 4000호의 가옥과 12만 6000명의 시민이 거주했다.[64] 이는 11월 8일 하루 동안 건물 1채당 평균 6.07발, 사람 1명당 평균 0.67발에 달하는 소이탄이 신의주 상공으로부터 투하되었음을 의미한다.

70대의 B-29기가 투하한 8만 5000발의 소이탄 수가 과장된 것으로 보일 수도 있지만, 오도넬이 스트레이트마이어에게 발송한 보고서를 보면 11월 8일 신의주에 투하된 소이탄의 수가 결코 과장되지 않았음을 쉽게 확인할 수 있다. 즉 70대의 B-29기는 각각 32발의 소이집속탄(incendiary cluster bombs)으로 무장했는데, 각각의 집속탄 안에는 38발의 소이탄이 들어 있었다. 결과적으로 당일 신의주에는 정확히 8만 5120발 (70×32×38)의 소이탄이 투하되었음을 알 수 있다. 오도넬은 "시가지가 사라졌다(the town was gone)"고 보고했다.[65]

앞의 사진 4-4는 11월 8일의 폭격으로 불타고 있는 신의주의 모습이다. 화염으로 인해 발생한 흰색과 검은색의 연기는 도시의 피해양상조차 파악할 수 없을 정도로 도시 상공을 자욱하게 뒤덮고 있다. 사진은 당일 6대의 B-29기에 의해 공격을 받았다는 신의주 국제교량의 모습과 폭격피해를 전혀 입지 않은 압록강 너머 만주지역도 보여준다. 신의주 폭격 당시 합동참모본부와 맥아더는 만주지역 오폭 가능성에 대해 철저히 경계하면서, 국제교량 또한 북한쪽 경간만을 공격하라고 명령했다.[66]

또한 사진 4-4는 신의주 도심이 위치한 사진 하단의 왼쪽에서는 소이탄 공격에 의해 흰색과 회색의 연기가 피어오르고, 국제교량이 위치한 오른쪽 교량 경간 부위에서는 파괴폭탄 공격에 의해 화염을 동반한 검은 연기가 솟아오르는 장면을 생생히 보여준다. 이날 극동공군은 언론브리핑을 통해 도시의 90퍼센트가 파괴되었으며 군사적 성격을 지닌 목표물만을 공격했다고 주장했다.[67] 극동공군의 평가는 모순적이나 북한지역의 도시와 농촌지역 자체를 군사적 목표물로 판단한 이상은 정당한 평가로 보인다.

1951년 7월에 최종 작성 완료된 국제민주여성연맹 조사단(이하 '국제여맹 조사단')의 보고서는 11월 8일 신의주 폭격의 결과와 영향을 잘 보여준다. 북한 측의 주장에 따르면, 1950년 7월 신의주에는 1만 4000호의 가옥에 12만 6000명의 주민들이 거주했으며, 도시 내에는 장·두부·신발·성냥·소금·젓갈 등의 경공업 공장들밖에 없었다. 신의주에는 전략적 관점에서 중요한 산업시설이 거의 없었던 것이다. 11월 8일 폭격으로 총 3017호에 달하는 국가 및 시 소유 건물 가운데 2100호가 파괴되었고, 1만 1000호 이상의 민간인 주택 가운데 6800호가 파괴되었다. 5000명 이상의 주민들이 살해되었는데 그 가운데 4000명 이상의 피해자가 여성들과 어린아이들이었다. 이 같은 피해자 분포는 대부분의 남성들이 전쟁에 동원되었기 때문에 발생한 현상이었다. 앞서 제1부에서 살펴본 전략폭격이론의 창시자 두에의 유언, 즉 "인류 전체 경제에서 최대의 개별 가치"를 지닌 건장한 청년들을 보호하기 위해 후방의 여성, 노인, 어린이의 희생을 감수해야 한다는 전략폭격이론 창시자의 궤변이 한반도에서 정확하게 현실화되고 있었다. 신의주 14개 중등학교 가운데 12개가 소이탄에 의해 파괴되었고, 국제협정에 의거하여 커다란 적십자를 표시해두었던[68] 2개의 시립병원도 전소되었다. 5000명 이상의 사망자 외에도 총 3155명의 사람들이 소이탄 폭격으로 부상을 입었다.[69]

1950년 11월 맥아더의 공세적 지시 이후, 전선과 압록강 사이의 북한 주요 도시들을 완전히 파괴해버리겠다는 유엔군사령부의 군사정책은 오랫동안 지속되었다. 1950년 11월은 폭격의 정점이 아니라 시작점에 불과했던 것이다. 당시의 대도시 폭격양상을 보여주는 하나의 사례로서, 1950년 11월 한달 동안의 극동공군 폭격기사령부 작전양상을 날짜순으로 정리해보면 아래의 〈표 1〉과 같다.

〈표 1〉 1950년 11월 극동공군 폭격기사령부의 북한 대도시 폭격양상 개요

날짜 (1950년)	폭격지역	폭격양상
11월 4일	청진	폭격기사령부는 27대의 B-29기를 출동시켰다. 기상악화로 인해 애초 계획된 강계 보급품 집적소 폭격이 취소되었다. 레이존폭탄을 장착한 3대의 B-29기는 기지로 돌아왔다. 나머지 24대의 B-29기들은 레이더조준에 따라 청진을 공격했다. 소이탄이 투하되었고, 그 결과는 알 수 없다.
11월 5일	강계	27대의 B-29기가 출격했다. 22대는 강계의 창고지역을 수많은 소이탄으로 육안폭격했는데, 결과는 좋지 않은 것에서부터 아주 탁월한 것에 이르기까지 다양했다. 2대의 B-29기는 강계의 교량들을 공격했는데, 그 결과가 아주 좋았다. 1대의 비행기는 적 점령지역에 전단을 투하했고, 2대의 비행기는 사진정찰 및 지도작성 임무를 수행했다.
11월 8일	신의주	신의주지역에 640톤 이상의 폭탄을 투하했다. 도시는 커다란 화염 속에 잿더미가 되었다. 극동공군 폭격기사령부는 78대의 B-29를 출동시켰다. 70대의 B-29기는 소이탄으로 신의주를 육안폭격했다. 결과는 매우 훌륭한 것부터 확인 불가능한 것까지 다양했다. 6대의 비행기가 신의주지역 교량들을 파괴폭탄으로 공격하여 매우 좋은 성과를 이끌어냈다. 2대의 비행기는 레이존폭탄으로 신의주 교량들을 공격했는데 결과는 좋은 것에서부터 나쁜 것까지 다양했다. 적 전투기의 움직임은 없었다.
11월 9일	삭주 북청 청진	폭격기사령부는 13대의 비행기를 출격시켰다. 삭주와 북청의 교통중심지역을 소이집속탄으로 공격하여 훌륭한 결과를 낳았다. 북청은 소이탄 공격으로 인해 연기가 9000피트 상공까지 솟구치는 것이 관측되었다. 4대의 B-29기는 청진을 소이탄으로 레이더폭격했다.
11월 10일	청진 의주	33대의 B-29기가 출격했다. 만포진과 초산 주요 목표상공의 악천후 때문에, 17대의 비행기가 청진의 부차적 목표물을 소이탄으로 육안폭격했다. 공격결과는 훌륭했다. 대공포화가 없었다. 12대의 비행기가 의주를 공격하면서 소이탄으로 해당 지역을 덮어버렸다. 2대의 B-29기는 적 점령 지역에 전단을 투하했다. 2대의 비행기는 감시사진임무를 수행했다.

11월 12일	북청 만포진 선천	27대의 B-29기가 북청, 만포진, 선천을 소이탄으로 육안폭격하여 훌륭한 결과를 이끌어냈다. 2대의 B-29기가 중국 공산군 집결지역에 전단을 투하했다.
11월 13일	삭주 신의주 나남 초산 남시	43대의 B-29기가 출격했다. 12대는 삭주의 교통중심지를 공격하여 좋은 결과를 이끌어냈다. 9대는 신의주 교량진입로와 나남의 보급중심지를 공격했고, 13대는 초산을 공격했다. 4대의 B-29기는 남시 인근 보급품 집적소를 육안폭격했는데, 그 결과는 알 수 없다.
11월 14일	신의주 나남	제19폭격전대의 9대 비행기가 신의주 북단 철로를 육안폭격하여 좋은 결과를 이끌어냈다. 1대의 비행기는 나남의 철도교량을 공격했으나, 결과는 아직 보고되지 않았다. 나머지 9대는 나남시를 공격했는데, 이들 중 3대는 레이더폭격을 수행했다. 결과는 여전히 보고되지 않았다. 제307폭격전대 소속의 12대 비행기는 신의주 북단 교량을 공격하여 관측 불가능한 결과에서부터 훌륭한 결과까지 다양한 성과를 이끌어냈다.
11월 15일	회령	극동공군 폭격기사령부는 33대의 비행기를 출격시켰다. 31대의 B-29기는 회령을 공격하여 훌륭한 결과를 이끌어냈다. 회령(북동쪽 만주국경 지역)의 군사목표물에 파괴폭탄 239톤을 투하했다.
11월 19일	무평리 구읍동 나남 곽산 구성 별하리 표동	극동공군 폭격기사령부는 44대의 효율적 출격임무를 수행했다. 41대의 B-29기가 무평리, 구읍동, 나남, 곽산, 구성, 별하리, 표동 등의 지역에 284톤의 소이탄을 투하했다. 강계와 희천 사이의 교통로에 36톤의 500파운드 파괴폭탄을 투하했다.
11월 20일	나남	극동공군 폭격기사령부는 25대의 비행기를 출격시켰다. 22대의 비행기는 나남을 육안폭격했다. 2대의 비행기가 전단을 투하했다.
11월 22일	청진 무산	B-29기 52대가 출격했다. 44대는 청진을 레이더폭격하면서 소이탄과 파괴폭탄을 투하했다. 7대는 무산을 육안폭격했는데, 폭탄들은 보급지역을 완전히 불길로 뒤덮었으며, 2차 폭발이 관측되었다.

11월 23일	강계 삭주 구성	극동공군 폭격기사령부는 14대의 효율적 출격을 수행했다. 11대의 비행기가 국경선으로부터 시작하여 남쪽으로 강계, 삭주, 구성의 교통중심지를 통과하는 21개의 교통중심지 목표물을 공격했다.
11월 24일	남시 장전하구 운산 신창 태천 구성 희천 강계 만포진	폭격기사령부는 38대의 효율적 출격을 수행했다. 제19폭격전대 소속의 12대 비행기가 정주에서 남시 부근까지의 군사시설들과 장전하구 교량들을 육안폭격하여 나쁨에서 매우 좋음까지 다양한 결과를 이끌어냈다. 제307폭격전대의 비행기 15대는 운산부터 신창, 태천부터 구성, 희천, 강계, 만포진 일대를 육안폭격하여 나쁨에서 매우 좋음까지 다양한 결과를 만들어냈다.
11월 25일	장전하구 만포진	극동공군 폭격기사령부는 33대의 효율적 출격을 수행했다. 11대의 비행기가 장전하구의 도로 교량과 만포진의 철도교량을 훌륭히 공격했다. 20대의 비행기는 폭격선 북쪽의 군사시설과 보급품 집적소를 육안폭격하여 좋은 결과를 이끌어냈다. 2대는 정찰임무를 수행했다.
11월 26일	보급품 집적소	극동공군 폭격기사령부는 36대의 B-29기를 출격시켰다. 제19폭격전대의 9대 비행기는 적의 보급품 집적소를 소이탄으로 육안폭격했다. 제307폭격전대의 12대는 폭격선 북쪽의 교량과 철로를 육안폭격하여 훌륭한 성과를 거두었다. 2대는 정찰임무를 수행했다.
11월 27일	적 점령 도시	극동공군 폭격기사령부는 22대의 출격을 기록했는데, 9대는 적 점령 도시들을 공격했고, 11대는 적의 교통로를 공격했으며, 2대는 전단투하 임무를 수행했다. 11대는 소이탄과 1000파운드 파괴폭탄을 적 교통로에 투하했다.
11월 28일	적 점령 도시	극동공군 폭격기사령부의 21대가 적 점령 도시와 병력집중지역에 소이탄과 455킬로그램 파괴폭탄을 투하했다.
11월 29일	적 점령 도시	극동공군 폭격기사령부의 B-29기가 22대의 효율적 출격을 수행하면서, 적 점령 도시, 교통로, 청성진의 국제교량을 1000파운드와 500파운드 파괴폭탄으로 공격했다. 교량에 대한 2회의 정확한 명중을 비롯해 훌륭한 결과들이 보고되었다.
11월 30일	적 점령 도시	극동공군 폭격기사령부는 26대를 출격시켰다. 이들 중 24대는 적 점령 도시와 교통로를 공격했다. 결과는 꽤 좋았다.

*출전: Headquarters U.S. Air Force, "Air Situation in Korea," 1950.11.4~1950.11.30.

1950년 11월 한달간의 폭격은 실로 대단했다. 〈표 1〉을 보면 폭격기 사령부의 대량폭격이 11월 한달 내내 사실상 매일 진행되었음을 알 수 있다. 중간에 빠진 날들이 있는데, 이는 11월 8일 같은 대규모 폭격을 위한 대기명령이나 기상악화 때문이었다. 더불어 11월 초에는 청진·강계·신의주 같은 큰 규모의 도시들을 공격하다가, 11월 중순 이후에는 폭격선 너머 읍단위의 중소도시들은 물론 11월 19일의 사례처럼 리단위 마을 폭격까지 진행된 상황을 확인할 수 있다. 11월 하순부터는 구체적 도시명을 드러내지 않고 그저 "보급품 집적소" 혹은 "적 점령 도시"라고 타깃을 표시한 사실도 이채롭다. 사실상 지상군이 대치하고 있는 폭격선과 압록강 사이의 모든 민간지역이 폭격 목표물로 인식되었음을 알 수 있다. 11월 5일 스트레이트마이어의 명령서에서 확인할 수 있듯이, 미공군은 북한군이나 중국군의 해당 도시 체류 여부를 따지지 않았다. 애초부터 초토화작전의 목표는 적 점령 이전에 북한지역 도시와 마을을 완전히 파괴하여 적의 은신처를 빼앗고, 적 병력과 물자의 은닉을 막는 것이었다.

　미공군 도시파괴의 심각성은 직접 분석한 폭격평가에서 단적으로 드러난다. 극동공군은 전투부대들의 임무수행 후 반드시 임무보고서를 통해 작전의 달성 정도를 평가했고, 다음날 정찰기를 띄워 실제 작전성과를 검토했으며, 작전분석실을 통해 성과의 효율성을 재검토하곤 했다. 극동공군은 1950년 11월 소이탄 폭격으로 인한 북한 도시의 파괴율에 대해, 만포진 95퍼센트, 고인동 90퍼센트, 삭주 75퍼센트, 초산 85퍼센트, 신의주 60퍼센트, 강계 75퍼센트, 희천 75퍼센트, 남시 90퍼센트, 의주 20퍼센트, 회령 90퍼센트의 파괴율을 제시했다.[70] 여기서 만포진,

고인동, 남시, 회령 등의 지역은 90퍼센트 이상이 파괴되었다는 점은 주의깊게 볼 필요가 있다. 이는 사실상 도시 전체가 원폭피해라도 받은 것처럼 완전하게 파괴되었음을 의미하므로 자연스럽게 다음과 같은 의문이 든다. 과연 수일 동안의 폭격으로 이런 완전파괴가 가능할까? 소이탄의 위력이 이토록 대단한가? 극동공군이 폭격결과를 부풀려 보고한 것은 아닐까?

이에 대해 앞서 제1부에서 살펴본 2차대전기 함부르크·드레스덴·토교오폭격의 사례 외에도 1950년 11월 극동공군의 도시파괴율 평가가 결코 과장된 것이 아니라는 사실을 간접적으로 보여주는 당대 극동공군 내부 상황에도 주목할 필요가 있다. 이 상황이란, 한국전쟁기 미 극동공군의 폭격성과 평가가 과장되기보다는 오히려 엄격한 기준에 의거하여 축소되는 경향이 강했다는 것이다.

예컨대 합동작전센터의 육군 측 대표이자 포병장교였던 로버트 번즈(Robert Berns) 대령은 공군이 실제 공격성과보다 훨씬 낮게 성과를 보고한다고 반복적으로 지적했다. 공군은 2500명 이상의 대규모 적을 사살한 경우에 대해서도 500명 사살로 보고하곤 했다는 것이다.[71] 스트레이트마이어는 자신의 일기를 통해 동일한 작전에 대해 공군과 육군의 평가가 언제나 상이했으며, 공군이 확실히 자신의 전과를 과소평가해왔다고 지적했다.[72] 즉 1950년 11월 도시의 90퍼센트 파괴는 사실상 해당 지역의 완전 초토화를 의미하는 것이었다.

실제 1950년 11월의 초토화작전에 대한 북한정부의 평가도 극동공군의 자체평가 내용과 크게 다르지 않았다. 앞서 우리는 한국전쟁 초기 북한정부의 폭격피해 평가가 과장되지 않았다는 사실을 확인할 수 있었다. 북한정부는 전선의 군인과 후방의 민간인들의 사기를 고려하여 폭격의 위력과 피해규모를 불필요하게 과장하지 않았다. 이 같은 전쟁 초기 폭격피해 평가 경향을 고려해볼 때, 1950년 말 폭격피해에 대한 북한정부의 주장은 다소 이채롭다. 북한 외무상 박헌영은 "11월에 이르러 미군 항공기들은 강계, 신의주, 의주, 진천, 구성, 태천, 초산, 북진, 고산, 만포, 중강진, 회령 및 기타 도시들을 폭격하여 완전히 폐허로 만들었다"고 주장했다. "폐허"라는 그의 표현에 주목할 필요가 있다. 이어서 그는 "강계에서는 8000여호 중 500여호에 도달하지 못하는 가옥들이 남아 있을 뿐이며, 신의주에는 1만 2000여호 중 약 1000호가 남아 있으며, 만포에는 1500호 중 약 200호가 남아 있을 뿐"이라고 말했다. 박헌영은 이 기간에 북한지역에서만 7000개소 이상의 농촌과 도시가 소각되었다고 주장했다.[73]

이렇듯 한달이라는 짧은 기간 동안 북한 북부지역의 주요 도시와 마을의 초토화를 가능하게 만든 소이탄은 2차대전기 미공군의 일본 본토 공습에서 가공할 만한 파괴력을 과시했던 무기였다. 소이탄으로 인한 도시의 완전파괴와 수많은 민간인의 죽음은 5년 전 일본에서 이미 입증된 사실이었다. 단 2차대전기 일본 도시지역에 투하된 소이탄은 목조건물의 방화에 유리한 M-69 소이탄이었음에 반해, 한국전쟁기 도시지역에 주로 투하된 폭탄은 225킬로그램 M-76 소이탄이었다.[74] M-69는 석유를 기본으로 하는 소이탄인 반면, M-76은 석유와 금속의 장점이 합해진 석유-금속 소이탄의 일종으로, 석유 소이탄의 장점인 넓은 방사성(放射性)과 분말금속 소이탄 매개체의 화력상승효과가 합해진 강력한 무기다. M-76 내에는 '굽'(goop)이라는 마그네슘과 원유의 화합물이 들어갔다. 분말 마그네슘과 만난 석유는 진한 농도의 반죽 덩어리로 변한다. 불타는 마그네슘은 으레 강철도 녹일 수 있는 섭씨 1980도까지 온도가 상승하기 때문에, 굽은 목조건물뿐만 아니라 차량·열차·철로·공장 등의 파괴에도 유용한 폭탄원료였다. 마그네슘은 물과 융합되면 폭발성이 있는 수소 등의 가스를 형성시키기 때문에 진화도 어렵다. 불타는 마그네슘은 밝은 불꽃을 내며 인체에 해로운 흰색의 산화마그네슘 연기까지 형성시킨다.[75] 앞서 살펴본 신의주폭격 사진에서 유난히 하얗던 연기는 산화마그네슘의 존재를 증명한다. 8만 5000여발의 M-76에서 형성된 산화마그네슘 연기가 일순간에 신의주 상공을 가득 메운 것이다. 그 가혹한 불꽃과 매캐한 연기 아래에서 4000여명의 어린이와 여성을 포함한 5000여명의 사망자와 3000여명의 부상자가 발생했다. 연기 아래 모습은 표현 그대로 아비규환이었을 것이다.

1951년 5월 북한 북부지역을 돌아다닌 국제여맹 조사단의 한 그룹은 자신들의 이동경로에서 보았던 북한의 풍경을 아래와 같이 묘사했다.

힐데 칸(Helde Cahn, 동독), 릴리 배히터(Lily Waechter, 서독), 바이랭(중국), 트레이스 수니토 헤일리헤르스(Trees Soenito Heyligers, 네덜란드)로 구성된 조사단의 한 그룹은 한국의 북쪽 일부분을 방문했다. 노선은 평양에서 개천, 희천, 강계를 거쳐 만포까지 갔다가 평양으로 돌아오는 것이었다. 평양에서 개천까지 가는 도중에 조사단원들은 완전히 파괴되어 폐허가 된 작은 도시 4곳을 보았다. 불타버린 수많은 촌락과 농가를 지나갔다. 도중에 본 모든 도시들은 파괴되어 있었다. 피해를 입지 않은 촌락은 거의 없었다. 조사단원들은 6곳에서 산불을 보았다. 그중 2곳은 그들의 눈앞에서 불붙기 시작했다. 1곳은 평양과 개천 사이였고 다른 1곳은 희천과 개천 사이였다. 조사단원들은 2곳 모두에서 항공기 소리를 들을 수 있었으며, 땅 위에서 불길이 올라가자 곧 불이 번쩍하고 별안간에 불길이 퍼지는 것을 보았다. 그들은 화염에 휩싸인 나뭇가지들을 보았다. 조사단원들은 이동 중에 산불에 의해 시커멓게 타버린 산등성이들을 보았다.[76] (강조는 인용자)

위의 묘사는 1951년 초 이미 철저히 파괴된 북한 민간인 거주지역의 실상을 너무나 생생하게 보여준다. "도중에 본 모든 도시들은 파괴되어 있었다"는 문구가 유난히 눈에 띈다. 1950년 11월부터 시작된 초토화작전에 의해 북한의 도시와 농촌은 이미 그 형체조차 찾아볼 수 없을 만큼 완전히 소멸되어버린 것이다. "이 파괴작전은 한국-만주 국경에서 시작해 남쪽으로 진행될 것"이라는 11월 5일 스트레이트마이어 명령서를 통해 분명히 확인할 수 있는 것처럼, 실제 초토화작전은 유엔군의 남하와 함께 점차 북한 전역으로 확대되었다. 그리고 마침내 12월 20일 스트레이트마이어와 파트리지는 "평양, 원산, 함흥, 흥남이 지체없이 소각되어야만 한다"(Pyongyang, Wonsan, Hamhung and Hungnam should be burned without delay)라는 결론에 이르렀다.[77]

당대 미공군 문서를 보면, 12월 말 대부분의 유엔군이 38선 이남지역으로 철수하는 상황 속에서 극동공군의 초토화작전이 38선 부근까지 확대된 정황을 확인할 수 있다. 예컨대 12월 28일 B-29기 28대가 출격하여 이중 24대가 38선 인근의 파주시 금촌, 황해도 서흥군 신막읍, 철원군 갈말읍 지포리 등의 지역에 대량폭격을 수행했다. 12월 30일에는 18대의 B-29기가 철원을 폭격했다. 특히 1951년 1월 3일과 5일에 진행된 평양폭격은 소이탄 대량폭격의 가공할 위력을 여실히 보여준다. 1월 3일에는 72대의 B-29기가 출격하여 이중 67대가 평양을 폭격했고, 1월 5일에는 70대가 출격하여 59대가 평양을 공격했다. 연 이틀에 걸친 평양공습은 극동공군 전투력을 풀가동한 것으로서, 표현 그대로 해당 지역을 초토화해버리기 위한 군사작전이었다.[78]

1951년 5월 국제여맹 조사단의 묘사를 통해 알 수 있는 것처럼, 그때까지도 극동공군의 소이탄 공격은 북한지역에서 계속 반복되고 있었다. 이 같은 사실은 실제 1951년 5월에 작성된 수많은 미공군 측 문서를 통해서도 쉽게 확인할 수 있다. 그리고 이처럼 짧지 않은 기간 동안 북한 전역의 민간지역을 향해 끊임없이 쏟아지던 소이탄들은 국제여맹 조사단의 표현처럼, 북한지역의 모든 도시를 파괴했고, 대부분의 촌락을 불태워 없애버렸다. 1950년 11월의 대량폭격작전은 북한 민간인 거주지역 파괴의 정점이 아니라 시작점에 불과했던 것이다.

소규모 마을까지 불태우기

중국군 참전 이후 북한 민간인 거주지역의 파괴양상은 더욱 심화되었다. 국제여맹 조사단원들은 "어째서 피해가 이다지도 막심한지 처음에는 알 수 없었다"고 말했다. 그러나 이내 조사단원들은 막중한 피해의 원인을 알 수 있었다. 조사보고서는 다음과 같이 말한다. "시의 공무원들이나 주민들을 만나 우연히 대화를 나누며 질문한 결과 그 이유를 알 수 있었다. 우리와 인터뷰한 모든 사람들은 첫번째의 파상적인 소이탄 투하 이후 불을 끄기 위해 거리로 나간 사람들이 저공비행 기총소사에 의해 조직적으로 사살되었다고 언급했다. 도시에 대한 완전소각은 화재진화를 시도한 민간인들을 조직적으로 기총소사하는 과정에서 초래되었다."[79]

조사단원과의 인터뷰에 응한 신의주 주민들은 하나같이 폭격 후 전폭기 기총소사 사실에 대해 언급했고, 이것이 도시지역 완전소각의 주요 원인이라고 주장했다. 소련군 총참모부 작전총국 또한 1950년 말 미 공군의 폭격작전에 대해 언급하며, "폭격 7~10분 후 폭격장소에 적 전폭기가 나타나 공중청소를 실시"했다고 분석했다. 이 보고서는 대외선전을 위한 문서가 아니라, 미공군 전투행동 분석을 위한 소련군의 내부 비밀문서였다.[80]

여기서 우리는 다시 1950년 11월 5일 스트레이트마이어의 초토화작전 명령서를 주목하지 않을 수 없다. 왜냐하면 해당 명령서가 제시한 제5공군 소속 경폭기와 전폭기의 구체적 임무가 "은신처를 제공할 수 있는 모든 건물을 포함한 여타 목표물들을 파괴"하는 것이었기 때문이다. 아마도 이보다 더 모호하고 광범위한 타깃을 설정하기는 힘들 것이다. 제5공군 조종사들은 북한지역에서 그 어떤 것에 대해서도 공격을 가할 수 있는 공식적 면허를 손에 움켜쥔 채 작전을 수행한 것이나 다름없었다.

소이탄 투하 직후의 전폭기 기총소사는 그 목표물 자체가 도시주민들이라는 점에서 매우 비인도적인 군사작전임에 틀림없다. 그러나 그 진행과정만큼이나 잔인한 것은 그 전투작전의 목적이었다. 미공군이 소이탄 투하 직후 도시주민들에게 기총소사를 가한 이유는 생존자들의 증언처럼 도시를 완전히 초토화시키기 위한 것이었다. 미공군은 극도로 인화성이 강한 소이탄을 도시지역에 투하한 후, 화염이 수일 동안 불탈 수 있도록 기총소사를 통해 진화작업을 방해했던 것이다.

진화작업의 방해를 위한 또다른 활동은 소이탄 투하 직후의 도시 전 지역에 대한 시한폭탄 투하였다. 국제여맹 조사단은 미공군 폭격기들이 주로 소이탄 투하 후에 시한폭탄을 투하했다고 주장한다. 조사단의 보고서에 따르면, 시한폭탄은 다양한 시간대에 폭발했는데, 낙하 후 20일 이후에 폭파하는 것들도 있었다고 한다.[81] 실제 미 극동공군은 이미 남한지역에서도 북한군의 교량복구사업을 방해하기 위해 다량의 시한폭탄을 투하했다.[82] 화재진압 및 교량복구사업은 남북한을 막론하고 해당 도시 거주민들이 담당했던 업무였다. 다시 말해 1950년 8월과 11월 극동공군은 남북한 도시의 민간인을 대상으로 비인도적인 시한폭탄을 무차별적으로 투하했던 것이다. 작전은 민간인을 희생시키고 그들 사이에 공포심을 불러일으키는 것을 주요한 목적으로 했다. 북한주민들은 기총소사 및 시한폭탄이 두려워 소이탄의 화염을 감히 끌 엄두를 못 냈다.

도시주민들에 대한 저공비행 기총소사 임무는 제5공군 전폭기들의 몫이었다. 실제 B-29 중폭격기가 대량으로 투입된 주요 작전에는 제5공군의 전폭기들 또한 집중적으로 투입되곤 했다. 예를 들어 11월 8일 78대의 B-29기가 신의주를 폭격했을 때, 87대의 전폭기 또한 신의주 상공에서 작전을 수행했다.[83] 폭격 다음날『뉴욕타임즈』에 실린 신의주공습에 대한 기사는 신의주 상공 전폭기들의 존재에 대해 다음과 같이 언급한다.

"아침 일찍 전폭기들이 기총소사 및 로켓과 네이팜탄 투하를 통해 해당 지역을 쓸어버리면서 공격은 시작되었다. 이후 B-29기 10대가 1000파운드(455킬로그램) 고성능폭탄을 철로와 압록강 교량 및 교량진입로에 투하했다. 나머지 비행기들은 압록강 남동기슭을 따라 조밀하게 늘어선 2.5마일(4킬로미터)의 건물밀집지역을 소이탄만으로 공격했다."[84] 기사내용은 앞서 살펴본 극동공군 내부자료와 거의 정확히 일치한다. 다만 다른 점이 있다면 폭격의 진행과정에서 전폭기들이 먼저 도시를 파괴한 후 폭격기가 진입했다는 사실에 대한 묘사 부분이다.

미 극동공군은 이날 신의주에 투입된 전폭기 87대의 임무를 '폭격기 호위'라고 간략히 표시했다. B-29폭격기 진입 이전에 도시의 상당부분을 파괴하는 행위는 존재 가능한 대공포의 사전박멸을 의미하기 때문에, 엄밀한 의미에서 호위활동이라고 볼 수 있다. 그러나 수십대의 전폭기들이 일시에 네이팜탄을 투하하고 로켓을 발사하고 기총소사를 실시하는 행위는 그 자체가 가공할 만한 파괴작전이었다. 위의 『뉴욕타임즈』의 기사 역시 "전폭기들이 해당 지역을 쓸어버렸다"라는 표현을 사용했다. 게다가 이들 전폭기들의 주요 임무가 폭격기 호위였다고 하나 이날 신의주 상공에는 단 1대의 적 비행기도 나타나지 않았다(No enemy fighters were encountered).[85] 결과적으로 이들의 활동은 처음부터 끝까지 도시파괴작전에 머물렀던 것이다. 이렇듯 B-29기와 함께 대도시 공격에 동원된 전폭기들은 도시 파괴에서 나름의 중요한 역할을 담당했음을 알 수 있다. B-29 중폭격기들의 임무가 대도시지역을 소이탄으로 '대량소각'하는 것이었다면, 제5공군의 전폭기들은 대도시지역의 '완전소각'을 적극적으로 방조하는 것이었다.[86]

지금까지 살펴본 것처럼 제5공군 소속 전폭기들은 대도시 파괴에서 매우 중요한 역할을 담당했다. 그러나 실상 이들의 주요 임무는 북한지역의 작은 마을(village)의 파괴였다. 소위 맥아더의 '초토화정책'이 발표된 후, 농촌지역의 소규모 마을들과 산간지역의 고립된 가옥들까지도 모두 소이탄 폭격의 대상으로 간주되었다.

게다가 전쟁 초기 북한군의 주간은신, 야간행군, 야간전투작전으로 곤란을 겪었던 미공군 전폭기 조종사들은 중국인민지원군을 대상으로 한 전술항공작전에서는 남한지역에서보다 더 큰 어려움을 호소했다. 중국군은 한반도 진입 후 전폭기들의 폭격을 피하기 위해 철저히 밤에만 산길을 따라 이동하고, 낮에는 개인참호나 자연지형물에 자신을 은폐시켰기 때문에 공중에서 이들을 찾아내기란 사실상 불가능했다.[87]

그러면 이 시기 전폭기 임무보고서에는 초토화작전 수행과 관련하여 어떤 내용들이 등장할까? 낮 시간에 적군을 발견할 수 없는 상황 속에서 전폭기들은 어떤 임무를 수행하고 기지로 돌아왔던 것일까? 아래의 〈표 2〉를 보면서 중국군 개입 이후 전폭기 편대들의 활동양상에 대해 살펴보자.

〈표 2〉 1950년 11월 15일 제12전폭대대 전폭기 편대들의 임무보고 내용 개요

임무 번호	폭격목표	편대활동요약
02A	▶오전 8시 5분. YE1422지점. 태천. 시내. 커다란 화재 발생. 8채의 커다란 건물 파괴. 1채의 건물은 석유처럼 불타오름. 6발의 네이팜탄과 7발의 로켓 발사.	스피릿(spirit) 통제하의 근접지원임무를 사전브리핑 받았다. 목표물을 발견할 수 없었고, 스피릿도 볼 수 없었다. 제5정찰구역으로 갔다. 태천 상공에서 엔진에 문제가 발생했다. 도시를 공격한 후 목표지역을 떠나 K-24기지로 돌아왔다.
02C	▶오전 9시 45분. YD0498지점. 납청정. 도시. 화재 발생. 수를 알 수 없는 적 병력 희생. 4발의 네이팜탄 투하. ▶오전 9시 55분. YD1298지점. 마을. 화재 발생. 폭발이 눈에 띔. 무기 폭발처럼 보임. 4발의 네이팜탄과 20발의 로켓 발사.	모스키토 스피릿이 편대를 목표지역으로 인도해주었다. 무기를 소진하고 K-24로 돌아왔다.
02D	▶오전 11시 5분. YD9694지점. 마을과 적 보급품. 몇몇 화재 발생. 소규모 석유저장소 파괴. 6발의 네이팜탄과 14발의 로켓 발사.	멜로우가 우리 편대를 신안주 부근의 레이크오프(Rakeoff)에 배정해주었다. 레이크오프는 납청정에서 정주까지의 도로를 정찰하라고 지시했다. YD9694 부근에서 작은 마을들과 적 보급품들에 공격을 가했다. 무기를 소진한 후 K-24기지로 돌아왔다.

02E	▶오후 12시. BV7509지점. 마을. 1대의 트럭 파괴. 소량의 보급품 파괴. 4발의 폭탄 투하. ▶오후 12시 15분. BV8419지점. 마을. 화재 발생. 로켓 발사 및 기총소사. 4발의 네이팜탄과 20발의 로켓 발사.	덕천 북쪽과 동쪽 구역을 정찰하면서 마을 2곳을 공격했다. 무기를 소진한 후 K-24기지로 돌아왔다.
02F	▶오후 12시 45분. YD1596지점. 보석동. 마을. 가옥 3곳에서 화재 발생. 석유로 인한 화재도 1곳 눈에 띔. 파괴됨. 기총소사를 가하고 로켓을 발사함. 6발의 네이팜탄과 18발의 로켓 발사.	스피릿과 접속할 것을 브리핑 받았다. 그것과 접속할 수 없었다. 이전 임무에서 배정받은 구역과 동일한 구역에서 임무를 수행했다. 마을에 폭격을 가하고 기총소사했다. 돌아오면서 멜로우에 보고했다.
02H	▶오후 3시 15분. YD0495지점. 납청정. 읍내. 커다란 불길이 솟아오름. 로켓을 발사하고 기총소사를 가함. 4발의 네이팜탄과 6발의 로켓 발사. ▶오후 3시 25분. YD0393지점. 마을. 작은 마을 3곳에 화재 발생. 로켓과 기총소사를 실시함. 4발의 네이팜탄과 21발의 로켓 발사.	모스키토 스피릿과 접속한 후 납청정 서쪽으로 갔다. 읍내를 공격했다. YD0393의 주도로 남서쪽으로 갔다. 작은 마을 3곳을 공격했다. 결과를 알 수 없었다. K-24기지로 돌아왔다.
02L	▶오후 4시 20분. YE1222지점. 마을. 작은 마을에서 커다란 화재들이 발생함. 4발의 네이팜탄 투하.	스피릿과 접속한 후 포고14(Forego14) 구역으로 갔다. 포고는 적절한 목표물을 찾지 못했고, 편대에게 박천-태천-구성 북쪽과 북서쪽 정찰을 요구했다. 목표물을 발견할 수 없었다. YE1222지점의 마을에 네이팜탄을 투하한 후 기지로 돌아왔다.

* 출전: 12th Fighter Bomber Squadron, "Mission Strike Report, Mission No. 02A, 02C, 02D, 02E, 02F, 02H, 02L," 1950.11.15. (NARA, RG 342, Series: Mission Reports of U.S. Air Force Units During the Korean War Era, Box 26-2)
* 비고: 자료 배열순서는 시간 및 임무순서를 따랐다.

위의 〈표 2〉는 1950년 11월 15일 제12전폭대대 F-51 전폭기 편대들의 임무보고서 일체를 가감없이, 원자료 내용 그대로 옮겨놓은 것이다. 11월 15일 문서들 중 하나라도 더하거나 뺀 것이 없을 뿐만 아니라, 폭격목표와 편대활동 요약 부분에서도 내용을 더하거나 빼지 않고 있는 그대로 옮겨놓았다.

위의 자료들은 몇가지 공통점을 보여준다. 첫째, 7개의 편대 모두 마을이나 도시를 주요 공격대상으로 설정했다. 둘째, 7개의 편대 모두 네이팜탄을 주무기로 활용했다. 셋째, 7개의 편대 모두 기지로 돌아오기 직전 마지막 목표로 마을을 공격했다.

위의 공통점들은 중국군 개입 이후 미공군 전폭기들의 작전양상을 단적으로 보여준다. 전폭기 편대들은 적 병력이나 보급품을 찾아내기 위해 각별히 애쓸 필요가 없었다. 이들 대부분은 임무구역에서 적 병력이나 보급품을 수색하다가, 적절한 목표물을 발견하지 못하면 해당 구역 내의 마을과 도시를 무차별적으로 공격했다. 적 병력이나 보급품의 존재 유무는 중요하지 않았다. 민간인 거주지역은 그 자체로 훌륭한 공격목표였다. 기지로 돌아오는 길에 마주친 마을은 탑재한 무기를 모두 "소진"할 수 있는 좋은 목표물로 인식되었다. 실제 대부분의 전폭기 임무보고는 회항 직전의 마을 폭격에 대한 묘사에서 "공격"(attack)이나 "폭격"(bomb)이라는 표현 대신 "소진"(expend: 소진하다(use up)라는 의미로 사용)이라는 표현을 빈번히 사용했다. 전폭기들은 탑재한 무기들을 마을에 모두 쏟아붓고 난 후에야 기지로 돌아왔다.

네이팜탄에 대한 절대적인 의존 또한 눈에 띄는 부분이다. 〈표 2〉에 등장하는 7개 편대 모두 네이팜탄을 주무기로 활용했다. 앞서 남한지역 폭격양상 부분에서 살펴보았듯이 극동공군사령관 스트레이트마이어는 전쟁 초기부터 네이팜탄의 광범한 활용을 주장했다. 대부분의 F-51

4-5. 1951년 1월 북한의 초가집에 투하된 네이팜탄의 폭발 장면

전폭기는 네이팜 416리터를 채운 연료통을 네이팜탄으로 사용했다. 1950년 9월 12일 스트레이트마이어는 작전상 필요에 따라 2만 8000개의 네이팜탱크를 극동지역에서 조달할 것이라고 미공군에 통보했다.[88] 스트레이트마이어는 어쩌면 인천상륙작전 직전에 이미 북한지역에 대한 대량소각작전을 마음속에 그리고 있었는지 모르겠다. 실제 그의 강력한 주장에 의해 시작된 초토화작전 진행과정에서 대량의 네이팜탄이 활용되는 양상을 볼 수 있기 때문이다. 〈표 2〉에서 보듯 북한지역에서 활동한 전폭기들은 네이팜탄을 적 파괴의 핵심무기로 활용했다. 그리고 그 주요 파괴의 대상은 북한군이나 중국군이 아닌 북한 민간인 거주지역으로 설정되었다.

사진 4-5는 1951년 1월 29일 북한 농촌의 초가집에 투하된 네이팜탄 폭발 모습이다. 사진의 뒷면에는 다음과 같은 공식설명이 첨부되어 있

11장 불타는 눈발 313

다. "1951년 1월 29일 월요일 정오경 한반도 북서지역 내리(Nae-ri) 인근의 막사건물로부터 커다란 불길이 뿜어져 나오고 있다." 편대임무보고서에서 '마을'(village)로 표현된 폭격대상은 워싱턴 보고과정에서 적군의 '막사'(barrack)로 호칭되었다. 마을 자체를 타깃으로 설정한 초토화작전이 공식적으로 시작되고, 이에 대해 워싱턴의 고위급 인사들도 분명하게 인지하고 있었음에도 불구하고, 극동공군은 애초 군사목표 정밀폭격정책을 강조했던 합참이나 국무부의 심기를 되도록 건드리지 않기 위해 용어 사용에서 여전히 조심스러워했음을 간접적으로 알 수 있다.

B-29기가 M-76 소이탄으로 대도시 대량파괴작전을 수행하고, F-51 및 F-80 같은 전폭기들이 네이팜탄으로 마을들을 소각하는 동안, 제5공군 소속의 B-26 경폭격기들 또한 '밤낮을 가리지 않고' 도시와 농촌 지역을 파괴하는 데 동참했다. B-26기 또한 이후에는 다른 비행기들과 마찬가지로 네이팜탄을 대량으로 활용하기 시작했는데, 이들은 특히 야간폭격에서 두드러진 성과를 보여주었다.

1950년 11월 B-26기들의 작전양상은 B-29기만큼이나 파괴적이었다. 이들은 대도시와 중소도시 및 작은 마을을 가리지 않고 편대를 이루어 해당 지역을 불태워버리고 사라지곤 했다. 11월 8일 B-29기들의 신의주 대공습이 진행되는 동안, 28대의 B-26 경폭격기들은 한반도 북서쪽 도시 7곳을 공격했다.[89] 다음날에는 무려 63대의 B-26기가 북서지역 도시 12개소를 불태워버렸다(attacked and burned). 이 도시들 중 평안북도 정주시, 구성군 천마면 탑동, 위원군 구읍동 등은 심하게 공격받아 파괴되었다.[90] 11월 12일에는 17대의 B-26기들이 구성과 태산에 네이팜탄을 투하하여 많은 화재를 발생시켰다.[91] 11월 13일에는 16대의

4-6. 1950년 겨울 B-26 경폭격기의 북한 농촌지역 네이팜탄 투하 장면

B-26기들이 평안북도 대관군을 공격하여 도시의 60퍼센트를 파괴했다.[92] 11월 14일에는 29대의 B-26기들이 구성과 운성 지역을 광범위하게 파괴했다.[93] B-29기들이 규모가 큰 도시들을 중심으로 대량파괴를 진행하는 동안, B-26기들은 인근의 주요 중소도시와 마을을 광범위하게 파괴하고 있었다.

사진 4-6은 1950년 겨울 B-26 경폭격기 편대의 북한 농촌지역 폭격 양상을 보여준다. 사진에는 다음과 같은 설명이 첨부되어 있다. "극동공군의 B-26기가 한국 촌락에 대한 네이팜탄 폭격 임무를 완수한 후 불타오르는 파괴의 흔적들을 뒤로한 채 떠나고 있다." 폭격을 수행한 B-26기는 사진의 왼쪽 상단에 위치하고 있다. 해당 사진은 후미의 또다

른 B-26기에 의해 촬영되었다. B-26기는 주로 2~6대가 하나의 편대를 이룬다. 위와 같이 1대의 경폭격기가 1차 폭격을 하고 지나가면, 후미의 폭격기들이 계속하여 2~3차 폭격을 가한다. 마른 풀을 엮어 지붕을 얹은 1950년대 북한 촌락의 가옥들은 B-26 편대의 네이팜탄 공격으로 전소될 수밖에 없었다.

북한 도시와 촌락에 대한 소이탄 공격이 시작되고 얼마 지나지 않은 1950년 11월 17일, 유엔군사령관 맥아더는 주한 미대사 무초를 만나 공군 활동내용에 대해 설명하면서 다음과 같이 단언했다. "불행히도 이 구역은 사막화될 것입니다(Unfortunately, this area will be left a desert)."[94] 맥아더의 발언에서 "이 구역"이란 양군이 대치한 전선과 국경선 사이의 북한지역 전체를 의미했다. 폭격 명령권자인 맥아더의 발언은 단순한 '예언'이 아니라, 분명한 '의지'의 표명이었다. 그리고 북한지역을 폐허로 만들어버리겠다는 그의 의지표명은 곧 현실화되었다.

1951년 8월 헝가리 기자 티보르 메레이(Tibor Méray)는 취재활동을 위해 압록강을 건넜다. 메레이의 표현에 의하면 "북한에는 더이상 도시가 존재하지 않았"고, "압록강에서 평양에 이르는 북한지역은 완전히 쑥대밭"이었다. 예전에 20만명이 거주하던 도시를 지나갈 때조차 그가 본 것은 오로지 지상 위로 솟아오른 굴뚝뿐이었다.[95] 북한의 도시와 촌락 지역은 앞으로도 2년 동안이나 폭격을 견뎌야 할 운명에 처해 있었지만, 그 상당부분은 이미 초토화되어 있었다.

생존을 위한 피난과 지하생활

충분히 예상 가능하듯이, 미공군의 초토화작전은 북한주민들의 삶의 근간인 의식주 자체를 극단적 위기상황으로 몰고 갔다. 북한정권은 1950년 11월 20일에 이르러서야 비로소 미군의 초토화작전과 관련된 대민지원정책을 발표했는데, 그 내용은 기존의 북한정부 내각결정서와는 달리 온전히 북한주민의 긴급한 의식주문제 해결에 초점이 맞추어져 있었다. 우선 북한정권은 '폭격'으로 인해 피해를 입은 전재민 구호를 위해 전재민수용소 설치를 지시했고, 전재민 중에서 자신의 생활을 위탁할 수 있는 지인이 있는 사람들에게는 5일분의 양곡만을 배급하고, 위탁할 곳이 없는 사람들에게는 양곡을 중단없이 지속적으로 배급할 것을 결정하였다. 또한 추운 겨울 날씨에 제대로 걸칠 옷이 없는 사람들을 위해 10~20만미터의 옷감을 12월 10일까지 무상으로 공급하라고 지시했다. 그리고 마지막으로 전재민의 주택을 보장해주기 위해 각 면·리 인민위원장들에게 농촌지역의 전재민 수용능력을 조사토록 했고, 부족한 주택문제 해결을 위해 11월 말까지 '토막(土幕)'을 구축케 하며, 이를 위해 필요한 목재 등 자재를 적극 알선·보장하라고 명령했다.[96]

1951년 1월 21일 북한정권은 다시 한번 "인민생활 안정을 위한 제(諸)대책"을 발표했는데, 그 주요 내용은 1950년 11월 20일의 대책과 대체로 비슷했다. 달라진 점이 있다면, 주택건축에서 목재의 유상분양 방법이나 구체적인 세금면제 항목 등을 명기함으로써 그 실행에서 구체성과 현실성을 더하기 위해 노력한 정도였다.[97] 김일성은 1951년 3월 29일 군사위원회 위원장의 자격으로 폭격피해를 줄이기 위한 방공대책의 강화를 다시 한번 강조했다. 이 명령에는 "공습피해를 적극 방지하기 위하여 (…) 1951년 4월 1일부터 1주일간을 방공대책 강화주간"으로 정하여 경각성을 높이고, 지역 방공대피호를 의무적으로 구축케 하며, "공습경보 중에는 일체 통행을 엄금할 것"을 지시했다.[98]

또한 북한은 앞서 살펴보았듯이 1951년 5월 국제민주여성연맹을 향해 북한지역 전쟁피해 조사를 호소하는 등 가혹한 폭격피해 상황을 적극적으로 국외에 알리고자 했다. 국제민주여성연맹은 1945년 6월 프랑스 민주여성동맹의 제1차 대회 개최를 계기로, 이 대회에 참가한 반파쇼투쟁 경력의 각국 여성들이 1945년 11월 26일부터 12월 1일까지 파리에서 국제여성대회를 개최함으로써 공식적으로 수립될 수 있었다. 국제민주여성연맹은 1951년 10월 62개국 1억 3500만명의 회원을 보유한 세계적 규모의 방대한 조직이었고, 그 연맹규약에는 파쇼사상 근절과 항구적 평화의 수립 등이 제시되어 있었다.[99]

북한지역에 파견된 국제여맹 조사단은 유럽, 미주, 아시아, 아프리카의 18개국을 대표하는 20명의 대표와 1명의 참관인으로 구성되었으며, 단장은 캐나다 국적의 노라 로드(Nora Rodd)였다. 한국전쟁기에 출간된 『조선중앙연감』에 따르면, 조사단은 "조선 녀성들의 요청에 따라서" 북한지역에 파견되었다고 한다. 조사단은 1951년 5월 16일 북한에 입국하여 5월 27일까지 평양·신의주·남포·원산·해주를 비롯한 여러 도시와 농촌을 조사단원 전체가 한꺼번에 방문조사를 벌이거나, 몇개팀으로 나누어 특정 팀이 어느 지역을 제한적으로 조사하는 방식을 통해 북한 전역의 전쟁피해 상황을 종합하고자 했다. 따라서 최종종합보고서 또한 서로 상이한 날짜와 장소에서 완성된 수개의 개별보고서를 하나로 묶는 독특한 형식으로 완성되었다. 보고서는 시종일관 조사단원들

4-7. 토굴 입구의 여성과 아이

이 '직접' 보고 들은 것만을 기술했다고 반복적으로 강조하며 조사단원들의 국적이 서로 다르고 정치적 견해도 다르다는 사실 또한 부각시켰다. 이처럼 독특한 종합보고서 작성방식은 보고서 내용의 객관성을 대외적으로 알리기 위한 나름의 장치로 해석된다.[100]

국제여맹 보고서는 초토화작전 시기 북한주민의 폭격피해와 삶을 매우 생생히 보여준다. 1951년 5월 조사단은 여전히 미공군의 초토화작전이 진행되고 있는 위험천만한 상황 속에서 자신의 임무를 충실하게 수행하고자 노력했다. 대부분의 피해조사는 당시까지 여전히 진행되고 있던 소이탄 폭격을 직접 관찰·분석하고, 일부 가정을 직접 방문하여 그들의 일상을 살피고 지역민들과의 인터뷰를 통해 피해정황을 종합하는 방식으로 진행되었다.

조사단이 압록강을 건너자마자 가장 먼저 닿은 도시는 국경도시 신의주였다. 앞서 살펴보았듯이, 신의주는 11월 8일의 소이탄 대량폭격을 기점으로 여러차례 반복적인 공중폭격 피해를 입은 상태였다. 5000여 명의 사망자와 3000여명의 부상자를 낳은 11월 8일의 폭격피해에 대해서는 앞서 자세히 살펴보았으므로, 여기에서는 1951년 5월 당시 신의주 시민들의 일상에 대해 간단히 살펴보도록 하겠다.

폭격 이후 신의주 주민들의 절대 다수는 흙과 나무로 간신히 모양새만 갖춘 토굴 속에 살고 있었다. 일부는 뼈대만 남은 가옥에 벽돌과 돌조각을 쌓아올려 추위와 싸우고 있었다. 앞의 사진 4-7은 한국전쟁기 북한지역 토굴의 모습을 보여주는 대표적 사진이다. 북한주민들은 폭격에 의해 집이 불타 없어진 상황 속에서 어쩔 수 없이 주변에서 구하기 쉬운 흙과 나무를 얼기설기 쌓아올려 임시거처를 마련했다. 그런데 위와 같은 토굴의 축조는 실상 한국전쟁기 내내 가혹하게 지속된 미공군의 공중폭격으로부터 자신을 지켜내기 위한 안전보장적 측면이 더 강했다.

조사단원들은 신의주 시내에 위치한 오막살이 1곳을 방문했다. 그곳에는 권문수 씨의 가족이 살고 있었다. 그의 가족은 어머니, 아버지, 세 어린아이들로 구성되어 있었다. 오막살이는 두칸으로 나뉘어 있었는데, 한칸은 거처하는 방이고 다른 한칸은 부엌이었다. 거처하는 방은 넓이 3×2미터였고, 부엌은 0.5×3미터였다. 다섯 식구가 머무르기엔 비좁기 그지없는 공간이었다. 그러나 이 가족은 방도 있고, 다른 이들이 갖지 못한 홑이불도 있다고 하여 이웃사람들의 큰 부러움을 샀다. 이웃들은 그들을 "행복한 사람들"이라고 불렀다.[101] 홑이불이 있다는 이유로 "행복한 사람들"로 불린 권문수 가족의 사례는 전쟁기 북한주민의 일상이 얼마나 고단한 것이었는지 충분히 미루어 짐작케 해준다. 더불어 앞서 제시된 북한정부의 전재민 구호정책이 현실에서 그다지 큰 도움을 주지 못했다는 사실도 추측케 해준다.

조사단은 신의주를 떠나 평양으로 향했다. 조사단은 신의주로부터 평양으로 가는 도중에 자신들이 본 북한의 모습을 다음과 같이 묘사했다. "신의주로부터 평양까지 여행하는 도중에서 조사단원들은 자신들이 통과한 도시와 마을이 모두 완전히 파괴되었거나 거의 완전히 파괴된 것을 보았다. 그 도시들은 남시, 정주, 안주, 숙천, 순안동이다. 파괴된 마을들은 너무나 많기 때문에 일일이 열거할 수 없다."[102] 근대식 건물들이 즐비했던 평양의 모습도 크게 다르지 않았다. 조사단은 평양에 있던 수많은 건물들이 "전부 파괴되었다"고 표현했다. 1951년 5월, 국제여맹 조사단이 묘사한 평양의 모습은 다음과 같다.

> 도시는 현재 완벽한 폐허의 상태이다. 예전의 것들 대부분이 완전히 파괴되어 평지화되었다. 다만 재와 돌 더미를 배경으로 부서진 집의 벽들만이 여기저기에 서 있을 뿐이다. 몇개의 근대식 건물들은 골격만 남아 있고, 지붕과 안쪽 벽들은 존재하지 않았다. 여타 건물들도 예전에 그곳에 건물이 있었음을 알려주는 부서진 벽들만 남아 있을 뿐이다.[103]

평양시민들은 미군이 평양에서 전투를 벌이지 않고 사전에 퇴거하면서 시내의 건물 80퍼센트를 계획적인 방화에 의해 소각했다고 주장했다. 조사단은 미군 퇴거 이후 지속된 공중폭격에 의해 파괴율이 100퍼센트에 달한 것으로 평가했다. 또한 앞서 살펴보았듯이 1951년 1월 3일의 폭격이 가장 가혹했다고 판단했다. 보고서는 소이탄에 의해 발생

4-8. 1950년 12월 16일 미공군 폭격 직후 불타는 강계시의 거리와 여성

한 불길과 시한폭탄에 의해 발생한 지속적 폭발이 체계적 구조활동조차 불가능하게 만들었다고 서술했다. 때문에 다수의 평양시민들은 1월 3일 폭격 당시 엄청난 불길과 건물 잔해 아래에서 산 채로 파묻혀 죽거나 질식해 죽었다고 적었다. 생존자들은 그때까지도 많은 시신들이 잔해 아래에 있다고 증언했다. 이 같은 묘사는 1945년 소이탄 폭격 직후의 독일과 일본 도시 모습과 크게 다르지 않았다.[104]

위의 사진 4-8은 1950년 12월 16일 소이탄 폭격 직후의 불타는 강계시내를 촬영한 사진이다. 사진은 앞서 평양주민들의 폭격 직후 거리의 묘사가 결코 과장된 것이 아니라는 사실을 생생히 보여준다. 시뻘겋게 불타는 건물들로부터 발산되는 열기와 소음이 지금의 우리에게도 생생히 전달되는 듯하다. 강계시민들은 1950년 12월 12일의 소이탄과 시한폭탄 투하에 의해 강계시가 거의 완벽히 파괴되었다고 증언했다.[105] 때문에 이 사진의 촬영일이 12월 16일이 맞다면, 사진은 당시까지 시한폭

탄 폭파 등으로 인해 나흘 전의 폭격으로 인한 불길이 아직 진화되지 못한 상황을 보여주는 것이거나, 아니면 폭격일 이후에도 재차 소이탄 폭격이 진행되었음을 보여주는 것이라고 평가할 수 있다. 이렇듯 강계시는 한반도에서 초토화작전의 공식화를 알리는 1950년 11월 5일 소이탄 대량폭격 이후에도 지속적으로 미공군의 소이탄 폭격을 받고 있었던 것이다.

강계는 본래 4만의 인구, 10개의 학교, 2개의 극장을 지닌 중소도시였다. 도시 안에는 2개의 교회당이 있었는데, 기독교인들은 폭격이 시작되었을 때 교회당 가까운 곳으로 대피했다고 한다. 그 이유는 미국인들이 교회당은 파괴하지 않으리라는 기대 때문이었다. 물론 이들 교회당들도 강계 시내 여타 건물과 마찬가지로 소이탄에 의해 불타 파괴되었다.[106] 높은 고공에서 도시와 마을을 향해 투하된 소이탄들은 가공할 만한 불의 바다를 지상에 만들어냈고, 그 불의 바다 속에서 수많은 사람들이 극심한 고통 속에 죽고 다쳤다. 전쟁기 내내 북한주민들은 자신의 머리 위를 비행하는 폭격기를 바라보며 '생존'이라는 문제에 절실하게 매달려야만 했다. 살아남는 것만이 최대의 목표가 되었다. 전쟁기 내내 북한에서 전선 '후방지역'은 존재하지 않았다.

1950년 겨울 미공군의 가혹한 초토화작전에 맞서 북한주민들이 선택 가능한 가장 적극적인 생존방책 중 하나는 피난이었다. 한국전쟁기 피난의 특징을 분석한 김동춘(金東椿)은 이 시기 북한지역에서 발생한 대규모 피난을 전쟁 초기 서울·경기 이남지역의 1차 피난과 구분하여 '2차 피난'이라고 불렀다. 또한 김동춘은 이 2차 피난을 "전쟁이라는 상황이 초래한 생존의 절대절명의 요구이자, 처벌을 피하기 위한 불가피한 선택"으로 평가하며 '생존을 위한 피난'이라고 성격 규정했다. 특히 그는 "한국전쟁 전 시기를 걸쳐서 인민군의 남하를 피해 피난한 정치적 피난보다 미군의 폭격을 피해 피난한 경우가 훨씬 많았다는 점을 기억할 필요가 있다"고 언급하면서, 1950년 겨울의 대규모 피난과 미공군 폭격의 직접적 상관성을 주장했다.[107]

1950년 겨울 북한지역 폭격과 피난의 상관관계를 분석할 때 언급하지 않을 수 없는 내용 중 하나가 미국의 원자폭탄 투하 가능성과 피난의 상관성이다. 김귀옥(金貴玉)의 월남민 연구에 따르면, 이 시기에 월남한 북한주민 중 상당수가 북한지역에서 발생 가능한 원폭에 대한 소문 때문에 피난길에 올랐다고 한다. 함남 단천군 치안대 출신의 한 인물은 "미국이 원자탄을 떨어뜨린다는 소문"을 친척으로부터 들었고, 대한청년단 소속의 한 인물은 "미군이 원자탄을 투척할 테니, 마을주민을 소개하라"는 지시가 내려왔다고 회고한다. 심지어 함남 북청지역의 어느 마을 대한청년단 단장을 맡았던 한 인물은 원자탄 투하 소문이 돌자 동네 60가구 중 노동당원 20가구를 제외한 모두가 피난을 떠났다고 주장했다.[108]

불과 5년여 전 원폭의 가공할 위력을 전해 들었던 한국인들에게 원폭 투하 가능성에 대한 소문은 굉장한 공포를 심어주었을 것이다. 심지어 당시 북한사람들은 5년 전 일본인들처럼 미공군의 무차별적 소이탄 폭격을 실제 경험하고 있었기 때문에 원폭 소문을 단지 허황된 뜬소문으로 치부할 수는 없었을 것이다. 게다가 이 같은 소문이 우익청년단을 중심으로 북한주민들에게 퍼져나갔다는 사실은 당시 워싱턴에서 진행되고 있던 논쟁과 관련하여 매우 의미심장하게 살펴볼 만하다. 왜냐하면 실제 1950년 11월 워싱턴에서는 중국으로의 확전과 핵무기 사용가능성이 진지하게 논의되고 있었기 때문이다. 게다가 1950년 11월 30일 미국 대통령 트루먼은 공식적 기자회견을 통해 원자폭탄 사용가능성에 대해 다음과 같이 언급하기도 했다.

> 대통령: 우리는 항상 그리했던 것처럼 군사적 상황에 대응하기 위해 필요한 모든 수단들을 사용할 것입니다.
> 기자: 모든 수단에는 원자폭탄도 포함됩니까?
> 대통령: 우리가 지닌 모든 무기들을 포함합니다.
> 기자: 대통령님, 당신은 '우리가 지닌 모든 무기'라고 말씀하셨습니다. 이는 원자폭탄의 적극적 활용을 고려하고 있다는 의미입니까?
> 대통령: 원자폭탄의 사용은 언제나 능동적으로 고려되어왔습니다. 저는 그것의 사용을 보고 싶지는 않습니다. 이는 끔찍한 무기입니다. 따라서 이것은 군사공격과 완전히 무관한 선량한 남녀와 어린이들에게 사용되어서는 안 됩니다. 이것이 사용되면, 끔찍한 일들이 발생합니다.[109]

트루먼은 원폭 관련 질문의 마지막 부분에 그것이 쓰이는 것을 보고 싶지는 않다는 단서를 달긴 했지만, "원자폭탄의 사용은 언제나 능동적으로 고려"되어왔다고 단언함으로써 그 현실적 사용가능성을 한층 높였다. 실제 위의 트루먼 기자회견 다음날, 맥아더는 자신의 집무실 회의에서 중요도 순서에 따른 핵무기 공격목표물이 안둥, 묵덴(지금의 선양), 베이징, 텐진, 상하이, 난징이 될 것이라고 언급했다.[110] 게다가 미국의 역사학자 브루스 커밍스의 주장에 따르면, 1950년 12월 9일 맥아더는 핵무기 사용에 대한 자유재량권을 요구했고, 12월 24일에는 26발의 원자폭탄을 필요로 하는 목표물 리스트를 제출하기도 했다.[111]

1950년 11월과 12월 핵무기 사용가능성에 대한 이러한 워싱턴의 내부적 논쟁과 대외적 발언들은 어떤 형식으로든 한반도 현지의 군인들과 민간인들에게 확대·재생산될 가능성이 높았다. 핵무기의 사용은 일순간에 전쟁의 성격 자체를 판이하게 바꿀 수 있었기 때문이다. 1950~51년 겨울, 수많은 북한주민들은 실제 자신의 거주지를 불바다로 만들고 있던 소이탄 폭격으로부터 벗어나기 위해, 혹은 일순간에 자신의 가족과 이웃을 한줌의 재로 변화시킬 수 있는 핵무기의 공포로부터 탈피하기 위해 적극적인 '생존을 위한 피난'을 감행했던 것이다. 이산가족 1세, 2세 가족을 포함한 소위 "1천만 이산가족"의 불행한 신화가 이렇듯 완성되고 있었다.

남한 일부지역까지 확장된 초토화작전

"이 파괴작전은 한국-만주 국경에서 시작해 남쪽으로 진행될 것이다."[112] 1950년 11월 5일, 맥아더의 지시에 의해 작성된 스트레이트마이어의 초토화작전 명령서에는 위와 같은 문장이 포함되어 있었다. 그리고 실제 미공군의 초토화작전 권역은 유엔군의 후퇴와 함께 지속적으로 남쪽으로 번지며 결국 북한 전역으로 확대되었다.

한편, 유엔군의 후퇴는 단순히 북한지역에서 그친 것이 아니라 38선 이남지역에서도 계속되고 있었다. 지상군 후퇴에 따라 극동공군의 초토화작전의 범위도 자연스럽게 남한지역으로까지 확대되었다. 진실화해위원회의 한국전쟁기 민간인 집단학살 조사 사례 중에는 1951년 초 미공군의 소이탄 공격에 의한 대규모 집단희생 사례들을 쉽게 찾아볼 수 있다. 주로 1951년 1월에 집중적으로 발생한 강원·경기·경북·충북 지역 폭격피해 사례들은 사실상 1950년 11월 맥아더의 지시에 의한 초토화작전의 남한지역으로의 확대를 의미했다. 그중에서도 도진순(都珍淳)에 의해 학계에 소개되어 진실화해위원회의 심도 깊은 현지조사가 실시된 경북 예천군 보문면 산성동 폭격에 대한 연구논문과 조사보고서, 경북 예천·충북 단양·경기·강원 지역 폭격사건 조사보고서 등은 초토화작전의 남한지역 확산과정을 속속들이 보여주는 대표적 사례로 꼽을 만하다.[113]

도진순의 발굴 문서들에 따르면, 1951년 초 충북과 경북 지역을 관할하던 미 제10군단 사령관 에드워드 앨먼드(Edward Almond)는 북한군이나 중국군 병력들의 은신처로 활용 가능한 남한지역의 마을들을 공중에서 네이팜탄으로 파괴하는 작전이 군사적으로 매우 효율적이라는 주장을 개진하고 있었다. 앨먼드는 "네이팜탄 공중폭격은 게릴라 부대를 파괴할 뿐만 아니라, 그들이 숨을 수 있는 은신처나 마을을 파괴하기 때문에 가장 효과적인 방법"이라고 주장했다.[114]

물론 위와 같은 주장은 앨먼드 고유의 주장이라기보다는 1950년 11월 5일 맥아더에 의해 공식화된 것이었다. 맥아더는 적군이 도시나 마을로 진입하기 전에 적의 은신처로 사용 가능한 시설을 모조리 사전에 파괴하는 작전의 중요성을 반복적으로 강조했다. 이렇듯 앨먼드는 사실상 유엔군사령관의 지시를 충실하게 이행하는 수준의 주장을 개진하고 있었기 때문에, 자신의 의지를 강력하게 밀고 나갈 수 있었다. 1951년 1월 25일 그는 "현지 주민들이 죽는 것은 사실이지만, 남아 있는 자들은 적에게 동정적이고, 마을은 적의 은신처가 된다"[115]고 주장하며 자신의 민간지역 파괴작전을 적극적으로 옹호했다.

남한지역 피해자들의 증언에서 발견되는 가장 흥미로운 사실 중 하나는 미공군 폭격기들뿐만 아니라 지상군들도 북한군이나 중국군이 해당 지역으로 진입하기 전에 매우 적극적으로 마을 소각에 동참했다는 사실이다. 예컨대 1951년 1월 19일 경북 예천군 진평리 폭격사건을 직접 목격했던 김○○는 마을 폭격 이후 미군들이 들어와 인근 마을들을 모두 불태웠다고 진술했고,[116] 1951년 1월 12~19일 충북 단양군 노동리와 미동리의 미군폭격사건을 직접 목격했던 대부분의 생존자들은 미군의 공격이 "폭격 → 포격과 총격 → 소각" 순으로 진행되었다고 공통적으로 증언했다.[117] 그 구체적 예로 충북 단양군 노동리의 임○○는 미군이 수일에 걸쳐 마을로 들어왔으며, 주둔 다음날부터 마을을 돌아다니며 주민을 집에서 내보내면서 불을 지르기 시작했다고 증언했다. 이 과정에서 주민들이 불에 타서 죽거나 미군의 의심을 사서 총살되기도 했다고 한다.[118] 노동리의 송○○ 또한 미군이 주둔 다음날부터 주민들 집에 불을 지르기 시작했다고 언급했고, 이○○와 정○○를 비롯한 다수의 지역민들이 미군이 "불총"을 쏘며 민가에 불을 질렀다고 증언했다.[119]
　실제 1951년 1월 단양지역의 미 제7사단장 데이비드 바(David Barr)의 보고서에는 다음과 같은 내용이 등장한다.

　주거지에 대한 조직적 소각으로 제17연대 지역의 주민들은 유엔군에 적대적이 되었다. 사람들은 왜 미군이 적이 없는 마을을 방호하는지 이해하지 못한다. 이러한 적대적인 태도는 한국군에도 심각한 영향을 미친다. 적이 없는 지역의 가난한 농부들에 대한 조직적 소각은 미군의 구미에 맞지 않는다. 소각작전으로 이미 8000명의 피난민이 발생한 것으로 추산되며, 앞으로 더 많아질 것이다. 그런데 그들은 대

부분 늙은이, 불구자, 그리고 어린이들이다.[120]

미 제7사단장의 위와 같은 설명은 당시 미공군의 소이탄 폭격뿐 아니라 지상군의 민간지역 소각작전 또한 매우 광범위하게 진행되었음을 추측케 해준다. 더불어 국제민주여성연맹 보고서 등의 북한지역 피해보고서들 또한 유엔군 퇴각 직전의 민간지역 소각작전에 관해 반복적으로 주장하고 있는데, 이 같은 주장이 결코 허황된 것이 아니라는 사실을 미루어 짐작할 수 있다. 앞서 살펴보았듯이, 평양시민들은 미군부대가 평양에서 전투를 벌이지 않고 사전에 퇴각하면서, 시내의 건물 80퍼센트를 계획적인 방화에 의해 파괴했다고 주장했다.[121] 게다가 북한 측은 동부전선의 38선 이북지역인 양양군 또한 유엔군이 퇴각하면서 그 지역에서 항공기의 소이탄 투하와 유엔군의 방화를 벌여 총 3351호의 민가가 소각되었다고 줄곧 주장했다.[122] 그런데 이 지역은 앨먼드의 군사작전 구역이었다는 측면에서 주의깊게 살펴볼 필요성이 있다. 초토화작전은 단순히 공중에서만 진행된 것이 아니라, 앨먼드의 지시 같은 지상군과의 협업을 통해 그 파괴력을 더하고 있었던 것이다.

남한지역 초토화작전의 진행과정에서 볼 수 있는 중요한 사실 중 하나는 이 시기 폭격기 조종사들이 남한 내 작전구역 내에서 발견되는 모든 "흰옷을 입은 사람들"을 사실상 적으로 간주했다는 것이다. 적잖은 전폭기 임무보고서의 적정(敵情) 항목에는 '흰옷을 입은 사람들'(people in white)이 기록되어 있었고, 이 같은 지역에는 어김없이 대규모 네이팜탄 폭격이 진행되었다.[123] 산성동 폭격의 정찰관 중 하나였던 조지 울프(George Wolf)는 "많은 사람들이 흰옷을 입고 있었다. 우리는 적으로 간주할 수밖에 없었다"고 증언했다. 산성동 폭격에 관여한 또다른 정찰관 네빌(Neville)은 "우리는 지상에서 움직이는 모든 사람이나 물건은 아군이 아니라고 생각했다"고 말했다. 1951년 초, 미공군은 적 점령하의 남한지역 민간인들을 사실상 적 병력과 동일시하고 있었다.[124]

『뉴욕타임즈』의 종군기자 배럿(G. Barrett)은 1951년 초 경기도 안양 부근의 어느 농촌 마을을 방문한 후 다음과 같은 기사를 작성했다.

중국군이 마을을 점령하기 3~4일 전에 마을에 대한 네이팜탄 공격이 진행되었다. 마을 어느 곳에서도 시체가 매장되지 않았다. 왜냐하면 그곳에는 이를 행할 사람이 전혀 남아 있지 않았기 때문이다. 나는 우연히 1명의 늙은 여인과 마주쳤다. 그녀는 그곳에 생존한 유일한 사람인 것 같았다. 그녀는 자신의 가족 4명의 시신으로 가득 찬 검게 그을린 마당 안에서 몇벌의 옷을 부여쥔 채 멍하니 서 있었다.

주민들은 마을 전체와 들판에서 발견되고 사살되었다. 그들은 네이팜탄 공격을 당했을 때 취했던 자세를 그대로 유지하고 있었다. 한 남성은 막 자전거를 타려는 참이었고, 50명의 소년과 소녀들은 고아원에서 뛰놀고 있었으며, 한 가정주부는 이상하게 아무 상처도 없었다. (…) 약 200구의 시체들이 그 작은 마을에 놓여 있었다.[125] (강조는 인용자)

배럿의 기사는 여러모로 1951년 초 남한지역까지 확산된 미공군 초토화작전의 특징을 단적으로 보여준다. 우선 배럿은 미공군의 네이팜탄 공격이 중국군 점령 이전에 실시되었다는 사실을 명시적으로 밝히고 있다. 즉 위의 기사는 적 점령 이전에 순수민간지역을 사전 파괴하는 방식의 초토화작전이 남한지역에서도 변함없이 시행되었다는 사실을 분명하게 밝히고 있는 것이다.

또한 위의 기사는 초토화작전 희생자의 상당수가 어린이(전쟁고아), 여성, 노인 같은 후방지역의 사회적 약자들이었음을 잘 보여준다. 실제 이 시기 남한지역의 폭격피해 또한 북한과 마찬가지로 그 피해자 분포에서 여성과 어린이가 압도적 다수를 차지하고 있었다. 예컨대 진실화해위원회의 예천 진평리 미군폭격사건 조사결과에 따르면, 사망자의 70퍼센트가 13세 이하의 어린이들이었고, 23퍼센트는 20세 이상의 부녀자들로 구성되어 있었다.[126] 예천 산성동 폭격사건 또한 사망자의 23퍼센트가 10세 이하의 어린이들로 구성되었고, 여성 사망자 비율(64.7퍼센트)이 남성 사망자 비율(35.3퍼센트)보다 훨씬 높았다.[127] 대부분의 남성들이 징용과 징병을 통해, 혹은 점령이 반복되는 과정에서 살아남기 위해 집을 떠난 사이에 집에 남아서 가장의 역할을 대신하고 있던 여성들과 그녀들의 보호하에 있던 노인들과 어린이들이 무차별적 네이팜탄 폭격의 희생자가 되고 말았던 것이다. 소위 "한국인의 자유"를 위해 실시되었다는 미공군의 대량폭격은 이렇듯 남과 북에서 대규모의 한국 민간인 희생을 끊임없이 강요하고 있었다.

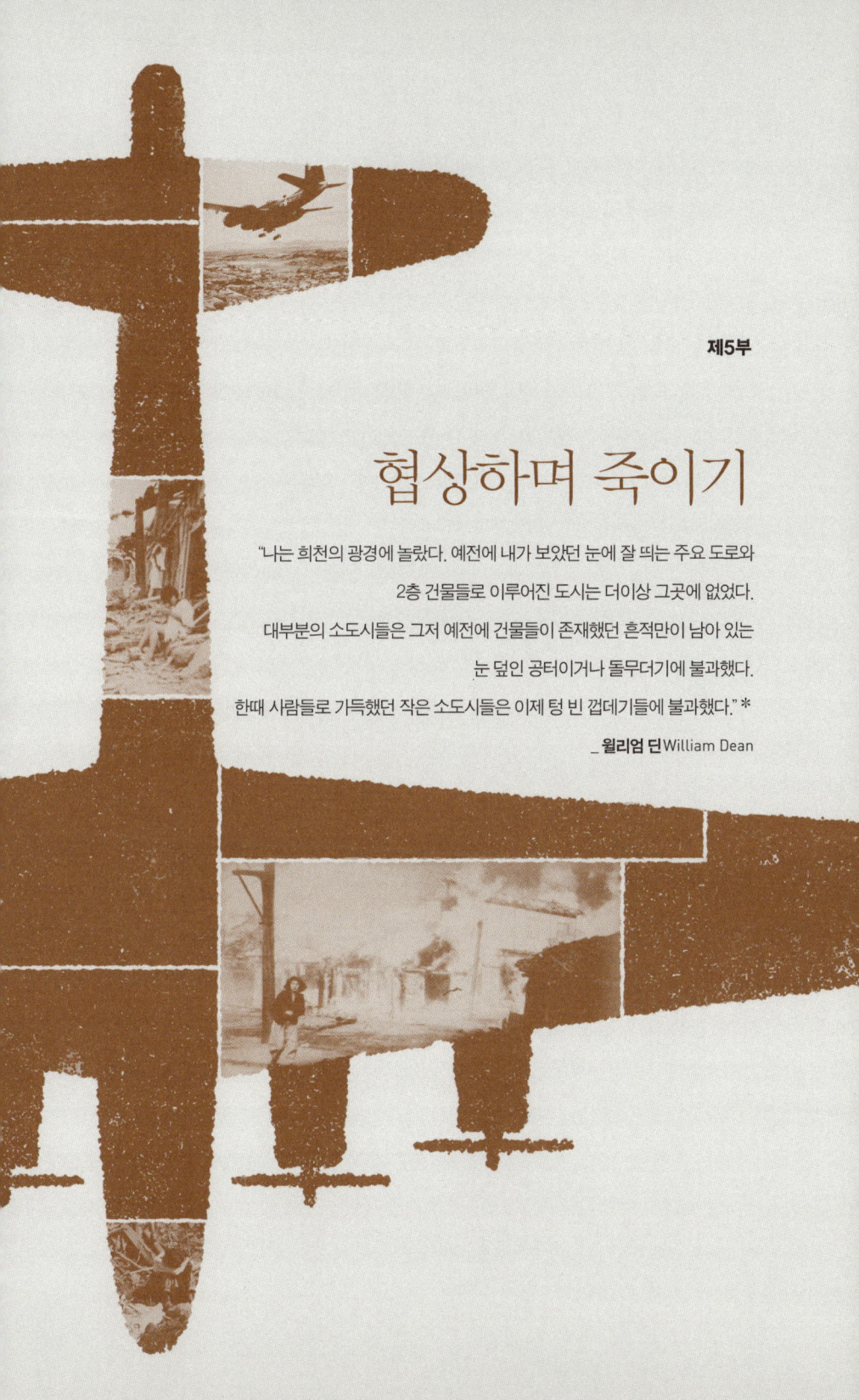

제5부

협상하며 죽이기

"나는 희천의 광경에 놀랐다. 예전에 내가 보았던 눈에 잘 띄는 주요 도로와 2층 건물들로 이루어진 도시는 더이상 그곳에 없었다. 대부분의 소도시들은 그저 예전에 건물들이 존재했던 흔적만이 남아 있는 눈 덮인 공터이거나 돌무더기에 불과했다. 한때 사람들로 가득했던 작은 소도시들은 이제 텅 빈 껍데기들에 불과했다." *

_ 윌리엄 딘 William Dean

1953년 5월 15일 대동강 상류의 평남 순천군 운흥리 자모저수지 인근 농민들이 다급하게 저수지 쪽으로 모여들었다. 이들은 미공군 폭격으로 인해 파괴된 저수지 복구를 위해 인근 지역에서 급하게 동원된 사람들이었다. 제방이 파괴되어 저수지의 물이 분출될 경우 해당 지역 농민들을 포함한 북한주민 상당수가 위급한 상황에 처할 수 있었다. 저수지 부근에는 북한에서는 보기 드문 넓은 벼농사 지대가 자리잡고 있었고, 지역 농민들은 5월의 새봄을 맞아 모내기를 갓 끝낸 상태였다. 본격적인 벼농사 계절을 맞아 수위가 최대치로 상승한 자모저수지의 물이 한꺼번에 쏟아질 경우 인근 주택지구와 대동강 하구의 평양 시내 일부 지역까지 물에 잠길 뿐만 아니라, 북한주민 상당수의 생계와 직접적으로 연계된 쌀 생산이 좌절될 위기에 빠질 것이 분명했다. 때문에 주민들은 필사적으로 복구공사를 진행했고, 그 결과 저수의 분출을 가까스로 막을 수 있었다.

그러나 안도감은 오래가지 않았다. 다음날 아침 24대의 전폭기가 다시 자모저수지 상공에 등장한 것이다. 전폭기 조종사들은 북한주민들의 복구능력에 놀라지 않을 수 없었다. 실제 조종사들은 전날 폭격의 가시적 피해를 찾아볼 수 없었다. 전폭기들은 전날과 동일한 방식으로 폭탄을 투하했다. 같은 날 오후에도 또다시 24대의 전폭기가 자모저수지

상공에 출현하여 공중폭격을 가했다. 그리고 끝내 흙과 돌로 축조된 대규모의 저수지에 60미터 너비의 균열이 발생하면서 상상을 초월하는 막대한 양의 물이 순식간에 쓰나미처럼 인근 농경지와 주택을 집어삼켰다. 이 인위적 홍수는 수백정보의 농경지를 침수시켰고, 40여호의 농가를 파괴했다.

민간지역을 대규모로 파괴하고 쌀 생산을 사전에 차단하기 위한 미공군의 저수지폭격작전은 2차대전기 루르 지역 5개 소도시를 침수시킨 연합군의 댐 폭격작전에 비견될 수 있는 명백한 비인도적 군사작전이었다. 그러나 저수지폭격은 정전협정 체결 직전 수개월 동안 진행된 미공군 폭격기의 일상적 군사작전에 비교하자면 그저 평범한 수준의 파괴작전에 불과했다. 1953년에 접어들며 미공군은 더이상 값어치 있는 목표물을 찾아낼 수 없는 북한의 도시와 농촌 지역을 향해 폭격의 강도를 한층 더 높이기로 공식적으로 결정했다. 민간지역을 향한 대량폭격을 통해 정전회담장에 정치적 압력을 행사한다는 소위 '항공압력전략'이 더욱더 구체화되기 시작한 것이다.

이 같은 결정은 대부분 토굴생활로 어렵사리 살아가던 북한 도시와 농촌의 무고한 민중들에게는 또다시 커다란 재앙이 될 수밖에 없었다. 이제 폐허 아래 지하 토굴마저도 그들의 안전을 보장해주지 못하게 된 것이다. 전쟁이 끝나는 시점까지 생존은 모든 북한주민들의 최대 당면과제가 되었다. 정전협상 테이블에 마주 앉은 양측 대표들은 공히 인도주의적 원칙을 내세우며 자기 주장의 정당성을 강력히 호소하고 있었지만, 협상기간 내내 폭격을 견뎌내야 했던 북한주민들에게 2년의 협상기간은 그저 비인도적인, 생존을 위한 투쟁의 기간에 불과했다.

12장
기계와 인간의 전쟁

철도차단작전: 적을 질식시켜라

1951년 초여름, 유엔군사령부는 한국에서 완전히 새로운 형태의 전쟁에 직면했다. 1951년 7월 이후 유엔 측과 공산 측이 서로 좀더 유리한 조건에서 정전을 성사시킨다는 동일한 목표를 향해 나아갔던 것이다. 1951년 6월 30일 유엔군사령관 매슈 리지웨이(Matthew B. Ridgway)는 트루먼의 지시에 따라 서울과 토오꾜오의 라디오방송을 통해 '정전을 위한 군사회담'을 공산 측에 제안했다.[1] 이에 대응하여 공산 측 또한 스딸린의 지시에 따라, '군사행동을 중지'한 후에 평화회담을 개최할 것을 주장했다.[2]

리지웨이는 공산 측에 보내는 답신문에서 무엇보다도 "정전협정 체결 시까지 적대행위는 정지되지 않는다"는 내용을 강조하며 공산 측의 군사행동 중지 주장을 정면으로 반박했다. 그는 전투가 중지되면 공산 측이 군을 계속 증강하여 유엔 측에 위태로운 사태가 발생할 것이라고 생각했다.[3] 실제 회담이 개최된 후에도 공산 측은 전투중지를 제안했지만, 유엔 측은 이를 거절했고, 결국 양측은 수차례 논쟁 후 유엔 측의 요

구인 '전투계속원칙'에 합의했다.⁴

전투계속원칙의 합의는 사실상 미공군의 북한지역 폭격이 지속됨을 의미했다. 중국군 참전 이후 소련에서 제공된 Mig-15 전투기와 미공군 전투기 사이의 공대공 전투가 종종 벌어지곤 했지만, 공산 측 전투작전의 대부분은 사실상 전선의 지상군 몫이었다. 반면에 유엔 측은 해군과 공군력을 활용해 북한 전역에서 무력을 행사할 수 있었다. 결국 정전협정 초기 '전투계속원칙'의 합의는 남한지역 후방의 대부분의 민간인들에게는 사활이 걸린 문제가 아니었지만, 북한지역 민간인들에게는 정전 시점까지 죽음의 공포와 싸워야 하는 참기 힘든 고통을 안겨주었다.

한반도에서 정전협상의 귀추가 주목되던 이 시기에 극동공군 고위직에 적잖은 변화가 발생했다. 1951년 4월 트루먼 대통령은 전쟁의 확대를 지속적으로 주장하던 맥아더 유엔군사령관을 해임했다. 맥아더의 후임으로 리지웨이 제8군사령관이 임명되었고, 신임 제8군사령관으로는 제임스 밴플리트(James A. Van Fleet)가 선정되었다. 또한 1951년 5월 20일 스트레이트마이어 극동공군사령관이 심장마비로 장기간 입원하자, 반덴버그 공군참모총장은 오토 웨일랜드(Otto P. Weyland)를 신임 극동공군사령관으로 임명하고, 프랭크 에버리스트(Frank F. Everest)를 신임 제5공군사령관으로 선정했다. 폭격기사령부 또한 1951년 5월 제임스 브릭스(James E. Briggs)를 새로운 지휘관으로 맞이하게 되었다. 바야흐로 전선의 고착과 정전의 모색이라는 새로운 전쟁국면을 맞아, 극동공군의 최고지휘부까지 새로운 변화를 맞게 된 것이다.⁵

새로운 극동공군 장성들은 1951년 중반 전선의 고착을 오히려 공군력의 진정한 가치를 보여줄 수 있는 기회로 간주했다. 전선이 고착된 상황에서 새로운 병력과 보급품의 이동을 막는 공군 차단작전이 중요해졌다. 웨일랜드 극동공군사령관은 "공군의 효용성을 보여줄 수 있는 최초의 호기"를 맞이했다고 주장하면서, 북한 전역에 걸친 철도망의 파괴에 더욱 주목했다.[6]

한국전쟁기 미공군 작전사를 다룬 기존의 연구들은 정전협상이 시작된 후 1년여의 기간(1951년 6월~52년 6월)을 철도차단작전의 시기로 정리한다.[7] 실제 이 시기 북한지역 철도차단은 미공군의 가장 중요한 군사목표 중 하나였다. 38선 인근의 전선에서 싸우는 공산군은 중국으로부터 들어오는 식량과 무기에 절대적으로 의존하여 전투를 수행하고 있었기에 열차는 가장 중요한 보급품 이동수단이었다.

북한은 당대뿐만 아니라 현재까지도 화물과 여객 수송의 많은 부분을 열차에 의존하고 있는데, 기존 연구에 따르면, 철도수송이 전체 화물운송의 90퍼센트를 차지하고, 나머지 도로와 해운 수송이 각각 7퍼센트와 3퍼센트를 담당하고 있다. 여객수송에 있어서도 철도수송이 62퍼센트, 도로수송이 37퍼센트, 해운수송이 1퍼센트를 담당한다.[8] 이처럼 화물과 여객 수송에서 북한이 철도에 절대적으로 의지하게 된 역사적 배경에는 과거 일제의 대륙침략정책에 따른 대대적인 철도부설정책이 자리잡고 있었다.

일제는 1930년대 한반도 북부지역을 병참기지로 활용하는 정책을 본격화하면서, 조선의 인적·물적 자원을 효율적으로 징발하기 위해 빠른 속도로 철도건설을 추진했다. '조선철도 12년 계획(1927~38)'을 세워 병참과 수탈을 위한 종합적 철도건설을 추진했다. 도문선(웅기-동광진), 혜산선(성진-혜산), 만포선(순천-만포진), 동해선(원산-포항, 울산-부산) 같은 북한지역 철도의 상당수가 이 계획에 의해 추진되었다. 그리고 실제 1930년대 도문선(1933), 혜산선(1937), 만포선(1939), 평원선(1941)

12장 기계와 인간의 전쟁 339

등의 철도가 완공되었다. 일제는 철도건설에서 군사적 측면을 중요하게 고려하여 항만집중적이고 남북종단적 성격을 띤 철로를 건설했다.[9] 물론 이 같은 특징은 일본의 전쟁수행뿐만 아니라 북한의 한국전쟁 수행과정에서도 주효하게 활용될 수 있는 것이었다.

앞서 제2부에서 살펴보았듯이, 김일성은 전쟁 초기부터 미공군의 철도차단작전에 대응한 '전시철도복구연대'의 조직을 명령하여 파괴된 철도의 신속한 복구를 도모했다. 김일성은 그후에도 "전시수송조직을 합리적으로 하며 기관차와 화차를 비롯한 철도운수수단들을 제때에 수리정비하고 그 리용률을 높여야 하겠다"고 역설하거나, "철도일군들은 전선수송을 선차적으로 보장하는 데 모든 력량을 집중하며 전시조건에 맞는 렬차운행방법을 적극 받아들여 수송의 기동성을 보장하여야" 한다고 지속적으로 강조했다.[10]

북한지도부의 열차수송의 중요성에 대한 위와 같은 강조는 전쟁 초기부터 수많은 철도사업 관련 영웅들을 탄생시켰다. 예컨대 1950년 7월 28일 북한의 최고인민회의 상임위원회는 전시수송에 특출한 공을 세운 교통운수 부문 노동자 29명에게 당대 북한 최고훈장인 국기훈장 제3급과 공로메달을 수여한다는 정령을 발표했다. 북한은 관련 기사를 통해 리병순 선로원과 김근수 통신사령의 헌신적 피해복구 사례를 중요하게 강조했고, 기관사 강인섭의 목숨을 건 기관차 운행 사례를 멋진 영웅담으로 묘사했다.[11] 전시 열차수송문제가 전쟁의 승패를 가르는 사활적 문제로 부상하면서, 북한지도부는 끊임없이 민중의 헌신을 강요하고 있었다.

1950년 8월 17일 북한 산업성은 「전시 철도화물 소송 보장에 관하여」라는 지시를 통해 개별 기업소별로 군수품으로 간주해야 하는 품목을 정하고, 군수품과 거리가 먼 물품의 철도수송을 '금지'시키는 긴급조치를 취하기도 했다. 이들 군수품 목록은 철광석, 무연탄, 철강, 원목 같은 개별 기업소들의 원료와 기자재로 채워졌고, 그외 "불급불요(不急不要)의 화물", 즉 급하거나 필수적인 화물이 아닌 경우 열차수송금지 대상이 되었다.[12]

열차수송이 이렇듯 강조된 까닭으로는 북한지역의 조밀한 철도망뿐만 아니라 열차의 상대적이고 압도적인 화물수송 능력을 들 수 있다. 기존 연구에 따르면, 1949년 철로 수송량은 1630만톤에 이르고, 화물 수송량은 34억 500만톤킬로미터(철도 수송화물 톤수에 그 화물의 수송거리를 곱한 값)에 달했다고 한다. 다시 말해 한국전쟁 직전 시기 북한철도의 수송능력은 하루 약 4만 4657톤에 달했던 것이다.[13]

한국전쟁 당시 미 제8군 정보보고에 따르면, 북한군과 중국군은 사리원 이남의 전투지역에 각종 형태의 사단 60개를 보유하고 있었고, 각 사단은 일일 약 40톤의 보급품이 필요했다. 즉 공산 측 부대들은 하루 2400톤의 보급물자 수송이 필요했던 것이다. 트럭 1대의 적재량이 2톤에 불과한 반면, 열차 1량의 적재능력은 20톤에 달했다. 즉 화차 120량이면 일일 보급품 소요량을 충분히 수송할 수 있었다.[14] 1949년 북한의 열차 일일수송량이 4만톤을 훨씬 상회했다는 사실을 고려해보면, 전쟁기에 어느정도 신속한 복구작업이 진행될 경우 전선의 군인들이 필요로 했던 보급품들은 열차운행만으로도 충분히 충당할 수 있었음을 알 수 있다. 때문에 유엔군은 지상군의 전투에 직접적 영향을 미치는 북한지역 철도 파괴에 집중하지 않을 수 없었다.

1951년 8월부터 12월까지 진행된 '스트랭글작전'(Operation Strangle, 교살작전 혹은 질식작전으로도 불린다)과 1952년 3월부터 5월까지 지속된

5-1. 1951~52년 미공군의 철도차단작전과 북한노무자들

'쌔처레이트작전'(Operation Saturate, 집중폭격작전으로도 불린다)은 이 시기 철도차단작전의 대표적 예다. 극동공군은 스트랭글작전과 쌔처레이트작전으로 대표되는 철도차단작전을 위해 끊임없이 새로운 폭격기술을 개발했지만[15] 최종적으로는 이 모든 철도차단작전을 실패로 규정하지 않을 수 없었다. 당대 세계 최고인 미국의 첨단과학기술이 북한주민들의 인력 앞에 무릎 꿇고 만 것이다.

북한지도부는 말 그대로 철도 및 교량 복구사업에 전쟁의 사활을 걸었다. 김일성은 "적기의 폭격으로 철도와 도로가 파괴될 경우 인민들을 동원, 제때에 복구하여 군수품과 후방물자 수송에 만전을 기해야 한다"고 역설했다.[16] 북한지도부는 미공군의 철도차단작전에 맞서 북한주민들을 적극적으로 복구사업에 동원하고자 했다.

위의 사진 5-1은 1951~52년 미공군의 철도차단작전과 그에 맞선 북한주민의 목숨을 건 철도복구사업을 상징적으로 보여준다. 상단의 사진은 1951년 4월 7일 평양 북서쪽지역에서 촬영된 것으로, B-26기로부터 투하된 낙하산폭탄이 철도를 파괴하기 직전의 모습을 담고 있다. 철도 주변으로 최소 5명의 사람들이 폭탄 파편을 피하기 위해 엎드려 있는 모습을 볼 수 있다. 낙하 중인 폭탄에 가장 근접해 있는 아낙네는 기존에 형성된 폭탄구멍 속에 몸을 감추었다.[17] 하단의 사진은 1952년 3월 제5공군 정찰기가 촬영한 것으로서, 미군 비행기에 놀란 9명의 북한사람들이 급히 철로로부터 벗어나고 있는 모습을 담고 있다. 극동공군은 도주 중인 사람들을 "철도수리요원"(rail repair crew)이라고 표현했다. 사진의 설명에 따르면, "노무자들은 주요 철도를 따라 일정한 간격으로 대기하고 있다가, 폭격으로 노반(路盤)이 붕괴되면 즉각적으로 복구에 돌입"했다.[18]

사진 5-1은 우연히 주간에 노출된 철도노무자들을 보여주고 있지만, 실제 철도복구사업은 거의 전적으로 야간에 진행되었다. 철도복구사업은 폭탄과 어둠에 맞서 싸운 사실상의 전투나 다름없었다. 미공군 정보보고서에 서술된 철도복구 양상은 아래와 같다.

> 적은 그들의 복구작업에 방대한 인적자원을 계속 투입했다. (…) 꽤나 정확한 정보에 의하면, 적은 주요 복구사업을 해질녘에 시작하며, 통상 6~8시간 내에 파괴된 철도수리를 마친다. 모든 복구활동이 동시에 수행되기 때문에, 일반적으로 철로는 자정부터 일출 때까지 활용될 수 있다. 예컨대 적은 신안주와 평양 사이에 철도감시원을 두고 차단된 철로를 찾아, 민간인 노동자들을 고용하여 폭격 이후에 가능한 한 빨리 폭탄구멍을 메우는 작업을 실시하도록 했다. 밤이 되면 숙련된 군의 복구요원들이 재료와 장비를 지니고 철도를 수리하기 시작했다.[19]

미공군의 주간폭격은 위와 같이 야간에만 철도수송과 복구사업을 가능하게 했다. 위의 미공군의 정보보고서는 북한군과 중국군 소속의 복구요원과 대규모의 민간인 노동자들이 복구사업에 지속적으로 투입되었고, 주요 철도 구간에는 감시원을 두어 차단된 철로를 재빨리 찾아냈다고 주장한다. 이는 당시 북한과 중국 측 자료를 통해 쉽게 사실로 입증된다.

실제 북한군과 중국군 지도부는 전쟁의 성패를 좌우할 수 있는 보급품 이동을 보장하기 위해 대규모 인력을 철도와 열차 수리에 동원했다. 특히 중국군은 참전 초기부터 미공군의 초토화작전으로 인해 물자가 절대적으로 부족한 북한지역에서 작전을 수행해야 했기 때문에 대부분의 물자와 장비를 중국에서 운송하여 보충해야만 했다. 게다가 폭격은 지상의 주요 도로와 교량을 대규모로 파괴하고 있었기 때문에 철로의 운송능력은 매우 중요했다.

이에 중국군은 1950년 11월 6일부터 철도노무자들로 구성된 '원조(援朝)지원대'를 구성하여 철도와 관계된 작업과 작전을 본격적으로 실시했다. 또한 중국과 북한은 철도의 효율적 관리를 위해 양국 간의 통일적 철도관리체계를 서둘러 수립했다. 기존 연구에 따르면, 양국 간의 기본 합의사항들은 1950년 12월 김일성의 베이징 방문을 통해 확정되었다고 한다. 그 같은 합의의 최종 결과물은 1951년 5월 4일 중국과 북한 정부에 의해 베이징에서 체결된「북한철도의 전쟁시기 군사적 관리제도에 대한 협의」를 통해 구체화되었다.[20]

양국은 이 협정을 통해 양국의 전시 철도관리방안과 조직체계를 명확히 규정했다. 협의된 내용을 보면, 1951년 7월 평안남도 안주에 정식으로 북한철도군사관리총국을 설치하여, 중국 측의 류 쥐잉(柳居英)을 국장 겸 정치위원으로, 북한 측의 김황일과 김황탁을 부국장으로 임명해 북한지역 철로운수의 관리를 통일적으로 책임지도록 했다. 철도관리총국은 희천, 정주, 신성천, 평양, 고원에 5개의 분국을 두었으며, 모두 1만 2000여명의 중국 측 인원을 동원했다. 또한 1951년 11월에는 안주에 전방철도운수사령부를 조직하여 철도보수와 군사방어 업무를 지휘하도록 했다. 이 시기 철도병단은 4개 사단 규모로 증강되었고, 5만 2000여명에 달하는 '항미원조중국노무단'이 북한 현지에 투입되었다고 한다.[21] 미공군의 압도적 기계의 힘에 대항하여 북한과 중국 측은 지속적인 인력 투입으로 철도의 파괴를 저지시키고자 했다.

한국전쟁기 국군포로의 신분으로 소위 '도하작업대(渡河作業隊)'의 노무활동에 동원된 박진홍의 생생한 증언은 밤과 낮을 바꿔 생활했던 북한주민의 일상을 부분적으로 보여준다. 도하작업대란, 수용소 인근 철교 옆에 설치된 통나무 다리를 통해 매일 밤 열차에서 운반된 화물을 강 건너편의 열차로 옮겨 싣는 역할을 담당했던 작업반을 가리킨다. 박진홍의 묘사에 따르면, 자신이 머물렀던 북한 농촌지역의 주민들 모두가 낮에는 잠을 잤고, 밤이 되면 노무활동에 임하는 사람들로 일대가 북적거렸다고 한다.

한밤중이 되면 기관차와 화차가 도착했다. 철교는 이미 파괴되어 기차가 통과할 수 없었고, 통나무 다리는 약해서 기관차 등이 통과하지 못했다. 그렇기 때문에 우리가 필요했던 것이다. 우리는 수작업만으로 하역작업을 해야 했다. 선로 보수차 같은 운반차에 물건을 옮겨 싣고, 대여섯명이 통나무 다리 위에서 맞은편으로 운반차를 밀고 갔다. 맞은편에 도착하면 다시 대기하고 있던 화차에 옮겨 실었다. 그리고 다시 화차를 약 300미터 떨어진 터널로 운반했다. 우리는 밤에는 일을 하고 낮에는 자면서 매일 이 작업을 반복했다.[22]

박진홍의 설명에 따르면, 노무활동 시 통나무 다리 위에는 레일이 깔려 있는데, 낮에는 폭격을 피하기 위해 이 레일을 해체했다고 한다. 미 공군은 거의 매일 이 지역에 폭탄을 투하했는데, 오직 철교만을 공격하고 통나무 다리는 폭격하지 않았다. 박진홍은 북한군이 고사기관포로 폭격기에 맞대응했지만, 이에 격추되는 폭격기를 단 한번도 본 적 없다고 증언한다.

이렇듯 1951년 8월부터 12월까지의 스트랭글작전과 1952년 3월부터 5월까지의 쌔처레이트작전으로 대표되는 미공군의 집중적 차단작전은 사실상 '기계와 인간의 전투'에 다름없었다. 전선이 고착되고 전투 자체가 1차대전기의 참호전처럼 치열하게 전개되는 상황 속에서 후방으로부터의 원활한 보급은 전쟁의 사활을 가르는 문제가 되었다. 이 같은 상황에서 유엔군은 일본과 남한의 후방지역으로부터 보충병력, 물자, 무기를 어려움 없이 공급받을 수 있었지만, 중국군과 북한군은 미공군의 북한지역 폭격으로 인해 후방에서 또다른 치열한 전투를 벌일 수밖에 없었다. 후방의 북한주민들도 미공군의 폭격으로 인해 평범한 일상을 영위하는 것이 불가능해졌는데, 특히 야간 철도복구와 노무활동에 종사하기 위해 상당수가 밤낮을 바꿔 살아야 했다는 점도 눈여겨 살펴볼 만하다. 북한지역의 민중들은 소위 정전협상이 진행되던 2년여의 기간 동안 죽음의 공포와 끊임없이 싸워야 했을 뿐만 아니라, 지하생활과 야간생활이라는 비정상적 일상을 정전시점까지 견뎌내야만 했다.

무차별적 야간폭격

기존 연구들은 1951년 여름부터 52년 여름까지 진행된 위와 같은 철도차단작전 분석에 집중하며 해당 시기를 미공군 작전의 좌절과 교훈의 시기로 규정한다. 이 같은 평가는 극동공군이 애초 목표로 설정했던 한반도 철도 무력화에 실패했기 때문인데, 이러한 관점에서는 이 시기 극동공군 폭격기들이 수행한 철도와 교량, 열차와 차량 등에 대한 폭격에 집중해 민간인 거주지역에 대한 폭격 기록은 조명하지 않는다.

실제로 이 시기는 미공군의 북한 도시 및 농촌 공격이 '상대적으로' 덜했다. 극동공군의 여러 보고서들은 1951년 6월에서 52년 6월까지 공격작전의 핵심이 철도 및 도로교통 차단에 있었음을 보여준다. 그렇다고 해서 이 시기를 평온의 시기라고 규정한다면 이는 분명 역사적 사실을 왜곡하는 일이다. 중국군 참전 이래 북한지역에서 진행된 대규모 민간인 거주지역 폭격양상은 그 규모만 축소되었을 뿐 사실상 끊임없이 지속되고 있었다. 극동공군 폭격기사령부는 보급품 집적소와 병력집중지역, 조차장 파괴라는 명목하에 북한의 주요 도시들을 쉼없이 공격했다.

예를 들어 1951년 7월 극동공군 정보보고서에 등장하는 소위 "조차장" 공격과 "보급품 집적소" 공격의 사례를 임의로 찾아보아도 그 수가 결코 적지 않다는 사실을 확인할 수 있다. 사실상 이 시기에도 인구밀집지역을 향한 대량폭격은 매우 일상적이고 평범한 군사작전이었던 것이다. 다음은 정보보고서에 등장하는 그 구체적 예들이다.

정전회담을 위한 첫 연락장교 준비회담이 있었던 1951년 7월 8일 13대의 B-29기가 순안·순천·풍동의 조차장에 약 92톤의 고성능폭탄을 투하했다. 7월 10일에는 7대의 B-29기가 225킬로그램 폭탄 70톤을 신포에 투하했다. 7월 11일과 13일에는 13대의 B-29기가 황주와 흥남 조차장에 225킬로그램 GP폭탄 110톤을 투하했다. 7월 13일 또 다른 13대의 B-29기 또한 오파리와 순천에 130톤의 고성능폭탄을 투하했다.[23]

7월 16일에는 13대의 B-29기가 군우리와 삼동리의 조차장에

115톤의 고성능폭탄을 투하했다. 7월 17일에는 오파리·홍수리·신막의 조차장이 13대의 B-29기에 의해 공격당했다.[24]

7월 내내 지속된 B-29기의 도시지역 폭격은 7월 30일 함흥·진남포·겸이포의 소위 "보급품 집적소" 공격에서 절정을 이루었다. 무려 64대의 비행기가 225킬로그램 파괴폭탄 650톤을 도시 한가운데에 투하했다.[25]

같은 시기 극동공군 폭격기사령부 소속 B-29기들의 임무보고서는 위와 같은 정보보고서상의 대량폭격이 실제 어떤 방식으로 진행되었는지 생생하게 보여준다. 예컨대 7월 8일 순천조차장을 폭격한 3대의 B-29기는 2만 500~2만 1300피트에 이르는 매우 높은 고공에서 육안폭격을 실시했고, 같은 날 순안조차장을 폭격한 6대의 B-29기 또한 2만 500~2만 1600피트의 고공에서 육안폭격을 수행했으며, 풍동조차장을 폭격한 4대의 B-29기 역시 동일한 고도에서 육안폭격을 실시했다. 모든 폭격기가 지상의 고사포 공격으로부터 자신을 보호하기 위해 2만 피트(약 6킬로미터) 이상의 고공에서 대량폭격을 실시했음을 알 수 있다. 물론 충분히 예상 가능하듯이, 이렇듯 수만피트 상공에서 인구밀집지역 내에 있는 조차장을 향해 쏟아지는 폭탄의 적중률이 높을 수는 없었다.[26]

같은 날인 7월 8일 1대의 B-29기는 홍원 "보급품 집적소"(supply center)를 폭격했는데, 폭탄은 강 북동쪽 제방으로부터 투하되기 시작하여 "도시의 중앙"(center of town)으로 향해갔지만, "기성 시가지"(built-up area)까지 다다르지 못했다고 분석하며, 폭격결과가 좋지 않았다고

5-2. 1951년 9월 6일 B-29기 폭격 직후의 정주조차장

최종적으로 평가했다. 이 같은 평가는 이 시기 미공군 문서상에서 무수히 등장하는 "보급품 집적소"가 무엇을 의미하는지 직접적으로 보여준다. 미공군은 1950년 겨울 이래 초토화작전을 통해 북한지역의 도시와 농촌 대부분을 불태워 없앴지만, 북한주민은 자신의 주거공간을 지속적으로 복구해나가고 있었다. 사실상 미공군은 이처럼 인구밀집지역에 다시 재건되는 시설물의 존재를 각종 정찰활동을 통해 예의주시하고 있다가 위와 같은 "보급품 집적소" 폭격이라는 명목하에 해당 지역을 다시 초토화시켜버리곤 했던 것이다. 폭탄 세례가 "도시의 중앙"으로 나아가지 못하고, "기성 시가지"를 파괴하지 못했다는 이유로 자신의 임무에 실패한 것으로 평가한 임무보고서는 "보급품 집적소" 파괴작전의 성격을 단적으로 보여준다.[27]

사진 5-2는 1951년 극동공군에 의해 수행된 수많은 조차장 공격 중

일례다. 1951년 9월 6일 극동공군 폭격기사령부의 B-29기 9대는 평안북도 정주조차장을 공격했다.[28] 이들은 오끼나와 주둔 제307폭격전대 소속이었다. 폭격기들은 300톤 이상의 폭탄을 정주조차장에 투하했다.

극동공군은 위의 사진을 "극동공군 정밀폭격기술"(precision bombing techniques)의 증거라고 평가했다. 실제 폭격기사령부는 정주조차장의 완전괴멸이라는 애초의 목적을 충실히 달성했다. 사진의 흰색 점선 내에 포함된 조차장 내 건물과 철도, 열차 들은 90퍼센트 이상 파괴되었다. 그러나 점선 내의 각종 민간시설뿐만 아니라 점선 밖의 민간인 거주지역까지 폭격피해로부터 자유롭지 않았다는 사실 또한 쉽게 확인할 수 있다. 특히 조차장 북쪽으로 건물들이 집중되어 있는데, 해당 구역은 커다란 폭탄구멍들과 무너진 집들로 매우 혼란한 양상을 띠고 있다. 흰색 점선 아래쪽의 평야와 야산 또한 폭격으로 황폐화되어 있다. 극동공군 스스로 조차장 정밀폭격의 대표적 성과라고 주장한 폭격이 이 정도의 정확성에 머물렀던 것이다. 극동공군은 조차장 파괴라는 애초 목표달성에는 명백히 성공했지만, 그들의 의도와는 무관하게 도심 조차장 인근의 민간인 거주지역도 동시에 황폐화시켰다.

1952년 새해에 접어들어서도 극동공군의 보급품 집적소 및 조차장 공격은 계속되었다. 1952년 1월 7일 342대의 전폭기는 북한지역에서 우연적 목표물의 발견 및 공격을 위한 무장정찰을 수행했다. 1월 6일과 7일 밤에는 48대의 B-26기가 양덕·신고산·영흥·고원·회양·정주 지역에 총 9회의 공격작전을 수행했다.[29] 1월 8일에는 321대의 전폭기가 무장정찰을 수행했고, 7일과 8일 밤 동안에는 48대의 B-26기가 선천 북쪽 지역까지 폭격작전을 수행했다.[30]

폭격기사령부 소속 B-29기들의 도심조차장 공격도 새해 들어 계속되었는데, 1월 1일 삼동리조차장 폭격,[31] 2일 B-29기 정주조차장 폭격,[32] 8일 군우리조차장 폭격,[33] 10일 신안주조차장 폭격,[34] 13일 흥남조차장 폭격,[35] 17일 진남포조차장 폭격[36] 등은 그 대표적 예다. 극동공군은 이른바 보급품 집적소 및 교통중심지 파괴라는 명목하에 북한의 농촌과 도시를 계속 공격하고 있었다.

한편, 위에 등장하는 폭격기사령부의 조차장 폭격은 기존의 공격방식과 매우 상이한 방식을 취했다는 점에서 주목할 필요가 있다. 이들 공격들은 모두 밤에 수행되었다. B-29기들은 지상의 목표물을 육안으로 확인할 수 없는 야밤에 폭격작전을 수행했다. 폭격기사령부의 B-29기들은 1951년 10월 28일의 주간폭격작전을 마지막으로 이후 모든 임무를 야간에만 수행했다.[37] 이는 공산 측의 대공방어능력 증강과 'Mig-15'라는 신예 전투기의 등장, 그리고 '쇼란'(SHORAN, short-range navigation radar)이라는 미공군의 새로운 폭격장비의 등장과 밀접한 관련이 있었다.

1951년 10월부터 공산공군이 북한 영공에서 활발한 활동을 전개하면서 미공군의 공중우세는 위태로운 상태에 빠지게 되었다. 10월 중 미공군은 Mig-15기의 출현을 2573회나 목격했으며, 이중 Mig-15기와 교전한 것은 2166회에 달했다. 폭격기사령부는 10월의 마지막 주에만 공산 측의 대공포화와 Mig-15기의 공격으로 인해 B-29기 5대 상실, 8대 손상이라는 한국전쟁 최대의 악재에 부딪혔다. 일주일 동안 B-29기 대원 55명이 사망 또는 실종되었다. B-29기가 한국에서 더이상 작전을 수행할 수 없을 것이라는 비관론적 전망이 팽배했다.[38]

이런 상황에서 B-29기의 작전수행을 가능하게 한 요인은 무선유도씨스템 '쇼란'의 등장이었다. 무선유도씨스템 쇼란은 보이지 않는 점

(點) 표적에 대한 폭격을 가능하게 해주는 장치로서, 기상조건에 구애받지 않고 구름 위에서의 맹목폭격과 야간폭격을 가능하게 해주었다.[39] 폭격기사령부의 B-29기들은 쇼란이 도입되자 야간비행을 통해, 주간에만 활약 가능한 Mig-15기의 위협으로부터 벗어날 수 있었다. 1952년 1월 23일 북한군의 포로가 된 B-29기 조종사 해럴드 큐비섹은 1951년 10월 야간작전으로 변경한 후 단 한차례의 적기 공격만을 받았다고 진술했다.[40] Mig-15기의 등장과 함께 북한지역 폭격에 제약을 받을 수밖에 없었던 B-29기는 새로운 기술의 도입과 함께 또다시 북한영공을 마음껏 드나들 수 있게 되었다.

쇼란은 분명 B-29 조종사들의 당면한 문제들을 해결해준 고마운 장비임에 틀림없다. 그러나 당시 조종사들은 이 새로운 장비의 사용에 무척 미숙했다. 쇼란을 장착한 B-29기가 한국에 등장한 시기는 1951년 6월이었다. 제307폭격전대와 제19폭격전대는 각각 6월 23일과 7월 9일에 최초의 쇼란폭격비행을 실시했다.[41] 1951년 6월부터 9월까지 대부분의 출격은 조종사 훈련용이었다. 극동공군 작전분석관들은 1951년 6월 1일부터 9월 30일까지 쇼란폭격의 평균 오차반경이 약 169미터라고 추산했다.[42] 요컨대 이는 도심조차장을 목표로 야간 쇼란폭격을 감행했을 때, 폭탄이 목표지점을 수백미터 벗어나서 인구집중지역에 투하될 수 있음을 의미했다. 이조차도 정확한 지도와 원활한 전파수신에 따라 목표를 정확하게 계산해냈을 경우를 상정한 것이다. 쇼란폭격은 노련한 비행능력과 지도판독능력, 장비사용경험 등을 필요로 했다.

하지만 쇼란 보급률이 높아지는 것과 상반되게 숙련된 조종사의 수는 병력순환원칙에 의해 오히려 감소했다. 쇼란폭격은 도심조차장처럼 까다로운 목표물을 대상으로 했기 때문에 조종사들의 쇼란폭격능력은 더욱더 강화되어야만 했다. 그러나 당시 조종사들의 경험과 능력은 현저히 저하되고 있었다.[43] 1952년 1월 1주일에 3명씩 보충된 신임 B-29기 대원들은 2주일의 훈련기간도 마치지 못한 채 전선에 투입되었다.[44] 조종사 경험 및 숙련도의 저하, 쇼란장착 비행기의 증가, 폭격에 대한 적의 적극적 대응, 야간맹목폭격 등의 요소들은 폭격의 정확도를 급속히 저하시켰다.[45] 1952년 12월, 극동공군은 1년 이상 지속된 쇼란폭격의 목표파괴율이 여전히 35퍼센트의 낮은 수준에 머물러 있다고 자체평가했다.[46] 미숙한 폭격기조종사들은 암흑 속에서 사실상 북한 도시지역을 무분별하게 폭격했던 것이다. 앞서 예를 든 1952년 1월의 수많은 조차장 공격은 미공군 스스로도 문제가 많다는 사실을 인정하면서 진행된 사실상의 무차별폭격이었다.

비단 B-29의 도심지역 쇼란폭격뿐만 아니라 B-26 경폭격기의 야간습격작전 또한 북한 민간인들의 희생을 야기했다. B-26기는 1951년 여름부터 주로 야간 도로봉쇄 및 열차공격 임무를 담당했다. 애초 야간 차단작전을 위한 B-26기의 주요 무기는 M-47 소이탄과 225킬로그램 파괴폭탄, 지발신관(遲發信管) 등이었다. 그러나 1952년 5월 극동공군은 차량을 직접 파괴하기 위한 폭탄의 사용 대신 대인폭탄(antipersonnel bomb)과 시한폭탄(delayed-action bomb)의 사용을 지시했다. 이는 차량에 대한 직접공격보다 도로와 철도, 교량을 복구하는 '사람'들에 대한 공격이 더 유리하다는 판단으로부터 나온 결정이었다.[47]

앞서 살펴보았듯이 북한정권은 철도복구과정에서 민간인들을 대대적으로 동원했다. 그런 이유로 사실상 미공군은 북한의 민간인 노무자들에 대한 직접 공격을 지시했던 것이다. 미공군은 인마살상용 폭탄으로 노동자들을 사살하고, 복구공사 중 수시로 폭발하는 시한폭탄으로 철도복구를 지연시키고자 했다. 이들은 이미 B-29기의 교량폭격을 통해 노무자들의 복구공사를 방해하기 위해 시한폭탄을 투하해본 경험이 있었다.[48] 극동공군은 이러한 경험을 차단작전 전반으로 확대하고자 했다. 시한폭탄은 사람들에게 공포감을 형성해 군사적 역할뿐 아니라 심리적 압박수단으로 중요한 역할을 수행했다.

공중폭격을 통한 심리적 압박은 단순히 북한노동자들만을 목표로 하지 않았다. 정전협상이 시작된 후 폭격을 통한 심리적 압박은 공산 측 지도부를 향해서도 구상되었다. 리지웨이와 극동공군 지휘관들은 정전회담에 압박을 가할 물리적 수단으로 공중폭격에 주목했다. 이들은 상대적 우위에 있는 공군력을 활용하여 적 군사시설을 파괴하고, 민간시설과 민간인에게 커다란 위해를 가함으로써 정전회담을 유리하게 이끌 수 있다고 생각했다.

1951년 7월 13일 리지웨이는 개성 정전회담에서 공산 측의 강경한 태도를 접한 이후 "현 교섭기간 중 한국에 와 있는 적에게 타격을 가할 수 있도록 모든 공군력을 동원하여 최대한의 이익을 얻어내라"고 명령했다. 극동공군사령관 웨일랜드는 즉시 제5공군에 긴급 전문을 발송하여, 적의 부대·보급품·시설 같은 목표를 향한 전폭기·경폭기의 활동을 한층 강화하라고 명령했다. 극동공군은 일주일도 안 되어 적의 병력과 보급품 증강을 뿌리뽑고 북한정권에 압박을 가하기 위해 평양폭격계획을 수립했고, 7월 30일 전폭기 354대를 투입하여 평양을 공격했다.[49]

극동공군은 평양공격을 외부에 공개하지 않았다. 심지어 공군 내부의 문서에도 평양공격에 대해 기록하지 않았다.[50] 리지웨이는 평양공격을 정전회담 압력의 수단으로 사용하고자 했으나, 합동참모본부가 쉽사리 동의하지 않았기 때문이다. 합동참모본부는 유엔 측이 협상을 결

렬하고자 하는 듯한 인상을 외부세계에 주고 싶지 않았다.[51]

합참과 리지웨이의 갈등은 1951년 8월 25일 진행된 나진폭격에서도 표출되었다. 앞서 제2부에서 살펴보았듯이, 합참을 포함한 워싱턴의 최고위급 인사들은 소련의 직접적인 전쟁개입을 우려하여 1950년 9월 이후 나진에 대한 공중폭격을 금지시켰다. 1951년 7월 리지웨이는 공산측이 나진에 많은 물자를 비축하고 있다는 보고를 전해 듣고는 즉시 나진의 조차장과 보급품 집적소가 매우 가치있는 군사목표라고 합동참모본부에 보고했다. 합동참모본부는 트루먼의 재가를 받은 후 나진폭격을 승인했다.[52] 8월 25일 폭격기사령부는 35대의 B-29기를 나진폭격에 동원했다.[53]

그러나 이날의 폭격은 한국전쟁사에서 마지막 나진폭격이 되었다. 소련 국경지역이라는 정치적 민감성 때문에 폭격 자체가 제한되었다. 훗날 정전회담의 유엔 측 대표였던 C. 터너 조이(C. Turner Joy) 제독은 나진폭격 금지 같은 제한조치들이 정전협상에 지대한 영향을 미쳤다고 주장했다. 그는 다음과 같이 일갈했다. "한국에서의 정전협상은 다음과 같은 내용을 가르쳐주었다. 적이 정전을 간청한다고 해서 결코 압력을 줄여서는 안 된다. 오히려 압력을 더 강화하라."[54] 한국전쟁에 참전한 미국의 모든 육·해·공군 사령관들은 '폭격을 통한 압력행사'를 강렬히 원했다. 이러한 갈구는 결국 1952년 중반 이후 극동공군의 항공압력전략이라는 형식으로 표출되었다.

13장
항공압력전략

항공압력전략의 결정과정

 1952년 전쟁은 또다시 새롭게 전개되었다. 한국전쟁은 정전회담의 포로송환협상을 거치며 차츰 이념전이자 심리전으로 변해갔다. 공산 측은 제네바협정의 원칙에 따른 자동송환을, 유엔 측은 인도주의적 관점을 강조하는 자원송환을 주장했다. 양측은 자신의 원칙으로부터 조금도 물러설 용의가 없었다. 1952년 2월 27일 유엔군사령관 리지웨이는 포로 관련협상이 송환원칙문제만 남긴 채 모두 타결되었다고 합참에 보고했다. 리지웨이는 포로문제에 대한 워싱턴의 결심을 요구했다. 트루먼은 다음과 같은 연설로 화답했다. "미국은 포로를 송환하기 위하여 강제력을 사용하거나, 포로의 생명이 위태롭게 될 어떠한 협정도 수락하지 않을 것이다."[55] 트루먼은 결국 제네바협정에 규정된 자동송환원칙이 비인도적이고 부당하다는 결론을 내린 것이다. 소위 미국의 '자원송환원칙'이 공식화된 순간이었다.
 '인도주의적' 관점을 부각시킨 미국 측의 자원송환원칙은 이후 무수한 '비인도적' 결과를 양산하기 시작했다. 포로송환을 둘러싼 공산 측과 유엔 측의 논쟁은 1년 이상 지속되었고, 그 과정에서 수많은 군인과 민간인이 고통받고 희생되었다. 미국은 전쟁의 주요 내용이 심리전으로 변한 상황에서 자원송환원칙을 바꿀 의향이 조금도 없었다. 미국은 자원송환원칙의 관철을 통해 '승리의 대체물'을 얻고자 했다. 미국인들은 동북아시아의 두 신생국을 상대로 한 전쟁에서 협상을 통해 종전에 이른다는 사실 자체를 반기지 않았다. 자원송환원칙이라는 새로운 제도하에서 좀더 많은 포로들이 미국진영에 들어온다는 시나리오하에, 미국은 최소한 이념적 승리라도 얻고 싶어했다.[56]

이와 같은 입장은 정전회담장에서 공산 측의 입장을 주도하고 있던 중국도 마찬가지였다. 마오 쩌둥은 포로송환의 문제가 '정치문제'라고 보았다. 그는 누차 포로송환문제를 양보할 수 없다고 표명했다. "적이 양보를 거절하고 계속해서 지연시킨다면 우리는 즉시 선전을 확대하고 적의 휴전회담 결렬 기도와 침략전쟁 확대 음모를 폭로하고 국제여론을 동원하고 우리의 전선에서의 굳건한 방어와 결합시켜 적에게 계속해서 손상을 입혀 적이 최후의 양보를 하게 만들어야 한다."[57] 마오 쩌둥의 입장은 굳건해 보였다.

반면 북한지도부는 포로문제가 하루빨리 마무리되길 원했다. 1952년 1월 16일 북한 외무상 박헌영은 펑 더화이(彭德懷)를 방문하여 "전조선 인민은 평화를 요구하고 있으며 전쟁을 계속하는 것을 원치 않는다"는 입장을 전달했다.[58] 1952년 3월 김일성은 타스통신 기자들을 불러 정전을 호소하는 기자회견을 열었지만, 소련정부의 통제로 자신의 주장을 알리지 못했다.[59] 김일성은 소련과 중국의 반대에도 불구하고 내부적으로 수차례 정전의지를 표출했다. 그가 포로문제의 조기타결을 강렬히 원했던 핵심적 이유는 미공군의 폭격 때문이었다. 김일성은 북한지역

폭격피해가 이미 감당할 수준을 넘어섰다고 판단했다. 1952년 7월 16일 김일성은 스딸린에게 보내는 전문을 통해 마오 쩌둥의 강경한 입장에 대한 동의의사를 표시하면서도, 폭격으로 인한 북한의 막심한 피해를 강조했다.[60] 북한정권과 주민들은 인도주의적 관점을 강조하는 미국의 새로운 포로송환원칙과 이를 강경하게 거부하는 소련 및 중국의 틈바구니에서 공중폭격을 1년 더 견뎌내야만 했다.

김일성이 스딸린에게 북한지역 폭격피해에 대해 직접 보고했던 1952년 7월은 극동공군작전사에서 매우 중요한 분기점이었다. 7월의 북한지역 공습은 기존의 차단작전과는 상이한 목적하에 수행되었다. 극동공군은 차단작전을 중심으로 진행되던 기존의 폭격전략에 큰 변화를 주기 시작했다. 소위 '항공압력전략'(air pressure strategy)이라는 전략개념이 이 시기부터 적용되기 시작한 것이다. 항공압력전략은 공군력에 가해진 기존의 정치적·군사적 제한요소를 해체시키고, 오히려 공군력을 '정치적 압력수단'으로 직접 활용하는 새로운 개념의 공군전략이었다.

1951년 여름 지상군의 전선이 특정지역에 고착되면서, 미공군의 항공작전은 철도시설의 파괴 같은 전술적 역할에 집중되었다. 그런데 1952년 2월 차단작전 중심으로 진행되던 극동공군의 전략에 강한 이의가 제기되었다. 1952년 1월 18일 극동공군 작전부장으로 부임해온 제이콥 스마트(Jacob E. Smart)가 그 주인공이었다. 스마트는 유엔 측이 정전협상에서 가장 유리한 결과를 얻을 수 있도록 극동공군전략을 대대적으로 수정해야 한다고 주장했다. 1952년 2월 말, 스마트는 다음과 같은 극동공군 전투작전정책을 주간정보보고에 재빠르게 삽입했다.

1. 한국전쟁에 참전하고 있는 북한군과 중국군에게 효율적이고 적극적인 군사적 압력을 유지한다.
2. 유엔군사령부가 가장 유리한 결과를 얻을 수 있도록 현재의 한반도 정전협상에 영향력을 행사한다.
3. 일반적인 긴급상황에 대비하여 기타작전 수행능력을 유지한다.[61] (강조는 인용자)

스마트는 이 새로운 작전방침을 상신하여 재가를 얻어냈고, 1952년 3월 그의 부하 랜돌프(R. L. Randolph)와 메이오(B. I. Mayo)에게 명령하여 "극동공군력을 최적으로 활용하여 북한의 공산군에게 최대의 압력을 가할 수 있는 수단과 방법을 고안해내라"고 지시했다.[62]

랜돌프와 메이오의 연구는 1952년 4월 12일 불과 15장의 짧은 보고서를 제출하며 종료되었다. 그러나 이 짧은 보고서는 1952년 7월부터 53년 7월까지 1년여 동안 북한주민들에게 커다란 재앙의 씨앗이 되었다. 보고서는 약 1년 동안 철도차단작전을 중심으로 전개된 극동공군 폭격작전의 문제점을 신랄하게 비판하면서, 후방의 도시와 농촌의 파괴, 민간인들의 살상을 적극적으로 권하고 있었기 때문이다.

보고서는 그 작성의 목적을 분명하게 제시했다. "문제: 극동공군의 최대역량의 투입을 통해 북한지역의 공산군에게 최대한의 압력을 행사할 수 있는 방법과 수단을 고안해내는 것." 이후 보고서는 철도차단작전의 문제점을 강하게 비판했다. 애초 극동공군은 적 보급품의 흐름을 끊어 숨통을 조인다는 차단작전의 목적에 따라 북한지역 1만 5003개소의 철도를 차단하고 199개 교량을 파괴하는 데 성공했지만, 적은 "극도로 효율적인 대응"(extremely effective countermeasures)을 통해 열차를 지속적으로 운행하고 어느정도의 물자를 비축할 수 있었다고 평가했다. 따라서 보고서는 당시 극동공군의 차단작전이 그 효율성에 비해 너무 값비싼 비용을 치르고 있다고 분석했다.[63]

랜돌프와 메이오는 이 같은 문제점의 해결을 위해 극동공군의 공군력을 "파괴"(destruction)작전에 집중시킴으로써 "적에게 커다란 압력을 행사"할 수 있도록 활용해야 한다고 주장했다. 보고서는 이 같은 주장과 함께 기존 폭격작전의 목표물 리스트에서 가장 상위에 있었던 철도와 노반을 가장 낮은 순위에 배치했다. 동시에 중요 목표물 리스트를 새로 작성했는데, 그 첫번째는 "보급품"(supplies)이 제시되었고, "후방의 병력과 인력"(rear area troops and manpower)과 "도시와 마을의 건물들"(buildings in cities and villages)이 주요 타깃으로 추가되었다. 보고서는 다음과 같이 주장했다.

> 아무리 적의 인력 공급이 풍부하다 할지라도 이들(후방의 병력과 인력—인용자)의 상당수를 죽이는 것(killing considerable number of them)은 적에게 타격을 줄 것이다. 잘 알려진 적의 밀집지역에 대한 공격은 우리에게 특별히 많은 비용을 요하지 않을 것이다. (…) 이것들(도시와 마을의 건물들—인용자)은 보급품의 은닉은 물론 병력과 노동자들에게 은신처를 제공하기 때문에 표적으로 간주되어야만 한다. 이전의 파괴가 이미 상당하고, 남아 있는 건물들이 꽤 분산되어 있다. 일반적으로 이들은 특별히 값어치 있는 표적은 아니지만, 적은 비용으로 쉽게 공격할 수 있다.[64]

랜돌프와 메이오는 위와 같이 비용절감을 위해 기존의 차단작전 대신 북한 후방지역의 민간인들을 살상하고, 도시와 농촌 지역에 대한 대량파괴에 더욱 집중해야 한다고 노골적으로 주장했다. 보고서는 "무작위적 건물 파괴와 인명 살상"(Random destruction of buildings and killing of people)은 미미한 성과만을 안겨줄 것이지만, "적에게 압력을 행사할 수 있을 것"이라고 강조했다. 또한 보고서는 북한지역에서 값어치 있는 표적을 찾는 것이 쉽지 않지만, 극복할 수 없는 문제는 아니라고 주장하면서, "파괴"(destruction)라는 개념을 분명하게 제시하고 작전·정보 기구에서 적극적으로 표적을 발견해나가면 새로운 타깃을 발견하여 성공적으로 파괴작전을 완수할 수 있을 것이라고 분석했다. 보고서는 마지막 결론을 통해 "파괴를 통해 적에게 최대한의 압력을 행사할 수 있는 개념에 기초하여 표적 우선순위 리스트를 작성해야 한다"고 주장했다.[65] 민간인들을 향한 무차별적이고 대량적인 폭격을 통해 적에게 정치적 압력을 행사한다는 항공압력전략 개념이 이렇듯 완성되고 있었다.

1952년 4월 28일 정전회담 유엔 측 대표 조이 제독은 워싱턴의 지시에 따라 교착상태를 타개하기 위한 일괄타결안을 공산 측에 제시했다. 당시 미결상태의 논쟁점은 비행장복구문제, 중립국감시위원회 구성문제, 포로송환문제 등이었다. 유엔군사령부는 비행장문제와 폴란드·체코의 중립국감시위원회 참여문제는 양보할 수 있으나, 포로 자원송환 원칙은 절대 포기할 수 없다고 천명했다.[66] 유엔군사령부는 더이상 양보할 여유가 없다고 생각했다. 이제 새롭게 구상된 공군전략에 따라 군사력을 달리 사용할 시기가 온 것이다.

일괄타결안이 제시된 1952년 4월 28일 트루먼은 미 본토 지상군사령관인 마크 클라크(Mark W. Clark) 장군을 새로운 유엔군사령관 겸 극동군사령관으로 임명했다. 클라크는 2차대전 직후 오스트리아 점령군 사령관으로서 소련 측과 직접 협상해본 경험이 있었다.[67] 트루먼은 공산 측과의 정전회담이 난관에 봉착한 시점에 클라크라는 새로운 인물을 유엔 측의 대표로 임명한 것이다. 공산 측과의 협상에 대한 클라크의 견해는 간단명료했다. 그는 자신의 협상경험에 대해 다음과 같이 언급했다. "러시아인들과 함께 보낸 골치 아픈 2년은 공산주의자들의 숭배대상에 대해 알게 된 시기였다. 그들이 숭상하는 것은 힘(force)이었다."[68] 항공압력이라는 새로운 공군전략을 구상한 스마트는 자신의 목소리에 진심으로 귀 기울여줄 최적의 신임 상관을 모시게 되었다. 공중에서 압도적인 힘을 가하는 것으로 적에게 정치적 압력을 행사한다는 새로운 전략개념은 이제 현실화될 가능성이 더욱 높아졌고, 이는 북한 주민에게 또다른 커다란 시련을 예고하고 있었다.

전쟁의 마지막 국면: 민간인의 대량 희생

극동공군은 항공압력전략을 구상하는 과정에서 공산 측 지도부와 주민들에게 심리적 압력을 행사할 수 있는 첫번째 타깃으로서 북한지역의 수력발전소에 주목했다. 수풍·부전·장진·허천·부영·금강산 등의 수력발전소들은 일본 최고 기술자들이 20년 이상의 공사기간을 통해 수립한 당대 최고 수준의 시설들이었다. 이들은 한반도 전력의 90퍼센트 이상을 생산해냈다. 특히 수풍발전소는 만주지역 전력소비의 10퍼센트 이상을 담당하고 있었다.

유엔군은 애초 전쟁 초기의 북한지역 전략목표에서 수력발전소를 제외했다. 군사·경제·정치의 모든 요소가 이러한 원칙의 설정에 복합적으로 작용했다. 먼저 수력발전소는 당시 극동공군의 핵심 전략목표인 생산시설이 아닐 뿐만 아니라, 시설 자체가 독립적으로 여러 곳에 분산되어 있기 때문에 완전파괴가 쉽지 않았다. 또한 전력은 전후복구에서 핵심적으로 활용될 수 있는 자원이었고, 발전소 재건을 위해서는 매우 값비싼 복구비용을 치러야만 했다. 게다가 수풍발전소는 만주지역에 상당부분의 전력을 공급했기 때문에, 전쟁 초기 중국을 자극하고 싶지 않았던 유엔군은 수력발전소를 폭격대상에서 제외했었다. 랜돌프와 메이오는 위와 같은 조건 속에서 사실상 부득이하게 유엔군의 보호하에 있던 수력발전소들을 북한지역에 남아 있는 가장 값어치 있는 타깃으로 지목하면서, 이에 대한 공격제한조치가 즉시 해제되어야 한다고 주장했다.[69]

또한 1952년부터 미공군 정보보고서들은 북한의 산업시설들이 전국적으로 분산된 지하시설을 통해 재건되고 있다는 분석을 제시하기 시작했다. 반면에 극동공군은 지하갱도를 따라 재건된 북한 산업시설을 완전히 파괴하는 것이 불가능하다는 사실을 깨닫기 시작했다. 동시에 산업시설 직접 파괴가 아닌 동력원 파괴가 좀더 효율적인 작전으로 부상했다. 동력이 없는 암흑 속에서 북한의 생산시설은 무용지물이 되고 말 것이었다. 수력발전소의 파괴는 어느새 극동공군의 시급한 해결과제로 부상하고 있었다.[70]

수력발전소에 대한 최초 공격은 1952년 6월 23일 16시에 시작되었다. F-84기 79대와 F-80기 45대는 수풍발전소에 145톤 이상의 폭탄을 투하했다. 수풍발전소 공격 직후 제5공군 F-51기들이 부전의 제3·4호 발전소를 공격했고, 제1해병비행단은 장진의 제3·4호 발전소를 공격했

5-3. 지하로 분산된 산업시설(위) 1950년 전시의 지하 당원회의(아래)

다. 해군 함재기들은 부전의 제1·2호 발전소와 허천발전소를 공격했다. 이후 제5공군은 4일간의 공격에서 730회의 전폭기 출격과 238회의 요격 출격을 기록했는데, 공산군의 반격에 의한 희생은 전혀 없었다. 극동공군은 포연이 가신 뒤 폭격결과를 조사했다. 분석관들은 북한의 전력생산 잠재력의 90퍼센트 이상이 파괴되었다고 평가했다.[71] 이후 1953년 3월까지 북한지역 수력발전소들은 핵심적인 공격목표 중 하나로 설정되었다. 1952년 9월 12일 31대의 B-29기가 수풍댐을 대량폭격하기도 했다.[72] 극동공군은 발전소 부근의 특정한 움직임이나 복구활동이 관찰되면 어김없이 발전소를 폭격했다.

수력발전소 폭격과 관련하여 흥미로운 사실 중 하나는 폭격 직후의 북한 측의 공식적인 반응이었다. 놀랍게도 북한은 수력발전소 폭격이 정전회담의 정체현상과 직접적으로 관련되어 있다고 폭격 직후부터 주장했다. 『로동신문』은 1952년 7월 1일자 기사를 통해 당시 미국이 전선과 정전회담장 모두에서 궁지에 빠져 있다고 주장하면서, 이 같은 당대 현실이 "조선정전 담판회의가 전쟁포로 처리문제로 인하여 엄중한 침체상태에 빠지고 있는 오늘에 와서 미국 침략군대가 무엇 때문에 공화국 북반부의 평화적 발전시설들을 야수적으로 폭격하는 만행을 감행하게 되었는가를 명백히 설명"해준다고 역설했다. 더불어 "만일 미제침략자들이 북반부 발전시설들을 폭격함으로써 조선인민을 겁내게 하며 정전담판에 그 어떠한 영향을 줄 수 있으리라고 망상하였다면 이는 실로 가소로운 일이다"라고 설명했다. 당시 『로동신문』 기사는 마치 극동공군 내부적으로 갓 완성된 랜돌프와 메이오의 보고서를 들여다본 것처럼 항공압력전략의 의도를 해설하고 있었다.[73]

그런데 이 시기 위와 같은 전력시설의 파괴보다 북한사람들에게 더 큰 고통과 정치적 압력을 가중시킨 것은 도시와 농촌 지역을 향한 극동공군의 무차별폭격이었다. 극동공군 고위층은 공군력을 국가정책집행 수단으로 삼아야 한다는 새로운 교리를 구체화해나가면서, 이미 황폐화된 북한지역에서 항공압력전략에 따른 새로운 목표물들을 찾는 데 부심했다.

1952년 7월 10일 극동공군의 새로운 작전지침이 제5공군과 폭격기사령부에 하달되었다. 이 지침의 배포에 앞서 스마트 준장은 "지침을 개정하는 것은 방침을 크게 바꾸는 것이 아니라 단지 지연·방해작전에서 파괴작전으로 중점을 전환한 것에 불과하다"고 언급했다. 그러나 지침은 1952년 초부터 주장된 스마트의 문제의식들을 고스란히 담고 있었다. 지침은 북한 내 적군에게 최대의 압력을 가하기 위한 제공권의 우위를 유지하는 데 최대의 역점을 두면서, 이용 가능한 항공전투력을 모두 투입해 선별적 파괴목표를 최대한 공격할 것을 요구했다. 병력·장비·물자 면에서 적에게 값비싼 댓가를 치르도록 한다는 것이 지침의 핵심 목표였다.[74]

이때부터 북한지역의 촌락과 도시는 값비싼 댓가를 치러야 할 핵심 공격대상으로 재설정되었다. 새로운 지침의 하달을 전후하여 제5공군은 경폭격기의 파괴목표로 북한지역 촌락과 도시 35개를 선정했으나 얼마 후 78개로 확대했다.[75] 지침이 하달된 다음날인 7월 11일에는 극동지역의 모든 항공부대가 평양의 30개 목표공격에 투입되었다. 야간에도 54대의 B-29기가 쇼란폭격을 수행했다.[76] 한국전쟁 발발 이래 최대인 1254대의 전폭기와 폭격기가 평양공격에 투입되었다. 극동공군은 이 작전의 이름을 '프래셔펌프작전'(Operation Pressure Pump)이라고 불렀다. 극동공군은 이날의 폭격으로 북한공산군 고위급 인사들

400~500명이 희생되었다는 정보를 입수했다.[77]

이날의 평양폭격은 상상 이상으로 대단히 격렬했던 것으로 예상된다. 평양은 전쟁 초기부터 매우 일상적이면서도 반복적으로 폭격피해를 당했음에도 불구하고, 『로동신문』은 여러 기사를 통해 7월 11일 폭격 피해의 심각함에 대해 재차 강조하여 보도했다. 해당 기사에 따르면, 폭격은 7월 11일 아침부터 12일 새벽까지 진행되었고, 그 결과 주간폭격에 의해 1000여명의 사망자와 부상자가 발생했고, 야간폭격에 의해 2000여명의 사망자와 4900여명의 부상 혹은 행방불명자가 초래되었다.[78]

『로동신문』은 7월 11일 폭격에 의해 대량파괴된 평양의 포도원이라는 주택지구의 희생 사례를 구체적으로 보도했다. 이 일대의 주민들은 이미 기존의 공중폭격에 의해 건물들이 모두 파괴되어 모두가 '토굴' 생활을 하고 있었다. 지상주택은 하나도 없었다. 그런데도 11일의 대량폭격 타깃에 포함되어 있었고, 결과적으로 주택지구 내 창전리 지역만 따져도 160여명의 노인, 유아, 부녀자가 폭격에 의해 사망했다. 가족 6명이 모두 사망하고 홀로 남은 안영실이라는 이름의 여성은 기자들을 향해 다음과 같이 토로했다. "광범한 지역에 자그마한 토굴들만이 밀집해 있는 이곳을 놈들은 군사적 목표라고 한다. (…) 죽은 부모와 오빠, 동생의 원쑤인 미제국주의자들에게 어찌 죽음을 주지 않고 참을 수 있겠는가! 죽음은 죽음으로, 피는 피로 갚아야 한다." 1952년 여름, 2년여에 걸친 미공군의 북한지역 폭격은 이렇듯 북한주민의 강렬한 반미주의를 아래로부터 만들어내고 있었다.[79]

약 한달 뒤인 1952년 8월 29일 평양지역 폭격에 참여했던 한국인 조종사 이창실은 1952년 여름 평양의 모습을 다음과 같이 묘사했다. "아군 지역을 지나자 황폐한 들처럼 아무것도 보이지 않고 오직 폭격당한 자리만이 보이는 적지가 눈 아래로 들어왔다. (…) 우리는 드디어 평양을 바라보게 되었다. 하늘은 구름 한점 없는 푸른색이고 평양 시가는 조용하며 평화스러웠다. (…) (폭격 후) 평양 시가를 뒤돌아보니 온통 불바다에 연기로 덮여 있었고, 수분 전에 그렇게도 맑았던 하늘이 검은 포연으로 모자를 쓴 것 같이 보였다. 수백대의 연합 전폭기가 일시에 폭탄을 투하하였으니 그 위력은 가히 상상하고도 남을 것이다."[80]

위와 같은 평양공습은 항공압력전략에 의한 민간지역 폭격의 하나의 사례에 불과했다. 극동공군은 연일 북한지역 주요 촌락과 도시를 보급품 집적소 및 병력 은신처라는 명분 아래 공격하기 시작했다. 기상악화로 인해 비행 자체가 불가능하거나 다음날의 대량출격을 위해 출격대기명령이 내려지지 않는 한 극동공군의 전면적 항공압력작전은 연일 계속되었다. 그 공격양상은 대개 해당 지역을 초토화시키는 양상으로 진행되곤 했다. 예컨대 사진과 문서를 통해 확인 가능한 1952년 8월 13~14일 황해도 안악 야간폭격 양상을 살펴보자.

다음의 사진 5-4는 1952년 8월 13일과 14일 야간폭격 전후 황해도 안악의 모습이다. B-29기 야간쇼란폭격은 안악 전체를 순식간에 폐허로 만들어버렸다. 그러나 이날의 안악폭격에 대해 극동공군의 한 문서는 다음과 같이 간략하게 언급하고 있다. "25대의 B-29기가 진남포 남쪽 8킬로미터 지점의 안악 보급품 집적소를 쇼란폭격했다."[81] 다른 여타 지역 폭격과 마찬가지로 단 한줄로 보고된 안악지역 폭격결과는 사진과 같이 처참했다. 이제껏 남아 있는 사진이 없었다면, 1952년 여름부터 진행된 보급품 집적소 폭격의 실체는 영원히 역사 속에 은폐되었을 가능성이 높다.

5-4. 1952년 8월 13~14일 야간폭격 전후의 황해도 안악

민간인 거주지역을 싹쓸이해버린 안악지역 폭격의 이유는 해당 지역의 북한군 보급품 집적 가능성 때문이었다. 공격 직후 폭격결과를 분석한 평가보고서는 안악지역 내 보급품 보유 건물(supply-laden buildings) 385채가 파괴되었다고 평가했다. 400발 이상의 대형폭탄들이 해당지역 "건물들을 쓸어버렸다"(wiped out the buildings). 현재의 안악은 세계적 문화유산인 고구려 고분벽화로 유명한 곳이지만, 당시 미군에게 안악은 평양과 해주를 연결하는 주요 교통요충지 중 1곳에 불과했다. 미공군은 수개월 전 파괴된 안악비행장의 보급품들이 이곳에 보관되어 있는 것으로 '추측'했다. 결국 교통요충지이자 보급품 집적 가능성이 존재했던 안악 전체가 파괴의 대상으로 간주되었고, 극동공군은 민간인 희생에 대한 아무런 죄의식 없이 도시 전체를 쓸어버렸다.[82]

1952년 7월 이후 제5공군 전폭기와 경폭격기 또한 '작전계획 72-52'(Operations Plan 72-52)에 따라 민간시설 폭격에 적극적으로 동참했다. 작전계획 72-52는 전선으로 이어지는 주보급로 주변의 보급지역, 통관항에서 이어지는 도로 주변의 보급지역에 대한 조직적 공격(systematic attack)을 요구했다. 예컨대 1952년 10월 1일 75대의 제5공군 비행기가 좌표 CU4426지점의 보급지역을 공격했고, 10월 2일 76대의 비행기가 좌표 YC3674지점의 조차장과 철로를 공격했다. 10월 4일에는 43대의 비행기가 BV4611지점의 광산을 공격했다. 10월 5일 121대의 비행기기가 CT7886지점의 보급지역을 폭격했다. 10월 7일에는 49대의 비행기가 CY1149지점의 보급지역을 공격했다.[83] 이처럼 7월 이후 제5공군 전폭기와 경폭기 또한 적잖은 민간인 희생을 양산했으리라 충분히 짐작할 수 있다.

극동공군의 항공압력전략은 정전협정 체결 시점까지 지속되었다.

폭격기사령부는 200개 이상 되는 교통 및 병참 목표 중에서 순차적으로 몇개씩 골라 야간에 폭격했다. 극동공군은 북한지역에 공격할 가치가 있는 목표들이 남아 있는지 의문을 품고 있었다. 목표의 대부분은 도시와 촌락에 불과해 보였다. 그러나 이내 극동공군은 북한지역의 도시와 촌락이 공산군의 중요한 병기고라고 단정했다. 믿음의 근거는 구체적인 정보가 아닌 폭발현상에 대한 분석으로부터 나왔다. 폭격 직후의 연쇄적 폭발이나 화재가 무기고의 근거로 제시되었다. 1952년 10월 5일 새로운 폭격기사령관으로 취임한 윌리엄 피셔(William P. Fisher)는 "아마도 우리가 공산군의 보급 및 분배계통의 취약점을 발견해낸 것으로 생각된다"고 말했다. 폭격기사령부는 1953년 4월까지 적 보급소 및 통신센터 파괴라는 목적하에 목표 168개소를 공격하여 132개를 파괴했다.[84]

극동공군의 항공압력전략은 정전협정 체결을 불과 2개월 앞둔 1953년 5월부터 시작된 북한지역 저수지폭격작전을 통해 그 성격을 단적으로 표출했다. 커밍스의 설명에 따르면, 이 같은 저수지폭격작전은 2차대전 당시 연합군의 전략을 그대로 따른 것이었다. 1943년 5월 연합군은 '채스타이즈 작전'(Operation Chastise)이라고 불린 응징작전을 통해 수위가 가장 높은 시기의 루르 지역의 댐 2곳을 폭격했다. 타깃이 된 뫼네(Moehne) 댐은 높이 130피트에 기저부의 두께가 112피트에 달했고, 에더 강(Eder River) 댐은 70억 세제곱피트의 물을 저장하고 있었다. 댐 파괴로 "1억 6000만톤의 물이 30피트(9.15미터) 높이로 밀물처럼 쏟아져 내리면서" 5개 소도시를 침수시켰다. 영국공군은 이 공격을 "지금까지 수행한 가장 눈부신 작전"이라고 평가했다.[85] 1953년 5월 미공군은 정확히 10년 전 유럽에서 행했던 비인도적 군사작전을 한반도에서 재현하고자 했던 것이다.

　북한지역의 저수지폭격은 2가지 군사적 측면에서 그 중요성을 평가할 수 있다. 첫째, 저수지폭격은 공산 측 주보급로의 차단을 의미했다. 저수지로부터 흘러나온 방대한 양의 물은 인근의 철도와 도로를 얼마간 무용지물로 만들 수 있었다. 둘째, 공산군의 주식인 쌀 생산을 저지할 수 있다. 모내기를 갓 끝낸 논으로 넘쳐든 큰물은 벼농사 자체를 불가능하도록 만들 것이 분명했다.

　즉 저수지폭격은 단순한 군사적 측면보다는 정치적·심리적 측면에서 더욱 중요한 의미를 지니는 파괴작전이었다. 물이 많이 고인 저수지를 공중공격으로 파괴하면 홍수로 1년 농사를 망쳐놓을 수 있었다. 주요 식량의 파괴는 군인들뿐만 아니라 민간인들에게 엄청난 고통을 안겨주는 행위였다. 특히 북한에서 생산되는 쌀의 대부분이 해주에서 나오고, 해주지역 논의 75퍼센트는 저수지 관개시설에 의지하고 있었다. 해주지역에 20개의 저수지가 집중되어 있어 이들을 파괴한다면 북한경제에 명백히 큰 부담이 될 것이었다. 극동공군은 이 파괴를 통해 공산 측 지도부와 민간인들에게 적잖은 정신적 충격을 안겨주고자 했다.[86]

　극동공군의 첫번째 공격목표로 견룡저수지가 선정되었다. 견룡저수지는 한국전쟁 당시 미국문서에는 '독산저수지'(Doksan Reservoir)로 표기되었는데, 이는 저수지에서 104미터쯤 떨어진 인근의 독산에서 유래한 견룡저수지의 별칭으로 추측된다. 견룡저수지는 1927~29년 평양 북방의 보통강(普通江) 상류를 막아 축조된 저수지다. 저수지의 아래쪽은 길이 762미터, 두께 82.2미터에 달했다. 견룡저수지의 물은 4개의 간선을 거쳐 평원군, 대동군, 평양시 순안구역, 형제산구역의 8400여정보에 달하는 논밭에 물을 댔다. 독산저수지 바로 아래의 계곡에는 평양으

로 이어지는 주요 철도보급선이 지나갔다. 평양으로 이어지는 주요 도로 또한 통과했다.[87]

1953년 5월 13일 극동공군의 첫번째 저수지 공격이 진행되었다. 제5공군 제58전투폭격비행단 소속 F-84기 20대가 견룡저수지를 공격했다. 다음날 아침 후속공격을 위해 또다른 전폭기들이 견룡저수지로 날아갔을 때, 그들은 저수지 틈새로 뿜어져나오는 커다란 물줄기를 발견했다. 저수지 아래 계곡 43킬로미터가 이미 완전히 물에 잠겨 있었다. 신의주와 평양을 잇는 경의선의 주요 구간 또한 물에 잠겼다. 대홍수는 수천평의 논에 측량 불가능한 피해를 주었고, 평양 시내에도 700채의 건물이 파괴되는 커다란 피해를 입혔다.[88]

5월 15일 아침에는 24대의 F-84기가 자모저수지를 공격했다. 자모저수지는 한국전쟁 당시 미국문서에는 '자산저수지'(Chasan Reservoir)로 표기되어 있는데, 자산저수지 또한 자모저수지의 별칭이었다. 자모저수지는 대동강 상류의 저수지로서 수천평의 논에 물을 대고 있었다. 이틀간 계속된 공격 결과 자모저수지에는 61미터 정도의 균열이 발생했고, 이 균열을 통해 방대한 양의 물이 쏟아져 나왔다. 홍수는 인근의 교량·철도·도로·전답·촌락을 순식간에 덮쳤다. 평양 또한 대동강의 범람으로 인해 많은 부분 침수되었다.[89]

다음의 사진 5-5는 자모저수지에서 쏟아져 나온 큰물이 하류의 논·밭과 마을을 일순간에 덮치는 모습이다. 사진상의 왼쪽에서 오른쪽으로 쇄도하는 큰 물결은 이미 해당 지역의 주요 농경지와 민가의 상당부분을 침수시킨 상태였다. 극동공군은 위의 사진을 분석하면서 3가지 중요한 파괴대상을 지목했다. 이는 사진상에 A로 표시된 마을(village), B로 표시된 열차 전철기(轉轍機), C로 표시된 참호 내 보급품이었다. B지

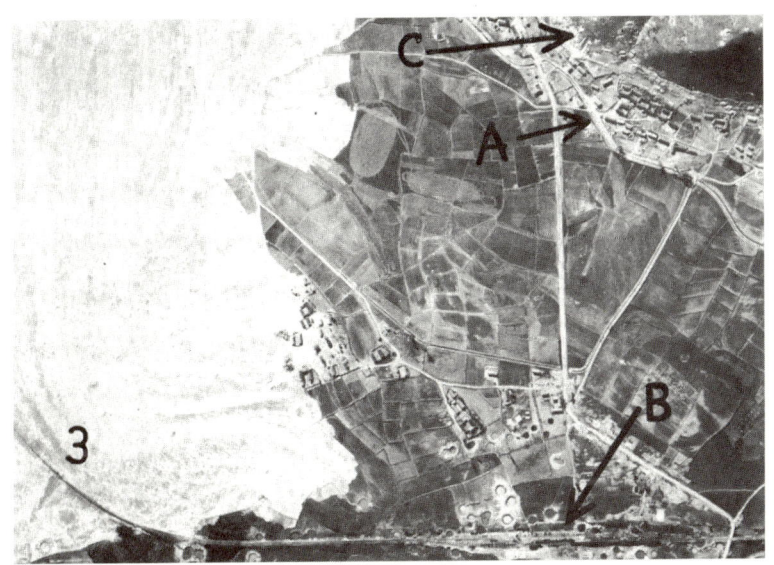

5-5. 자모저수지에서 쏟아져 나온 물이 마을로 돌진하는 모습

점 주위의 많은 폭탄구멍은 해당 지점에 쏟아진 파괴폭탄의 존재를 짐작케 해준다. 전쟁기 내내 미공군의 폭격에 시달리던 마을주민들은 전쟁 말기의 홍수로 인해 나머지 거주지와 식량마저 잃고 말았던 것이다.

당시 『로동신문』은 자모저수지로부터 쏟아져 나온 막대한 양의 저수가 수백정보의 농경지를 침수시켰고, 40여호의 농가를 파괴했다고 보도했다. 북한정부는 사건 발생 직후 '비상구호위원회'를 조직하여 이재민들에 대한 구호사업을 전개했다. 『로동신문』은 미공군의 저수지폭격이 "판문점 회담의 진전을 방해하려는 음흉한 의도 밑에 감행"되었다고 주장하면서 미국을 맹렬히 비난했다.[90] 5월 22일 미공군은 다시 대동강 상류의 용원저수지(미국 자료상에는 구원가 저수지(Kuwonga Reservoir)로 표기)를 폭격하여 기존의 대동강 침수지역을 다시 한번 철저히 파괴하고자 했다.[91] 북한은 용원저수지 파괴에 의해 또다시 적지 않은 농경지가 침수되었다고 주장하면서, 미공군이 견룡·자모·용원 등 3개 저수지에 대한 계획적 파괴를 통해 "농민들을 살육하고 영농사업을 파탄"시키려 한다고 맹비난했다.[92]

정전협상 막바지인 1953년 5~7월 북한의 『로동신문』은 저수지폭격 보도와 함께, 한국전쟁 3년 내내 거의 보기 드문 특정한 성격의 공중폭격 피해를 반복적으로 기사화했다. 해당 내용은 미공군의 폭격에 의한 농경지 파괴의 사례들이었다. 폭격이 반복적으로 진행되는 과정에서 농업국가였던 북한의 농경지 상당부분이 훼손되는 현상은 충분히 예상할 수 있는 내용이지만, 흥미롭게도 기존의 『로동신문』 기사들은 이 같은 내용을 특별히 강조한 적이 없었다. 1953년 5~7월 북한은 사실상 미공군이 의도적으로 농가의 농업경영을 방해하기 위해 농경지를 파괴했다고 주장하고 있는데, 이 같은 주장이 식량생산 파괴를 주요한 목적으로 했던 저수지폭격과 동일한 시기에 등장했다는 사실에 주목할 필요가 있다.

예컨대 북한은 1953년 6월 1일 평안남도 일대에 등장한 미공군 폭격기들이 민가와 토굴을 대규모로 파괴하여 민간인을 대거 살상했다고 주장하는 한편, "이 폭격으로 인하여 이앙과 파종이 끝난 수정보의 논밭이 피해를 입었다"는 사실을 강조했다.[93] 또한 북한은 1953년 6월 8일 평안남도 중화군 일대에 나타난 폭격기들이 무수히 많은 폭탄을 투하하여, "푸른빛 일색이였을 전답들이 흙빛으로 일변하였다"고 주장했다. 해당 기사는 폭격기가 "주로 파종을 끝마친 푸른 밭과 주민지대에 폭탄을 투하하였다"고 주장했다. 이날 폭격으로 2천여평의 밭을 잃은 김영덕 농민은 "야수적인 폭격으로 기름진 밭을 하루밤 사이에 잃게 되었다"고 울부짖었다.[94] 함경도 농민들 또한 미공군 폭격기들이 "특히 농민들이 정성들여 가꾸고 씨뿌린 논밭을 계획적으로 파괴하고 있다"고 주장했다.[95] 1953년 7월 1일자 『로동신문』은 정전회담에서 난관에 봉착한 미국이 "평화적 주민지대와 농경지들에 대한 야수적 폭격을 계속 강화"하고 있다고 주장했다. 신문은 "특히 최근 수일간에 미제항공기들은 이앙과 파종이 끝난 논밭을 폭격하여 농작물들에 피해를 주며 작업 중의 농촌 부녀자들을 무참하게 살육하는 만행을 계획적으로 감행하고 있다"고 역설하며, 미공군의 항공압력전략의 비인도적 성격에 대해 비난을 가했다.[96]

전쟁 막바지 미공군의 농경지 파괴에 대한 북한 측의 위와 같은 비난은 아직까지 미공군 문서를 통해 구체적으로 입증되는 내용은 아니다. 필자는 아직까지 농경지를 조직적으로 파괴하라는 1953년 미공군 측 문서를 보지 못했다. 그러나 기존의 수많은 전쟁피해보고서나 신문기사 등에 전혀 제시되지 않았던 특정한 형태의 전쟁피해에 대한 호소가 이 시기에 집중되어 있다는 것은 충분히 주목할 만한 현상으로 판단된다.

이렇듯 한국전쟁 발발 직후부터 시작된 3년간의 미공군 폭격은 북한 도시와 농촌을 폐허로 만들어버렸다. 극동공군은 자체평가를 통해 진남포의 80퍼센트, 청진 65퍼센트, 해주 75퍼센트, 함흥 80퍼센트, 흥남 85퍼센트, 황주 97퍼센트, 강계 60퍼센트, 군우리 100퍼센트, 교미포 80퍼센트, 평양 75퍼센트, 사리원 95퍼센트, 순안 90퍼센트, 원산 80퍼센트, 신안주 100퍼센트가 파괴되었다고 평가했다.[97] 특히 B-29기의 공중폭격을 관리했던 극동공군 폭격기사령부는 1952년 11월 현재 남아 있는 타깃들에 대한 전면적 분석을 실시하여 이들에 대한 조직적 제거(methodical elimination)를 도모했는데, 1953년 B-29기 공격의 대

5-6. 1953년 1월 폐허가 된 평양 인근 지역

부분은 "적에 의해 보급품 집적소로 활용되는 작은 마을과 소도시" (small villages and towns which were being used by the enemy as supply centers)를 비롯한 민간시설에 집중되었다. 이 같은 폭격기사령부 문서는 한국전쟁기 "보급품 집적소"로 표기된 타깃이 사실상 적 점령지역의 도시와 농촌 지역임을 직접적으로 보여준다. 그리고 이 같은 민간시설 파괴작전의 의도는 적에게 "가능한 한 많은 댓가를 치르게 하기 위한 것"이라고 명기되었다.[98]

1953년 1~7월 폭격기사령부는 보급품 집적소를 향한 폭탄의 투하량을 전체 폭탄 투하량의 46.4퍼센트까지 상승시켰고, 한국전쟁 전시기에 걸쳐 약 22.6퍼센트의 폭탄을 집중시켰던 도로·철도·교량에 대해서는 1953년 전체 투하량의 4.4퍼센트만을 쏟아부었다. 전쟁 막바지 폭격기

사령부의 폭격 양상은 차단작전에서 파괴작전으로 변화한 극동공군 작전의 성격변화를 단적으로 보여준다.[99]

사진 5-6은 1953년 1월 촬영된 평양 인근 "보급지역"의 풍경이다. 사진 뒷면의 설명은 미공군의 북한 내 보급지역에 대한 인식의 단면을 보여준다.

> 북한 평양 인근의 이 지역은 전선의 공산병력들이 사용할 예정이었던 군수보급지역이었다. 그러나 공산병력들은 이곳을 전혀 활용할 수 없었다. 미공군 전폭기들과 B-29기들이 이곳을 먼저 발견했기 때문이다. 미공군기들이 폭탄과 네이팜탄으로 그들의 임무를 마쳤을 때, 남아 있는 것은 사진과 같은 완전한 폐허뿐이었다.[100]

위의 설명에 따르면, 미공군기들은 북한 병력들에 의해 사용될 가능성이 있는 시설 일체를 "보급지역"으로 인식했음을 알 수 있다. "공산병력이 사용할 예정이었던 군수보급지역"(a center for military supplies intended for communist troops)을 공산군보다 먼저 발견했다는 모순된 표현을 통해, 폭격 당시 해당 지역에는 북한군이나 중국군 병력의 존재가 발견되지 않았음을 알 수 있다. 북한지역 내의 번듯한 건물들의 집합소는 이내 미공군 조종사들의 목표물로 간주되었던 것이다. "적에 의해 보급품 집적소로 활용되는 작은 마을과 소도시"를 폭격작전의 핵심타깃으로 간주한다는 1953년 폭격기사령부의 지침은 현실에서 이토록 가공할 모습으로 구현되고 있었다.[101]

1953년 7월 27일 오후 1시 유엔군사령관 클라크가 드디어 정전협정문에 서명했다. 북한의 김일성은 이날 오후 10시 평양에서 서명하고, 중

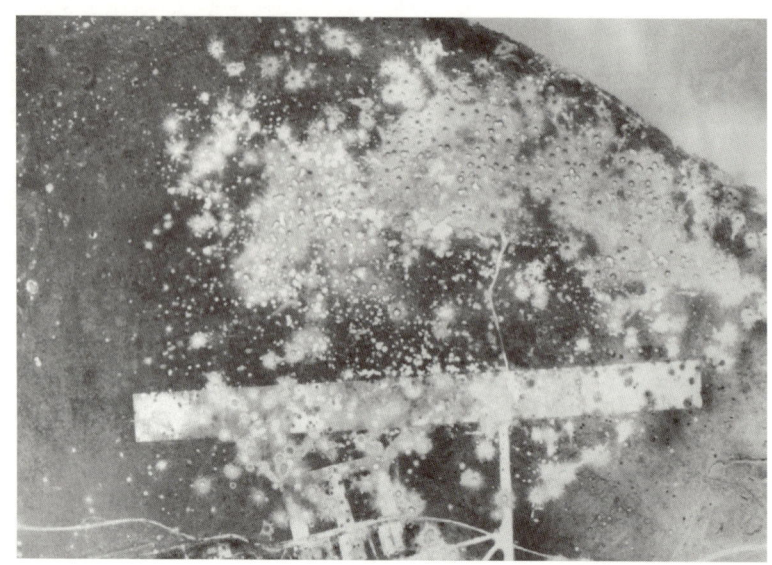

5-7. 1953년 7월 27일 공중에서 바라본 평양 시내 북쪽의 평양비행장(위) 폭격 당한 평양 시내의 모습(아래)

공군의 펑 더화이가 다음날인 28일 오전 9시 30분에 개성에서 서명함으로써 공산 측의 정전절차도 마무리되었다.[102] 그러나 미공군의 폭격은 정전협정 조인 후 그것이 발효되는 7월 27일 밤 10시까지 끊이지 않고 계속되었다. 이날의 폭격은 남아 있는 모든 것을 쓸어버리려는 듯 더욱 맹렬했다.

사진 5-7의 상단 사진은 1953년 7월 27일 정전협정 체결 직후 평양비행장 상공을 날고 있던 제5공군 정찰기에 의해 촬영된 것이다. 한국전쟁기 내내 반복된 비행장 폭격은 공산 측의 핵심 비행시설을 사실상 중국영토로 밀어냄으로써 유엔군에 커다란 군사적 기여를 하고 있었다. 특히 미공군은 정전협상의 종결이 임박한 시점에 이르러 더욱 가열차게 비행장을 폭격했는데, 이는 정전 시기에도 한반도에서 제공권을 지속적으로 유지할 수 있는 중요한 방책으로 간주되었다. 미공군은 한국전쟁 마지막 7일 동안 100여대의 B-29기를 동원하여 사진 5-7을 통해 볼 수 있는 것처럼 북한 내 8곳의 비행장을 완벽하게 파괴했다.[103] 사진에서 확인할 수 있는 두터운 콘크리트 활주로 위의 수많은 폭탄구멍들은 전쟁 말기 북한지역에 집중된 폭격의 양과 강도를 미루어 짐작케 해준다.

사진 5-7의 하단 사진은 폭격으로 인해 철저히 파괴된 평양 시내의 모습을 생생하게 보여준다. 평양의 거리는 건물로부터 떨어져 나온 돌무더기들로 가득하고, 가까스로 폭격을 피한 건물 몇채의 외벽만 남아 있는 모습을 확인할 수 있다. 한국전쟁 초기에 전쟁포로가 되어 전쟁기 대부분을 북한지역에서 보낸 미 제24사단장 윌리엄 딘(William Dean) 장군의 북한 소도시에 대한 묘사는 사진 5-7 같은 폭격 피해양상을 현재의 우리에게 생생하게 전달해준다.

나는 희천의 광경에 놀랐다. 예전에 내가 보았던 눈에 잘 띄는 주요 도로와 2층 건물들로 이루어진 도시는 더이상 그곳에 없었다. 대부분의 소도시들은 그저 예전에 건물들이 존재했던 흔적만이 남아 있는 눈 덮인 공터이거나 돌무더기에 불과했다. 한때 사람들로 가득했던 작은 소도시들은 이제 텅 빈 껍데기들에 불과했다. 마을사람들은 협곡에 숨어 있는 완전히 새로운 임시 마을들에 기거하거나, 대대적인 폭격만이 영향을 미칠 수 있는 장소에 머물렀다.[104]

정전협정 체결 직후에 출판된 딘의 회고록은 공중폭격에 의해 심각하게 파괴된 북한 도시와 농촌의 모습을 사실적으로 그리고 있다. 사진 5-7의 평양거리 모습처럼, 1953년 북한의 모든 소도시는 과거 도시의 주요 도로마저 분간하기 힘들 정도로 심각한 폭격피해를 입은 상태였다. 그런데 위와 같은 북한 민간지역의 대량파괴에 대한 묘사조차도 미 공군 소속의 역사학자들에게는 그저 미군 군사작전의 효율성을 입증할 수 있는 하나의 사례 정도로만 간주된 듯하다. 1950년대 미공군 역사학자들은 다음과 같이 딘의 묘사를 인용했다.

"공산군의 마을 보급품 집적소(supply dumps)와 '예전에 건물들이 존재했던 흔적만이 남아 있는 눈 덮인 공터'에 대한 딘 장군의 묘사는 이 같은 보급품(supply), 병력(personnel), 통신센터(communications centers) 파괴의 실질적 영향력을 잘 보여준다."[105] 딘은 자신의 회고록을 통해 폭격피해의 대상을 그저 "소도시"(towns)와 "마을주민"(villagers)이라고 묘사했다. 그러나 한국전쟁 당시에 작성된 수많은 미 극동공군의 문서들이 그러했던 것처럼, 전후 미공군은 여전히 북한의 도시와 농촌 폭격을 보급품 집적소, 병력, 통신센터에 대한 공격으로 묘사했다. 전쟁기에도 적극적으로 정당화되었던 미공군의 비인도적 군사작전에 대한 묘사가 전후 미군의 공식 역사에서 더욱 치밀하게 합리화되리라는 것은 충분히 예상 가능한 시나리오였다.

맺음말

극단의 기억을 넘어 평화로

1999년 12월 16일 1통의 편지가 유엔 안전보장이사회에서 배포되었다. 「S-1999 편지 42호」라는 공식문건으로 배포된 이 편지는 유엔 주재 북한 상임대표가 유엔 사무총장에게 전달한 것이었다. 북한은 이 서한을 통해 한국전쟁 당시 미군이 북한지역에서 190만명의 주민을 학살했다고 주장했다. 그동안 북한은 한국전쟁 당시 전쟁피해자 규모를 백수십만명 또는 수백만명이라고 모호하게 밝힌 적은 있지만, 이렇듯 공식문서를 통해 그 규모를 분명하게 제시한 것은 처음이었다. 이 문건에는 이미 북한의 『조선전사』 등을 통해 한국학계에도 잘 알려진 유엔군의 북한지역 점령시기 지역별 민간인 희생자 수도 기존 통계와 동일하게 제시되어 있었다. 이 희생자 총 수는 약 17만명에 달한다. 즉 북한은 이 문건을 통해 1950년 10월부터 12월간 유엔지상군 점령 시기에 희생된 민간인 17만명을 제외하고도 약 173만명에 이르는 전쟁 희생자가 더 있음을 공식적으로 주장한 것이다.[1] 북한은 이처럼 막대한 희생자의 발생 원인을 상세하게 밝히진 않았다. 그러나 우리는 그 희생자의 상당수가 전쟁기간 내내 지속된 공중폭격의 직·간접적 피해자로 구성되어 있을 것이라는 사실에 대해서는 충분히 짐작할 수 있다.

반면, 1954년 소련에서 작성된 한 보고서에 따르면, 한국전쟁기 북한지역 폭격 사망자 규모는 28만 2000명에 불과하다. 오랫동안 비밀문서로 묶여 있던 이 보고서는 이 숫자가 '조선민주주의인민공화국 중앙통계국' 자료에 근거한 통계라고 주장한다. 폭격으로 인한 민간인 사망자 28만 2000명 외에도 남측으로 납치되거나 실종된 사람들 79만 6000명, 중국 및 사회주의 국가로 소개된 사람들 8만명, 분계선 설치 후 남한지역으로 편입된 지역의 인구 4만명, 군 징집 60만명 등 총 179만 8000명의 민간인이 전쟁기에 감소된 것으로 평가했다. 더불어 보고서는 북한지역 전역에서 산업건물 약 9000동, 주택 60만채, 학교 5000개, 병원 1000개, 극장 263개, 기타 수개의 문화기관이 파괴되었다고 분석했다.[2] 한국전쟁기 공중폭격이 북한주민의 실종이나 국외 소개, 건물 파괴 등의 주요 원인 중 하나였다는 점에 근거해볼 때, 폭격은 전쟁기 북한주민의 일상을 뒤틀어놓은 가장 직접적인 요소였다는 사실을 통계수치를 통해 알 수 있다.

해당 문서에 등장하는 폭격으로 인한 북한 민간인 사망자 수 28만 2000명은 여타 자료와의 교차검증이 불가능한 통계수치다. 북한정부가 전무후무하게 공식적으로 제시한 190만명이라는 민간인 희생자 수 역시 그 구체적 근거가 부재한 신뢰도가 낮은 '주장'에 불과하다. 더불어 폭격의 주체인 미국은 자신들이 치른 모든 전쟁에서 단 한번도 공중폭격으로 인한 민간인 희생자 수를 밝힌 적이 없다. 단지 미국은 한국전쟁기 미공군 조종사들의 임무보고에 기초하여 적 병력 18만 4808명을 사살했다는 통계수치를 제시할 뿐이다.[3] 그러나 이 숫자조차도 사실상 무의미하다. 조종사들의 임무보고 자체가 지상상황을 정확히 알 수 없는 상황에서 집계되었을 뿐만 아니라, "적 병력"이라는 통계의 대상 또한 모호하기 때문이다.

  28만 2000명이라는 민간인 사망자 규모는 1952년 7월 11일 하루 동안 평양 1곳에서 수천명이 폭격으로 희생되기도 했다는 당대 북한 측의 주장에 비추어보면 예상보다 적은 수치다. 하지만 이 수치가 진실에 가깝다면, 3년 동안 맹렬히 진행된 폭격에 북한주민은 피난이나 지하대피 등의 대응책으로 적절히 위험에 맞섰다고 평가할 수 있다. 그러나 28만 2000명이라는 희생자 수는 하루 평균 250명 이상의 희생을 의미하기 때문에 결코 적은 수치로만 볼 수도 없다.

* * *

  이렇듯 지금으로서는 한국전쟁기 폭격으로 인한 북한지역 희생자 수를 역사적 실체에 가깝게 헤아리기란 거의 불가능하다. 그러나 민간지역 자체를 타깃으로 한 수많은 폭격작전에서 그 희생자 수가 결코 적지 않았을 것이라는 점에는 누구라도 쉽게 수긍할 것이다. 그리고 에드거 스노우의 언급처럼 그처럼 수많은 사람들의 무고한 죽음을 목격한 북한주민이 느꼈을 "누구도 진실로 이해할 수 없는 완전히 개인적인 증오"에 대해서도 충분히 미루어 짐작해볼 수 있을 것이다. 전쟁기에 형성된 이러한 '개인적 증오'는 전후 북한주민들의 강렬한 '반미주의'의 핵심배경을 이루게 된다.

  현대 북한의 수도 평양은 전세계에서 가장 반미주의적인 도시 중 한 곳으로 꼽히지만, 한국근대사 대부분의 기간 동안 평양은 사회문화적으로 지금과는 정반대적 성격을 지닌 곳이었다. 개항기부터 일제시기에 이르기까지 평양을 중심으로 한 한반도 서북지역은 기독교의 교세가 강성한, 가장 친미적인 지역이었다. 예컨대 20세기 전후 서북지역 기독교 교세의 급성장에 대해 미국인 선교사 헐버트(H. B. Hulbert)는 "장로교 선교회의 관할하에 있는 한국 북부지역은 세계에서 가장 성공한 선교지역으로 널리 주목을 받고 있다"고 평가했다.[4] 평안도와 황해도의 기독교 교세는 청일전쟁 직후에 폭발적으로 증가하여 한국 기독교를 주도했는데, 당시 한국 장로교 교인의 79.3퍼센트가 이 지역민이었다.[5] 근현대 평안도지역 사회지도층의 성격을 분석한 한 논문에 따르면, 평안도에서 기독교는 단순히 종교가 아니라 서양, 특히 '미국의 문명'과 동의어로 인식되었다고 한다. 일제시기까지의 한국근대사에서 평양은 단연 한반도에서 가장 친미적인 공간이었다.[6]

이렇듯 오랫동안 친미적 관점을 유지해온 북한주민의 상당수가 1948~50년의 짧은 기간 동안 위로부터의 '반미적' 냉전담론을 수용하여 내면화하기란 사실상 불가능에 가까운 일이다. 게다가 일제로부터 조선을 해방시켜준 '은인'이자 '해방자'인 미국을 갑자기 '제국주의국가' '침략자' '전쟁세력'으로 인식을 바꾸기란 북한주민의 입장에서는 쉽지 않은 일이었다. 그런데 이 모든 상황을 한국전쟁이 전복시켜버렸다. 청일전쟁기에 서북지역에서 기독교가 순식간에 성장할 수 있었던 가장 큰 이유는 교회가 일본군의 만행으로부터 조선인을 보호해주었기 때문이었다.[7] 그러나 한국전쟁기에는 정반대의 현상이 발생했다. 사람들은 미공군 폭격기들이 자신의 머리 위에 나타나자, 미군이 교회를 폭격할 리 없다고 믿어 교회로 우르르 몰려들었다.[8] 그러나 해당 지역에서 가장 눈에 띄는 건물들 중 하나였던 교회는 오히려 폭격기의 주요 타깃으로 설정되곤 했다. 청일전쟁 당시와는 정반대 상황이 북한지역에서 펼쳐졌던 것이다. 3년 내내 반복된 폭격 속에서 한반도 최고의 친미적 공간이 반미적 공간으로 변하는 것은 시간 문제였다.

　2006년부터 2009년까지 총 62명의 북한이탈주민들에 대한 심층면접 결과를 분석한 한 논문은 북한 반미주의의 역사적 성격과 관련하여 흥미로운 연구결과를 제시했다. 2010년 당시 24세였던 한 여성은 북한 반미주의의 성지로 불리는 신천박물관 방문 기억을 떠올리며, "그 당시 저는 조상들의 비참한 죽음을 보면서 분노했고, 반드시 총 들고 미제놈들과 싸울 것"이라고 말했다. 한국전쟁 당시 11세의 나이에 미공군의 폭격으로 부모를 잃고 고아원에서 자란 70세의 여성은 다음과 같이 말했다. "한국에서 지나가는 비행기만 봐도 어린 시절 돌아가신 부모님 생각이 났어요. 어린 시절부터 미국놈들에 대한 극단적 증오로 살아온 것이죠. (…) 반미주의는 학교 교육에서 배운 것도 있지만 내 자신의 경험에서 더 커진 것이라고 할 수 있어요." 두 여성의 진술은 한국전쟁 경험을 통해 역사적으로 형성된 반미주의가 현재 북한의 청년층과 장년층에 어떤 방식으로 수용되었는지를 보여준다.[9]

　또다른 39세의 여성과 37세의 남성은 북한에서 가장 모욕적인 욕설이 '미제 승냥이놈'이라고 진술했다. 37세 남성은 "미군놈들은 두발 달린 짐승으로 우리 국민을 식민지 노예로 만든 사악한 살인자이자 악랄한 착취자들로 묘사되었다"고 언급했다. 또한 39세 여성은 어린 시절 친구들과 다툴 때마다 '미제 승냥이'에 비유하는 어머니의 훈계를 들었다고 했다. 북한에서 반미주의는 어린 아이에게 일상적 규율화의 수단으로 활용되기도 했음을 알 수 있다. 실제 응답자들 대부분이 어린 시절 유치원과 인민학교에서 '미국놈 때리기' 놀이를 했다고 진술했다. 45세의 한 남성은 "이러한 경쟁적 육체경기를 통해 극렬한 반미사상을 갖게 되었다"고 고백했다.[10] 이 같은 발언들은 한국전쟁 경험을 통해 내재화된 북한의 반미주의가 어느덧 북한주민의 일상 깊숙한 곳까지 중요한 영향을 미치고 있음을 보여준다.

반면 현대 미국과 남한의 한국전쟁과 공중폭격에 대한 공식기억은 북한과는 완전히 상반된다. 그 대표적 예로 미국 민주주의의 성지로 불리는 워싱턴 D. C. 링컨기념관 인근의 '한국선생 참전용사기념비'를 들 수 있을 것이다. 링컨 동상의 시선 오른편에 대규모로 조성된 한국전쟁 관련 조형물들 앞에는 "자유는 거저 얻을 수 없다"(Freedom is not free)는 문구가 멀리서도 볼 수 있을 정도로 크게 새겨 있다. 미국은 한국전쟁 참전을 사실상 '자유를 위한 희생'으로 공식화했다. 1995년 7월 27일 정전협정 기념일에 맞추어 이 같은 조형물이 미국의 심장부에 건립되자, 한국의 주요 신문들은 "새겨진 글귀대로 이름도 들어보지 못한 나라, 만난 적도 없는 사람들의 자유를 지키기 위해" 자국의 젊은이들을 희생시킨 숭고한 희생의 전쟁으로 미국의 한국전쟁 참전의 의의를 평가했다. 어느덧 미국과 한국에서 한국전쟁기 미군의 활동은 '한국인들의 자유를 위한 숭고한 희생'으로만 공식화되고 있었다.[11]

그런데 이 같은 평가는 오랫동안 한국사회에서는 결코 낯선 것이 아니었다. 예컨대 1951년 3월 이승만 대통령은 외신과의 인터뷰에서 미공군이 한국의 도시를 폭격하는 데 대하여 한국인들이 어떻게 생각하느냐는 질문을 받았다. 이승만은 다음과 같이 대답했다. "한국민들이 자기 집이 파괴되는 것을 눈앞에서 보는 것은 무서운 일이나 그들은 그것을 묵묵히 참고 차라리 가옥이 파괴될지언정 적에게 나라를 뺏기어 독립된 국가에서 자유민으로 살 수 없는 것을 원치 않는다."[12] 이 인터뷰에서 이승만은 미공군의 민간인 거주지역 폭격 사실을 인정했다. 그러나 그는 강한 반공주의와 국가주의적 논리로서 미공군의 대민폭격에 대한 국민들의 비판 가능성을 사실상 봉쇄했다. 동시에 미공군의 민간지역 폭격을 오히려 한국인의 자유를 위한 활동이라는 논리하에 긍정적으로 평가했다.

반공을 국시(國是)로 했던 박정희정권은 물론, 이후 계속된 권위주의 정권하에서 한국전쟁기 미국의 공중폭격에 대한 문제제기는 사실상 불가능했다. 4·19항쟁으로 정권을 잡은 민주당정권 시기에도 마찬가지였다. 1961년 초 남한정부는 제22폭격전대와 제92폭격전대 복무 부대원 전원에게 대통령수장의 영예를 선사했다. 영예수상의 이유는 "모든 악조건을 무릅쓰고 무려 수천회의 출격을 감행하여 적의 집결지, 교통간선, 보급창, 공업시설 등 18개소의 중요한 전술목표지점을 모조리 폭파하고 이어서 지상군 엄호작전에 계속 출동"한 공로였다.[13] 이렇듯 한국의 공식적 역사서술에서 한국전쟁기 미공군의 공중폭격은 오로지 한국인의 생명과 자유를 지키기 위한 숭고한 희생이자 감사의 대상일 뿐이었다.

2005년 12월 노무현정부는 진실화해위원회를 수립하여, "왜곡되거나 은폐된 진실을 밝혀냄으로써 민족의 정통성을 확립하고 과거와의 화해를 통해 미래로 나아가기 위한 국민통합에 기여"한다는 원대한 포부를 밝혔다.[14] 그리고 진실화해위원회는 2006년 4월 25일 9개 사건에 대해 첫 조사개시 결정을 내린 후 2007년 2월까지 총 8651건의 민간인집단희생 사건에 대한 조사개시 결정을 내렸다.[15] 그런데 이 많은 집단희생 사건들 속에서 유독 미군 관련 사건들 202건이 단기간에 무더기로 '규명불능' 처리되어, 전체 규명불능 건수 464건의 45.3퍼센트를 차지하게 되었는데,[16] 이 같은 현상은 정권의 교체에 따른 한국현대사 인식 변화와 밀접한 관련이 있다.

새 정권하에 새롭게 취임한 소위 '뉴라이트' 단체 출신의 위원장과 상임위원은 2010년 상반기 조사보고서를 통해 미군 사건 대부분을 무더기로 진실규명불능 판정을 내리면서, 그 최종 종합보고서를 통해 미군 관련 민간인 희생사건의 성격을 다음과 같이 규정했다. "진실화해위원회는 미군에 의한 희생사건 상당수에 대하여, 일반적으로 한국전쟁 당시 한국이 공격을 받은 측이며, 국가의 존망이 걸린 긴박한 시기였다는 점에서 군사적 필요가 민간인 보호 규범 준수보다 더 컸다고 판단하였고, 이에 대부분 민간인 희생을 '부수적'인 피해로 규정하였다. 즉 민간인이 미군에 의해 희생된 것은 사실이며 안타까운 일이지만, 이는 어쩔 수 없는 희생이었다는 것이다."[17] '부수적 피해'(collateral damage)란, "정당한 군사목표가 아닌 사람이나 사물들에 대해 비의도적 혹은 우발적으로 입힌 상해(injury)나 손해(damage)"를 의미하는 현대 미군의 공식적 군사용어이다.[18] 다시 말해 2010년 대한민국 정부는 미국이 자신의 전쟁범죄를 정당화하기 위해 수사적으로 만든 개념에 근거해서, 미군의 공격에 의한 자국민의 대량적 희생을 '어쩔 수 없는 희생'으로 합법화했던 것이다. 이렇듯 21세기의 대한민국정부는 여전히 1951년 이승만정부의 대미인식에서 크게 벗어나지 못하고 있다. 미래의 후세대에게 더욱더 중요한 가치를 지닐 평화와 인권은 한반도의 냉전적 사고체계 속에서 여전히 생존하기 힘들다.

* * *

이 책은 남과 북에서 천사 혹은 악마로 양극화된 양자의 역사인식 모두로부터 탈피하여, 당대 한반도에서 실제로 진행된 미국의 군사적 '행위'를 중심으로 그들을 냉정하게 평가하고자 했다. 이제 우리는 전쟁의 기원이나 국제정치적 배경에만 의지하여 한국전쟁기 미국의 역할을 평가했던 기존 논저의 한계를 뛰어넘어야 한다. 한반도 상공에서 진행된 공중폭격이라는 미군의 '행위'는 냉전기의 화려하고 자극적인 '수사' 이면의 진실을 현재의 우리에게 적나라하게 들려준다.

우선 한국전쟁이 발발했던 1950년 당시, 전쟁수행방식에 대한 군인과 대중의 인식이 지금과는 매우 다른 지형을 형성하고 있었다는 사실에 주목할 필요가 있다. 전시 민간인 보호와 관련하여 당시는 과도기이자 갈등기였다. 전세계의 대립적인 두 줄기 큰 흐름이 한반도 위에서 충돌하고 있었다. 하나는 불과 5년 전 일본 상공에서 그러했던 것처럼, 전쟁 승리를 위해 적의 인구밀집지역 전체를 핵무기나 소이탄으로 불태워 없애버려야 한다는 주장이었다. 한국전쟁기에 이 같은 주장을 가장 강력하게 주장했던 세력은 르메이, 스트레이트마이어, 오도넬 같은 공군 측 인사들이었다. 반면에 또다른 주요 주장은 2차대전 후 유럽에서 활발해진 반전평화주의와 미국 내 전시 민간인 보호에 대한 인도주의적 관점을 수용하여, 폭격 시 '군사목표'만을 '정밀폭격'해야 한다는 것이었다. 이 같은 주장을 가장 강력하게 내세웠던 세력은 애치슨을 중심으로 한 국무부였고, 미 대통령과 합동참모본부도 그에 동의했다. 그리고 이렇듯 대립적인 양자는 1950년 11월 중국군이 참전하기 전까지 공중폭격 방식과 관련하여 미묘한 신경전을 끊임없이 반복했다. 1950년 10월 말까지만 해도 유엔군사령관 맥아더조차 여러차례 극동공군사령관들의 대량폭격 주장을 좌절시키기도 했다. 1954년 스트레이트마이어는 한국전쟁 시기 공군력을 최대한으로 활용하지 못하도록 명령한 국무부의 조치를 맹비난하며 "우리는 전쟁에서 질 수밖에 없었다"고 주장했다.[19]

워싱턴은 점점 한반도 현지 사령관들과 갈등이 깊어지고 있었음에도, 국제여론의 비난을 피하기 위한 군사정책을 현실화하고자 제 나름 노력했다. 워싱턴의 주요 인사들은 불과 5년 전 단 1명의 지상군도 일본 본토에 발을 들이지 않은 채 적의 항복을 이끌어냈던 소이탄 대량폭격의 단맛을 분명하게 기억하고 있었다. 그러나 한국전쟁 초기 이들은 인구밀집지역을 향한 소이탄 대량폭격을 명시적으로 금지시켰다. 이 같은 워싱턴의 조치는 현대 북한이 주장하는 미국의 악마적 모습과는 거리가 먼 것이었다.

위와 같은 구체적 사실에도 불구하고 한국전쟁기 미공군의 폭격은 "한국인의 자유"를 위한 전쟁이라는 그들의 주장을 충분히 무색하게 만들 수 있을 정도로 한국 민간인들에게 무척이나 가혹했다. 미공군 조종사들은 38선 이남지역의 민간인들이 우방국인 대한민국 국적의 사람들이라는 사실을 잘 알고 있었음에도 전쟁 초기부터 무차별공격을 가하곤 했다. 다수의 조종사들은 적의 흔적을 전혀 발견할 수 없는 민간지역을 향해 오로지 '육감'에 의존하여 폭탄을 쏟아부었다. 또한 모든 조종사들은 일단 정찰병으로부터 특정 목표물을 향한 폭격명령을 받으면 아무리 그들이 흰옷을 입고 있는 민간인 집단이라 할지라도 반문하지 않고 무차별폭격을 가했다.

'미군 조종사' 개개인의 한국전쟁은 "한국인의 자유를 위한 전쟁"과는 무척 거리가 멀었다. 전쟁 기간 내내 그들은 철저히 '그들을 위한 전쟁'을 수행했다. 전쟁 초기부터 남한지역의 '흰옷을 입은 사람들'을 적으로 간주해 폭격을 가했던 전폭기 조종사들은 '위로부터의 명령'을 가장 중요한 자기정당화 논리로 제시하곤 했다. 그들은 그저 명령에 충실한 직업군인일 뿐이라고 주장했다. 실제 그들은 조종사 교육과정에서

2차대전 시기와는 다르게 철저히 사상이 배제된 전쟁기계로 육성되었다. 폭격기 조종사들은 그저 명령에 따라 움직이는 로봇 같은 존재였다. 조종사들의 비행 목적은 공산주의의 세계적 확산을 막는다거나, 한국인의 자유를 지켜주기 위한 것이 아니었다. 그들은 그저 한국에서의 성공적 비행경력을 통해 군 내에서 승진하고 사회적으로 출세하는 것만을 목표로 삼았다. 한국인의 자유를 위한 희생은커녕 그들 조국인 미국을 위한 희생조차도 전혀 인식하지 않았고, 교육받지도 않았다.

이 책은 1950년 11월 미군의 초토화정책 채택과정과 1952년 7월 항공압력전략 구상과정 등에 대한 분석을 통해 미국 정·군의 최고위층 인사들 또한 "한국인의 자유"와는 무관한 '그들을 위한 전쟁'을 벌였다는 사실을 생생히 보여준다. 전쟁 초기 유엔군사령관 맥아더는 미 대통령과 국무부의 지시를 충실하게 따르면서 북한의 인구밀집지역을 향한 소이탄 폭격을 명백히 금지시켰다. 그러나 1950년 11월 중국군이라는 새로운 적이 한반도에 등장하고, 미 지상군이 연전연패를 당하며 압록강으로부터 패퇴하기 시작하자 맥아더는 지체없이 북한 민간지역을 향한 '초토화작전'의 개시를 명령했다. 맥아더는 '미국'의 이해가 침탈당할 위기에 봉착하자, 혹은 미국의 대표적 전쟁영웅이었던 그 '자신'이 전쟁패배의 위기에 몰리게 되자 망설임없이 '한국민간인'들을 희생양으로 위기국면을 돌파하고자 했다. 그리고 미 대통령과 국무부를 포함한 워싱턴 정·군의 핵심인사들은 하나같이 맥아더의 선택에 침묵으로 동조했다. 당시 합참은 "미국의 국익 차원(the national interest of the U.S.)에서 볼 때 한반도 분쟁을 국지화하는 게 결정적으로 중요"하다고 주장하면서, 초토화작전 수행과정에서 발생할 수 있는 중국이나 소련 지역 오폭만을 경계할 뿐이었다.

이 책은 1952년 미국이 정전협상장에서 자신의 의지를 관철시키기 위해 북한의 지하 토굴지역까지도 낱낱이 파괴하고자 했던 소위 '항공압력전략'의 추진과정에 대해서도 상세하게 보여주고자 했다. 이 과정에서 미공군은 북한주민들의 주식인 쌀 생산을 좌절시키기 위해, 모내기 직후의 벼농사지역을 대량으로 침수시킬 저수지폭격을 감행하기도 했다. 이 같은 폭격작전은 지금의 관점에서 볼 때 명백한 전쟁범죄 행위이자 매우 비인도적인 군사행동이었다. 이것이 소위 '한국인의 자유'를 위한 미국의 전쟁수행방식이었다. 미국이 심각한 군사적 위기에 봉착하고, 미국인의 생명과 자유가 침해될 수도 있는 위기상황에 처하자, 미국의 최고위급 인사들은 한국 민간인의 자유와 생명을 대량적으로 희생시키는 데 주저함이 없었다.

　이 책은 단순히 미국뿐만 아니라, 미국에 필적하는 적대국인 '중국' 또한 '그들을 위한 전쟁'을 수행했다는 사실을 폭격과 관련해 명시적으로 제시한다. 1952년 초 북한 외무상 박헌영은 펑 더화이를 방문하여 "전쟁을 계속하는 것을 원치 않는다"는 북한지도부의 공식입장을 분명하게 제시했다. 당시 김일성을 비롯한 북한지도부는 북한지역의 폭격피해가 이미 감당할 수준을 넘어섰다고 판단했다. 지칠 대로 지친 북한지도부는 정전협상장에서 미국에 커다란 양보를 하고서라도 하루빨리 전쟁을 끝내길 소망했다. 그러나 중국의 입장은 단호했다. 중국은 정전협상장에서 미국의 주장을 수용하여 자신의 국가적 위신에 상처를 입히고 싶지 않았다.

　당시 정전협상장에서는 공산 측의 자동(강제)송환원칙과 미국 측의 자원송환원칙이 첨예하게 대립하고 있었다. 만약 미국이 주장하는 것처럼 포로 개인들에게 자신의 행선지를 자율적으로 선택하게 할 경우,

과거 국민당군 출신의 중국군 포로 상당수가 중국행 대신 대만행을 선택할 수도 있었다. 이는 중국의 국내외적 위신에 적잖은 타격을 줄 것임에 틀림없었다. 이에 중국은 폭격피해와 관련된 북한지도부의 지속적 호소에도 불구하고 전쟁포로 논쟁을 15개월이나 끌었다. 물론 이 15개월 동안 미공군은 항공압력전략으로 더 많은 북한 민간인 희생을 양산했다. 소위 조선인들을 돕기 위한 전쟁이라는 중국의 '항미원조전쟁(抗美援朝戰爭)'의 실체도 이러했다.

21세기 한반도는 여전히 전쟁위기와 공중폭격 문제로부터 자유롭지 않다. '제5조. 부칙'을 포함해 전체 5개의 조문으로 구성된 군사정전협정의 제반 조항들은 전후 양측의 불성실한 협정 이행에 의해 사실상 와해된 상태다. 정전협정 체결 직후 양측에 의해 이행 완결된 '제3조. 전쟁포로에 관한 조치'를 제외하고는 '제1조. 군사분계선과 비무장지대' '제2조. 정화 및 정전의 구체적 조치' '제4조. 쌍방 관계정부들에의 건의'의 핵심내용들이 이미 오래전에 무용해졌다. 무장을 금지한 비무장지대는 오히려 세계에서 가장 무장한 지역들 중 하나로 변했고, 외부로부터의 무기 증강을 막는 역할을 담당했던 중립국시찰소조는 남과 북에서 모두 쫓겨났으며, 한반도 정전의 공식적 감시기구인 군사정전위원회 또한 양측에 의해 와해되었다. 제4조에 등장하는 한반도 평화를 위한 정치회담 또한 1954년 제네바회의 과정에서 결렬되었다. 사실상 한반도 평화를 보장할 수 있는 유일한 제도적 장치인 군사정전협정의 모든 조문들이 양측에 의해 형해화(形骸化)되었음을 알 수 있다.

이 같은 상황은 끊임없이 한반도를 전쟁위기 국면으로 몰아가고 있다. 북한은 지속적으로 핵실험을 강행하며 동북아의 평화를 위협하고, 미국은 한국전쟁기의 B-29기에 상응하는 B-52 폭격기와 B-2 스텔스

폭격기를 한반도 상공에 공식적으로 출격시키며 자신의 군사적 위용을 북한에 의도적으로 드러내고 있다. 북한은 조선인민군 최고사령부 대변인의 성명을 통해 2013년 3월 11일부터 "정전협정을 완전히 백지화"할 것이라고 공언했고, 실제 한·미간의 대규모 군사훈련인 키리졸브(Key Resolve) 훈련이 강행된 3월 11일 "오늘부터 이 땅에서 간신히 존재해오던 조선정전협정이 완전히 백지화되었다"고 선언했다.[20] 3월 20일 북한 외무성은 "B-52 전략폭격기가 한반도에 재차 출격하면 군사적으로 대응할 것"이라고 공식적으로 발표했다.[21] 한반도에서 전쟁과 공중폭격 문제는 반세기 전 과거의 문제가 아니라 명백한 오늘의 문제다.

앞서 제1부에서 1948년의 독도폭격사건이 2013년 한반도 상공에서 진행된 것과 유사한 성격의 미공군 군사훈련 과정에서 발생한 불행한 사건이었음을 자세하게 보여주었다. 1948~50년 남북간의 갈등의 고조와 국지전의 지속은 결국 한국전쟁이라는 한국사 최악의 불행한 사건으로 이어지고 말았다. 현대 한국인들은 일상 깊숙한 곳까지 파고든 반세기 이상의 불안한 군사안보 상황 속에서 전쟁 위기 국면에 대해 매우 둔감해지고 말았다. 그러나 세계 어디에선가 크고 작은 전쟁은 여전히 지속되고 있다. 전쟁의 원인은 매우 다양하며, 전쟁의 신은 한반도처럼 갈등하는 지역을 눈여겨보고 있을 것임에 틀림없다. 그리고 만약 한반도에서 불운의 역사가 재개되어 전쟁이 발발할 경우, 한반도 주변의 강대국들은 또다시 '그들을 위한 전쟁'을 수행할 것이다. 물론 강대국들의 '그들을 위한 전쟁'은 또다시 남과 북의 평범한 민간인들에게 막대한 희생을 강요할 것이다.

| 감사의 글 |

 필자가 한국전쟁기 미국의 공중폭격 문제에 대해 본격적으로 관심을 갖고 관련 논저를 읽기 시작한 시점이 2003년이고, 미국 문서보관소의 당대 문서를 수집하기 시작한 시점이 2005년이니, 이 저서는 완연히 필자 개인의 10년 연구의 총화이자 결정체라고 평가할 만하다. 10년이라는 세월은 결코 짧은 시간이 아니기에, 그동안 이 연구와 관련하여 도움 받은 사람과 단체 또한 적지 않다. 감사의 말이 다소 장황해 보일 수도 있지만, 10년이라는 시간의 무게에 대해 이해해주시길 바란다.
 우선 나의 석박사 학위논문 지도교수인 서울대 국사학과 정용욱 교수님의 애정과 가르침에 감사드린다. 우둔한 내가 그럭저럭 괜찮은 연구자로 성장하기까지 정용욱 선생님의 조언과 가르침은 절대적인 부분을 차지한다. 지난 10여년의 가르침과 보살핌에 대해 진심으로 감사드리며, 동료연구자로서 함께 만들어 갈 더 가치있는 미래에 대해 커다란 기대를 품어본다.
 자료수집 과정에서는 방선주, 김경록, 기광서 선생님이 많은 도움을 주셨다. 방선주 박사님은 미 국립문서보관소 내에 있는 주요 미공군 문서들의 소장처를 상세히 알려주셨고, 김경록 교수님은 미 공군역사연구실의 한국전쟁 관련 자료 현황에 대해 안내해주셨다. 기광서 교수님은 러시아 문서보관소 방문의 기회를 제공해주셨고, 한국전쟁기 폭격과 관련된 러시아 문서를 직접 번역하여 개인적으로 건네주기도 하셨다. 세분께 진심으로 감사드린다.

이 책의 초고라고 볼 수 있는 박사논문 집필 과정에서는 권태억, 김인걸, 김광운, 정병준 선생님이 필자의 원고를 몇차례 반복해 읽어주셨다. 이 선생님들의 조언이 없었다면 이 책은 지금과 같은 형태를 갖추기 어려웠다. 박사논문을 준비하는 과정에서는 한국역사연구회 북한사연구반의 권오수, 김선호, 김재웅, 류승주, 변지유, 조수룡, 예대열, 이주환, 한모니까 선생님의 도움이 컸다. 2000년부터 약 5년간 지속된 북한사연구반의 세미나는 나를 학자로 성숙시키는 데 중요한 역할을 했다.

학자로서의 성장과정을 지지해준 한국외국어대학교의 이영학, 반병률, 여호규 교수님, 한국학중앙연구원 한국근현대사 세미나의 동선희, 박성진, 이상호, 이승엽, 정혜경, 허원영 선생님께 감사드린다. 노근리 사건 유가족들과 함께 공중폭격 문제를 논의할 수 있는 기회를 준 정구도 박사님, 공군사관학교 내부 세미나에서 공군장교들과 토론할 수 있는 기회를 준 이명환 교수님, 영국 케임브리지대학의 교수님들과 내 연구주제에 대해 논의할 수 있는 기회를 제공해 준 마이클 신 교수님과 박태균 교수님, 한국전쟁기 북한의 전쟁피해 관련 신문기사의 수집과 정리를 도와준 서홍석, 조민지 선생님께 감사드린다. 50여통의 메일을 주고받으며 폭격에 대한 깊이 있는 서면대화를 나눈 영국 *Critical Asian Studies*의 토머스 펜턴(Thomas P. Fenton) 박사님과의 추억도 잊지 못할 것이다. 오스트리아 빈에서 개최된 유럽한국학회에서 공중폭격 문제에 대해 발표할 수 있는 기회를 준 권헌익, 김성보, 이지원 선생님께 감사드린다. 독일의 아름다운 소도시 튀빙겐에서 현지의 저명한 냉전사 연구자들과 함께 내 연구주제에 대해 토론할 수 있는 기회를 제공해준 이유재, 한운석 선생님께 고마움을 표하고 싶다.

내 미숙한 학문의 인큐베이터와 같았던 한국역사연구회의 고지훈, 김보영, 노영기, 도면회, 박동찬, 박진희, 박창희, 윤시원, 이규철, 이신철, 이현진, 임경석, 정진아, 정창현, 한홍구, 홍석률 선생님께 진심으로 감사드린다. 서울대의 여러 강의와 세미나를 통해 나의 학술적 고민을 함께 공유해준 권혁은, 김도민, 김성현, 김수향, 박수현, 송재경, 신승욱, 신인성, 신재준, 안종철, 오제연, 윤상현, 이동원, 이정선, 임나영, 임대식, 전길수, 정무용, 최요섭, 한진금 선생님께 감사드린다. 또한 나의 무지를 다시금 일깨워준 냉전사연구회의 김남섭, 남기정, 노경덕, 임우경, 송충기, 신종훈, 한성훈 선생님께도 감사의 말을 전하고 싶다. 그리고 자신의 논저를 통해 내 연구의 가치를 높게 평가해준 박명림, 서중석, 임종명 선생님께도 감사드린다.

박사학위를 받은 이후 이 연구를 지속적으로 발전시키는 과정에서 여러 단체의 재정적 후원을 받았다. 다양한 형식으로 연구를 지원해준 국가기록원, 국사편찬위원회, 동북아역사재단, 서울대 규장각한국학연구원, 서울대 통일평화연구원, 한국연구재단, 한국학중앙연구원에 진심으로 감사드린다. 특히 본인의 박사논문을 그해 최우수논문으로 선정하여 상당한 규모의 상금과 명예로운 시상식을 개최해준 '내일을 여는 역사재단'의 강만길 선생님과 조광 이사장님께 다시 한번 감사의 말을 올리고 싶다. 또한 내게 안정적 연구공간과 연구비를 제공해준 서울대 규장각한국학연구원의 노태돈 원장님과 서울대 통일평화연구원의 박명규 원장님께도 감사드린다. 그리고 공동의 연구목표 달성을 위해 함께 고민하고 있는 서울대 통일평화연구원의 김병로, 김성철, 백지운, 서보혁, 송영훈, 이동기, 이문영, 이찬수, 장용석, 정은미 선생님께 감사드린다. 이와 더불어 출판사 창비 관계자분들께 고마움을 표하고 싶다.

그리고 그 누구보다도 나의 아내 박옥란에게 진심어린 고마움을 전하고 싶다. 지난 십수년의 시간 동안 아내의 신뢰와 지원이 없었다면 나는 이 길 위에 서 있지 못했다. 나의 학문적 욕심을 이해해주고 견뎌준 아내 박옥란과 두 딸 김윤하, 김채빈에게 진심으로 고맙다. 그리고 언제나 나의 건강과 성장을 위해 기도해주시는 고향 부모님께도 감사드린다.

2013년 7월
독일 베를린에서
김태우

| 주 |

제1부 서막

* 르메이는 태평양전쟁기 미 육군항공대 제21폭격기사령부 사령관으로서 일본 본토 폭격을 전체적으로 지휘·실행했고, 한국전쟁기 전략공군 사령관으로서 북한지역 소각을 지속적으로 추동했던 인물이다. 인용문은 일본 본토 폭격에 대해 언급한 내용으로서, 다음의 저서에 등장한다. Curtis LeMay and MacKinley Kantor, *Mission with LeMay*, Garden City, New York: Doubleday 1965, 384면.

1 "Collateral Murder," 2010.4.3. http://www.youtube.com/watch?v=5rxPrfnU3G0
2 "Julian Assange: Why the World needs Wikileaks," 2010.7. http://www.ted.com/talks/julian_assange_why_the_world_needs_wikileaks.html
3 스벤 린드크비스트『폭격의 역사』, 김남섭 옮김, 한겨레출판 2003, 72~74면; 박성흠「공중비행기의 대경쟁」,『서우』4호, 1907.3.1.
4 Humphrey Carpenter ed., *The Letters of J. R. R. Tolkien*, Boston: Houghton Mifflin 1977, 152면. (더글라스 블런트「초超호빗: 톨킨, 니체 그리고 힘의 의지」, 그레고리 베스햄 외『철학으로 반지의 제왕 읽기』, 최연순 옮김, 이룸 2003, 157~58면에서 재인용.)
5 Lee Kennett, *A History of Strategic Bombing*, New York: Charles Scribner's Sons 1982, 2~6면; 스벤 린드크비스트, 앞의 책 42~43면; 요시다 도시히로『공습』, 안해경·안해룡 옮김, 휴머니스트 2006, 73~75면.
6 Philip S. Meilinger, *Air War: Theory and Practice*, London: Frank Cass 2003, 8~9면; 스벤 린드크비스트, 앞의 책 84~85면.
7 요시다 도시히로, 앞의 책 79~80면.

8 최은범 「국제인도법의 발전과 전시 민간인보호에 관한 연구: 제네바제협약 및 추가 의정서를 중심으로」, 경희대학교 대학원 박사학위논문, 1986; 스벤 린드크비스트, 앞의 책 73, 84, 86면. *Times*, 1911.10.31.; *Daily Chronicle*, 1911.11.6.

9 Kennett, 앞의 책 15면; 스벤 린드크비스트, 앞의 책 93~94면.

10 피터 심킨스 외 『모든 전쟁을 끝내기 위한 전쟁: 제1차 세계대전 1914~1918』, 강민수 옮김, 플래닛미디어 2008, 632면.

11 Williamson Murray, *War in the Air 1914-1945*, Washington D.C.: Smithsonian Books 1999, 79면.

12 Murray, 앞의 책 74~75면; Michael Knight, *Strategic Offensive Air Operations*, Brassey's Air Power: Aircraft, Weapons Systems and Technology Series, 1989, 5면; 요시다 도시히로, 앞의 책 76면.

13 Murray, 앞의 책 76~77면.

14 같은 책 78면; Meilinger, 앞의 책 40면.

15 James Trapier Lowe, *A Philosophy of Air Power*, M.D.: University Press of America 1984, 69면.

16 스벤 린드크비스트, 앞의 책 103면; 요시다 도시히로, 앞의 책 84면.

17 피터 심킨스 외, 앞의 책 147면.

18 Charles Townshend, "Civllization and 'Frightfulness': Air Control in the Middle East Between the Wars," *Warfare, Diplomacy and Politics, Essays in Honour of A. J. P. Taylor*, London: Hamilton 1986; 스벤 린드크비스트, 앞의 책 100면.

19 줄리오 듀헤 『제공권』, 이명환 옮김, 책세상 1999, 39~48면.

20 Knight, 앞의 책 1~2면.

21 Meilinger, "Douhet and the Origins of Air-Power Theory," 앞의 책 14~15면.

22 같은 책 36~37면.

23 스벤 린드크비스트, 앞의 책 104~05면.

24 Isaac Don Levine, *Mitchell: Pioneer of Air Force*, Cleveland: The World Publishing Company 1944, 95면.

25 같은 책 72면.

26 로널드 H. 베일리 『유럽 항공전』, 한국일보타임라이프 편집부 옮김, 한국일보타임라이프 1982, 25~26면; Murray, 앞의 책 94~99면.

27 요시다 도시히로, 앞의 책 87면.

28 스벤 린드크비스트, 앞의 책 140면; 요시다 도시히로, 앞의 책 105면.

29 김원일 『김원일의 피카소』, 이룸 2004; 스벤 린드크비스트, 앞의 책 164~68면.

30 Ronald Schaffer, "The Bombing Campaign in World War II: The European Theater,"

Yuki Tanaka and Marilyn B. Young eds., *Bombing Civilians: A Twentieth Century History*, New York: The New Press 2009, 32면.

31 Murray, 앞의 책 111면.
32 로날드 H. 베일리, 앞의 책 26면.
33 Schaffer, 앞의 글 31면.
34 스벤 린드크비스트, 앞의 책 182~83면; Schaffer, 앞의 글 32면.
35 Murray, 앞의 책 128면.
36 로날드 H. 베일리, 앞의 책 30~31면.
37 요시다 도시히로, 앞의 책 110면; 스벤 린드크비스트, 앞의 책 186면.
38 Schaffer, 앞의 글 32면.
39 존 린 『배틀, 전쟁의 문화사』, 이내주·박일송 옮김, 청어람미디어 2006, 486면.
40 요시다 도시히로, 앞의 책 111면.
41 스벤 린드크비스트, 앞의 책 199면.
42 존 린, 앞의 책 486면.
43 Murray, 앞의 책 160면.
44 로날드 H. 베일리, 앞의 책 188면.
45 존 키건 『2차세계대전사』, 류한수 옮김, 청어람미디어 2004, 647~48면.
46 요시다 도시히로, 앞의 책 112면.
47 스벤 린드크비스트, 앞의 책 208면; 요시다 도시히로, 앞의 책 113면.
48 로날드 H. 베일리, 앞의 책 190면.
49 같은 책 83면.
50 존 린, 앞의 책 488면.
51 로날드 H. 베일리, 앞의 책 81면.
52 같은 책 188면.
53 Conrad C. Crane, *Bombs, Cities, and Civilians: American Airpower Strategy in World War II*, Lawrence: University Press of Kansas 1993, 4~11면.
54 Schaffer, 앞의 글 36면; Mark Selden, "A Forgotten Holocaust: U.S. Bombing Strategy, the Destruction of Japanese Cities and the American Way of War from the Pacific War to Iraq," *Bombing Civilians*, 80면.
55 요시다 도시히로, 앞의 책 115~16면; Selden, 앞의 글 82면.
56 Crane(1993), 앞의 책 129면.
57 같은 책 131~32면.
58 스벤 린드크비스트, 앞의 책 232면; 요시다 도시히로, 앞의 책 117면.
59 케이스 휠러 『B-29의 일본폭격』, 한국일보타임라이프 편집부 옮김, 한국일보타임

라이프 1987, 169~70면.
60 같은 책 187면.
61 요시다 도시히로, 앞의 책 122면.
62 Selden, 앞의 글 78면.
63 John Dower, *War Without Mercy: Race and Power in the Pacific War*, New York: Pantheon Books 1986; Craig M. Cameron, *American Samurai: Myth, Imagination, and the Conduct of Battle in the First Marine Division, 1941-1951*, New York: Cambridge University Press 1994; Ronald Takaki, *Hiroshima: Why America Dropped the Bomb*, Boston: Little, Brown and Company 1995; Ronald Takaki, *Double Victory: A Multicultural History of America in World War II*, Boston: Back Bay Books 2000.
64 *New York Times*, 1943.1.9.; John Dower, 앞의 책 71면.
65 존 린, 앞의 책 420~83면.
66 요시다 도시히로, 앞의 책 133~38면; 정혜경『조선 청년이여 황국신민이 되어라』, 서해문집 2010, 276~77면.
67 박성흠, 앞의 글;「外國情形」,『대한협회회보』7호, 1908.10.25.; 삼투생「散錄」,『대한흥학보』8호, 1909.12.20.; 김경록「해방 이후 남북한의 공군력 인식과 한국전쟁 준비과정」,『군사』67호, 2008, 170~71면.
68 황민호·심재욱「조선총독부의 언론정책과 매일신보에 나타난 '방공' 관련 기사의 추이」, 수요역사연구회 엮음,『제국 일본의 하늘과 방공, 동원 I: 방공정책과 식민지 조선』, 선인 2012, 30~33면.
69 防衛廳防衛研究所戰史室『陸軍航空の軍備と運用 1』, 朝雲新聞社 1971, 52면; 요시다 도시히로, 앞의 책 145~46면.
70「間島出兵史: 間島地方不逞鮮人剿討計劃書」, 金正柱 編,『朝鮮統治史料 2』, 韓國史料研究所 1970, 242면; 요시다 도시히로, 앞의 책 157~59, 161~63면.
71 前田哲男『戰略爆擊の思想』, 朝日新聞社 1988, 62면.
72「戰戰兢兢한 南京市民, 空襲後 沈默의 一夜」,『동아일보』1937.9.24.;「飛行隊는 敵後方施設爆擊 上海戰線空陸軍活躍」,『동아일보』1937.10.22.;「二日도 南京 空襲 空中戰後 敵九機 擊墜」,『동아일보』1937.12.4.
73 前田哲男, 앞의 책 64면.
74 스벤 린드크비스트, 앞의 책 161면.
75 요시다 도시히로, 앞의 책 168~69면.
76 Tetsuo Maeda, "Strategic Bombing of Chongqing by Imperial Japanese Army and Naval Forces," *Bombing Civilians*, 143~44면.
77 요시다 도시히로, 앞의 책 173면.

78 Maeda, 앞의 글 148면.
79 Theodore White, *In Search of History: A Personal Adventure*, New York: Harper & Row 1978, 81면.
80 같은 책 82면.
81 안태윤「일제말 전시체제기 여성에 대한 복장통제: 몸뻬 강제와 여성성 유지의 전략」,『사회와 역사』74집, 문학과지성사 2007, 13~14, 26면.
82 정혜경「일제 말기『매일신보』의 방공정책 프로파간다 양상」, 수요역사연구회 엮음, 앞의 책 189면.
83 조건「전시체제기 조선 주둔 일본군의 防空 조직과 활동」, 수요역사연구회 엮음, 앞의 책 131~32면.
84 허호준「태평양전쟁과 제주도 주둔 일본군의 무장해제 과정」, 조성윤 엮음,『일제 말기 제주도의 일본군 연구』, 보고사 2008, 334면.
85 Kit Carter & Robert Mueller ed., *Combat Chronology, 1941-1945*, Washington D.C.: Center for Air Force History 1991, 673~89면; 조건, 앞의 글 133~36면.
86 허호준, 앞의 글 336~41면.
87 이대화「1930년대 조선의 방공체제 수립과정: 법제와 조직을 중심으로」, 수요역사연구회 엮음, 앞의 책 59~60면.
88 스벤 린드크비스트, 앞의 책 229면.
89「聯合靑年主催 京城防空日」,『동아일보』1932.2.25.
90 이대화, 앞의 글 73~75면.
91「要衝半島의 鐵壁陣 各道에 防空協會와 警防團組織코 活動——오는 十月부터 조직활동 할 것을 二三일 중에 발표 今日 防空委員會에서 決定」,『매일신보』1939.7.2.
92 정혜경, 앞의 글 202~21면.
93 같은 글 215~23면.
94 김혜숙「전시체제기 식민지 조선의 '가정방공' 조직과 지식 보급」, 수요역사연구회 엮음, 앞의 책 151~59면.
95 이에 대해서는 다음의 저서들을 참조할 수 있다. 김영희『일제시대 농촌통제정책 연구』, 경인문화사 2003; 김영미『동원과 저항: 해방전후 서울의 주민사회사』, 푸른역사 2009.
96「毒瓦斯, 燒夷彈 속에서——"몸뻬"部隊 猛活動——木浦單位의 防空訓練」,『매일신보』1941.7.29.
97 김혜숙, 앞의 글 159~70면.
98 스벤 린드크비스트, 앞의 책 174~75면.
99 이대화, 앞의 글 54면; 조건, 앞의 글 96면; 정혜경, 앞의 글 192면.

100 장지량 구술·이계홍 정리 『빨간 마후라, 하늘에 등불을 켜고』, 이미지북 2006, 26~28면.
101 윤응렬 『상처투성이의 영광』, 황금알 2010, 32면.
102 길윤형 『나는 조선인 가미카제다』, 서해문집 2012, 113~14면.
103 「퇴역 조종사 B장군과 김태우의 인터뷰」, 2011년 1월 14일 경기도 B장군 자택.
104 송혜경 「식민지 말기 일제의 항공정책과 아동의 전쟁동원」, 『한림일본학』 19호, 한림대학교 일본학연구소 2011, 138~39면.
105 길윤형, 앞의 책 112면.
106 같은 책 120면.
107 「兒童에게 航空思想 宣傳」, 『매일신보』 1933.2.20.; 「各學校生徒에 航空思想 宣傳」, 『매일신보』 1933.2.28.
108 송혜경, 앞의 글 143~44면.
109 「과학교실」, 『매일신보』 1942.3.29.
110 「푸른 하늘의 꿈: 모형비행기를 만드러 항공정신을 길릅시다」, 『매일신보』 1941.6.23.
111 길윤형, 앞의 책 128면.
112 이향철 「카미카제 특공대와 한국인 대원」, 『일본연구논총』 24호, 현대일본학회 2006, 273~74면.
113 앞의 글, 301~02면; 이형식 「태평양전쟁 시기 제국일본의 군신 만들기: 매일신보의 조선인특공대(신취) 보도를 중심으로」, 『일본학연구』 37집, 2012, 200면.
114 『매일신보』 1944.12.9.
115 『매일신보』 1944.12.6.
116 『매일신보』 1944.12.8.
117 길윤형, 앞의 책 68면.
118 "Top Gun Boosting Service Sign-ups," *Los Angeles Times*, 1986.7.5.; "25 Years Later, How 'Top Gun' Made America Love War," *The Washington Post*, 2011.8.27.
119 아라사키 모리테루 『오키나와 현대사』, 정영신·미야우치 아키오 옮김, 논형 2008, 19~20면.
120 찰머스 존슨 『제국의 슬픔: 군국주의, 비밀주의, 그리고 공화국의 종말』, 안병진 옮김, 삼우반 2004, 253면.
121 독도폭격사건과 관련된 기존 연구로는 다음과 같은 것들이 있으나, 이들 중 독도폭격사건을 미군의 냉전정책과 연관시켜 분석한 글은 김태우의 논문이 유일하다. 홍성근 「독도폭격사건의 국제법적 쟁점 분석」, 『한국의 독도영유권 연구사』, 독도연구보전협회 2003; Mark S. Lovmo, "Further Investigation into The June 8, 1948 Bomb-

ing of Tokto Island," *International Journal of Korean History*, Vol. 4, Aug. 2003; 정병준 『독도 1947: 전후 독도문제와 한·미·일 관계』, 돌베개 2010; 김태우 「1948년 미공군에 의한 독도폭격의 전개양상과 군사정책적 배경」, 『동북아역사논총』 32호, 2011.

122 이원덕 「주한미군철수에 관한 연구: 1947~1949의 경우를 중심으로」, 서울대학교 외교학과 석사논문, 1987, 18~23면.

123 Elitott V. Converse, *Circling the Earth: United States Plans for a Postwar Overseas Military Base System, 1942-1948*, Air University Press, Maxwell Air Force Base, Alabama, August 2005, 171면.

124 Spencer C. Tucker Ed., *Encyclopedia of the Korean War: A Political, Social and Military History*, Vol. I, Santa Barbara, ABC-Clio 2000, 295~96면.

125 김영호 「한국전쟁 직전 미국 합참의 비상전쟁계획과 미국의 한반도 전략에 대한 비판적 고찰」, 『사회과학논총』 14집, 성신여자대학교 사회과학연구소 2001, 50~51면.

126 JWPC, "JWPC 432/7, Tentative Over-All Strategic Concept and Estimate of Initial Operations, Short Title: Pincher," 1946.6.18.(Converse, 앞의 책 170~71면에서 재인용)

127 Converse, 앞의 책 171면.

128 이하 '문라이즈'의 주요 내용은 김영호 논문의 다음 부분을 인용하였다. 김영호, 앞의 글 52~53면.

129 맥아더는 1945년 4월 태평양사령부 지상군사령관(AFPAC)에 임명되었고, 일본의 무조건 항복 직후인 1945년 8월 15일에 연합군최고사령관(SCAP)에 임명되었다. 그리고 1946년 4월 현역원수에 임명되어 일본 통치를 담당했다. 미 태평양사령부는 1947년 1월 1일부로 미 극동군사령부로 개칭되었고, 맥아더의 직임 또한 자연스럽게 미 극동군사령관이 되었다. 이상호 「미국 맥아더기념관 소장 한국관련 자료조사 및 해제」, 『해외사료총서 13: 미국소재 한국사 자료 조사보고 V』, 국사편찬위원회 2007, 457~59면.

130 아라사키 모리테루, 앞의 책 24~25면.

131 같은 책, 23면.

132 "Conversation between MacArthur and Kennan, PPS 28/2," 1948.3.5.(김영호, 앞의 글, 54~55면에서 재인용)

133 93d Bombardment Group, "History of 93d Bombardment Group for June 1948," 1948.6., 7면.

134 93d Bombardment Group, "History of 93d Bombardment Group for May 1948," 1948.5., 1면; 93d Bombardment Group(1948. 6.), 앞의 글 1면.

135 93d Bombardment Group(1948.5.), 앞의 글 5, 11, 13면.

136 폭격시발점(initial point)이란 "표적을 향한 폭격항정(bomb run)의 시점으로 활용되는 곳으로서, 육안이나 전자기기로 쉽게 구분할 수 있는 명확한 지점"을 의미한다. Joint Chief of Staff, *Department of Defense Dictionary of Military and Associated Terms*, 2001, 265면.

137 93d Bombardment Group(1948.6.), 앞의 글 15면.

138 Joint Chief of Staff(2001), 앞의 책 88면.

139 Center for Defense Information, "The Global Network of United States Military Bases," *Defense Monitor* 18: 2, 1989(찰머스 존슨, 앞의 책 207면에서 재인용).

140 *Stars and Strife*, 1948.6.17.; 『서울신문』 1948.6.18.

141 93d Bombardment Group(1948.6.), 앞의 글 15면.

142 Lovmo, 앞의 글 273면.

143 인터넷 '위키피디아'의 'Maug Islands'(http://en.wikipedia.org/wiki/Maug_Islands, 2010년 11월 8일 접속)와 'Farallon de Medinilla'(http://en.wikipedia.org/wiki/Farallon_de_Medinilla, 2010년 11월 8일 접속) 항목 참조.

144 「현역 공군장교 A씨와 김태우의 인터뷰」, 2010년 11월 6일 서울대 규장각한국학연구원. 구술자의 요청에 의해 실명은 밝히지 않는다.

145 정병준, 앞의 책 222면.

146 Lovmo, 앞의 글 273면.

147 Bruce Cumings, *The Origins of the Korean War, Vol. II: The Roaring of the Cataract, 1947–1950*, Seoul: Yuksabipyungsa 2002, 690~97면.

제2부 북폭

* 스딸린 「소련 내각회의 의장이 조선민주주의인민공화국 주재 소련대사에게 보낸 전문, 임박한 전투작전 시기의 조선인민군 사령부의 계획을 확인하는 데 대하여, No. 362」, 1950.7.1.(국사편찬위원회 엮음 『한국전쟁, 문서와 자료, 1950~53』, 국사편찬위원회 2006, 67면).

1 「조선로동당 중앙위원회 및 내각 전화번호부」, NARA, RG 242, Captured Korean Documents, Doc. No. SA 2005, Item 10/53.

2 슈찌꼬프 「조선민주주의인민공화국 주재 소련대사가 소련 내각회의 의장에게 보낸 전문, 조선의 상황에 대하여, No. 477」, 1950.7.8.(국사편찬위원회 엮음, 앞의 책 76~78면).

3 슈찌꼬프 「조선민주주의인민공화국 주재 소련대사가 소련 내각회의 의장에게 보낸 전문, 조선인민군 지휘기관들의 재편성과 조선인민군의 전투행동에 대한 보고서, No. 468」, 1950.7.7.(국사편찬위원회 엮음, 앞의 책 74~75면)

4 LeRoy A. Brothers, "Working Paper No. 17.6.1: The Operations Analysis Organization in the United States Air Force," Operations Analysis Division, Directorate of Operations, USAF, 1951.11.26.

5 군사영어편찬위원회 엮음 『군사영어사전』, 병학사 1976, 246면.

6 Robert F. Futrell, *Ideas, Concepts, Doctrine: Basic Thinking in the United States Air Force*, Vol. 1(1907-1960), Alabama: Air University Press 1989, 366~93면.

7 같은 책 365~66면; Conrad C. Crane, *American Airpower Strategy in Korea, 1950-1953*, Lawrence: University Press of Kansas 2000, 17면.

8 Crane(2000), 앞의 책 17면; Crane(1993), 앞의 책 12~27면.

9 Sahr Conway-Lanz, *Collateral Damage: Americans, Noncombatant Immunity, and Atrocity After World War II*, London: Routledge 2006, 4~5면.

10 토니 주트 『포스트워 1945~2005』 1, 조행복 옮김, 플래닛 2008.

11 이우영 「소련의 평화공존 이론에 관한 연구」, 『법대논총』 13, 1975, 5면; 토니 주트, 앞의 책 371~72면.

12 United States House of Representative, *Report on the Communist "Peace" Offensive*, US Government Printing Office 1951, 1면.

13 같은 책, 5면.

14 같은 책, 16면; Günter Wernicke, "The Unity of Peace and Socialism? The World Peace Council on a Cold War Tightrope Between the Peace Struggle and Intrasystemic Communist Conflicts," *Peace & Change*, Vol. 26, No. 3, 2001, 334면.

15 United States House of Representative, 앞의 책 24면.

16 같은 책 6면.

17 같은 책 34면.

18 최은범, 앞의 글 41~47면.

19 "Why the Navy Wants Big Aircraft Carriers," *US News and World Report*, 1949.5.20.; D. V. Gallery, "An Admiral Talks Back to the Airmen," *Saturday Evening Post*, 1949.6.25.

20 Jeffrey Barlow, *Revolt of Admirals: the Fight for Naval Aviation, 1945-1950*, Naval Historical Center, Dept. of Navy 1994; Conway-Lanz, 앞의 책 33~34면.

21 Conway-Lanz, 앞의 책 39면.

22 같은 책 39~43면.

23 Crane(2000), 앞의 책 21면.

24 케이스 휠러, 앞의 책 187면.
25 Crane(2000), 앞의 책 20~21면.
26 "The Ambassador in Korea(Muccio) to the Secretary of State," 1950.6.25., In State Department ed., *Foreign Relations of the United States, 1950, Vol. 7, Korea*, State Department 1976, 125~26면.
27 Jessup, "Memorandum of Conversation, by the Ambassador at Large(Jessup)," 1950.6.26., In State Department ed., 앞의 책 178~83면.
28 Harry S. Truman, *Years of Trial and Hope*, New York: Doubleday & Co. Inc. 1955, 341~42면.
29 "오전 6시에 맥아더 장군(월로비 장군, 알몬드 장군, 라이트 장군, 위트니 장군 포함)과 함께 바탄호에 올라, 하네다 공항을 출발하여 한국의 수원비행장에 도착했다. 나는 극동군사령관에 대한 최대한의 지원을 위해 북한 내의 적(적의 비행기와 비행장)에 대한 공격을 승인해달라고 맥아더 장군에게 말했다. 나는 즉석에서 승인을 받아냈고, 이제 우리는 38선을 넘을 수 있게 되었다! 이 승인 내용을 파트리지에게 전달해주었다(극동군사령관의 38선 월경 승인 및 파트리지에게 보낸 나의 타전의 결과, 팀버레이크 장군은 6월 29일 오후 38선 북면지역 폭격을 위해 B-26기를 이륙시켰다)." Stratemeyer, "Diary," 1950.6.29., *The Three Wars of Lt. Gen. George E. Stratemeyer, His Korean War Diary*, Air Force History and Museums Program 1999, 47~48면.
30 Truman, 앞의 책 341면.
31 FEAF Combat Operations Division, "A Day by Day History of Far East Air Forces Operations, Vol. 1, 25 June through 31 October 1950," 34면.
32 Robert F. Futrell, *The United States Air Force in Korea 1950-1953*, New York: Duell, Sloan and Pearce 1961, 41면.
33 현재 미 국무부는 당시 국가안보회의록이 필립 제섭(Philip Jessup)에 의해 작성되었으나, 아직 공개되지 않았다는 사실만 알려주고 있다("Editorial Note," In State Department ed., 앞의 책 240면).
34 JCS, "The Joint Chief of Staff to the Commander in Chief, Far East(MacArthur)," 1950.6.29., In State Department ed., 앞의 책 241면.
35 International Committee of the Red Cross, *Le comi international de le Croix-Rouge cet le conflict de Coree*, Vol. I, Geneva, 1952, 6~7, 13면(조시현「노근리 학살사건의 국제법적 성격」,『노근리사건의 진상과 교훈』, 두남 2002, 266~67면; 이장희「국제인도법의 원칙과 노근리 양민살해 사건」, 같은 책 314면에서 재인용).
36 최은범, 앞의 글 41~45면.
37 Vandenberg, "Message TS-1817, from Vandenberg to Stratemeyer," 1950.7.3., In

Futrell(1961), 앞의 책 45면.
38 Futrell(1961), 앞의 책 45면; Crane(2000), 앞의 책 21면.
39 "Mission Directive, from Stratemeyer to CG FEAFBC," 1950.7.11.
40 "Mission Directive, from Stratemeyer to CG FAF," 1950.7.12.
41 USAF Historical Division, "USAF Historical Study No. 71: United States Air Force Operations in the Korean Conflict, 25 June through 1 November 1950," 1952, 35면.
42 Woodford Agee Heflin ed., *The United States Air Force Dictionary*, Washington D.C.: Air University Press 1956, 493면.
43 기무라 미쓰히코·아베 게이지『전쟁이 만든 나라, 북한의 군사공업화』, 차문석·박정진 옮김, 미지북스 2009, 15면.
44 같은 책 109~10면.
45 김일성「병기공업을 더욱 발전시키기 위하여: 전국 병기공업 부문 당열성자 회의에서 한 연설(1961.5.28.)」,『김일성 저작집』15권, 조선로동당출판사 1983, 123면.
46 기무라 미쓰히코·아베 게이지, 앞의 책 29면.
47 James T. Stewart ed., *Airpower: The Decisive Force in Korea*, Princeton, New Jersey: Van Nostrand 1957, 77면.
48 USAF Historical Division(1952), 앞의 글 85면; FEAF Bomber's Command, "Operations Order 1-50, Wonsan, Port and Dock Area," 1950.7.13.; 기무라 미쓰히코·아베 게이지, 앞의 책 107, 111면.
49 FEAF Combat Operations Division(1950), 앞의 글 38, 40면.
50 극동공군 폭격기사령부는 7월 13일 원산폭격작전을 자신의 첫 임무로 간주하고 있었고, 그들의 일지 또한 7월 13일부터 작성한 사실을 알 수 있다.
51 FEAF Bomber's Command, "Operations Order 1-50, Wonsan, Port and Dock Area," 1950.7.13.
52 Stratemeyer, "Diary," 1950.7.15., In Y'Blood ed., 앞의 책 75면.
53 FEAF Bomber's Command, "Operations Order 1-50, Wonsan, Port and Dock Area," 1950.7.13.
54『조선인민보』1950.7.26.
55 Y'Blood ed., 앞의 책 71면.
56 박헌영「유엔 안전보장리사회 의장 야·말리크 귀하」1950.8.5.,『조선중앙연감 1951~1952』, 조선중앙통신사 1952, 93~94면.
57 Y'Blood ed., 앞의 책 71면.
58 FEAF Combat Operations Division(1950), 앞의 글 55면.
59 FEAF Bomber's Command(1950.7.13.), 앞의 글; FEAF Combat Operations Divi-

sion(1950), 앞의 글 64, 93, 96, 98면; FEAF Bomber Command, "Far East Air Forces Bomber Command Digest, 13 July through 31 October," 1950, 14, 16면;『조선인민보』1950.7.26.; 조국통일민주주의전선「미국 무력간섭자들과 리승만 도배들의 만행에 대한 조국통일민주주주의전선 조사위원회 보도 제2호」, 1950.9.18.

60 수요역사연구회 엮음, 앞의 책 44면.

61 FEAF Bomber's Command, "Operations Order 37-50, Wonsan, Chosen Oil Refinery," 1950.8.10.

62 FEAF Bomber's Command, "Operations Order 37-50, Wonsan, Marshalling Yard," 1950.8.10.; FEAF Bomber's Command, "Operations Order 37-50, Wonsan, Locomotive Repair Shops," 1950.8.10.

63「미국 무력간섭자들과 리승만 도배들의 만행에 대한 조국통일민주주의전선 조사위원회 보도 제2호」, 158면.

64 FEAF Bomber's Command, "Operations Order 32-50, Pyongyang, Army Arsenal," 1950.8.7.; FEAF Bomber's Command, "Operations Order 32-50, Pyongyang, Marshalling Yards," 1950.8.7.

65 FEAF Combat Operations Division(1950), 앞의 글 64면; FEAF Bomber Command(1950), 앞의 글 14면.

66 조국통일민주주의전선「미국 무력간섭자들과 리승만 도배들의 만행에 대한 조국통일민주주의전선 조사위원회 보도 제1호」, 1950.8.18.

67 FEAF Combat Operations Division(1950), 앞의 글 66면; FEAF Bomber Command(1950), 앞의 글 14면.

68『민주조선』1950.8.1.;「미국 무력간섭자들과 리승만 도배들의 만행에 대한 조국통일민주주의전선 조사위원회 보도 제1호」, 1950.8.18.

69 FEAF Bomber Command(1950), 앞의 글 14면.

70 FEAF Combat Operations Division(1950), 앞의 글 75면.

71「미국 무력간섭자들과 리승만 도배들의 만행에 대한 조국통일민주주의전선 조사위원회 보도 제1호」, 1950.8.18.

72 FEAF Combat Operations Division(1950), 앞의 글 16면.

73「미국 무력간섭자들과 리승만 도배들의 만행에 대한 조국통일민주주의전선 조사위원회 보도 제2호」, 1950.9.18.

74 FEAF Bomber's Command, "Operations Order 32-50, Pyongyang, Army Arsenal," 1950.8.7.

75 FEAF Bomber's Command, "Operations Order 32-50, Pyongyang, Marshalling Yards," 1950.8.7.

76 「미국 무력간섭자들과 리승만 도배들의 만행에 대한 조국통일민주주의전선 조사 위원회 보도 제1호」, 1950.8.18.

77 Stratemeyer, "Diary," 1950.8.9., In Y'Blood ed., 앞의 책 101면.

78 Stratemeyer, "Diary," 1950.9.27., In Y'Blood ed., 앞의 책 209면.

79 Stratemeyer, "Diary," 1950.9.30., In Y'Blood ed., 앞의 책 215면.

80 기무라 미쓰히코·아베 게이지, 앞의 책 91, 99, 117, 119, 125, 147면.

81 Futrell(1961), 앞의 책 179~81면.

82 FEAF Bomber Command(1950), 앞의 글 15면.

83 FEAF Bomber's Command, "Operations Order 19-50, Konan, Chosen Nitrogen Explosive Factory," 1950.7.30.

84 Futrell(1961), 앞의 책 180면.

85 FEAF, "APO 925, HQ, Far East Air Forces," 1950.11.20, 2면(NARA, NASM 4A 38802 사진자료의 첨부문서).

86 FEAF Bomber Command(1950), 앞의 글 15면.

87 FEAF Bomber's Command, "Operations Order 25-50, Konan, Chosen Nitrogen Fertilizer Co.," 1950.8.1.

88 FEAF Bomber's Command, "Operations Order 27-50, Konan, Bogun Chemical Plant," 1950.8.3.; FEAF Bomber Command(1950), 앞의 글 15면.

89 「미국 무력간섭자들과 리승만 도배들의 만행에 대한 조국통일민주주의전선 조사 위원회 보도 제1호」, 1950.8.18.

90 FEAF Bomber's Command, "Operations Order 44-50, Seishin, Marshalling Yards," 1950.8.19.; FEAF Bomber's Command, "Operations Order 44-50, Seishin, Mitsubishi Iron Works," 1950.8.19.; 기무라 미쓰히코·아베 게이지, 앞의 책 82~91면.

91 FEAF Combat Operations Division(1950), 앞의 글 116면; FEAF Bomber Command(1950), 앞의 글 17면.

92 「미국 무력간섭자들과 리승만 도배들의 만행에 대한 조국통일민주주의전선 조사 위원회 보도 제2호」, 1950.9.18.

93 FEAF Bomber's Command, "Operations Order 72-50, Seishin, M/Y," 1950.8.29.

94 「미국 무력간섭자들과 리승만 도배들의 만행에 대한 조국통일민주주의전선 조사 위원회 보도 제2호」, 1950.9.18.

95 USAF Historical Division(1952), 앞의 글 94면.

96 FEAF Bomber Command(1950), 앞의 글 17면.

97 "The Under Secretary of State to the Secretary of Defense," 1950.8.14., In State Department, 앞의 책 576~77면.

98 "Memorandum by the Under Secretary of State," 1950.8.17., In State Department ed., 앞의 책 593면.

99 Acheson, "Memorandum by the Secretary of State to the President: Considerations Surrounding Proposed Bombing of Rashin(Najin)," 1950.9.11., In State Department, 앞의 책 721~22면.

100 FEAF Combat Operations Division(1950), 앞의 글 104면.

101 FEAF Bomber's Command, "Operations Order 39-50, Hamhung, Marshalling Yards," 1950.8.12. .

102 FEAF Combat Operations Division(1950), 앞의 글 116~17면.

103 「미국 무력간섭자들과 리승만 도배들의 만행에 대한 조국통일민주주의전선 조사위원회 보도 제2호」, 1950.9.18.

104 기무라 미쓰히코·아베 게이지, 앞의 책 79~82면.

105 FEAF Combat Operations Division(1950), 앞의 글 129면; FEAF Bomber Command(1950), 앞의 글 18면; FEAF Bomber's Command, "Operations Order 67-50, Kyomipo, Japan Iron and Steel Works," 1950.8.27.

106 FEAF Combat Operations Division(1950), 앞의 글 131면; FEAF Bomber's Command, "Operations Order 69-50, Songjin, High Frequency Heavy Industry," 1950.8.28.

107 USAF Historical Division(1952), 앞의 글 94면.

108 박헌영, 앞의 글 93~94면.

109 『부산일보』 1950.8.13.; 대한민국 국방부 정훈국 전사편찬위원회 『한국전란 일년지』, 1951, C8면.

110 Acheson, "Korean Bombing," 1950.9.6.(국방군사연구소, 『한국전쟁자료총서 30: Documents of the Division of Historical Policy Research of the U.S. State Department』, 1998, 231면).

111 Tucker(2000), 앞의 책(Vol. I) 25면.

112 케이스 휠러, 앞의 책 285~86면.

113 파괴폭탄은 GP폭탄, 보통폭탄, 다목적폭탄, 일반용폭탄 등으로 불리기도 한다. 이 책에서는 대한민국 공군교범상의 호칭인 '파괴폭탄'이라는 명칭을 사용한다(공군본부 『공군교범 100-11: 항공용어집(항공작전편)』 1962, 427면).

114 1951년 1월 7일 제452폭격단(452nd Bomb Wing)의 B-26 경폭격기 6대는 김포비행장의 주활주로에 500파운드 파괴폭탄 30발을 투하했다. 다음날 제19폭격전대와 제307폭격전대의 B-29 중폭격기 17대는 500파운드 파괴폭탄 540발과 1000파운드 파괴폭탄 24발, 500파운드의 소이탄 40발을 투하했다.(452nd Bomb Wing, "B-26 Aircraft Summary Report," 1951.1.7.; 19th Bomb Group & 307 Bomb Group, "B-29 Aircraft

Summary Report," 1951.1.8.)
115 FEAF Operations Analysis Office, "Operations Analysis Office Momorandum No. 38: Assessment of Bomb Damage to Kimpo Air Base," 1951.3.22.
116 FEAF, "Air Force Activities, Korea, 1950, Bombing, Pyongyang," 1950.11.5.
117 "FEAF Operations Analysis Office Memorandum No. 9 : Forces Estimates for Line Targets," FEAF Operations Analysis Office, Fifth Air Force, 1950.7.24.
118 Tactical Air Command, "An Evaluation of the Effectiveness of the United States Air Force in the Korean Campaign," Vol. V, 1951.3.12., 37면.
119 요시다 도시히로, 앞의 책 47~55면.
120 스딸린「소련 내각회의 의장이 조선민주주의인민공화국 주재 소련 대사에게 보낸 전문, 임박한 전투작전 시기의 조선인민군 사령부의 계획을 확인하는 데 대하여, No. 362」, 1950.7.1.(국사편찬위원회 엮음, 앞의 책 67면).
121 슈찌꼬프「조선민주주의인민공화국 주재 소련 대사가 소련 내각회의 의장에게 보낸 전문, 미합중국의 참전과 관련하여 북조선의 정치적 동향에 대하여, No. 423」, 1950.7.1.(국사편찬위원회 엮음, 앞의 책 69면).
122 슈찌꼬프「조선민주주의인민공화국 주재 소련대사가 소련 내각회의 의장에게 보낸 전문, 조선인민군 지휘기관들의 재편성과 조선인민군의 전투행동에 대한 보고서, No. 468」, 1950. 7. 7.(국사편찬위원회 엮음, 앞의 책 74~75면)
123 조선로동당 당중앙정치위원회「조선로동당 당중앙정치위원회 제48차 회의 결정서: 적기의 폭격하에서와 그로 인한 피해의 복구 정리를 위한 당단체들의 사업정형에 대하여」, 1950.7.29.;「조선로동당 중앙정치위원회 제47차 회의결정서: 평양시 당단체의 당장성 사업에 대하여」, 1950.9.12.
124 조선로동당 당중앙정치위원회, 앞의 글.
125 『로동신문』 1950.7.23.
126 스벤 린드크비스트, 앞의 책 170~71면.
127 『로동신문』 1950.7.23.
128 『로동신문』 1950.9.9.
129 김일성「조선민주주의인민공화국 군사위원회 위원장이시며 조선인민군 최고사령관이신 김일성장군의 방송연설」, 1950.7.8.(『조선중앙연감 1950~1951』, 조선중앙통신사 1952, 16~17면)
130 김일성「전시철도복구련대를 조직할 데 대하여: 조선민주주의인민공화국 군사위원회 제7차 회의에서 한 결론」, 1950.7.8.(『김일성전집』 12, 조선로동당출판사 1995, 105~06면)
131 김일성「조선민주주의인민공화국 정부대표위원회를 설치하며 후방복구련대를

조직할 데 대하여: 조선민주주의인민공화국 군사위원회 제8차회의에서 한 연설」, 1950.7.10.(앞의 책 119면)
132 조국전선의 구성과 성격에 대해서는 다음 저서의 해설이 자세하다. 이신철『북한 민족주의운동 연구』, 역사비평사 2008.
133 『로동신문』 1950.7.18.
134 박상화「북조선로동당 강원도 연천군당부 위원장 박상화가 북조선로동당 강원도 당부 위원장에게 보내는 보고서」, 1950.9.16.
135 『로동신문』 1950.8.21.
136 시흥군 동면분주소「시흥군 동면분주소 공습피해조사」, 1950.9.; 시흥군 정치보위부,「1950년 9월 이후 적기 공습 피해 관계」, 1950.9.; 고양군 정치보위부「적기공습관계철」, 1950.7.; 청주시 임시인민위원회「미국항공기에 의한 피해조사표」, 1950.8.26. (NARA, RG 242, SA 2009)
137 조선로동당 당중앙정치위원회(1950.7.29.), 앞의 글.
138 김일성「조선민주주의인민공화국 군사위원회 명령 제37호」, 1950.7.30.
139 『로동신문』 1950.8.5.
140 서울시 민간방공부『민간 방공지도원 수첩』, 1950.(NARA, RG 242, SA 2010)
141 FEAF Bomber's Command, "Operations Oders 62-50, Konan, Thorium Ore Processing Plant," 1950.8.24.
142 일제시기 닛치쯔광업개발 흥남제련소는 실제 1933년에 완공된 공장으로서, "1931년에 착공된 후 1년 이상의 기간에 걸쳐 완공되었다"라는 노동자 증언의 신뢰성을 유추할 수 있다. 기무라 미쯔히코·아베 게이지, 앞의 책 95면.
143 FEAF, "Message from HQ FEAF," 1950.11.25.(사진자료 FEAF, "Air Force Activities, Korea, 1950, Bombing, Hungnam," 1950[NARA, NASM 4A 38802]의 첨부문서), 5~6면.

제3부 평범한 임무

*John Darrell Sherwood, *Officers in Flight Suits: The Story of Amencan Air Force Flighter Pilots in the Korean War*, New York: New York University Press 1996, 105면.

1 "Ex-GIs Tell AP of Korea Killing," *The Associated Press*, 1999.9.29.
2 최상훈·찰스 핸리·마사 멘도자『노근리다리』, 남원준 옮김, 잉걸 2002, 13면; 이만열「'노근리사건'과 평화」,『제1회 노근리 국제평화학술대회 자료집』, 2007, 18면.

3 진실·화해를위한과거사정리위원회, 『2009년 상반기 조사보고서(2009.1.6.~2009.7.7.) 4권』, 2009, 314~64면; 진실·화해를위한과거사정리위원회, 『2008년 하반기 조사보고서(2008.7.9.~2009.1.5.) 2권』, 2009, 941~56면.
4 전쟁기념사업회 『한국전쟁사』 1권, 1992, 195면.
5 슈찌꼬프 「조선민주주의인민공화국 주재 소련 대사가 소련 내각회의 의장에게 보낸 전문, 전선상황에 대한 북조선 정부의 정보보고와 중국의 참전 문제에 대한 조·중 협상의 결과에 대하여, No. 649」, 1950.7.20.(국사편찬위원회 엮음, 앞의 책 87~89면)
6 Stratemeyer, "Mission Directive, from Stratemeyer to CG FEAFBC," 1950.7.11. (AFHRA, Roll No. 33467)
7 Stratemeyer, "Mission Directive, from Stratemeyer to CG FAF," 1950.7.12.(AFHRA, Roll No. 33467)
8 USAF Historical Division(1952), 앞의 글 33면.
9 "어제 B-29 폭격기에 근접항공지원을 맡긴 것은 우리의 착오였음이 드러났다. 어쨌든 맥아더장군이 직접 지시했기 때문에 앞으로도 그렇게 해야 할 것이다. B-26 폭격기는 자동차나 탱크 같은 표적에 투입해야 함에도 전방지휘소와 긴밀한 연락을 취하고 있는 파트리지 장군과 딘 장군의 지시로 B-29 폭격기가 폭격에 동원됨에 따라 B-26 폭격기가 B-29 폭격기 대신 교량과 다른 표적을 공격해야 했다."(Stratemeyer, "Diary," 1950.7.11., In Y'Blood ed., 앞의 책 66면)
10 "Interview with Gen. Weyland," 인터뷰 일자 미상.(AFHRA, Roll No. 30510)
11 USAF Historical Division(1952), 앞의 글 24~25면.
12 같은 글, 25면.
13 한국전쟁 초기 공대지작전에서의 무선상황은 한국의 거친 지형과 현장의 부적절한 장비 수리 등으로 인해 금세 악화되었다. 그러나 극동공군은 이로 인해 발생한 비효율적 통제상황이 지상군에 대한 미공군의 초기 지원에 심대한 영향을 주지 않는다고 보았다. 오히려 극동공군은 불안정한 전선상황에서, 공중으로부터 적과 아군을 분간하는 것이 불가능한 상황을 더 심각한 장애요소로 간주했다.(FEAF Combat Operations Division[1950], 앞의 글 99면)
14 USAF Historical Division(1952), 앞의 글 26면.
15 Futrell(1961), 앞의 책 78면.
16 William Green and Gordon Swanborough, *The Great Book of Fighters*, Hudson, W.I.: MBI Publishing 2001, 345면.
17 Futrell(1961), 앞의 책 82면.
18 Stratemeyer, "Diary," 1950.8.9., In Y'Blood ed., 앞의 책 101면.
19 FEAF Operations Analysis Office, "FEAF Operations Analysis Office Memorandum

No. 16: Accuracy of Combat Rocketry," 1950.8.9.
20 USAF Historical Division(1952), 앞의 글 57~59면.
21 FEAF Operations Analysis Office, "Operations Analysis Office Memorandum No. 43: Physical and Psychological Effects of Interdiction Air Attacks as Determined from POW Interrogations," 1951.5.21., 38면.
22 Futrell(1961), 앞의 책 94면.
23 USAF Historical Division(1952), 앞의 글 57면.
24 MacArthur, "Message CX-57212, CINCFE to USAF," 1950.7.5.(Futrell[1961], 앞의 책 81~82면에서 재인용.)
25 USAF Historical Division(1952), 앞의 글 48면.
26 FEAF Combat Operations Division(1950), 앞의 글 99면.
27 USAF Historical Division(1952), 앞의 글 48면.
28 FEAF Combat Operations Division(1950), 앞의 글 184면.
29 "사건발생 상황은 다음과 같다. 영국 여단은 나룻배로 강을 건너려고 했다. 교량이 없었기 때문이다. 여단 병력들은 물가에 걸터앉아 있었다. 북한군이 나룻배 근처에서 영국군 병력들에게 사격을 가했다. 제5공군 전투기들은 곤경에 처한 영국군 병사들을 도와주려고 했다. 강 동편의 전술항공통제관이 전투기 지원을 요청했다. 지상의 전술항공제관의 지시에 따라 모스키토 통제기가 해당 구역에서 전투기에게 작전을 지시했다. 공격목표로 상정된 북한군인들이 한편에 있었다. 그러나 영국 여단의 가장 앞면 분대들이 북한군의 후위에 있었다. 영국여단은 다소간의 인식이나 지시의 정체현상 때문에 아군 전투기의 공격을 받았다."(Stratemeyer, "Diary," 1950.9.24., In Y'Blood ed., 앞의 책 203~04면)
30 같은 책 204면.
31 FEAF Combat Operations Division(1950), 앞의 글 189면.
32 같은 글, 190면.
33 노근리사건조사반『노근리사건 조사결과 보고서』, 2001, 34면.
34 국방부 군사편찬연구소『소련 군사고문단장 라주바예프의 6·25전쟁 보고서』1, 국방부 군사편찬연구소 2001, 178면; "Telegram from Drumright to Secretary of State," 1950.6.28.(국방군사연구소 엮음『한국전쟁 자료총서 40: The U.S. Department of State Relating to the Internal Affairs of Korea』, 국방군사연구소 1999, 256면)
35 국방부 군사편찬연구소(2001), 앞의 책 194면.
36 슈찌꼬프, 앞의 글 1950.7.20.
37 북한사회과학원 력사연구소『조선전사』25, 과학백과사전출판사 1981, 244~47면.
38 국방부『한국전쟁사 제3권: 낙동강방어작전기(1950.8.1~9.30)』, 1970, 171면.

39 같은 책 213~17면.
40 USAF Historical Division(1952), 앞의 글 49면.
41 FAF Operations Analysis Office, "Preliminary Report on Investigation of Psychological Effects of Tactical Air Power in Korea," 1951.3.25., 10~15면.
42 제315군부대참모부「행군명령」, 1950.8(NARA, RG 242, SA 2010 Item 51)
43 FAF Operations Analysis Office, "Operations Analysis Office Memorandum No. 43: Physical and Psychological Effects of Interdiction Air Attacks as Determined from POW Interrogations,"(이하 "Operations Analysis Office Memorandum No. 43") 1951.5.21, 40면.
44 같은 글 40면.
45 John Darrell Sherwood, 앞의 책. 본 절(「조종사들: 기능주의적 전쟁기계」)의 내용 중 조종사들의 성장배경 및 훈련과정과 관련된 설명은 기본적으로 셔우드의 구술사적 연구성과에 상당부분 의지했음을 미리 밝혀둔다. 물론 한국전쟁과 관련된 셔우드의 분석에 대해서는 당시 그가 접근할 수 없었던 한국전쟁기 미국과 소련의 사료를 통해 교차 검증하는 방식을 취했다.
46 같은 책 13~14면.
47 같은 책 11면.
48 같은 책 12면.
49 같은 책 37~39면.
50 같은 책 67면.
51 같은 책 37~38면.
52 하워드 진 『달리는 기차 위에 중립은 없다』, 유강은 옮김, 이후 2002, 120면.
53 「1952년 1월 7일 10:00 신의주 남면에서 Mig-15와의 공중전 중 격추되어 포로가 된 제51전투비행군단 제51전투비행단 제16전투비행중대 소속 F-86E 미국인 조종사 찰스 유진 스툴 2등 중위의 심문자료 중에서」, 1952.2.25.(국사편찬위원회 엮음, 앞의 책 657~58면)
54 「1952년 1월 23일 포로가 된 미 제20공군 제19폭격대 제93폭격비행중대 소속 전파탐지관측비행기 B-29 조종사 대위 해럴드 드리티스라프 큐비섹에 대한 심문자료에서」, 1952.2.25.(국사편찬위원회 엮음, 앞의 책 661~62면)
55 Sherwood, 앞의 책 106면.
56 같은 책 106~07면.
57 같은 책 80면.
58 전폭기 조종사들의 목표물 색출과 공격 사례들은 제8장에서 상세히 제시될 것이다.
59 Sherwood, 앞의 책 84면.

60 딘 E. 헤스 『신념의 조인』, 이동은 옮김, 플래닛미디어 1987, 188면.
61 Sherwood, 앞의 책 103~05면.
62 FAF Operations Analysis Office(1951.5.21.), 앞의 글 68면.
63 "Operations Analysis Office Memorandum No. 43," 1951.5.21., 53, 67면.
64 Sherwood, 앞의 책, 31~32, 103면.
65 같은 책 30~31, 114면.
66 「퇴역 조종사 B장군과 김태우의 인터뷰」, 2011년 1월 14일 경기도 B장군 자택.
67 Testimony Results of Interviewee No. 27, Interviewee No. 36 USAF veterans; 6147 Tactical Control Squadron, Fifth Air Force, Historical Report for July 1950.(노근리사건조사반, 앞의 책 37면에서 재인용)
68 7th Fighter Bomber Squadron, "Fighter Bomber Final Mission Summary, Radiogram Charlie Mission No 12," 1950.9.20.(NARA, RG 342, Box 1-2)
69 7th Fighter Bomber Squadron, "Fighter Bomber Final Mission Summary, Radiogram Easy Mission No 6," 1950.9.23.(NARA, RG 342, Box 1-2)
70 7th Fighter Bomber Squadron, "Fighter Bomber Final Mission Summary, Radiogram Dog Mission No 4," 1950.9.24.(NARA, RG 342, Box 1-2)
71 7th Fighter Bomber Squadron, "Fighter Bomber Final Mission Summary, Radiogram Baker Mission No 2," 1950.9.23.(NARA, RG 342, Box 1-2)
72 7th Fighter Bomber Squadron, "Fighter Bomber Final Mission Summary, Radiogram Baker Mission No 11," 1950.9.20.(NARA, RG 342, Box 1-2)
73 「진격의 대오에서(1)」, 『로동신문』 1950.8.26.; 「전선은 대구를 향하여(하)」, 『로동신문』 1950.9.7.
74 「종군수첩에서(2) 대전에서」, 『로동신문』 1950.9.6.
75 FAF Operations Analysis Office(1951.5.21.), 앞의 글 37면.
76 진실·화해를위한과거사정리위원회 『2008년 하반기 조사보고서(2008.7.9~2009.1.5), 3권』, 2009, 401~04면.
77 진실·화해를위한과거사정리위원회 『2009년 하반기 조사보고서(2009.7.8~2009.12.31), 4권』, 2010, 58~64면.
78 FAF Operations Analysis Office(1951.5.21.), 앞의 글 41면.
79 같은 글 43면.
80 같은 글 41면.
81 같은 글 41면.
82 같은 글 42면.
83 같은 글 42면.

84 9th Fighter Bomber Squadron, "Fighter Bomber Final Mission Summary, Mission 9-6," 1950.7.24.(NARA, RG 342, Box 15-3)

85 9th Fighter Bomber Squadron, "Fighter Bomber Final Mission Summary, Mission 9-3," 1950.7.26.(NARA, RG 342, Box 15-3)

86 18th Fighter Bomber Wing, "Mission Strike Report, 12-7 Fighter Squadron Mission Monologue Fox No. 7," 1950.9.4.(NARA, RG 342, Box 24-4)

87 18th Fighter Bomber Wing, "Intelligence Summary Report, 12AR Call Sign Monologue Zebra," 1950.9.4.(NARA, RG 342, Box 24-4)

88 FAF Operations Analysis Office(1951.5.21.), 앞의 글 42면.

89 같은 글 43면.

90 같은 글 38면.

91 같은 글 45면.

92 39th Fighter Bomber Squadron, "Fighter Bomber Final Mission Summary, Mission 9-9," 1950.8.19.(NARA, RG 342, Box 23-1)

93 해당 문서에는 송정동(Songjongdong)의 좌표가 드러나 있지 않다. 그러나 동일 동 부대 소속 여타 편대들의 활동범위를 통해 볼 때, 문서상의 송정동은 현재의 경북 구미시 송정동이나 경남 함안군 산인면 송정리 중 하나로 추측된다.

94 7th Fighter Bomber Squadron, "Fighter Bomber Final Mission Summary, Mission 7-9," 1950.8.31.(NARA, RG 342, Box 1-1)

95 9th Fighter Bomber Squadron, "Fighter Bomber Final Mission Summary, Mission 9-8," 1950.7.25.(NARA, RG 342, Box 15-3)

96 FAF Operations Analysis Office(1951.5.21.), 앞의 글 44면.

97 같은 글 45면.

98 18th Fighter Bomber Squadron, "Intelligence Summary Report, 12-5 Call Sign Monologue Dog," 1950.9.6.(NARA, RG 342, Box 24-4)

99 18th Fighter Bomber Squadron, "Intelligence Summary Report, 12AQ Call Sign Monologue Able," 1950.9.4.(NARA, RG 342, Box 24-4)

100 9th Fighter Bomber Squadron, "Fighter Bomber Final Mission Summary, Mission 9-7," 1950.7.17.(NARA, RG 342, Box 15-3)

101 9th Fighter Bomber Squadron, "Fighter Bomber Final Mission Summary, Mission 9-2," 1950.7.20.(NARA, RG 342, Box 15-3)

102 7th Fighter Bomber Squadron, "Fighter Bomber Final Mission Summary, Mission 2," 1950.9.22.(NARA, RG 342, Box 1-2)

103 로버트 T. 올리버 『한국동란사』, 김봉호 옮김, 문교부 1959, 194면.

104 한국전쟁 초기 북한군 특수부대원들의 침투방식과 미군의 공포에 대해서는 다음의 글을 참조하시오. Robert L. Bateman, *No Gun Ri: A Military History of the Korean War Incident*, Stackpole Books, 2002, 70~75면.

105 Muccio, "Message from Muccio to Rusk," 1950.7.26.(Sahr Conway-Lanz, "Beyond No Gun Ri: Refugees and the United States Military in the Korean War," *Diplomatic History*, Vol. 29, No. 1, January 2005, 59면에서 재인용.)

106 노근리사건조사반(2001), 앞의 책 3면.

107 "Policy on Strafing Civilian Refugees," 1950.7.25.(최상훈·찰스 핸리·마사 멘도자, 앞의 책 360면)

108 노근리사건조사반, 앞의 책 ix면.

109 Futrell, 앞의 책 78면.

110 딘 E 헤스, 앞의 책 206면.

111 35th Fighter Bomber Squadron, "Mission Report No. 35-1," 1950.7.20. (http://www.henryholt.com/nogunri/document15.htm)

112 35th Fighter Bomber Squadron, "Mission Report No. 35-4," 1950.7.20. (http://www.henryholt.com/nogunri/document15.htm)

113 9th Fighter Bomber Squadron, "Fighter Bomber Final Mission Summary, Mission No. 9-10," 1950.7.24.(NARA, RG 342, Box 15-3)

114 "편대는 함창 서면 약 20마일 지점의 작은 촌락과 대로에 기총소사를 가했다. 피해양상을 볼 수는 없었다. 이후 편대는 대로 남면 언덕 위에 흰색 셔츠를 입은 사람들에게 기총소사를 가해 그들을 흩어지게 하고 그 규모를 알 수 없는 많은 희생자를 발생시켰다. 편대는 오후 3시 50분에 해당 지역에서 떠났다."(9th Fighter Bomber Squadron, "Fighter Bomber Final Mission Summary, Mission 9-7" 1950.7.27.[NARA, RG 342, Box 15-3])

115 12th Fighter Bomber Squadron, "Intelligence Summary Report, 12-W Call Sign Monologue Baker," 1950.9.4.(NARA, RG 342, Box 24-4)

116 12th Fighter Bomber Squadron, "Mission Strike Report, 12-8 Fighter Squadron Mission Monologue George No. 8," 1950.9.4.(NARA, RG 342, Box 24-4)

117 진실·화해를위한과거사정리위원회『2009년 상반기 조사보고서(2009.1.6.~2009.7.7.) 4권』, 2009, 369면.

118 같은 책 314~15면.

119 같은 책 337~38면.

120 진실·화해를위한과거사정리위원회『2008년 하반기 조사보고서(2008.7.9.~2009.1.5.) 2권』, 2009, 891면.

121 같은 책 948~51면.
122 FEAF Combat Operations Division(1950), 앞의 글 43면.
123 "천안지역의 위협을 '중대하고 매우 위험한'(critical and extremely dangerous) 상황이라고 묘사한 극동군 최고사령관의 요구에 따라, 계획된 중폭기의 교량폭격이 취소되고, 대신 천안지역의 북한군 무기와 기계장비가 집중된 곳에 공격이 시행되었다."(FEAF Combat Operations Division[1950], 앞의 글 44면)
124 FEAF Combat Operations Division(1950), 같은 글 44~46면.
125 FEAF Combat Operations Division(1950), 같은 글 51면.
126 "목표 우선순위: (1) 근접지원, (2) 비행장과 그곳에 있는 비행기, (3) 주요 교량의 파괴를 통한 전장의 고립, (4) 적 통신시설의 파괴 (a) 38선 북면의 주요 교량, (b) 조차장, (c) 항구, (5) 정유소, 원유 저장고의 파괴, (6) 발전소와 산업시설 목표에 대한 파괴."(FEAF Combat Operations Division[1950], 앞의 글 56면)
127 Futrell(1961), 앞의 책 133면.
128 Stratemeyer, "Diary," 1950.8.14., In Y'Blood ed., 앞의 책 111면.
129 FEAF "Mass Strike on Korean Division," 1950.(NARA, NASM 4A 38419)
130 진실·화해를위한과거사정리위원회『2010년 상반기 조사보고서(2010.1.1.~2010.6. 30.) 8권』, 2010, 178면.
131 "Post Strike Photo of the Korean Battle Area West of the Naktong River."(NARA, NASM 4A 38421)
132 백선엽『길고 긴 여름날 1950년 6월 25일』, 지구촌 1999, 70면.
133 USAF Historical Division(1952), 앞의 글 47면.
134 "오도넬 발송: 8월 16일에 있었던 공격평가 질문에 대한 답변입니다. 나는 그 지역에 약 2시간 반 동안 머물며 아군 대공포화 이외에는 어떤 움직임도 보지를 못했습니다. 비행기 역시 1대도 보지 못했습니다. 비행단이 넓게 배치되어 있어 집중적인 폭격은 불가능할 것으로 생각했고, 폭격을 하더라도 심리적인 효과 외에 실질적인 효과는 없었을 것으로 생각됩니다. 물론 정확하게 파괴된 목표도 있었을 것입니다. 이런 유형의 폭격에서 가장 좋은 방법은 1세제곱마일당 300톤을 투하하는 것입니다. 우리의 군사력을 생각해볼 때 3세제곱마일의 구역이 가장 적절했을 것입니다. 목표구역이 작거나 상황이 매우 급박하다고 생각되는 경우가 아니면 이런 유형의 임무에 반대하시길 바랍니다. 물론 폭탄소비의 측면에서도 지나치게 낭비적입니다. 요꼬따에 있는 500파운드 폭탄들이 거의 다 소모되어가고 있습니다."(Stratemeyer, "Diary," 1950.8.18., In Y'Blood ed., 앞의 책 117면)
135 USAF Historical Division(1952), 앞의 글 47면.
136 Stratemeyer, "Diary," 1950.8.19., In Y'Blood ed., 앞의 책 120면.

137 백선엽, 앞의 책 69~70면.
138 「전선은 대구를 향하여(하)」,『로동신문』1950.9.7.
139 진실·화해를위한과거사정리위원회,『2010년 상반기 조사보고서(2010.1.1.~2010.6. 30.) 8권』, 2010, 178면.
140 같은 책, 179면.
141 같은 책, 180면.
142 "Letter from Gen. Stratemeyer to Gen. O'Donnell," 1950.9.3.
143 FEAF Combat Operations Division(1950), 앞의 글 141면.
144 같은 글 143면.
145 같은 글 175면.
146 같은 글 55면.
147 USAF Historical Division(1952), 앞의 글 37면.
148 목표선정위원회는 히키, 윌로비, 웨일랜드, 그리고 해군 임명자 등으로 구성되었다.(Stratemeyer, "Diary," 1950.7.21., In Y'Blood ed., 앞의 책 80면)
149 "USAF Historical Study No. 71," 1952.7.1., 37면.
150 FEAF Combat Operations Division(1950), 앞의 글 69면.
151 Stratemeyer, "Message AX-1861, CG FEAF to USAF," 1950.7.1.(Futrell[1961], 앞의 책 81면에서 재인용-)
152 FEAF Combat Operations Division(1950), 앞의 글 24면.
153 같은 글 26면.
154 같은 글 39면.
155 김동춘『전쟁과 사회』, 돌베개, 2000, 90~91면.
156 최상훈·찰스 핸리·마사 멘도자, 앞의 책 23면.
157 Crabb, "FEAF AG No. 5808, Letter from General Crabb to General O'Donnell" (1950.7.12.); FEAF Combat Operations Division(1950), 앞의 글 48면.
158 Stratemeyer, "Diary," 1950.7.15., In Y'Blood ed., 앞의 책 75면.
159 FEAF Combat Operations Division(1950), 앞의 글 53면.
160 Stratemeyer, "Diary," 1950.7.17., In Y'Blood ed., 앞의 책 77면.
161 FEAF Operations Analysis Office, 1951.3.22.
162 FEAF Bomber's Command, "Operations Order 5-50, Seoul, Ryuzan RR Shops and M/Y," 1950.7.16.
163 「서울만들기 2: 잿더미 서울」,『중앙일보』2003.9.2.
164 손정목『한국 도시 60년의 이야기』1, 한울 2005, 56~59면.
165 FEAF Bomber's Command, 1950.7.16.

166 FEAF Operations Analysis Office, 1950.7.24.
167 김성칠『역사 앞에서: 한 사학자의 6·25 일기』, 창작과비평사 1993, 108면.
168 이신철「월남인 마을 '해방촌'(용산2가동) 연구: 공동체의 성격을 중심으로」,『서울학연구』14권, 2000.
169 FEAF Combat Operations Division(1950), 앞의 글 87, 89, 117, 119, 126면.
170 FEAF Bomber's Command, "Operations Order 55-50, Seoul, Marshalling Yards," 1950.8.22.
171 公報處 統計局「附錄 臨時人口 및 被害調査結果明細(檀紀四二八三年十月二十五日現在)」,『서울特別市 被害者名簿』, 1950, 3~4면.
172 FEAF Combat Operations Division(1950), 앞의 글 70면.
173 같은 글 73면.
174 같은 글 167면.
175 Tucker ed.(2000), 앞의 책(Vol. I) 25면.
176 "Paramunitions in the Korean War," In Stewart ed., 앞의 책 99~101면.
177 "Air Force Activities, Korea, 1950, Bombing, Korea."(NARA, NASM 4A 39318)
178 Tucker ed.(2000), 앞의 책(Vol. I) 25면.
179 Stratemeyer, "Diary," 1950.7.11., In Y'Blood ed., 앞의 책 66면.
180 USAF Historical Division(1952), 앞의 글 39~40면.
181 USAF Historical Division(1952), 앞의 글 40면.
182 Craigie, "Memorandum from L. C. Craigie, Vice Commander, Administration & Plans, USAF to CG FEAF," 1950.8.28.(NARA, RG 342, Box 5AF-8-8)
183 8th Fighter Bomber Squadron, "Fighter Bomber Final Mission Summary, Mission 8-3, 8-5, 8-7, 8-8, 8-9," 1950.8.1.(NARA, RG 342, Box 9-3)
184 교통부 교통사편찬위원회『한국교통동란기』, 1953, 145~46면.
185 FEAF, "Air Force Activities, Korea, 1950, Bombing."(NARA, NASM 4A 38779)
186 국방부『한국전쟁사 2, 지연작전기(1950.7.5.~1950.7.31.)』, 1979, 146~47면.
187 大韓民國 國防部 政訓局 戰史編纂會『韓國戰亂 一年誌』, 1951, B22면.
188 8th Fighter Bomber Squadron, "Fighter Bomber Final Mission Summary, Mission 8-3," 1950.7.29.(NARA, RG 342, Box 9-3)
189 9th Fighter Bomber Squadron, "Fighter Bomber Final Mission Summary, Mission 9-8," 1950.7.30.(NARA, RG 342, Box 15-3)
190 8th Fighter Bomber Squadron, "Fighter Bomber Final Mission Summary, Mission 8-5," 1950.7.31.(NARA, RG 342, Box 9-3)
191 8th Fighter Bomber Squadron, "Fighter Bomber Final Mission Summary, Mission

8-4," 1950.7.31.(NARA, RG 342, Box 9-3)
192 9th Fighter Bomber Squadron, "Fighter Bomber Final Mission Summary, Mission 9-3," 1950.7.30.(NARA, RG 342, Box 15-3)
193 자료상에는 'kyoryong'으로 표기되어 있기 때문에 '교령' 또는 '교룡'으로 읽힐 수 있으나, 좌표상으로 현재의 순천시 교량동이 확실해 보인다.
194 9th Fighter Bomber Squadron, "Fighter Bomber Final Mission Summary, Mission 9-5," 1950.7.31.(NARA, RG 342, Box 15-3)
195 자료상에는 "chun song ni"로 표기되어 있어 '천송리', '춘송리' 등으로 읽힐 수 있으나, 좌표상 현재의 전북 장수군 장계면 송천리가 확실하다.
196 9th Fighter Bomber Squadron, "Fighter Bomber Final Mission Summary, Mission 9-3," 1950.7.31.(NARA, RG 342, Box 15-3)
197 8th Fighter Bomber Squadron, "Fighter Bomber Final Mission Summary, Mission 8-12," 1950.8.1.(NARA, RG 342, Box 9-3)
198 9th Fighter Bomber Squadron, "Fighter Bomber Final Mission Summary, Mission 9-7," 1950.7.27.(NARA, RG 342, Box 15-3)
199 8th Fighter Bomber Squadron, "Fighter Bomber Final Mission Summary, Mission 8-4," 1950.8.1.(NARA, RG 342, Box 9-3)
200 진실·화해를위한과거사정리위원회『2008년 상반기 조사보고서(2008.1.1.~2008.7.8) 2권』, 2008, 21~22면.
201 앞의 책 25면.

제4부 초토화정책

* "Substance of Statements Made at Wake Island Conference on 15 October 1950," 1950.10.15., In State Department ed., 앞의 책 953면.

1 국방군사연구소『한국전쟁 중』, 1996, 99~100면.
2 "Substance of Statements Made at Wake Island Conference on 15 October 1950," In State Department ed., 앞의 책 125~26면.
3 "Memorandum of Conversation, by the Ambassador in Korea(Muccio)," 1950.11.17., In State Department, 앞의 책 1175면.
4 O'Donnell, "Letter to LeMay," 1950.7.11.(Crane[2000], 32면에서 재인용)
5 USAF Historical Division(1952), 앞의 글 84면.

6 Crane(2000), 32면.

7 Thomas Coffey, *Iron Eagle: The Turbulent Life of General Curtis LeMay*, New York: Crown 1986, 306면; Warren Kozak, *LeMay: The Life and Wars of General Curtis LeMay*, Washington D.C.: Regnery Publishers 2009, 307면.

8 Y'Blood ed., 앞의 책 1~9면; Spencer C. Tucker ed., *Encyclopedia of the Korean War: A Political, Social and Military History*, Vol. II, Santa Barbara, ABC-Clio 2000, 619~21면.

9 루스벨트 대통령은 스트레이트마이어의 계획을 마테호른(Matterhorn)이라는 작전 명으로 승인해주었다. Tucker ed.(2000), 앞의 책(Vol. II) 620면.

10 스벤 린드크비스트, 앞의 책 226~27면.

11 Stockholm International Peace Research Institute, *Incendiary Weapons*, Stockholm: Almqzist & Wiksell International 1975, 91~95면.

12 M-69는 네이팜으로 가득 찬 파이프 모양의 신종폭탄이었다. M-69는 지상 낙하 후 처음 5초간은 그저 평범한 파이프처럼 그대로 있다가 일시에 폭발하며 무명주머니 속의 네이팜을 사방으로 흩뿌렸다. 장애물만 없으면 네이팜을 반경 90미터까지 날려 보낼 수 있었다. 구식 소이탄은 폭탄 추락지점만을 태웠지만, M-69는 수백군데에 동 시에 불을 붙일 수 있었다. 따라서 M-69는 2차대전 당시 토오꾜오처럼 조밀한 목조 건물지역에서 굉장한 위력을 발휘할 수 있었다.(제임스 브래들리, 앞의 책 292면)

13 Stratemeyer, "Diary," 1950.8.27., In Y'Blood ed., 앞의 책 141면.

14 FEAF Combat Operations Division(1950), 앞의 글 24면.

15 같은 글 26면.

16 같은 글 38면.

17 같은 글 39면.

18 같은 글 41면.

19 Stratemeyer, "Diary," 1950.7.8., In Y'Blood ed., 앞의 책 59면.

20 FEAF, "Air Force Activities, Korea, 1951, Bombing," 1951.(NARA, NASM 4A 38620)

21 F-80에 폭탄을 탑재할 수 없는 문제는 한국전쟁 내내 중요한 문제점으로 제기되었 다. 이에 따라 일선의 전투부대들뿐만 아니라 극동공군의 작전분석반도 F-80에 폭 탄을 탑재하는 다양한 실험들을 지속적으로 진행했다. 예컨대 1951년 1월 25일부터 4월 14일까지 제5공군 작전분석실은 F-80기종이 모스키토의 지시가 아닌 우연히 발 견한 목표물을 공격할 때의 가장 효율적인 공격방법으로, 새롭게 부착된 폭탄부착 장치(bomb rack)에는 네이팜탄을, 로켓레일(rocket rail)에는 파괴폭탄을 달고, 50구 경 기관총을 함께 싣는 것이 임무의 효율성을 25퍼센트까지 상승시킨다고 결론지었 다.(FAF Operations Analysis Office, "Report of Operations Analysis Activities, Completed Studies and Organization for August 1951," 1951.9.1.)

22 극동공군은 공군물자사령부(Air Material Command)에 F-80에 활용 가능한 500개의 가벼운 신형 네이팜 컨테이너를 요구했다.(FEAF Combat Operations Division[1950], 앞의 글 66면)
23 USAF Historical Division, "USAF Historical Study No. 71," 1952.7.1., 57면.
24 Stratemeyer, "Telegram to Vandenberg," 1950.9.18., In Y'Blood, ed., 앞의 책 198면.
25 USAF Historical Division(1952), 앞의 글 68면.
26 FEAF Combat Operations Division(1950), 앞의 글 109면.
27 같은 글 149면.
28 같은 글 157면.
29 같은 글 162면.
30 FEAF Operations Analysis Office, "FEAF Operations Analysis Office Memorandum No. 24: Preliminary Report on the Rocket and Napalm, Tests Held at the K-2 Range, 30 September-6 October 1950," 1950.10.7.
31 FEAF Operations Analysis Office, "FEAF Operations Analysis Office Memorandum No. 27," 1950.10.30., 5면
32 Stratemeyer, "Diary," 1950.10.19., In Y'Blood ed., 앞의 책 241~42면.
33 Stratemeyer, "Diary," 1950.10.20., In Y'Blood ed., 앞의 책 243~44면.
34 같은 글, 244면.
35 USAF Historical Division(1952), 앞의 글 94면.
36 세르게이 곤차로프 외 『흔들리는 동맹』, 성균관대 한국현대사 연구반 옮김, 일조각 2011, 339~41면.
37 국방군사연구소, 앞의 책 88~90면.
38 같은 책 93~94면; 홍학지 『중국이 본 한국전쟁』, 홍인표 옮김, 한국학술정보 2008, 79~80면.
39 국방군사연구소, 앞의 책 98~100면; 홍학지, 앞의 책 105면.
40 백선엽 『군과 나』, 대륙출판사 1989, 127면.
41 데이비드 핼버스탬 『콜디스트 윈터』, 정윤미·이은진 옮김, 살림 2009, 70면.
42 국방군사연구소, 앞의 책 109~17면.
43 홍학지, 앞의 책 111~14면.
44 Stratemeyer, "Diary," 1950.11.5., In Y'Blood ed., 258~59면.
45 Stratemeyer, "Diary," 1950.10.18., In Y'Blood ed., 237면.
46 Stratemeyer, "Diary," 1950.9.27., In Y'Blood ed., 208면.
47 "Message from JCS to CINCFE," 1950.9.26., In Futrell(1961), 앞의 책 184면.
48 Stratemeyer, "Diary," 1950.11.3., In Y'Blood ed., 앞의 책 254면.

49 Stratemeyer, "Message to Partridge and O'Donnell," 1950.11.5., In Y'Blood ed., 앞의 책 260~61면.
50 Stratemeyer, "Diary," 1950.11.7., In Y'Blood ed., 앞의 책 263면.
51 MacArthur, "Message to JCS (C-68396)," 1950.11.7., In Y'Blood ed., 앞의 책 264면.
52 MacArthur, "Message to JCS (CX 68436)," 1950.11.7., In Y'Blood ed., 앞의 책 266면.
53 JCS, "Message to MacArthur (JCS 95949)," 1950.11.7., In Y'Blood ed., 앞의 책 267면.
54 Headquarters U.S. Air Force, "Air Situation in Korea," 1950.10.24~1950.11.3.(NARA, RG 341, Series: Deputy Chief of Staff, Operations Director of Intelligence, Deputy Director for Estimate Topical Intelligence Division, Current Intelligence Branch Korean Daily Reports, Apr. 1951-July 1953, 이하 소장처 생략)
55 Stratemeyer, "Diary," 1950.11.3., In Y'Blood ed., 앞의 책 254면.
56 Headquarters U.S. Air Force, "Air Situation in Korea," 1950.11.4.
57 같은 글 1950.11.5.
58 FEAF, "Air Force Activities, Korea, 1950, Bombing, Kanggye," 1950.11.5.(NARA, NASM 4A 39788)
59 Stratemeyer, "Message to Vandenberg," 1950.11.5., In Y'Blood ed., 앞의 책 259면.
60 JCS, "Message to MacArthur (JCS 95949)," 1950.11.7., In Y'Blood ed., 앞의 책 267면.
61 Headquarters U.S. Air Force, "Air Situation in Korea," 1950.11., 8~9면.
62 USAF Historical Division, "USAF Historical Study No. 72: United States Air Force Operations in the Korean Conflict, 1 November 1950-30 June 1952," 1955.7.1., 20면.
63 FEAF, "Air Force Activities, Korea, 1950, Bombing, Sinuiju," 1950.11.8.(NARA, NASM 4A 39091)
64 조선중앙통신사, 앞의 책 201면.
65 O'Donnell, "Message to Stratemeyer," 1950.11.8., In Y'Blood ed., 앞의 책 269면.
66 극동공군사령관은 11월 6일의 작전명령에서 다음과 같이 언급했다. "현재의 전술적 상황의 관점에서 제군들(제5공군)은 만주-한반도 국경지역 작전수행을 재가받았다. 이 국경은 어떤 상황하에서도 침범되어서는 안 된다. 모든 조종사들은 국경침범에 대한 책임을 지며, 통제조직이 이에 책임지지 않는다는 사실에 대해 브리핑 받을 것이다. 브리핑은 매우 상세히 진행될 것이고, 국경침범의 중대성에 대해 강조할 것이다. 한반도-만주 인근지역 공군작전은 육안공격의 조건에서만 진행될 것이다." (Headquarters U.S. Air Force, "Air Situation in Korea," 1950.11.7.)
67 *New York Times*, 1950.11.9., In Stockholm International Peace Research Institute, 앞의 책 46면.
68 1922년 헤이그법률가위원회는 「空戰에 관한 규칙」을 국제사회에 제안했다. 현재 국

제법학자들은 「空戰에 관한 規則」을 관습법으로 인정한다. 공전규칙에는 '폭격으로부터 보호되는 건물'에 대한 조문 제25조가 있다. 해당 조문의 내용에 따르면, 커다란 십자가로 보호된 역사사적과 병원은 폭격으로부터 보호되어야 할 대상이었다.(「空戰에 관한 規則(案)」(1922.12.11.), 『국제조약집』, 연세대학교출판부 1986, 913면)

69 Women's International Commission for the Investigation of War Atrocities Committed in Korea, "Report of the Women's International Commission for the Investigation of Atrocities Committed by U.S.A. and Syngman Rhee Troops in Korea," 1951.7., 8~9면.(『한국전쟁 자료총서 59: The US Department of State Relating to the Internal Affairs of Korea』: 미 국무부 한국국내상황관련 문서, XXI』, 국방부 군사편찬연구소 2001, 359면)

70 USAF Historical Division(1955), 앞의 책 21면.

71 Stratemeyer, "Diary," 1950.9.25., In Y'Blood ed., 앞의 책 205면.

72 Stratemeyer, "Diary," 1950.9.29., In Y'Blood ed., 앞의 책 211면.

73 박헌영 「유엔총회의장과 유엔 안전보장리사회 의장에게 보내는 서한」, 1950.12.7., 『조선중앙연감 1951~1952』, 1952, 104면.

74 Tactical Air Command, "An Evaluation of the Effectiveness of the United States Air Force in the Korean Campaign," Vol. V, 1951.3.12., 38면.(NARA, RG 341, Series: Air Force Plans Decimal File, 1942-1954, Korea)

75 Stockholm International Peace Research Institute, 앞의 책 91~98면.

76 Women's International Commission for the Investigation of War Atrocities Committed in Korea, 앞의 글 40~41면.

77 Stratemeyer, "Diary," 1950.12.19-20., In Y'Blood ed., 앞의 책 355면.

78 Headquarters U.S. Air Force, "Air Situation in Korea," 1950.12., 28~30면.

79 Women's International Commission for the Investigation of War Atrocities Committed in Korea, 앞의 글 10면.

80 「소련군 총참모부 작전총국의 보고서, 1950년 6월 25일~1952년 12월 31일 조선에서 미 공군의 전투행동에 대해서」, 1953.1.27.(국사편찬위원회 엮음, 앞의 책 665면)

81 Women's International Commission for the Investigation of War Atrocities Committed in Korea, 앞의 책 43면.

82 1950년 8월 27일 미 극동공군은 한강교량 부근 일대에 시한폭탄을 투하하도록 명령했다. 이는 북한군의 한강교량 복구사업을 방해함과 동시에, 한강도하를 위해 활용하고 있던 부교의 건설을 막기 위한 명령이었다.(USAF Historical Division[1955], 앞의 글 45면)

83 Headquarters U.S. Air Force, "Air Situation in Korea," 1950.11., 8~9면.

84 *New York Times*, 1950.11.9.(Stockholm International Peace Research Institute, 앞의 책 46면에서 재인용)

85 Headquarters U.S. Air Force, "Air Situation in Korea," 1950.11.5.

86 미공군은 북한 대도시 폭격뿐만 아니라, 여타 주요 목표물 폭격에서도 B-29기 대량폭격 이전에 전폭기 사전폭격을 수행했다. 소련은 미공군의 북한비행장 폭격양상에 대해 다음과 같이 분석했다. "폭격기가 도착하기 10분 전에 분사식전투기들이 등장해 비행장에 기총소사를 수행하는 것은 비행장 공습에서 발견되는 미군기의 행동특성이다. 그리고 그후에야 폭격기의 폭격이 시작되었다."(「소련군 총참모부 작전총국의 보고서, 1950년 6월 25일~1952년 12월 31일 미 공군의 전투행동에 대해서」, 1953.1.27.[국사편찬위원회 엮음, 앞의 책 665면])

87 홍학지, 앞의 책 70~71, 82~83, 159면.

88 FEAF Combat Operations Division(1950), 앞의 글 162면.

89 Headquarters U.S. Air Force, "Air Situation in Korea," 1950.11.9.

90 같은 글 1950.11.10.

91 같은 글 1950.11.12.

92 같은 글 1950.11.14.

93 같은 글 1950.11.15.

94 "Memorandum of Conversation, by the Ambassador in Korea(Muccio)," 1950.11.17., In State Department, 앞의 책 1175면.

95 Bruce Cumings, *North Korea, Another Country*, New York: The New Press 2004, 96면.

96 김일성「조선민주주의인민공화국 내각결정 제175호: 전재민 구호대책에 관한 결정서」, 1950.11.20.(조선중앙통신사, 앞의 책 123면)

97 김일성「조선민주주의인민공화국 내각결정 제197호: 조국해방전쟁 시기에 있어서 인민생활 안정을 위한 제대책에 관한 결정서」, 1951.1.25.(조선중앙통신사, 앞의 책 125~26면)

98 김일성「조선민주주의인민공화국 군사위원회 명령 제132호: 방공대책 강화에 대하여」, 1951.3.29.

99 조선중앙통신사, 앞의 책 203면.

100 Women's International Commission for the Investigation of War Atrocities Committed in Korea, 앞의 글 5면; 조선중앙통신사, 앞의 책 296면.

101 Women's International Commission for the Investigation of War Atrocities Committed in Korea, 앞의 글 8~10면.

102 같은 글 10면.

103 같은 글 12~13면.

104 같은 글 13~14면.
105 같은 글 43면.
106 같은 글 43면.
107 김동춘, 앞의 책 106~08면. 물론 김동춘은, 2008년 저자의 박사학위논문을 통해 학계와 한국사회에 널리 알려진 맥아더의 '초토화작전' 개념을 자신의 분석대상에 포함시키며 이와 같은 주장을 편 것은 아니었다. 그러나 이 책을 통해 구체적으로 제시된 1950년 11월 이후 북한의 모든 도시와 농촌을 향한 초토화작전의 진행양상을 고려할 때, 김동춘의 주장은 많은 부분 신빙성을 지닌 것으로 재평가할 만하다.
108 김귀옥 『월남민의 생활 경험과 정체성: 밑으로부터의 월남민 연구』, 서울대학교출판부 1999, 247~49면.
109 "Editorial Note," 1950.11.30., In State Department ed., 앞의 책 1261~62면.
110 Stratemeyer, "Diary," 1950.12.1., In Y'Blood ed., 앞의 책 321면.
111 Cumings(2002), 앞의 책 750면.
112 Stratemeyer, "Message to Partridge and O'Donnell," 1950.11.5., In Y'Blood ed., 앞의 책 260면.
113 비록 도진순의 산성동 폭격 연구논문이 주로 1951년 지상군 자료 검토를 통해, 초토화작전의 기원과 주체를 1950년 11월 맥아더나 극동공군이 아닌 1951년 시점의 지상군 사령관들로 보는 오류에 가까운 주장을 개진했고, 진실화해위원회 보고서 또한 소규모의 전술항공작전에 불과한 남한지역 폭격을 2차대전기 영국공군의 '지역폭격'과 동일시하는 명백한 오류를 범하긴 했지만, 논문과 보고서에 담긴 여러 발굴자료와 증언은 남한지역 초토화작전을 이해하는 데 매우 중요한 단서들을 제공한다. 도진순 「1951년 1월 산성동 폭격과 미 10군단의 조직적 파괴 정책」, 『역사비평』 72호, 2005; 진실·화해를위한과거사정리위원회 「예천 산성동 미군폭격 사건」, 『2007년 하반기 조사보고서』, 2008; 「단양 곡계굴 미군폭격 사건」, 『2008년 상반기 조사보고서』 2권, 2008; 「경기지역 미군폭격사건」, 『2008년 하반기 조사보고서』 2권, 2009; 「단양지역 미군관련 희생사건」, 『2010년 상반기 조사보고서』 6권, 2010; 「김천·단양지역 미군폭격 사건」, 『2010년 상반기 조사보고서』 7권, 2010; 「예천 진평리 미군폭격 사건」, 『2010년 상반기 조사보고서』 8권, 2010; 「강원지역 미군폭격 사건」, 『2010년 상반기 조사보고서』 8권, 2010.
114 Almond, "Message to Ridgway," 1951.1.16.(도진순, 앞의 글 107면에서 재인용)
115 Almond, "Message to Ridgway," 1951.1.25.(도진순, 앞의 글 108면에서 재인용)
116 진실·화해를위한과거사정리위원회 「예천 진평리 미군폭격 사건」, 『2010년 상반기 조사보고서』 8권, 2010, 664면.
117 진실·화해를위한과거사정리위원회 「단양지역 미군관련 희생사건」, 『2010년 상반

기 조사보고서』 6권, 2010, 845면.
118 같은 글 880면.
119 같은 글 880~900면.
120 Barr, "Message to Almond," 1951.1.18.(도진순[2005] 108면에서 재인용)
121 Women's International Commission for the Investigation of War Atrocities Committed in Korea, 1951, 13면.
122 『로동신문』 1951.2.15.; 같은 신문 1951.3.24.
123 진실·화해를위한과거사정리위원회 「예천 산성동 미군폭격 사건」, 『2007년 하반기 조사보고서』, 2008, 373면; 진실·화해를위한과거사정리위원회, 「예천 진평리 미군폭격 사건」, 『2010년 상반기 조사보고서』 8권, 2010, 680면.
124 진실·화해를위한과거사정리위원회 「예천 산성동 미군폭격 사건」, 『2007년 하반기 조사보고서』, 2008, 350~51면.
125 New York Times 1951.2.9.
126 진실·화해를위한과거사정리위원회 「예천 진평리 미군폭격 사건」, 『2010년 상반기 조사보고서』 8권, 2010, 659면.
127 진실·화해를위한과거사정리위원회 「예천 산성동 미군폭격 사건」, 『2007년 하반기 조사보고서』, 2008, 321면.

제5부 협상하며 죽이기

* William Dean, *General Dean's Story*, New York: Viking Press 1954, 272~75면.

1 국방부 전사편찬위원회 『한국전쟁: 미국합동참모본부사 下』, 국방부 전사편찬위원회 1991, 119면.
2 홍학지 『중국군의 한국전쟁사 3』, 국방부 군사편찬연구소 옮김, 국방부 군사편찬연구소 2005, 76면.
3 국방부 전사편찬위원회(1991), 앞의 책 26~27면.
4 전투계속원칙의 합의과정에 대해서는 다음의 글을 참조하시오. 김보영 「한국전쟁 휴전회담 연구」, 한양대학교 박사학위논문 2008, 31~33면.
5 "History of Fifth Air Force, Jan.-June 1951," I, 2~5면. In Futrell(1961), 앞의 책 351면.
6 Weyland, "Requirements for Increased Combat Effectiveness," 1951.6.10. In Futrell(1961), 앞의 책 400면.
7 미국에서 출판된 대부분의 논저들은 1951년 6월부터 52년 6월에 이르는 1년여의 시

기를 철도차단작전 시기로 단정한다. 그러나 이 책은 이 시기를 단순히 철도차단작전 시기로 보지 않는다. 미공군은 이 1년여 동안에도 주야에 걸쳐 북한 도시와 촌락을 지속적으로 공격했기 때문이다. 철도차단작전(1951.6.~1952.6.)에 대한 기존의 주요 논저로는 다음과 같은 것들이 있다. Futrell, 1961, Ch. 14 "Ten Months of Comprehensive Railway Interdiction"; Central Intelligence Agency, "Historical Notes on the Use of Air Power as a Weapon of Interdiction," 1966; Office of Air Force History, "Air Interdiction in World War II, Korea, and Vietnam: An Interview with General Earle E. Partridge, General Jacob E. Smart, and General John W. Vogt, Jr," 1986; Eduard Mark, *Aerial Interdiction in Three Wars*, Washington D.C.: Center for Air Force History 1994.

8 서보혁 「북한의 산업화와 철도 근대화 정책」, 조진구 엮음, 『동아시아 철도네트워크의 역사와 정치경제학 I: 근대화와 제국주의의 명암』, 리북 2008, 437면.

9 박종철 「한반도 철도부설과 제국주의의 경쟁과 음모」, 조진구 엮음, 앞의 책 298~301면.

10 김일성 「전시수송을 성과적으로 보장하자」, 『김일성 저작집 7』, 조선로동당출판사 1980, 98면.

11 『로동신문』 1950.8.5.

12 정일룡 「산업성 지시 제284호: 전시 철도화물 수송 보장에 관하여」, 1950.8.17.(국사편찬위원회 엮음 『북한관계사료집 8』, 국사편찬위원회 1982)

13 서보혁(2008), 앞의 글 442면.

14 G-2 Eighth Army and A-2 FAF, "Supply and Transport, CCF and NKPA," 1951.9.23., In Futrell(1961), 405면.

15 철도차단을 위한 극동공군의 폭격기술 개발 시도를 보여주는 문서로는 다음과 같은 것들이 있다. FAF Operations Analysis Office, "Operations Analysis Office Memorandum, Incidence of Targets in Close Support and Interdiction Attacks," 1951.5.21. (AFHRA Roll No. 33468); Deputy for Intelligence, Fifth Air Force, "Fifth Air Force Intelligence Summary, Vol. 2: Effect of UN Rail Interdiction on North Korean Conscripted Labor," 1952.2.5., 45~48면.(AFHRA Roll No. 49580)

16 김일성 「조국해방전쟁의 승리를 위한 각 정당들의 과업」, 『김일성 저작집 7』, 조선로동당출판사 1980, 22면.

17 FEAF, "Air Force Activities, Korea, 1951, Bombing," 1951.(NARA, NASM 4A, 38544)

18 FEAF, "Air Force Activities, Korea, 1952, Bombing," 1952.(NARA, NASM 4A, 38599)

19 Deputy for Intelligence, Fifth Air Force, "Fifth Air Force Intelligence Summary," 1952.1.12., 22~23면.

20 양진삼 「전쟁기 중국지도부와 북한지도부 사이의 모순과 갈등」, 『한국전쟁사의 새로운 연구 2』, 국방부 군사편찬연구소 2002, 604~12면.
21 앞의 글 612면.
22 박진홍 『돌아온 패자』, 역사비평사 2001, 105면.
23 FEAF, "FEAF Weekly Intelligence Roundup No. 45," 1951.7.15., 8~9면.
24 FEAF, "FEAF Weekly Intelligence Roundup No. 46," 1951.7.22., 11~12면.
25 FEAF, "FEAF Weekly Intelligence Roundup No. 48," 1951.8.5., 9~10면.
26 FEAF Bomber's Command, "Interdiction: Day and Night, Mission No. 470, Operation Order No. 215-51," 1951.7.8., 3~4면.
27 같은 글 5~9면.
28 Headquarters U.S. Air Force, "Summary of the Air Situation in Korea," 1951.9.6.
29 Directorate of Intelligence, USAF, "Daily Korean Resume," 1952.1.8.
30 같은 글 1952.1.9.
31 같은 글 1952.1.2.
32 같은 글 1952.1.4.
33 같은 글 1952.1.10.
34 같은 글 1952.1.12.
35 같은 글 1952.1.15.
36 같은 글 1952.1.19.
37 USAF Historical Division(1955), 앞의 글 181면.
38 "History of FEAF BomCom, July-Dec. 1951," 13~14면, In Futrell(1961), 앞의 책 380면.
39 쇼란은 1개의 비행기 송수신기와 2개의 지상 비콘(beacon)으로 구성된 정밀항법장치다. 비행기 송수신기는 지상의 고정된 비콘에 신호를 보낸 후, 신호가 돌아오는 시간을 계산하여 삼각측량법으로 자신의 위치를 알아낸다. B-29기는 비콘상의 아크를 따라 비행하다가 목표물 상공에 위치하면 폭격임무를 수행했다.(Conrad C. Crane, "Raiding the Beggar's Pantry: The Search for Airpower Strategy in the Korean War," *The Journal of Military History*, Vol. 63, No. 4, 1999.10., 909면)
40 「1952년 1월 23일 포로가 된 미 제20공군 제19폭격대 제93폭격비행중대 소속 전파탐지관측비행기 B-29 조종사 대위 해롤드 드리티스라프 큐비섹에 대한 심문자료에서」, 1952.2.25.(국사편찬위원회 엮음, 앞의 책 662면)
41 "USAF Historical Study No. 72," 1955.7.1., 180면.
42 Fifth Air Force Operations Analysis Office, "Analysis of Shoran Bombing Operations by B-29 Aircraft in Korea," 1951.1.27., 3면.(AFHRA, Roll No. 33721)

43 같은 글 4면.
44 「1952년 1월 23일 포로가 된 미 제20공군 제19폭격대 제93폭격비행중대 소속 전파탐지관측비행기 B-29 조종사 대위 해롤드 드리티스라프 큐비섹에 대한 심문자료에서」, 1952.2.25.(국사편찬위원회 엮음, 앞의 책 663면)
45 FAF Operations Analysis Office(1951.1.27.), 앞의 글 5면.
46 FEAF Bomber Command, "FEAF Bomber Command History, 1 January 1953-27 July 1953," 1953, 23면.
47 USAF Historical Division(1955), 앞의 글 173면.
48 같은 글 141면.
49 Weyland, "Message from CG FEAF to CG FAF," 1951.7.13., In Futrell(1961), 앞의 책 400면; USAF Historical Division(1955), 앞의 글 138면.
50 Headquarters U.S. Air Force, "Air Situation in Korea," 1951.7.31.; FEAF, "FEAF Weekly Intelligence Roundup No. 48," 1951.8.5.(AFHRA, Roll No. 49781)
51 "Message from JCS to CINCFE," 1951.7.22., In Futrell(1961), 앞의 책 401면.
52 USAF Historical Division(1955), 앞의 글 145면.
53 Headquarters U.S. Air Force, "Air Situation in Korea," 1951.8.26.
54 C. Turner Joy, *How Communists Negotiate*, London: The Macmillan Co., 1955, 165~66면.
55 국방부 전사편찬위원회(1991), 앞의 책 158면.
56 정전회담을 통해 이념적 승리를 얻고자 한 미국의 의도에 대해서는 다음의 글을 참조하시오. Rosemary Foot, *A Substitute for Victory: The Politics of Peacemaking at the Korean Armistice Talks*, Ithaca, New York: Cornell University Press 1990, ch. 9.
57 「모택동이 스탈린에게」(1952.7.15.), 『중국군의 한국전쟁사 3』, 국방부 군사편찬연구소 옮김, 국방부 군사편찬연구소 2005, 381면.
58 「소련군 총참모부 제2총국 암호 전문 제16923호」, 1952.1.16.(예브게니 바자노프·나딸리아 바자노바 『소련의 자료로 본 한국전쟁의 전말』, 김광린 옮김, 열림 1997, 212면)
59 「소련공산당 중앙위원회 정치국 제86호의 속기록 제86/33호」, 1952.3.9.(A. V. 토르쿠노프, 『한국전쟁의 진실과 수수께끼』, 구종서 옮김, 에디터 2003, 395~96면)
60 "현재의 조선 상황을 전체적으로 분석해볼 때 휴전에 관한 회담이 무기한 연기될 가능성을 배제할 수 없습니다. (…) 적군은 거의 어떠한 손실도 입지 않은 채 지속적으로 우리 측의 유생역량과 물질적 재보에 막대한 손실을 입혔습니다. 예를 들어, 바로 최근에 적은 북조선 내 모든 발전소를 파괴했으며, 적 공군의 대대적인 작전으로 발전소의 복구는 어려운 형편인바, 이로 인해 조선민주주의인민공화국 경제는 모든

분야에서 커다란 손해를 입고 있습니다. (…) 야만적 폭격이 있었던 지난 24시간 동안, 평양에서만(1952년 7월 11일에서 12일 밤까지) 6000명 이상의 양민이 사망하거나 부상당했습니다. 적군은 이러한 상황을 최대한 이용하여 받아들이기 어려운 조건을 제시하고 있습니다." 「조선민주주의인민공화국 주재 소련대사가 소련 육군상과 외무상에게 보낸 전문, 조선민주주의인민공화국 내각 수상 김일성이 소련 내각회의 의장 스딸린에게 보내는 서한, 휴전협상의 지체 가능성 및 소련과 중국의 군사 장비와 무기로 북조선의 대공방어 역량을 강화하는 데 대하여, No. 2250」, 1950.7.1.(국사편찬위원회 엮음, 앞의 책 744~45면).

61 FEAF, "FEAF Intelligent Roundup No. 78, 23-29 Feb. 1951" 1951.3.1., In USAF Historical Division, "USAF Historical Study No. 127: United States Air Force Operations in the Korean Conflict, 1 July 1952-27 July 1953," 1956.7.1., 25면.
62 USAF Historical Division(1956), 앞의 글 25~26면.
63 Randolph and Mayo, "The Application of FEAF Effort in Korea," 1952.4.12., 1~3면.
64 같은 글 12면.
65 같은 글 13~15면.
66 포로 자원송환 원칙의 수립 및 일괄타결안의 형성과정에 대해서는 김보영(2008) 156~80면 참조.
67 Tucker ed.(2000), 앞의 책(Vol. I) 153면.
68 Mark W. Clark, From Danube to the Yalu, Blue Ridge Summit: Tab books 1988, 3면.
69 Randolph and Mayo(1952), 15면.
70 A Quarterly Review Staff Study, "The Attack on Electric Power in North Korea," James T. Stewart ed., Air Power — The Decisive Force in Korea, D. Van Nostrand Company 1957, 119~20면.(이 글은 원래 A Quarterly Review Staff Study, "The Attack on Electric Power in North Korea: A Target System is Studied, Analyzed, and Destroyed," Air University Quarterly Review 6, Summer 1953으로 발표되었다)
71 Stewart ed., 앞의 책 131~36면; USAF Historical Division(1956), 앞의 글 31~34면.
72 Directorate of Intelligence, USAF, "Daily Korean Resume," 1952.9.15.
73 『로동신문』 1952.7.1.
74 USAF Historical Division(1956), 앞의 글 34~35면.
75 "History of 3rd Bomb Wing, July-Dec. 1952," 5~9면. In Futrell(1961), 앞의 책 481면.
76 Directorate of Intelligence, USAF, "Daily Korean Resume," 1952.7.14.
77 USAF Historical Division(1956), 앞의 글 98~99면; In Futrell(1961), 앞의 책 482면.
78 『로동신문』 1952.7.14.
79 『로동신문』 1950.7.18.

80 공군본부, 『6·25전쟁 증언록』, 2002, 466~67면.
81 Directorate of Intelligence, USAF, "Daily Korean Resume," 1952.8.14.
82 FEAF Bomber Command, "Message from FEAF Bomber Command to HQ FEAF," 1952.8.17.(FEAF, "Air Force Activities, Korea, 1952, Bombing, Anak," 1951.8.13. [NARA, NASM 4A 38717]의 첨부문서)
83 Deputy for Intelligence, Fifth Air Force, "Fifth Air Force Intelligence Summary," 1952.10.20.
84 Fisher, "Letter from Fisher to O'Donnell," 1953.4.11., In Futrell(1961), 앞의 책 578~79면.
85 Bruce Cumings, *The Korean War: A History*, New York: Modern Library 2010, 154면.
86 A Quarterly Review Staff Study, "The Attack on the Irrigation Dams in North Korea," James T. Stewart ed., *Air Power — The Decisive Force in Korea*, D. Van Nostrand Company 1957, 166~73면.(이 글은 원래 A Quarterly Review Staff Study, "The Attack on the Irrigation Dams in North Korea," *Air University Quarterly Review*, Winter 1953/54로 발표되었다)
87 국가지식포털 북한지역정보넷(www.cybernk.net)의 '견룡저수지' 검색 결과; Stewart ed., 앞의 책 172면.
88 Stewart ed., 앞의 책 172~75면; Futrell(1961) 626면.
89 A Quarterly Review Staff Study, 1957, 176면.
90 『로동신문』 1953.5.18.
91 Stewart ed., 앞의 책 180면.
92 『로동신문』 1950.5.25.
93 『로동신문』 1953.6.3.
94 『로동신문』 1953.6.11.
95 『로동신문』 1953.6.21.
96 『로동신문』 1953.7.1.
97 548th RTS, "Bomb Damage Assessment of Major North Korean Cities," File K720.323A, AFHRA. In Crane(2000), 앞의 책 168~69면.
98 FEAF Bomber Command(1953), 앞의 글 12면.
99 앞의 글 22면.
100 FEAF, "Air Force Activities, Korea, 1953, Bombing," 1953.1.(NARA, NASM 4A 38635)
101 FEAF Bomber Command(1953), 앞의 글 12면.
102 김보영, 앞의 글 257면.

103 FEAF Bomber Command(1953), 앞의 글 19면.
104 Dean(1954), 앞의 책 272~75면.
105 USAF Historical Division(1956), 앞의 글 122면.

맺음말: 극단의 기억을 넘어 평화로

1 『연합뉴스』 1999.12.23.; 사회과학원 역사연구소 『조선전사』 26권, 과학백과사전출판사 1981, 129~130면.
2 국방부군사편찬연구소 「전쟁기간(1950~1953) 조선민주주의인민공화국 총손실규모」(1954.3.), 『소련 군사고문단장 라주바예프의 6·25전쟁 보고서』 3권, 국방부군사편찬연구소 2002, 36면.
3 Futrell(1961), 앞의 책 645면.
4 H. B. Hulbert, *The History of Korea*, Seoul: Methodist Publishing House 1905, 325~26면.
5 한국기독교역사연구소 『한국기독교의 역사』 1권, 기독교문사 1989, 258면.
6 김상태 「근현대 평안도 출신 사회지도층 연구」, 서울대학교 국사학과 박사학위논문 2002, 30~31면.
7 이만열 『한말기독교와 민족운동』, 평민사 1978, 16~21면.
8 Women's International Commission for the Investigation of War Atrocities Committed in Korea, 앞의 글 43면.
9 강진웅 「북한의 국가권력에 대한 미시적 접근: 호전적 민족주의와 주민들의 삶」, 『한국사회학』 44권 2호, 2010, 167, 170면.
10 같은 글 170~71면.
11 이삼성 『20세기의 문명과 야만』, 한길사 2006, 85~86면.
12 「이승만 대통령, NBC방송과 회견」, 『동아일보』 1951.3.16.
13 「영예 수여에 관한 건(미 공군 제22폭격전대, 미 공군 제92폭격전대)」, 『국무회의록(제16회)』, 1961, 62면.
14 진실·화해를위한과거사정리위원회 『진실화해위원회 종합보고서 I: 위원회의 연혁과 활동, 종합보고』, 2010, 19면.
15 진실·화해를위한과거사정리위원회 『진실화해위원회 종합보고서 III: 민간인 집단희생사건』, 2010, 3면.
16 같은 책 7면.
17 같은 책 277면.

18 JCS, *Department of Defense Dictionary of Military and Associated Terms*, 2001, 95면.
19 Y'Blood ed., 앞의 책 28~29면.
20 『로동신문』 2013.3.6.; 2013.3.11.
21 『경향신문』 2013.3.26.

| 참고문헌 |

미공군 역사연구실(AFHRA) 소장 자료

19th Bomb Group & 307 Bomb Group (1951.1.8.) "B-29 Aircraft Summary Report."

93rd Bombardment Group (1948.5.) "History of 93d Bombardment Group for May 1948."

93rd Bombardment Group (1948.6.) "History of 93d Bombardment Group for June 1948."

452nd Bomb Wing (1951.1.7.) "B-26 Aircraft Summary Report."

Crabb (1950.7.12.) "FEAF AG No. 5808, Letter from General Crabb to General O'Donnell."

Deputy for Intelligence, Fifth Air Force (1952.1.12.) "Fifth Air Force Intelligence Summary."

Deputy for Intelligence, Fifth Air Force (1952.2.5.) "Fifth Air Force Intelligence Summary, Vol. 2: Effect of UN Rail Interdiction on North Korean Conscripted Labor."

Deputy for Intelligence, Fifth Air Force (1952.10.20.) "Fifth Air Force Intelligence Summary."

FAF Operations Analysis Office (1951.1.27.) "Analysis of Shoran Bombing

Operations by B-29 Aircraft in Korea."

FAF Operations Analysis Office (1951.3.25.) "Preliminary Report on Investigation of Psychological Effects of Tactical Air Power in Korea."

FAF Operations Analysis Office (1951.5.21.) "Operations Analysis Office Memorandum No. 43: Physical and Psychological Effects of Interdiction Air Attacks as Determined from POW Interrogations."

FAF Operations Analysis Office (1951.5.21.) "Operations Analysis Office Memorandum, Incidence of Targets in Close Support and Interdiction Attacks."

FAF Operations Analysis Office (1951.9.1.) "Report of Operations Analysis Activities, Completed Studies and Organization for August 1951."

FEAF (1951.3.1.) "FEAF Intelligent Roundup No. 78, 23-29 Feb. 1951."

FEAF (1951.7.15.) "FEAF Weekly Intelligence Roundup No. 45."

FEAF (1951.7.22.) "FEAF Weekly Intelligence Roundup No. 46."

FEAF (1951.8.5.) "FEAF Weekly Intelligence Roundup No. 48."

FEAF Bomber Command (1950) "Far East Air Forces Bomber Command Digest, 13 July through 31 October."

FEAF Bomber's Command (1950.7.13.) "Operations Order 1-50, Wonsan, Port and Dock Area."

FEAF Bomber's Command (1950.7.16.) "Operations Order 5-50, Seoul, Ryuzan RR Shops and M/Y."

FEAF Bomber's Command (1950.7.30.) "Operations Order 19-50, Konan, Chosen Nitrogen Explosive Factory."

FEAF Bomber's Command (1950.8.1.) "Operations Order 25-50, Konan, Chosen Nitrogen Fertilizer Co."

FEAF Bomber's Command (1950.8.3.) "Operations Order 27-50, Konan, Bogun Chemical Plant."

FEAF Bomber's Command (1950.8.7.) "Operations Order 32-50, Pyongyang,

Army Arsenal."

FEAF Bomber's Command (1950.8.7.) "Operations Order 32-50, Pyongyang, Marshalling Yards."

FEAF Bomber's Command (1950.8.10.) "Operations Order 37-50, Wonsan, Chosen Oil Refinery."

FEAF Bomber's Command (1950.8.10.) "Operations Order 37-50, Wonsan, Locomotive Repair Shops."

FEAF Bomber's Command (1950.8.12.) "Operations Order 39-50, Hamhung, Marshalling Yards."

FEAF Bomber's Command (1950.8.19.) "Operations Order 44-50, Seishin, Marshalling Yards."

FEAF Bomber's Command (1950.8.19.) "Operations Order 44-50, Seishin, Mitsubishi Iron Works."

FEAF Bomber's Command (1950.8.22.) "Operations Order 55-50, Seoul, Marshalling Yards."

FEAF Bomber's Command (1950.8.24.) "Operations Oders 62-50, Konan, Thorium Ore Processing Plant."

FEAF Bomber's Command (1950.8.27.) "Operations Order 67-50, Kyomipo, Japan Iron and Steel Works."

FEAF Bomber's Command (1950.8.28.) "Operations Order 69-50, Songjin, High Frequency Heavy Industry."

FEAF Bomber's Command (1950.8.29.) "Operations Order 72-50, Seishin, M/Y."

FEAF Bomber's Command (1951.7.8.) "Interdiction: Day and Night, Mission No. 470, Operation Order No. 215-51."

FEAF Bomber's Command (1953) "FEAF Bomber Command History, 1 January 1953-27 July 1953."

FEAF Combat Operations Division (1950) "A Day by Day History of Far East

Air Forces Operations, Vol. 1, 25 June through 31 October 1950."
FEAF Operations Analysis Office (1950.7.24.) "FEAF Operations Analysis Office Memorandum No. 9 : Forces Estimates for Line Targets."
FEAF Operations Analysis Office (1950.8.9.) "FEAF Operations Analysis Office Memorandum No. 16: Accuracy of Combat Rocketry."
FEAF Operations Analysis Office (1950.10.7.) "FEAF Operations Analysis Office Memorandum No. 24: Preliminary Report on the Rocket and Napalm, Tests Held at the K-2 Range, 30 September-6 October 1950."
FEAF Operations Analysis Office (1950.10.30.) "FEAF Operations Analysis Office Memorandum No. 27."
FEAF Operations Analysis Office (1951.3.22.) "Operations Analysis Office Momorandum No. 38: Assessment of Bomb Damage to Kimpo Air Base."
FEAF Operations Analysis Office (1951.5.21.) "Operations Analysis Office Memorandum No. 43: Physical and Psychological Effects of Interdiction Air Attacks as Determined from POW Interrogations."
Fisher (1953.4.11.) "Letter from Fisher to O'Donnell."
G-2 Eighth Army and A-2 FAF (1951.9.23.) "Supply and Transport, CCF and NKPA."
LeRoy A. Brothers (1951.11.26.) "Working Paper No. 17.6.1: The Operations Analysis Organization in the United States Air Force," Operations Analysis Division, Directorate of Operations, USAF.
Randolph and Mayo (1952.4.12) "The Application of FEAF Effort in Korea."
Stratemeyer (1950.7.11.) "Mission Directive, from Stratemeyer to CG FEAF-BC."
Stratemeyer (1950.7.12.) "Mission Directive, from Stratemeyer to CG FAF."
Stratemeyer (1950.9.3.) "Letter from Gen. Stratemeyer to Gen. O'Donnell."
USAF Historical Division (1952) "USAF Historical Study No. 71: United States Air Force Operations in the Korean Conflict, 25 June through 1

November 1950."

USAF Historical Division (1955) "USAF Historical Study No. 72: United States Air Force Operations in the Korean Conflict, 1 November 1950-30 June 1952."

USAF Historical Division (1956.7.1.) "USAF Historical Study No. 127: United States Air Force Operations in the Korean Conflict, 1 July 1952-27 July 1953."

Vandenberg (1950.7.3.) "Message TS-1817, from Vandenberg to Stratemeyer."

Weyland (1951.6.10.) "Requirements for Increased Combat Effectiveness."

Weyland (1951.7.13.) "Message from CG FEAF to CG FAF."

미 국립문서보관소(NARA) 자료

7th Fighter Bomber Squadron (1950.8.31.) "Fighter Bomber Final Mission Summary, Mission 7-9."

7th Fighter Bomber Squadron (1950.9.20.) "Fighter Bomber Final Mission Summary, Radiogram Baker Mission No. 11."

7th Fighter Bomber Squadron (1950.9.20.) "Fighter Bomber Final Mission Summary, Radiogram Charlie Mission No. 12."

7th Fighter Bomber Squadron (1950.9.22.) "Fighter Bomber Final Mission Summary, Mission 2."

7th Fighter Bomber Squadron (1950.9.23.) "Fighter Bomber Final Mission Summary, Radiogram Baker Mission No. 2."

7th Fighter Bomber Squadron (1950.9.23.) "Fighter Bomber Final Mission Summary, Radiogram Easy Mission No. 6."

7th Fighter Bomber Squadron (1950.9.24.) "Fighter Bomber Final Mission Summary, Radiogram Dog Mission No. 4."

8th Fighter Bomber Squadron (1950.7.29.) "Fighter Bomber Final Mission Summary, Mission 8-3."

8th Fighter Bomber Squadron (1950.7.31.) "Fighter Bomber Final Mission Summary, Mission 8-4."

8th Fighter Bomber Squadron (1950.7.31.) "Fighter Bomber Final Mission Summary, Mission 8-5."

8th Fighter Bomber Squadron (1950.8.1.) "Fighter Bomber Final Mission Summary, Mission 8-3."

8th Fighter Bomber Squadron (1950.8.1.) "Fighter Bomber Final Mission Summary, Mission 8-4."

8th Fighter Bomber Squadron (1950.8.1.) "Fighter Bomber Final Mission Summary, Mission 8-5."

8th Fighter Bomber Squadron (1950.8.1.) "Fighter Bomber Final Mission Summary, Mission 8-7."

8th Fighter Bomber Squadron (1950.8.1.) "Fighter Bomber Final Mission Summary, Mission 8-8"

8th Fighter Bomber Squadron (1950.8.1.) "Fighter Bomber Final Mission Summary, Mission 8-9."

8th Fighter Bomber Squadron (1950.8.1.) "Fighter Bomber Final Mission Summary, Mission 8-12."

9th Fighter Bomber Squadron (1950.7.17.) "Fighter Bomber Final Mission Summary, Mission 9-7."

9th Fighter Bomber Squadron (1950.7.20.) "Fighter Bomber Final Mission Summary, Mission 9-2."

9th Fighter Bomber Squadron (1950.7.24.) "Fighter Bomber Final Mission Summary, Mission 9-6."

9th Fighter Bomber Squadron (1950.7.24.) "Fighter Bomber Final Mission Summary, Mission 9-10."

9th Fighter Bomber Squadron (1950.7.25.) "Fighter Bomber Final Mission Summary, Mission 9-8."

9th Fighter Bomber Squadron (1950.7.26.) "Fighter Bomber Final Mission Summary, Mission 9-3."

9th Fighter Bomber Squadron (1950.7.27.) "Fighter Bomber Final Mission Summary, Mission 9-7."

9th Fighter Bomber Squadron (1950.7.30.) "Fighter Bomber Final Mission Summary, Mission 9-3."

9th Fighter Bomber Squadron (1950.7.30.) "Fighter Bomber Final Mission Summary, Mission 9-8."

9th Fighter Bomber Squadron (1950.7.31) "Fighter Bomber Final Mission Summary, Mission 9-3."

9th Fighter Bomber Squadron (1950.7.31.) "Fighter Bomber Final Mission Summary, Mission 9-5."

12th Fighter Bomber Squadron (1950.9.4.) "Intelligence Summary Report, 12-W Call Sign Monologue Baker."

12th Fighter Bomber Squadron (1950.9.4.) "Mission Strike Report, 12-8 Fighter Squadron Mission Monologue George No. 8."

18th Fighter Bomber Wing (1950.9.4.) "Mission Strike Report, 12-7 Fighter Squadron Mission Monologue Fox No. 7."

18th Fighter Bomber Wing (1950.9.4.) "Intelligence Summary Report, 12AR Call Sign Monologue Zebra."

18th Fighter Bomber Squadron (1950.9.4.) "Intelligence Summary Report, 12AQ Call Sign Monologue Able."

18th Fighter Bomber Squadron (1950.9.6.) "Intelligence Summary Report, 12-5 Call Sign Monologue Dog."

35th Fighter Bomber Squadron (1950.7.20.) "Mission Report No. 35-1."

35th Fighter Bomber Squadron (1950.7.20.) "Mission Report No. 35-4."

39th Fighter Bomber Squadron (1950.8.19.) "Fighter Bomber Final Mission Summary, Mission 9-9."

Acheson (1950.9.6.) "Korean Bombing."
Acheson (1950.9.11.) "Memorandum by the Secretary of State to the President: Considerations Surrounding Proposed Bombing of Rashin(Najin)."
Almond (1951.1.16) "Message to Ridgway."
Almond (1951.1.25.) "Message to Ridgway."
Barr (1951.1.18.) "Message to Almond."
Craigie (1950.8.28.) "Memorandum from L. C. Craigie, Vice Commander, Administration & Plans, USAF to CG FEAF."
Directorate of Intelligence, USAF (1952.1.2.) "Daily Korean Resume."
Directorate of Intelligence, USAF (1952.1.4.) "Daily Korean Resume."
Directorate of Intelligence, USAF (1952.1.8.) "Daily Korean Resume."
Directorate of Intelligence, USAF (1952.1.10.) "Daily Korean Resume."
Directorate of Intelligence, USAF (1952.1.12.) "Daily Korean Resume."
Directorate of Intelligence, USAF (1952.1.15.) "Daily Korean Resume."
Directorate of Intelligence, USAF (1952.1.19.) "Daily Korean Resume."
Directorate of Intelligence, USAF (1952.8.14.) "Daily Korean Resume."
Directorate of Intelligence, USAF (1952.9.15.) "Daily Korean Resume."
Drumright (1950.6.28.) "Telegram from Drumright to Secretary of State."
FEAF (1950) "Mass Strike on Korean Division."
FEAF (1950) "Post Strike Photo of the Korean Battle Area West of the Naktong River."
FEAF (1950) "Air Force Activities, Korea, 1950, Bombing, Korea."
FEAF (1950.11.5.) "Air Force Activities, Korea, 1950, Bombing, Kanggye."
FEAF (1951) "Air Force Activities, Korea, 1951, Bombing."
FEAF (1952) "Air Force Activities, Korea, 1952, Bombing."
FEAF (1950.11.5.) "Air Force Activities, Korea, 1950, Bombing, Pyongyang."
FEAF (1951.7.15.) "FEAF Weekly Intelligence Roundup No. 45."
FEAF (1951.7.22.) "FEAF Weekly Intelligence Roundup No. 46."

FEAF (1951.8.5.) "FEAF Weekly Intelligence Roundup No. 48."

FEAF (1950.11.8.) "Air Force Activities, Korea, 1950, Bombing, Sinuiju."

FEAF (1950.11.20.) "APO 925, HQ, Far East Air Forces."

FEAF (1950.11.25.) "Message from HQ FEAF."

FEAF (1951.8.13.) "Air Force Activities, Korea, 1952, Bombing, Anak."

FEAF (1953) "FEAF Bomber Command History, 1 January 1953-27 July 1953."

FEAF Bomber's Command (1952.8.17.) "Message from FEAF Bomber Command to HQ FEAF."

Headquarters U.S. Air Force (1950) "Air Situation in Korea."

Headquarters U.S. Air Force (1951.7.31.) "Air Situation in Korea."

Headquarters U.S. Air Force (1951.8.26.) "Air Situation in Korea."

Jessup (1950.6.26.) "Memorandum of Conversation, by the Ambassador at Large(Jessup)."

JCS (1950.6.29.) "The Joint Chief of Staff to the Commander in Chief, Far East(MacArthur)."

JWPC (1946.6.18.) "JWPC 432/7, Tentative Over-All Strategic Concept and Estimate of Initial Operations, Short Title: Pincher."

Muccio (1950.7.26.) "Message from Muccio to Rusk."

Rogers, Turner C. (1950.7.25.) "Policy on Strafing Civilian Refugees."

Tactical Air Command (1951.3.12.) "An Evaluation of the Effectiveness of the United States Air Force in the Korean Campaign," Vol. V.

Women's International Commission for the Investigation of War Atrocities Committed in Korea (1951.7.) "Report of the Women's International Commission for the Investigation of Atrocities Committed by U.S.A. and Syngman Rhee Troops in Korea."

국내외 간행 자료

강만길 (1994)『고쳐 쓴 한국현대사』, 창비.

강정구 (1996)『분단과 전쟁의 한국현대사』, 역사비평사.

강진웅 (2010)「북한의 국가권력에 대한 미시적 접근: 호전적 민족주의와 주민들의 삶」,『한국사회학』44권 2호.

공군본부 (1962)『공군교범 100-11: 항공용어집(항공작전편)』, 공군본부.

公報處 統計局 (1950)「附錄 臨時人口 및 被害調査結果明細(檀紀四二八三年十月二十五日現在)」,『서울特別市 被害者名簿』, 大韓民國 公報處.

교통부 교통사편찬위원회 (1953)『한국교통동란기』, 교통부 교통사편찬위원회.

국무조정실노근리사건대책단 (2001)『노근리사건 관련 자료집』, 국무조정실 노근리사건대책단.

국방군사연구소 (1996)『한국전쟁중』, 국방군사연구소.

_____ (1998)『한국전쟁 자료총서 30: Documents of the Division of Historical Policy Research of the U.S. State Department』, 국방군사연구소.

국방부 (1970)『한국전쟁사 제3권: 낙동강방어작전기(1950.8.1~9.30.)』, 국방부.

_____ (1979)『한국전쟁사 2, 지연작전기(1950.7.5.~1950.7.31.)』, 국방부.

국방부 군사편찬연구소 (2001)『6·25전쟁 북한군 전투명령』, 군사편찬연구소.

_____ (2001)『소련 군사고문단장 라주바예프의 6·25전쟁 보고서』1~3권, 군사편찬연구소.

_____『한국전쟁 자료총서 59: The US Department of State Relating to the Internal Affairs of Korea: 미 국무부 한국국내상황관련 문서, XXI』, 국방부 군사편찬연구소.

_____ (2005)『중국군의 한국전쟁사 1·2·3』(홍학지 [1991]『항미원조전쟁회의』, 해방군문예출판사).

국방부 전사편찬위원회 (1991)『한국전쟁: 미국합동참모본부사 下』, 국방부 전사편찬위원회.

국사편찬위원회 (1968~)『자료 대한민국사』1~21권, 국사편찬위원회.
_____ (1982~)『북한관계사료집』1~19권, 국사편찬위원회.
_____ (1996)『남북한관계사료집 25』, 국사편찬위원회.
_____ (2006)『한국전쟁, 문서와 자료, 1950~53년』, 국사편찬위원회.
군사영어편찬위원회 엮음 (1976)『군사영어사전』, 병학사.
권태억 (1991)「한국 근현대사와 일제의 식민지 지배」,『자본주의세계체제와 한국사회』, 한울.
권헌익·정병호 (2013)『극장국가 북한: 카리스마 권력은 어떻게 세습되는가』, 창비.
기광서 (1998)「1940년대 전반 소련군 88독립보병여단 내 김일성그룹의 동향」,『역사와 현실』28집, 한국역사연구회.
_____ (2000)「북한 무력 형성과 북소관계」,『중소연구』통권 103호.
_____ (2000)「소련의 한국전 개입과정」,『국제정치론총』40-3.
기무라 미쓰히코·아베 게이지 (2009)『전쟁이 만든 나라, 북한의 군사공업화』, 차문석·박정진 옮김, 미지북스.
길윤형 (2012)『나는 조선인 가미카제다』, 서해문집.
김경록 (2008)「해방 이후 남북한의 공군력 인식과 한국전쟁 준비과정」,『군사』67호.
김광운 (2001)「전쟁 이전 북한 인민군의 창설과정」,『한국전쟁사의 새로운 연구』, 국방부 군사편찬연구소.
_____ (2003)「한국전쟁기 북한의 게릴라전 조직과 활동」,『군사』, 국방부 군사편찬연구소.
_____ (2004)『북한정치사연구 I』, 선인.
_____ (2005)「북한 정치체제 형성의 역사적 연원」,『현대사의 제문제』, 국사편찬위원회.
김귀옥 (1999)『월남민의 생활 경험과 정체성: 밑으로부터의 월남민 연구』, 서울대학교출판부.
김동춘 (2000)『전쟁과 사회: 우리에게 한국전쟁은 무엇이었나?』, 돌베개.

김동춘 엮음 (1988)『한국현대사연구 I』, 이성과현실사.

김득중 (2004)「여순사건과 이승만 반공체제의 구축」, 성균관대학교 박사학위논문.

김보영 (2008)「한국전쟁 휴전회담 연구」, 한양대학교 박사학위논문.

김병로 (2000)「한국전쟁의 인적손실과 북한 계급정책의 변화」,『통일정책연구』 9권 1호.

김상태 (2002)「근현대 평안도 출신 사회지도층 연구」, 서울대학교 국사학과 박사학위논문.

김선호 (2002)「국민보도연맹사건의 과정과 성격」, 경희대학교 석사학위논문.

김성보 (2000)『남북한 경제구조의 기원과 전개』, 역사비평사.

김성칠 (1993)『역사 앞에서: 한 사학자의 6·25 일기』, 창작과비평사.

김영미 (2009)『동원과 저항: 해방전후 서울의 주민사회사』, 푸른역사.

김영호 (1998)『한국전쟁의 기원과 전개과정』, 두레.

_____ (2001)「한국전쟁 직전 미국 합참의 비상전쟁계획과 미국의 한반도 전략에 대한 비판적 고찰」,『사회과학논총』 14집, 성신여자대학교 사회과학연구소.

김영희 (2003)『일제시대 농촌통제정책 연구』, 경인문화사.

김원일 (2004)『김원일의 피카소』, 이룸.

김인걸 (1990)「해방후 민족사의 발전과 과제」,『한국사특강』, 서울대학교출판부.

_____ (2000)「현대 한국사학의 과제」,『20세기 역사학 21세기 역사학』, 역사비평사.

김재웅 (2008)「한 공산주의자의 기록을 통해 본 한국전쟁 발발 전후의 북한」,『한국사연구』, 한국사연구회.

김정건 외 엮음 (1986)『국제조약집』, 연세대학교출판부.

金正柱 編 (1970)『朝鮮統治史料 2』, 韓國史料研究所.

김태우 (2005)「한국전쟁기 북한의 남한 점령지역 토지개혁」,『역사비평』.

_____ (2006)「1948~49년 북한 농촌의 선전선동사업: 강원도 인제군의 사

례」, 『역사와 현실』.

___ (2008)「한국전쟁기 미공군의 공중폭격에 관한 연구」, 서울대학교 국사학과 박사학위논문.

___ (2009)「한국전쟁기 미공군에 의한 서울 폭격의 목적과 양상」, 『서울학연구』 35호.

___ (2010)「나의 박사학위논문을 말한다: 한국전쟁기 미공군의 공중폭격에 관한 연구」, 『내일을 여는 역사』 39호.

___ (2010)「육감에서 정책으로: 한국전쟁기 미공군 전폭기들의 민간지역 폭격의 구조」, 『역사와 현실』 77호.

___ (2010)「한국전쟁 초기 미공군의 북한지역 공중폭격」, 『한국민족운동사연구』 64호.

___ (2011)「1948년 미공군에 의한 독도폭격의 전개양상과 군사정책적 배경」, 『동북아역사논총』 32호.

___ (2011)「진실화해위원회의 미군사건 조사보고서에 대한 비판적 검토」, 『역사연구』 21호.

___ (2012)「냉전 초기 사회주의진영 내부의 전쟁·평화 담론의 충돌과 북한의 한국전쟁 인식 변화」, 『역사와 현실』.

김혜숙 (2012)「전시체제기 식민지 조선의 '가정방공' 조직과 지식 보급」, 수요역사연구회 엮음, 『제국 일본의 하늘과 방공, 동원 I: 방공정책과 식민지 조선』, 선인.

노근리사건조사반 (2001) 『노근리사건 조사결과 보고서』, 노근리사건진상규명대책단.

노영기 (2004)「한국전쟁기 민간인 학살에 관한 자료 실태와 연구현황」, 『역사와 현실』 54호, 한국역사연구회.

대한민국 공보처 (1952~53) 『대통령 이승만 박사 담화집』, 대한민국 공보처.

대한민국 공보처 통계국 (1953) 『1952년 대한민국 통계연감』, 대한민국 공보처.

大韓民國 國防部 엮음 (1952) 『韓國戰亂 一年誌』, 大韓民國國防部戰史編纂會.

___ (1953) 『韓國戰亂 二年誌』, 大韓民國國防部戰史編纂會.

_____ (1954) 『韓國戰亂 三年誌』, 大韓民國國防部戰史編纂會.

_____ (1955) 『韓國戰亂 四年誌』, 大韓民國國防部戰史編纂會.

_____ (1956) 『韓國戰亂 五年誌』, 大韓民國國防部戰史編纂會.

더글라스 블런트 (2003) 「초超호빗: 톨킨, 니체 그리고 힘에의 의지」, 『철학으로 반지의 제왕 읽기』, 이룸.

데이비드 핼버스탬 (2009) 『콜디스트 윈터』, 정윤미·이은진 옮김, 살림.

도진순 (2005) 「1951년 1월 산성동 폭격과 미 10군단의 조직적 파괴정책」, 『역사비평』 75호, 역사비평사.

딘 E. 헤스 (1987) 『신념의 조인』, 이동은 옮김, 플래닛미디어.

로날드 H. 베일리 (1982) 『유럽 항공전』, 한국일보타임라이프 편집부 옮김, 한국일보타임라이프.

로버트 T. 올리버 (1959) 『한국동란사』, 김봉호 옮김, 문교부.

前田哲男 (1988) 『戰略爆擊の思想』, 朝日新聞社.

박명규 (2012) 『남북경계선의 사회학: 포스트-김정일시대의 통일평화 구상』, 창비.

박명림 (1996) 『한국전쟁의 발발과 기원 1』, 나남출판.

_____ (2002) 『한국 1950: 전쟁과 평화』, 나남출판.

_____ (2011) 『역사와 지식과 사회: 한국전쟁 이해와 한국사회』, 나남출판.

박종철 (2008) 「한반도 철도부설과 제국주의의 경쟁과 음모」, 조진구 엮음, 『동아시아 철도네트워크의 역사와 정치경제학 I: 근대화와 제국주의의 명암』, 리북.

박진홍 (2001) 『돌아온 패자』, 역사비평사.

박태균 (2005) 『한국전쟁: 끝나지 않은 전쟁, 끝나야 할 전쟁』, 책과함께.

_____ (2006) 『우방과 제국, 한미관계의 두 신화』, 창비.

방선주 (1986) 「虜獲 北韓筆寫文書 解除(I)」, 『아시아문화』 창간호, 翰林大學아시아文化硏究所.

_____ (2000) 「한국전쟁 당시 북한 자료로 본 '노근리'사건」, 『정신문화연구』, 한국정신문화연구원.

방선주 엮음 (2000)『한국전쟁기 삐라』, 한림대학교 아시아문화연구소.
防衛廳防衛研究所戰史室 (1971)『陸軍航空の軍備と運用 1』, 朝雲新聞社.
백선엽 (1989)『군과 나』, 대륙출판사.
_____ (1999)『길고 긴 여름날 1950년 6월 25일』, 지구촌.
서보혁 (2008)「북한의 산업화와 철도 근대화 정책」, 조진구 엮음,『동아시아 철도네트워크의 역사와 정치경제학 I: 근대화와 제국주의의 명암』, 리북.
서중석 (1999)『조봉암과 1950년대(하): 피해대중과 학살의 정치학』, 역사비평사.
_____ (2004)『배반당한 한국민족주의』, 성균관대학교 출판부.
_____ (2005)『이승만과 정치이데올로기』, 역사비평사.
세르게이 곤차로프 외 (2011)『흔들리는 동맹』, 성균관대 한국현대사 연구반 옮김, 일조각.
손문식 (1998)『UN군지원사』, 국방군사연구소.
손정목 (2005)『한국 도시 60년의 이야기 1』, 한울.
송혜경 (2011)「식민지 말기 일제의 항공정책과 아동의 전쟁동원」,『한림일본학』19호, 한림대학교 일본학연구소.
수요역사연구회 엮음 (2012)『제국 일본의 하늘과 방공, 동원 I: 방공정책과 식민지 조선』, 선인.
스벤 린드크비스트 (2003)『폭격의 역사』, 김남섭 옮김, 한겨레출판.
아라사키 모리테루 (2008)『오키나와 현대사』, 정영신·미야우치 아키오 옮김, 논형.
안태윤 (2007)「일제말 전시체제기 여성에 대한 복장통제: 몸뻬 강제와 여성성 유지의 전략」,『사회와 역사』74집, 문학과지성사.
양진삼 (2002)「전쟁기 중국지도부와 북한지도부 사이의 모순과 갈등」,『한국전쟁사의 새로운 연구 2』, 국방부 군사편찬연구소.
A.V. 토르쿠노프 (2003)『한국전쟁의 진실과 수수께끼』, 구종서 옮김, 에디터.
염인호 (2010)『또 하나의 한국전쟁: 만주 조선인의 '조국'과 전쟁』, 역사비평사.
예브게니 바자노프·나딸리아 바자노바 (1997) 『소련의 자료로 본 한국전쟁의 전말』, 김광린 옮김, 열림.
와다 하루끼 (1999) 『한국전쟁』, 서동만 옮김, 창비.
요시다 도시히로 (2006) 『공습』, 안해경·안해룡 옮김, 휴머니스트.
윌리엄 스툭 (2005) 『한국전쟁과 미국 외교정책』, 서은경 옮김, 나남출판.
윤웅렬 (2010) 『상처투성이의 영광』, 황금알.
이대화 (2012) 「1930년대 조선의 방공체제 수립과정: 법제와 조직을 중심으로」, 수요역사연구회 엮음, 『제국 일본의 하늘과 방공, 동원 I: 방공정책과 식민지 조선』, 선인.
이만열 (1978) 『한말기독교와 민족운동』, 평민사.
_____ (2007) 「'노근리사건'과 평화」, 『제1회 노근리 국제평화학술대회 자료집』.
이만열·김윤정 (2002) 「노근리사건의 진상과 그 성격」, 『노근리사건 진상규명과 해결 방향에 관한 심포지움』, 국회인권포럼 제9회 정책심포지움.
이민수 (1998) 『전쟁과 윤리』, 철학과현실사.
이삼성 (2006) 『20세기의 문명과 야만』, 한길사.
이상호 (2007) 「미국 맥아더기념관 소장 한국관련 자료조사 및 해제」, 『해외사료총서 13: 미국소재 한국사 자료 조사보고 V』, 국사편찬위원회.
_____ (2012) 『맥아더와 한국전쟁』, 푸른역사.
이신철 (2000) 「월남인 마을 '해방촌'(용산2가동) 연구: 공동체의 성격을 중심으로」, 『서울학연구』 14권, 서울학연구소.
_____ (2001) 「전쟁피해와 조선민주주의인민공화국 사회의 변화」, 『역사문제연구』, 역사문제연구소.
_____ (2004) 「6·25남북전쟁시기 이북지역에서의 민간인학살」, 『역사와 현실』, 한국역사연구회.
_____ (2008) 『북한 민족주의운동 연구』, 역사비평사.
이완범 (2000) 『한국전쟁: 국제전적 조망』, 백산서당.

이용기 (2007)「19세기 후반~20세기 중반 洞契와 마을자치: 全南 長興郡 蓉山面 語西里 사례를 중심으로」, 서울대학교 대학원 국사학과 박사학위 논문.
이우영 (1975)「소련의 평화공존 이론에 관한 연구」,『법대논총』13권.
이원덕 (1987)「주한미군철수에 관한 연구: 1947~1949의 경우를 중심으로」, 서울대학교 외교학과 석사논문.
이장희 (2002)「국제인도법의 원칙과 노근리 양민살해 사건」,『노근리사건의 진상과 교훈』, 두남.
이향철 (2006)「카미카제 특공대와 한국인 대원」,『일본연구논총』24호, 현대일본학회.
이형식 (2012)「태평양전쟁시기 제국일본의 군신만들기: 매일신보의 조선인 특공대(신취) 보도를 중심으로」,『일본학연구』37집.
장지량 구술·이계홍 정리 (2006)『빨간 마후라, 하늘에 등불을 켜고』, 이미지북.
전쟁기념사업회 (1992)『한국전쟁사』1권, 전쟁기념사업회.
전현수 (2001)「소련 공군의 한국전 참전」,『한국전쟁사의 새로운 연구 1』, 국방부 군사편찬연구소.
정구도 (2001)「노근리사건 조사결과의 문제점 비판: 한국정부의 "노근리사건 조사결과보고서"와 "한미 공동발표문"을 중심으로」, 한국현대사연구회 발표문.
정구도 엮음 (2003)『노근리사건의 진상과 교훈』, 두남.
정병준 (2004)「한국전쟁 초기 국민보도연맹원 예비검속, 학살사건의 배경과 구조」,『역사와 현실』, 한국역사연구회.
_____ (2005)『우남 이승만 연구』, 역사비평사.
_____ (2006)『한국전쟁: 38선 충돌과 전쟁의 형성』, 돌베개.
_____ (2007)「북한의 한국전쟁 계획 수립과 소련의 역할」,『역사와 현실』, 한국역사연구회.
_____ (2010)『독도 1947: 전후 독도문제와 한·미·일 관계』, 돌베개.
정용욱 (2000)「한국전쟁기 특수전 연구와 Dark Moon」,『군사』, 국방군사연구소.
_____ (2003) 『미군정 자료 연구』, 선인.
_____ (2003) 『해방 전후 미국의 대한정책』, 서울대학교출판부.
_____ (2004) 「6·25전쟁기 미군의 삐라 심리전과 냉전 이데올로기」, 『역사와 현실』 51집, 한국역사연구회.
_____ (2005) 「냉전 형성기 미국의 북한 인식」, 『현대사의 제문제』, 국사편찬위원회.
_____ (2007) 「6·25전쟁 전후 NARA 한국관련 자료의 활용 현황 및 과제」, 『미국소재 한국사자료조사보고(V)』, 국사편찬위원회.
정은용 (1994) 『그대 우리의 아픔을 아는가』, 다리.
정혜경 (2010) 『조선 청년이여 황국신민이 되어라』, 서해문집.
_____ (2012) 「일제 말기 『매일신보』의 방공정책 프로파간다 양상」, 수요역사연구회 엮음, 『제국 일본의 하늘과 방공, 동원 I: 방공정책과 식민지 조선』, 선인.
제임스 브래들리 (2005) 『플라이보이스』, 한종현 옮김, 자음과모음.
조건 (2012) 「전시체제기 조선 주둔 일본군의 防空 조직과 활동」, 수요역사연구회 엮음, 『제국 일본의 하늘과 방공, 동원 I: 방공정책과 식민지 조선』, 선인.
조시현 (2002) 「노근리 학살사건의 국제법적 성격」, 『노근리사건의 진상과 교훈』, 두남.
존 린 (2006) 『배틀, 전쟁의 문화사』, 이내주 외 옮김, 청어람미디어.
존 키건 (2004) 『2차세계대전사』, 류한수 옮김, 청어람미디어.
줄리오 듀헤 (1999) 『제공권』, 이명환 옮김, 책세상.
중앙일보사 엮음 (1983) 『민족의 증언』, 1~8권, 중앙일보사.
진실·화해를위한과거사정리위원회 (2008) 『2007년 하반기 조사보고서』.
_____ (2008) 『2008년 상반기 조사보고서』.
_____ (2009) 『2008년 하반기 조사보고서』.
_____ (2009) 『2009년 상반기 조사보고서』.

_____ (2010)『2010년 상반기 조사보고서』.
_____ (2010)『진실·화해위원회 종합보고서 I: 위원회의 연혁과 활동, 종합보고』.
_____ (2010)『진실·화해위원회 종합보고서 III: 민간인 집단희생사건』.
찰머스 존슨 (2004)『제국의 슬픔: 군국주의, 비밀주의, 그리고 공화국의 종말』, 안병진 옮김, 삼우반.
최병수·정구도 (1999)「6·25동란 초기 충북 영동지구의 민간인 살해사건에 관한 연구(I): 노근리의 미군 대양민 집단살해사건을 중심으로」,『인문학지』.
최상훈·찰스 핸리·마사 멘도자 (2002)『노근리다리』, 남원준 옮김, 잉걸.
최은범 (1986)「국제인도법의 발전과 전시 민간인보호에 관한 연구: 제네바 제협약 및 추가의정서를 중심으로」, 경희대학교 대학원 박사학위논문.
최중극 (1992)『위대한 조국해방전쟁과 전시경제(1950-1953)』, 사회과학출판사.
케이스 휠러 (1987)『B-29의 일본폭격』, 한국일보타임라이프 편집부 옮김, 한국일보타임라이프.
토니 주트 (2008)『포스트워 1945~2005』 1, 조행복 옮김, 플래닛.
피터 심킨스 외 (2008)『모든 전쟁을 끝내기 위한 전쟁: 제1차 세계대전 1914~1918』, 강민수 옮김, 플래닛미디어.
하워드 진 (2002)『달리는 기차 위에 중립은 없다』, 유강은 옮김, 이후.
한국기독교역사연구소 (1989)『한국기독교의 역사 1』, 기독교문사.
한림대학교 아시아문화연구소 엮음 (1996)『빨치산자료집』, 한림대학교 아시아문화연구소.
한모니까 (2009)「한국전쟁 '수복지구'의 체제 변동 과정: 강원도 인제군을 중심으로」, 가톨릭대학교 박사학위논문.
허호준 (2008)「태평양전쟁과 제주도 주둔 일본군의 무장해제 과정」, 조성윤 엮음,『일제 말기 제주도의 일본군 연구』, 보고사.
홍성근 (2003)「독도폭격사건의 국제법적 쟁점 분석」,『한국의 독도영유권 연구사』, 독도연구보전협회.
홍학지 (2008) 『중국이 본 한국전쟁: 중국인민지원군 부사령관 홍학지의 전쟁 회고록』, 홍인표 옮김, 한국학술정보.
황민호·심재욱 (2012) 「조선총독부의 언론정책과 매일신보에 나타난 '방공' 관련 기사의 추이」, 수요역사연구회 엮음, 『제국 일본의 하늘과 방공, 동원 I: 방공정책과 식민지 조선』, 선인.
고상진·전도명 (1989) 『조선전쟁시기 감행한 미제의 만행』, 사회과학출판사.
고양군 정치보위부 (1950.7.) 「적기공습관계철」.
「국제민주법률가협회조사단이 발표한 조선에서의 미국범죄에 관한 보고서」, 1952.3.31.
김경봉 (1992) 「위대한 수령 김일성동지의 현명한 령도밑에 전시농촌보건사업의 발전」, 『력사과학』, 과학백과사전종합출판사.
김광순 (1955) 「조국해방전쟁 시기에 있어서의 조선로동당과 공화국정부의 경제정책」, 『력사과학』, 과학백과사전종합출판사.
김남수 (1992) 「위대한 수령 김일성동지의 현명한 령도밑에 조국해방전쟁시기 북부고지대를 개발하여 새로운 후방기지를 창설하기 위한 투쟁」, 『력사과학』, 과학백과사전종합출판사.
김을룡 (1978) 「위대한 수령 김일성동지께서 제시하신 조국해방전쟁시기 농업생산을 보장하기 위한 방침과 그 빛나는 실현」, 『력사과학』, 과학백과사전종합출판사.
김일성 (1950.7.10.) 「조선민주주의인민공화국 정부대표위원회를 설치하며 후방복구련대를 조직할 데 대하여: 조선민주주의인민공화국 군사위원회 제8차 회의에서 한 연설」, 『김일성전집』 12, 조선로동당출판사 1995.
_____ (1950.7.30.) 「조선민주주의인민공화국 군사위원회 명령 제37호」.
_____ (1950.7.8.) 「전시철도복구련대를 조직할 데 대하여: 조선민주주의인민공화국 군사위원회 제7차 회의에서 한 결론」, 『김일성전집』 12, 조선로동당출판사 1995.
_____ (1950.7.8.) 「조선민주주의인민공화국 군사위원회 위원장이시며 조

선인민군 최고사령관이신 김일성장군의 방송연설」,『조선중앙연감 1950~1951』, 조선중앙통신사 1952.
_____ (1950.11.20.)「조선민주주의인민공화국 내각결정 제175호: 전재민 구호대책에 관한 결정서」.
_____ (1951.1.25.)「조선민주주의인민공화국 내각결정 제197호: 조국해방전쟁 시기에 있어서 인민생활 안정을 위한 제대책에 관한 결정서」.
_____ (1951.3.29.)「조선민주주의인민공화국 군사위원회 명령 제132호: 방공대책 강화에 대하여」.
_____ (1983)『김일성 저작집』15권, 조선로동당출판사.
김희일 (1961)『미제의 조선침략사』, 조선로동당출판사.
리정애 (2002)「조국해방전쟁시기 미제 공중비적들의 폭격만행」,『천리마』, 문학예술출판사.
_____ (2002)「조국해방전쟁시기 미제 공중비적들이 공화국 북반부에서 감행한 폭격만행의 야수성」,『력사과학』, 과학백과사전종합출판사.
림태근 (1990)「위대한 수령 김일성동지의 현명한 령도밑에 전시 식량증산을 위한 농민들의 투쟁」,『력사과학』, 과학백과사전종합출판사.
박상화 (1950.9.16.)「북조선로동당 강원도 연천군당부 위원장 박상화가 북조선로동당 강원도당부 위원장에게 보내는 보고서」.
박헌영 (1950.8.5.)「유엔 안정보장리사회 의장 야·말리크 귀하」, 조선중앙연감 1951~1952』, 조선중앙통신사 1952.
사회과학원 력사연구소 (1981)『조선전사』25, 과학백과사전출판사.
사회과학원 력사연구소 외국사연구실 엮음 (1997)『미제의 아시아침략사』, 과학백과사전출판사.
서울시 민간방공부 (1950)『민간 방공지도원 수첩』.
시흥군 동면분주소 (1950.9.)「시흥군 동면분주소 공습피해조사」.
시흥군 정치보위부 (1950.9.)「1950년 9월 이후 적기 공습 피해 관계」.
역사과학연구소 민속학연구실 (1976)『조국해방전쟁시기 발현된 후방인민들의 혁명적 생활기풍』, 사회과학출판사.

외국문출판사 엮음 (1969)『조국해방전쟁기념관』, 외국문출판사.

전도명 (1983)「조국해방전쟁시기 미제의 세균전 만행을 폭로하기 위한 우리 당의 투쟁」,『력사과학』, 과학백과사전종합출판사.

정일룡 (1950.8.17.)「산업성 지시 제284호: 전시 철도화물 수송 보장에 관하여」.

제315군부대참모부 (1950.8)「행군명령」.

조국통일민주주의전선 (1950.8.18.)「미국 무력간섭자들과 리승만 도배들의 만행에 대한 조국통일민주주의전선 조사위원회 보도 제1호」,『조선중앙연감 1950~1951』, 조선중앙통신사.

_____ (1950.9.18.)「미국 무력간섭자들과 리승만 도배들의 만행에 대한 조국통일민주주의전선 조사위원회 보도 제2호」,『조선중앙연감 1950~1951』, 조선중앙통신사.

_____ (1954)『조국통일민주주의전선 문헌집』(1950년 6월 25일~1953년 7월 27일), 국립출판사.

조선로동당 당정치위원회 (1950.7.29.)「조선로동당 당중앙정치위원회 제48차 회의 결정서: 적기의 폭격하에서와 그로 인한 피해의 복구 정리를 위한 당단체들의 사업정형에 대하여」.

「조선로동당 중앙위원회 및 내각 전화번호부」

조선로동당 중앙정치위원회 (1950.9.12.)「조선로동당 중앙정치위원회 제47차 회의결정서: 평양시 당단체의 당장성 사업에 대하여」.

조선로동당출판사 (1950)『조선로동당중앙위원회 정기회의 문헌집』, 조선로동당출판사.

_____ (1952)『조선인민에 대한 미제국주의자들의 식인종적 만행』, 조선로동당출판사.

_____ (1954)『조선에서의 미국침략자들의 만행에 관한 문헌집』, 조선로동당출판사.

조선민주주의인민공화국 국가계획위원회 중앙통계국 (1961)『조선민주주의인민공화국 인민경제발전통계집 1946~1960』, 국립출판사.

조선민주주의인민공화국 최고재판소 (1956) 『미제국주의 고용간첩 박헌영, 리승엽 도당의 조선민주주의 인민공화국 정권 전복 음모와 간첩사건 공판문』, 국립출판사.

조선중앙통신사 (각년도) 『조선중앙년감』 1949, 50, 51~52(합본).

허종호 (1987) 『미제의 극동정책과 조선』, 사회과학출판사.

_____ (1993) 『위대한 수령 김일성동지께서 령도하신 조선인민의 정의의 조국해방전쟁사 1·2·3』, 과학백과사전종합출판사.

허종호 외 (1983) 『조선인민의 정의의 조국해방전쟁사 1·2·3』, 사회과학출판사.

Barlow, Jeffrey (1994) *Revolt of Admirals: the Fight for Naval Aviation, 1945-1950*, Naval Historical Center, Dept. of Navy.

Bateman, Robert L. (2002) *No Gun Ri: A Military History of the Korean War Incident*, PA: Stackpole Books.

Cameron, Craig M. (1994) *American Samurai: Myth, Imagination, and the Conduct of Battle in the First Marine Division, 1941-1951*, New York: Cambridge University Press.

Carpenter, Humphrey ed. (1977) *The Letters of J. R. R. Tolkien*, Boston: Houghton Mifflin.

Carter, Kit & Robert Mueller ed. (1991) *Combat Chronology, 1941-1945*, Washington D.C.: Center for Air Force History.

Center for Defense Information (1989) "The Global Network of United States Military Bases," *Defense Monitor* 18: 2.

Central Intelligence Agency (1966) "Historical Notes on the Use of Air Power as a Weapon of Interdiction."

Chapell, John D. (1997) *Before the Bomb: How America Approached the End of the Pacific War*, Lexington: University Press of Kentucky.

Charles J. Hanley, Sang-Hun Choe, Martha Mendoza (2001) *The Bridge at No Gun Ri—A Hidden Nightmare from the Korean War*, Baror International Inc.(최상훈·찰스 핸리·마사 멘도자 [2002] 『노근리 다리:한국전쟁의 숨겨진 악몽』, 잉걸).

Clark, Mark W. (1988) *From Danube to the Yalu*, Blue Ridge Summit: Tab books.

Coffey, Thomas (1986) *Iron Eagle: The Turbulent Life of General Curtis LeMay*, New York: Crown.

Converse, Elitott V. (2005) *Circling the Earth: United States Plans for a Postwar Overseas Military Base System, 1942-1948*, Air University Press, Maxwell Air Force Base, Alabama.

Conway-Lanz, Sahr (2005) "Beyond No Gun Ri: Refugees and the United States Military in the Korean War," *Diplomatic History*, Vol. 29, No. 1, January 2005.

_____ (2006) *Collateral Damage: Americans, Noncombatant Immunity, and Atrocity After World War II*, London: Routledge.

Cooling, Benjamin Franklin ed. (1994) *Case Studies in the Achievement of Air Superiority*, Washington, D.C.: Center for Air Force History.

Crane, Conrad C. (1993) *Bombs, Cities, and Civilians: American Airpower Strategy in World War II*, Lawrence: University Press Of Kansas.

_____ (1999) "Raiding the Beggar's Pantry: The Search for Airpower Strategy in the Korean War," *The Journal of Military History*, Vol. 63, October 1999.

_____ (2000) *American Airpower Strategy in Korea, 1950-1953*, Lawrence: University Press of Kansas.

Cumings, Bruce (1981) *The Origins of the Korean War, Vol. I: Liberation and the Emergence of Separate Regimes, 1945~1947*, NJ: Princeton University Press(브루스 커밍스 [1986] 『한국전쟁의 기원 상·하』, 김주환 옮김, 청사).

_____ (2002) *The Origins of the Korean War, Vol. II: The Roaring of Cataract*,

1946-1950, Seoul: Yuksabipyungsa.

____ (2004) *North Korea, Another Country*, New York: the New Press.

____ (2010) *The Korean War: A History*, New York: Modern Library.

Dean, William F. (1954) *General Dean's Story*, New York: the Viking Press.

Dower, John (1986) *War Without Mercy: Race and Power in the Pacific War*, New York: Pantheon Books.

Foot, Rosemary (1990) *A Substitute for Victory: The Politics of Peacemaking at the Korean Armistice Talks*, Ithaca, New York: Cornell University Press.

Futrell, Robert F. (1961) *The United States Air Force in Korea, 1950-1953*, New York: Duell, Sloan and Pearce.

____ (1989) *Ideas, Concepts, Doctrine: Basic Thinking in the United States Air Force*, Vol. 1(1907-1960), Alabama: Air University Press.

Green, William and Gordon Swanborough (2001) *The Great Book of Fighters*, Hudson, W.I.: MBI Publishing.

Halliday, Jon & Cumings, Bruce (1988) *Korea: The Unknown War*, New York: Pantheon Books(브루스 커밍스·존 할리데이 [1989]『한국전쟁의 전개과정』, 차성수·양동주 옮김, 태암).

Hallion, Richard P. (1986) *The Naval Air War in Korea*, Annapolis: Nautical & Aviation.

Hess, Dean (1956) *Battle Hymn*, New York: McGraw-Hill.

Hopkins, J. C., and Sheldon A. Goldberg (1986) *The Development of Strategic Air Command, 1946-1986(The Fortieth Anniversary History)*, Offutt Air Force Base, Neb.: Office of the Historian, Strategic Air Command.

Hulbert, H. B. (1905) *The History of Korea*, Seoul: Methodist Publishing House.

International Committee of the Red Cross (1952) *Le comi international de le Croix-Rouge cet le conflict de Coree*, Vol. I, Geneva.

J. M. Henckaerts and L. D. Beck (2005) *Customary International Humanitarian Law*, New York: Cambridge University Press.

Jamison, Theodore R. (1996) "General Curtis LeMay, The Strategic Air Command, and the Korean War, 1950-1953," *Journal of the American Aviation Historical Society*, Vol. 41, Fall 1996.

Joint Chief of Staff (2001) *Department of Defense Dictionary of Military and Associated Terms*, Joint Chief of Staff.

Kennett, Lee (1982) *A History of Strategic Bombing*, New York: Charles Scribner's Sons.

Kim, Taewoo (2012) "War against an Ambiguous Enemy: U.S. Air Force Bombing of South Korean Civilian Areas, June-September 1950," *Critical Asian Studies*, No. 44 Vol. 2.

_____ (2012) "Limited War, Unlimited Targets: US Air Force Bombing of North Korea during the Korean War, 1950-1953," *Critical Asian Studies*, No. 44 Vol. 3.

Knight, Michael (1989) *Strategic Offensive Air Operations*, Brassey's Air Power: Aircraft, Weapons Systems and Technology Series.

Kohn, Richard H. and Joseph P. Harahan, eds. (1986) *Air Interdiction in World War II, Korea, and Vietnam*, Washington, D.C.: Office of Air Force History.

Kozak, Warren (2009) *LeMay: The Life and Wars of General Curtis LeMay*, Washington, D.C.: Regnery Publishers.

Kuehl, Daniel T. (1992) "Refighting the Last War: Electronic Warfare and the U.S. Air Force B-29 Operations in the Korean War, 1950-1953," *The Journal of Military History*, Vol. 56, January 1992.

LeMay, Curtis, and Bill Yenne (1988) *Superfortress: The B-29 and American Air Power*, New York: McGraw-Hill.

LeMay, Curtis, and MacKinley Kantor (1965) *Mission with LeMay*, Garden

City, New York: Doubleday.

Lovmo, Mark S. (2003) "Further Investigation into The June 8, 1948 Bombing of Tokto Island," *International Journal of Korean History*, Vol. 4.

Lowe, James Trapier (1984) *A Philosophy of Air Power*, M.D.: University Press of America.

Maeda, Tetsuo (2009) "Strategic Bombing of Chongqing by Imperial Japanese Army and Naval Forces," *Bombing Civilians: A Twentieth Century History*, New York: The New Press.

Mark, Eduard (1994) *Aerial Interdiction in Three Wars*, Washington, D.C.: Center for Air Force History.

Meilinger, Philip S. (2003) *Air War: Theory and Practice*, London: Frank Cass.

Moody, Walton S. (1996) *Building a Strategic Air Force*, Washington D.C.: Air Force History and Museums Program.

Murray, Williamson (1999) *War in the Air 1914-1945*, Washington, D.C.: Smithsonian Books.

Office of Air Force History (1986) "Air Interdiction in World War II, Korea, and Vietnam: An Interview with General Earle E. Partridge, General Jacob E. Smart, and General John W. Vogt, Jr."

Pape, Robert A. (1996) *Bombing to Win: Air Power and Coercion in War*, Ithaca, New York: Cornell University Press.

Rees, David (1964) *Korea: The Limited War*, London: Macmillan & Co. Ltd.

Schaffer, Ronald (2009) "The Bombing Campaign in World War II: The European Theater," Yuki Tanaka and Marilyn B. Young eds., *Bombing Civilians: A Twentieth Century History*, New York: The New Press.

Selden, Mark (2009) "A Forgotten Holocaust: U.S. Bombing Strategy, the Destruction of Japanese Cities and the American Way of War from the Pacific War to Iraq," *Bombing Civilians: A Twentieth Century History*, New York: The New Press.

Sherwood, John Darrell (1996) *Officers in Flight Suits: The Story of American Air Force Fighter Pilots in the Korean War*, New York: New York University Press.

Singer, J. David & Small Melvin (1972) *The Wages of War 1816-1965: A Statistical Handbook*, Hoboken, NJ: John Wiley & Sons, Inc.

State Department ed. (1976) *Foreign Relations of the United States, 1950, Vol. 7, Korea*, Washington, D.C.: United States Government Printing Office.

Stewart, James T. ed. (1957) *Airpower: The Decisive Force in Korea*, Princeton, New Jersey: Van Nostrand.

Stockholm International Peace Research Institute (1975) *Incendiary Weapons*, Stockholm: Almqzist & Wiksell International.

Stueck, William (1995) *The Korean War: An International History*, NJ: Princeton University Press(윌리엄 스툭 [2001] 『한국전쟁의 국제사』, 김형인·김남균·조성규·김재민 옮김, 푸른역사).

Takaki, Ronald (1995) *Hiroshima: Why America Dropped the Bomb*, Boston: Little, Brown and Company.

_____ (2000) *Double Victory: A Multicultural History of America in World War II*, Boston: Back Bay Books.

Truman, Harry S. (1955) *Years of Trial and Hope*, New York: Doubleday & Co. Inc.

Tucker, Spencer C. ed. (2000) *Encyclopedia of the Korean War: A Political, Social and Military History*, Vol. I & Vol. II, Santa Barbara, ABC-Clio.

Turner, Joy, C. (1955) *How Communists Negotiate*, London: Macmillan Co.

United States House of Representative (1951) *Report on the Communist "Peace" Offensive*, US Government Printing Office.

Wernicke, Günter (2001) "The Unity of Peace and Socialism? The World Peace Council on a Cold War Tightrope Between the Peace Struggle and Intrasystemic Communist Conflicts," *Peace & Change*, Vol. 26, No. 3.

White, Theodore (1978) *In Search of History: A Personal Adventure*, New York: Harper & Row.
Winnefield, James A & Johnson, Dana J. (1993) *Joint Air Operations: Pursuit of Unit in Command and Control, 1942-1991*, Annapolis: Naval Institute.
Woodford Agee Heflin ed. (1956) *The United States Air Force Dictionary*, Washington D. C.: Air University Press.

신문과 잡지

「外國情形」,『대한협회회보』7호, 1908.10.25.
「散錄」,『대한흥학보』8호, 1909.12.20.
「聯合靑年主催 京城防空日」,『동아일보』1932.2.25.
「戰戰兢兢한 南京市民, 空襲後 沈默의 一夜」,『동아일보』1937.9.24.
「飛行隊는 敵後方施設爆擊 上海戰線空陸軍活躍」,『동아일보』1937.10.22.
「二日도 南京 空襲 空中戰後 敵九機擊墜」,『동아일보』1937.12.4.
「이승만 대통령, NBC방송과 회견」,『동아일보』1951.3.16.
「兒童에게 航空思想 宣傳」,『매일신보』1933.2.20.
「各學校生徒에 航空思想 宣傳」,『매일신보』1933.2.28.
「要衝半島의 鐵壁陣 各道에 防空協會와 警防團組織코 活動—오는 十月부터 조직활동할 것을 二三일 중에 발표 今日 防空委員會에서 決定」,『매일신보』1939.7.2.
「푸른 하늘의 꿈: 모형비행기를 만드러 항공정신을 길릅시다」,『매일신보』1941.6.23.
「毒瓦斯, 燒夷彈 속에서—"몸베"部隊 猛活動—木浦單位의 防空訓練」,『매일신보』1941.7.29.
「과학교실」,『매일신보』1942.3.29.
『매일신보』1944.12.6.
『매일신보』1944.12.8.
『매일신보』1944.12.9.

『부산일보』 1950.8.13.
「공중비행기의 대경쟁」, 『서우』 4호, 1907.3.1.
『서울신문』 1948.6.18.
『연합뉴스』 1999.12.23.
「서울만들기 2: 잿더미 서울」, 『중앙일보』 2003.9.2.

『로동신문』 1950.5.25.
『로동신문』 1950.7.18.
『로동신문』 1950.7.23.
『로동신문』 1950.8.5.
『로동신문』 1950.8.21.
「진격의 대오에서(1)」, 『로동신문』 1950.8.26.
「종군수첩에서(2) 대전에서」, 『로동신문』 1950.9.6.
「전선은 대구를 향하여(하)」, 『로동신문』 1950.9.7.
『로동신문』 1950.9.9.
『로동신문』 1951.2.15.
『로동신문』 1951.3.24.
『로동신문』 1952.7.1.
『로동신문』 1952.7.14.
『로동신문』 1953.5.18.
『로동신문』 1953.6.3.
『로동신문』 1953.6.11.
『로동신문』 1953.6.21.
『로동신문』 1953.7.1.
『로동신문』 2013.3.6.
『로동신문』 2013.3.11.
『민주조선』 1950.8.1.
『조선인민보』 1950.7.26.

Daily Chronicle, 1911.11.6.
"Top Gun Boosting Service Sign-ups," *Los Angeles Times*, 1986.7.5.
New York Times, 1943.1.9.
New York Times, 1950.11.9.
New York Times, 1951.2.9.
"An Admiral Talks Back to the Airmen," *Saturday Evening Post*, 1949.6.25.
Stars and Strife, 1948.6.17.
"Ex-GIs Tell AP of Korea Killing," *The Associated Press*, 1999.9.29.
"25 Years Later, How 'Top Gun' Made America Love War," *The Washington Post*, 2011.8.27.
Times, 1911.10.31.
"Why the Navy Wants Big Aircraft Carriers," *US News and World Report*, 1949.5.20.

기타(인터뷰, 인터넷, 동영상 자료 등)
「현역 공군장교 A씨와 김태우의 인터뷰」, 2010년 11월 6일 서울대 규장각한국학연구원.
「퇴역 조종사 B장군과 김태우의 인터뷰」, 2011년 1월 14일 경기도 B장군 자택.
유튜브 동영상: "Collateral Murder," http://www.youtube.com/watch?v=5rXPrfnU3G0(2010년 4월 3일 접속).
테드(TED) 동영상: "Julian Assange: Why the World needs Wikileaks," http://www.ted.com/talks/julian_assange_why_the_world_needs_wikileaks.html(2010년 7월 접속).
위키피디아 'Maug Island' 검색: http://en.wikipedia.org/wiki/Maug_Islands(2010년 11월 8일 접속).
위키피디아 'Farallon de Medinilla' 검색: http://en.wikipedia.org/wiki/Farallon_de_Medinilla(2010년 11월 8일 접속).

| 도판출처 |

제1부

1-1 "History of Castle Air Force Base and the Ninety-third Bombardment Wing(VH), June 1948"의 첨부문서

제2부

2-1 FEAF Bomber's Command, "Operations Order 1-50, Wonsan, Port and Dock Area", 1950.7.13(AFHRA, Roll No. K7171)

2-2 FEAF Bomber's Command, "Operations Order 1-50, Wonsan, Port and Dock Area", 1950.7.13(AFHRA, Roll No. K7171)

2-3 "Air Force Activities, Korea, 1950, Bombing, Wonsan," NARA, NASM 4A 39192

2-4 Chris Springer, North Korea Caught in Time: Images War and Reconstruction, Reading: Garnet Publishing, 2009, 17면

2-5 "Air Force Activities, Korea, 1950, Bombing, Pyongyang," NARA, NASM 4A 38976; "Air Force Activities, Korea, 1950, Bombing, Pyongyang" NARA, NASM 4A 38970

2-6 FEAF Bomber's Command, "Operations Order 19-50, Konan, Chosen Nitrogen Explosive Factory," 1950.7.30.

2-7 "Air Force Activities, Korea, 1950, Bombing, Konan," NARA, NASM 4A 38838

2-8 "Air Force Activities, Korea, 1950, Bombing, Chongjin," NARA, NASM 4A 38665; "Air Force Activities, Korea, 1950, Bombing, Chongjin," NARA, NASM 4A 38666

2-9 "Air Force Activities, Korea, 1950, Bombing, Chongjin," NARA, NASM 4A 38662; "Air Force Activities, Korea, 1950, Bombing, Chongjin," NARA, NASM 4A 38673

※사진 제목에는 '청진'(Chongjin)으로 표기되어 있으나, 사진 뒷면의 목표 일과 목표물에 대한 설명으로 볼 때 사진상의 지역은 '성진'이 확실하다.

2-10 "Air Force Activities, Korea, 1950, Bombing, Konan," NARA, NASM 4A 38833

2-11 "Air Force Activities, Korea, 1950, Bombing, Hungnam," NARA, NASM 4A 38807

2-12 Chris Springer, North Korea Caught in Time: Images War and Reconstruction, Reading: Garnet Publishing, 2009, 24면

2-13 NARA, RG 242, SA 2009, Item 53

2-14 NARA, RG 242, SA 2009, Item 80

제3부

3-1 * 다음 자료를 참고함: 공군본부, 『공군교범 100-11: 항공용어집(항공작전편)』, 1962, 73면; 노근리사건조사반, 『노근리사건 조사결과 보고서』, 2001, 30면

3-2 미공군국립박물관(National Museum of the US Air Force) 홈페이지 http://www.nationalmuseum.af.mil

3-3 "Airplanes, Formation, F-80," 1951.9., NARA, NASM 4A 25959

3-4 "Mass Strike on Korean Division," NARA, NASM 4A 38419; "Post Strike Photo of the Korean Battle Area West of the Naktong River," NARA,

NASM 4A 38421

3-5 NARA, NSAM 4A 38459; NARA, NASM 4A 38772

3-6 "Air Force Activities, Korea, 1950, Bombing, Seoul," NARA, NASM 4A 39044; "Air Force Activities, Korea, 1950, Bombing, Seoul," NARA, NASM 4A 39052

3-7 "Air Force Activities, Korea, 1950, Bombing, Korea," NARA, NASM 4A 39318

3-8 "Air Force Activities, Korea, 1950, Bombing," NARA, NASM 4A 38727

※사진 속 원 안의 확대사진은 필자 편집

제4부

4-1 "Air Force Activities, Korea, 1951, Bombing," NARA, NASM 4A 38620

4-2 FEAF Operations Analysis Office, "FEAF Operations Analysis Office Memorandum No. 27: The Effectiveness of Napalm as Demonstrated in the Tests of 30 September-6 October 1950 at Taegu, Korea," 1950.10.30.

4-3 "Air Force Activities, Korea, 1950, Bombing, Kanggye," 1950.11.5., NARA, NASM 4A 38787; "Air Force Activities, Korea, 1950, Bombing, Kanggye," 1950.11.5., NARA, NASM 4A 39788

4-4 "Air Force Activities, Korea, 1950, Bombing, Sinuiju," 1950.11.8., NARA, NASM 4A 39085

4-5 "Air Force Activities, Korea, 1951, Bombing," NARA, NASM 4A 38492

4-6 "Air Force Activities, Korea, 1950, Bombing," NARA, NASM 4A 39461

4-7 Chris Springer, North Korea Caught in Time: Images War and Reconstruction, Reading: Garnet Publishing, 2009, 31면

4-8 Chris Springer, North Korea Caught in Time: Images War and Reconstruction, Reading: Garnet Publishing, 2009, 15면

제5부

5-1 "Air Force Activities, Korea, 1951, Bombing," NARA, NASM 4A, 38544; "Air Force Activities, Korea, 1952, Bombing" NARA, NASM 4A 38599

5-2 NARA, NASM 4A 38649

5-3 국가기록원

5-4 "Air Force Activities, Korea, 1952, Bombing, Anak," NARA, NASM 4A 38717; "Air Force Activities, Korea, 1952, Bombing, Anak," NARA, NASM 4A 38718

5-5 A Quarterly Review Staff Study, "The Attack on the Irrigation Dams in North Korea," James T. Stewart ed., Air Power -The Decisive Force in Korea-, D. Van Nostrand Company, 1957, 178면

5-6 "Air Force Activities, Korea, 1953, Bombing," 1953.1., NARA, NASM 4A 38635

5-7 "Air Force Activities, Korea, 1953, Bombing, Pyongyang," 1953, NARA, NASM 4A 39018; Chris Springer, North Korea Caught in Time: Images War and Reconstruction, Reading: Garnet Publishing, 2009, 19면

| 찾아보기 |

ㄱ
가정방공 57, 58
강건(姜健) 169, 182
강계폭격 286
갤러리, 대니얼(Daniel V. Gallery) 96
「게르니까」(Guernica) 32
견룡저수지 373, 374, 376
겸이포폭격 138, 349
경남 함안 남산벌판 피난민 폭격 166, 227
고와마루호 사건 54
고타(Gotha) 폭격기 25
골룸(Gollum) 20, 21, 27, 31
공중통제관 → 모스키토
관동대지진 55
괴링, 헤르만(Hermann Göring) 32, 33
국가안보법(National Security Act) 70, 88, 95
국제민주여성연맹 조사단(Women's International Commission for the Investigation of War Atrocities Committed in Korea) 297, 304, 306, 307, 318, 319, 329
극동공군사령부 68, 79, 81, 89, 100, 102, 103, 109, 134, 137, 148, 171, 178, 179, 229, 238, 239, 243, 244, 248, 276, 277, 280, 287, 291, 343, 354, 355, 359, 363, 364, 367, 371~74
극동공군 작전분석실(FEAF Operations Analysis Office) 125, 144, 145, 176, 277~79, 353
극동공군 폭격기사령부(FEAF Bomber Command) 103, 104, 109, 116, 122, 127, 128, 131, 142, 169, 231, 237, 244, 249, 250, 287, 292, 297~300, 348, 349, 351, 377
극동공군 폭격피해현장평가반(FEAF Bomb Damage Assessment

Field Teams) 129, 130, 138, 140, 146, 161, 377
『극동공군일일작전사』 244
근접지원작전(Close Air Support) 120, 170, 176, 179, 182, 183, 199~202, 225, 229, 230, 231, 236~39, 244, 250, 258, 274, 280, 310
김귀옥(金貴玉) 324
김남천(金南天) 202, 203
김달현(金達鉉) 86, 149
김동춘(金東椿) 323
김두봉(金枓奉) 86, 149
김성칠(金聖七) 249
김일성(金日星) 85, 86, 105, 106, 127, 149, 153, 154, 160, 161, 169, 182, 183, 282, 317, 340, 343, 345, 358, 359, 379, 395
김책(金策) 169, 182

ㄴ
나진폭격 137, 138, 356
네이팜(napalm) → 네이팜탄
네이팜탄(napalm bomb) 42, 179, 195, 206, 207, 209, 210, 218, 219, 226, 227, 262, 270, 272~79, 292, 308~16, 327, 330, 331, 379
노근리사건 165~67, 180, 181, 222, 224
『노근리사건 조사결과보고서』 224
노스태드, 로리스(Lauris Norstad) 90

ㄷ
다우어, 존(John W. Dower) 43
대량학살(massacre) 47, 195, 268, 269, 284, 290
대소봉쇄정책 74, 75, 92
『데일리워커』(Daily Worker) 114, 151, 152
도진순(都珍淳) 327
도하작업대(渡河作業隊) 346
독도폭격사건 17, 67, 76~82, 397
두에, 줄리오(Giulio Douhet) 27, 28, 30~32, 37, 297
드레스덴폭격 36, 37, 51
딘, 윌리엄(William Dean) 381

ㄹ
라이트 형제(Wright Brothers) 19, 20
래드퍼드, 아서(Arthur W. Radford) 96, 268
레이더폭격(radar bombing) 109, 110, 114, 116, 121, 128, 137, 144, 244, 246, 284, 298, 299
레이존(razon)폭탄 292, 295, 298
『로동신문』 152, 156, 366, 368, 375~77
로드, 노라(Nora Rodd) 318
로저스, 터너(Turner C. Rogers) 222, 223
루스벨트, 프랭클린(Franklin D. Roosevelt) 33, 39

류 쥐잉(柳居英) 345
르메이, 커티스(Curtis LeMay) 41, 42, 51, 98, 142, 271, 272, 392
리지웨이, 메슈(Matthew B. Ridgway) 337, 338, 355~57
리태준(李泰俊) 202, 234~36
린, 존(John A. Lynn) 44

ㅁ

마오 쩌둥(毛澤東) 281, 358, 359
마쯔이 히데오(松井秀男) → 인재웅
말리끄, 야꼬프(Yakov A. Malik) 115
『매일신보』 47, 63
맥아더, 더글러스(Douglas MacArthur) 7, 73~75, 87, 99, 100~02, 110, 126, 127, 140, 168, 170, 178, 179, 229, 230, 234, 236~38, 277, 250, 267~69, 271, 273, 280~86, 288~92, 294, 296, 297, 309, 316, 325~27, 338, 392, 394
메러이, 티보르(Tibor Méray) 316
멜로우(Mellow) 191, 198, 200, 210, 211, 216, 217, 258, 260, 310, 311
모스키토(Mosquito) 173, 174, 182, 186, 191, 198~201, 205, 210, 211, 213, 216, 218, 219, 220, 224~27, 258, 260, 310, 311
목표구역폭격 → 지역폭격
목표선정위원회(Target Selection Committee) 238
몸뻬 52, 58, 59

무선유도씨스템 → 쇼란
무장정찰(armed reconnaissance) 211, 258~61, 351
무차별폭격 7, 18, 47~49, 87, 101, 114, 121~23, 151, 217, 233, 253, 284, 288, 354, 267, 393
무차별폭격정책 → 무차별폭격
문라이즈(Moonrise) → 비상전쟁계획
『미공군 기본교리』(*United States Air Force Basic Doctrine*) 89
미나미 지로오(南次郎) 58
미첼, 윌리엄 '빌리'(William 'Billy' Mitchell) 29, 37, 55
『민간 방공지도원 수첩』 161
「민간 피난민 기총소사 정책」(Policy on Strafing Civilian Refugee) 222
민간인 면제원칙(Noncombatant Immunity) 91
민병균(閔丙均) 202
민영락(閔泳洛) 60, 62

ㅂ

바, 데이비드(Barr, David) 328
바르, 카를 루트비히 폰(Carl Ludwig von Bar) 22
박헌영(朴憲永) 86, 115, 141, 149, 303, 358, 395
박효삼(朴孝三) 184
반기문(潘基文) 180
반덴버그, 호이트(Hoyt S. Vandeberg) 90, 97, 99, 103, 108, 115, 179,

찾아보기 479

294, 338
반미주의 5, 6, 368, 386~88
『반지의 제왕』(The Lord of the Ring) 19, 22
방공전람회 56, 57
방공훈련 46, 52~54, 56, 57, 149
백선엽(白善燁) 180, 233, 234, 283
밴플리트, 제임스(James A. Van Fleet) 338
버크, 조지(George Berke) 195
번즈, 로버트(Robert Berns) 302
보급품 집적소(supply center) 120, 213, 214, 217, 218, 220, 294, 298~301, 348~52, 356, 369, 378, 379, 382, 383
「부수적 살인」(Collateral Murder) 15
「북한철도의 전쟁시기 군사적 관리제도에 대한 협의」 345
브릭스, 제임스(James E. Briggs) 338
블레미, 토머스(Thomas Blamey) 43
비상전쟁계획(Emergency War Plan) 70~73, 76
삐까소, 빠블로(Pablo Picasso) 32

ㅅ
사전폭격(事前爆擊) 289
사진정찰 110, 287, 288, 295, 298
샤퍼, 로널드(Ronald Schaffer) 39
성진폭격 138, 140
세계평화옹호자대회(World Congress of Partisans of Peace) 94

셔우드, 존(John Darrell Sherwood) 186, 187, 193
소년비행병 61, 62
소이탄(燒夷彈) 7, 21, 35, 36, 38, 40~44, 49~51, 87, 91, 142, 143, 160, 161, 203, 269, 270~74, 277, 279, 286, 289, 291, 292, 294~301, 303, 305~09, 314, 316, 319~24, 326, 329, 354, 392~94
손정목(孫楨睦) 246, 247
쇼란(SHORAN) 352~54, 367, 369
수슬로프, 미하일(Mikhail Suslov) 94
수풍발전소 폭격 364, 366
슈찌꼬프, 떼렌찌(Terenty F. Shtykov) 85, 86, 148, 149, 153, 182
스노우, 에드거(Edgar Snow) 151~53, 386
스딸린, 이오지프(Stalin, Iosif V.) 85, 93, 148, 149, 337, 359
스마트, 제이콥(Jacob E. Smart) 359, 360, 363, 367
SCAPIN 1778호 → 연합군 최고사령부 지령 1778호
「스톡홀름 호소문」(Stockholm Appeal) 94, 95
스트랭글작전(Operation Strangle) 341, 343, 347
스트레이트마이어, 조지(George E. Stratemeyer) 100, 101, 103, 104, 125~27, 137, 140, 170, 176, 179, 230, 234, 236, 238, 246, 254,

271~75, 277, 280, 281, 284~86, 288, 291, 292, 296, 301, 302, 305, 307, 312, 313, 338, 392
스티어, 조지(George Steer) 31, 32
스파츠, 칼(Carl Spaatz) 38, 90
신성모(申性模) 141
신의주공습 → 신의주폭격
신의주폭격 285, 286, 290, 291, 294~99, 301, 303, 304, 308, 309, 320
싸이밍턴, 스튜어트(Stuart Symington) 97
쎄처레이트작전(Operation Saturate) 343, 347
쎌던, 마크(Mark Selden) 39, 43

ㅇ
아널드, 헨리(Henry Arnold) 41, 90
아베 게이지(安部桂司) 105
안창호(安昌浩) 47
애치슨, 딘(Dean Acheson) 72, 101, 138, 141, 392
앤더슨, 오빌(Orville A. Anderson) 97
앨먼드, 에드워드(Edward Almond) 327, 329
어산지, 줄리언(Julian Assange) 16
에버리스트, 프랑크(Frank F. Everest) 338
「S-1999 편지 42호」 384
M-76 소이탄 → 소이탄
연합군 최고사령부 지령 1778호 68, 72
예천 진평리 미군폭격사건 328, 331
오끼나와(沖繩) 43, 66~68, 73~80, 108, 109, 351
오도넬, 에멧(Emmett O'Donnell, Jr) 103, 104, 137, 142, 230, 233, 234, 236, 271, 273, 286, 296, 392
오스틴, 워런(Warren R. Austin) 141
오프스티, 랠프(Ralph A. Ofstie) 96
원산폭격 104, 105, 108~21, 125, 132, 134, 144, 151~155, 229, 243, 305, 377
월미도 민간인 집단희생 사건 262, 277
웨일랜드, 오토(Otto P. Weyland) 238, 244, 338, 339, 355
위키리크스(Wikileaks) 16, 17
유영자 66
육감(hunch) 205, 212, 213, 217, 393
육안폭격(visual bombing) 109, 110, 128, 131, 144, 244, 292, 294, 298~300, 349
윤응렬(尹應烈) 60, 62
윤치호(尹致昊) 64
융단폭격(carpet bombing) 230, 234
이승만(李承晩) 5, 154, 389, 391
2차대전 6~8, 16, 17, 32, 33, 37, 39, 41, 43~47, 53, 66, 68, 70, 75, 81, 82, 87~94, 98, 103, 109, 138, 140, 142, 161, 175, 186, 189, 190, 194, 233, 269, 270~74, 292, 302,

303, 336, 363, 372, 392, 393
이커, 아이라(Ira Eaker) 37
인재웅(印在雄) 63, 64
인종전쟁(race war) 43
인종주의(racism) 43, 44, 82, 189
인천상륙작전 168, 247, 262, 267, 276, 277, 280, 313
1차대전 23~29, 31, 48, 55, 347
임무위스키(mission whisky) 192

ㅈ
자동송환 357
자모저수지 335, 374~76
자원송환 357, 358, 362, 395
장지량(張志良) 60, 62
전략폭격(strategic bombing) 7, 27, 28, 30, 32, 33, 37, 38, 40, 41, 47, 50, 51, 53, 55, 59, 88, 90, 91, 95~98, 101, 104~07, 111, 120, 127, 133, 137, 140, 146, 169, 229, 236, 238, 243, 244, 246, 250, 271, 281, 297, 397
전술폭격(tactical bombing) 28, 33, 34
전술항공작전(Tactical Air Operation) 169~72, 175, 177, 180~82, 185, 186, 191, 197, 198, 211, 223, 236, 273, 309
전술항공통제센터(Tactical Air Control Center) 172, 191, 199, 259
전술항공통제씨스템 171, 172, 174, 175, 177, 178, 180, 196

전시철도복구연대 154, 340
전쟁범죄 30, 391, 395
전투계속원칙 338
절대반지(the One Ring) 19, 20, 22, 27, 31
정밀유도폭탄 176
정밀조준폭격(pinpoint bombing) 96, 147
정밀폭격(precision bombing) 7, 33, 34, 38, 39~41, 80, 81, 87, 90, 91, 96, 98, 101, 102, 110, 114, 115, 117, 119, 129~31, 134, 146, 147, 151, 244, 246, 269~71, 285, 288, 290, 314, 351, 392
정밀폭격정책 → 정밀폭격
정전협정 8, 336, 337, 372, 379, 381, 382, 389, 396, 397
제5공군(Fifth Air Force) 169~72, 174, 178, 179, 183~85, 193, 194, 198, 199, 203, 205, 210~13, 215, 218, 222~25, 227, 233, 246, 250, 252~55, 257, 274, 276, 286~89, 295, 308, 309, 338, 343, 355, 364, 366, 367, 371, 381
제공권(制空權) 28, 34, 100, 120, 148, 153, 162, 169, 170, 183, 367, 381
제네바협약 7, 95, 102, 357
조국통일민주주의전선 조사위원회 117, 119, 121, 136, 155, 156, 159
『조선전사』 384
『조선중앙연감』 318

조이, C. 터너(C. Turner Joy) 356, 362
조종간부후보계획(Aviation Cadet Program) 187
존슨, 루이스(Louis A. Johnson) 100
존슨, 차머스(Chalmers Johnson) 67
졸리오퀴리, 프레데릭(Frédéric Joliot-Curie) 95
중일전쟁 47, 49, 56, 58, 61
즈다노프, 안드레이(Andrei A. Zhdanov) 92, 93
지역폭격(area bombing) 29, 35~40, 81, 98
지하갱도 364

ㅊ

차단작전(interdiction) 104, 105, 120, 154, 170, 229, 236~40, 243, 244, 249, 250, 252, 253, 255, 259, 280, 337~39, 340, 342, 343, 347, 354, 355, 359~61, 379
차단폭격작전 → 차단작전
채스타이즈 작전(Operation Chastise) 372
처칠, 윈스턴(Winston Churchill) 29, 34, 35
청진폭격 104, 105, 133~36, 229, 286, 292, 294, 298, 299, 301, 377
체임벌린, 네빌(Neville Chamberlain) 33
체펠린(Zeppelin) 비행선 24, 25
초토화정책 7, 8, 127, 268, 270, 279, 284, 286, 288, 289, 291, 301, 302, 305, 307, 309, 310, 313, 317, 319, 323, 326, 327, 330, 331, 344, 350, 394
초토화작전 → 초토화정책
충칭폭격 49~51, 151

ㅋ

카르보닛(Carbonit) 23
카미까제(神風) 62, 63
카사블랑카 회담 39
케넌, 조지(George F. Kennan) 74
코민포름(Cominform) 92, 94
콘웨이-란츠, 싸르(Sahr Conway-Lanz) 91, 92
'크기'정책 212, 214, 215, 218
크레인, 콘래드(Conrad Crane) 39
클라크, 마크(Mark W. Clark) 362, 363, 379
키무라 미쯔히꼬(木村光彦) 105

ㅌ

태평양전쟁 43, 44, 56, 61~63, 91, 98, 117, 250, 273
테러폭격(terror bombing) 151
토굴 8, 319, 320, 336, 368, 376, 394
토오꼬오폭격 41, 42, 46, 51, 55, 302
톨킨, 존 R. R.(John R. R. Tolkien) 19
트렌처드, 휴(Hugh Trenchard) 28~30, 32
트루먼, 해리(Harry Shippe Truman)

88, 99~102, 168, 268, 271, 283, 289, 290, 325, 337, 338, 356, 357, 362, 363
트루먼 독트린(Truman Doctrine) 92
팀버레이크, 에드워드(Edward J. Timberlake, Jr.) 178, 222, 224

ㅍ

파괴작전 292, 305, 309, 314, 326, 327, 362, 367, 373, 378, 379
파괴폭탄(general purpose bomb) 79, 142~44, 146, 231, 233, 242, 243, 246, 248, 251, 256, 270, 271, 292, 294, 296, 298~300, 349, 354, 375
파트리지, 얼(Earle E. Patridge) 171, 179, 233, 274, 276, 286, 305
파편폭탄(fragmentation bomb) 50
펑 더화이(彭德懷) 358, 381, 395
평양폭격 120, 124, 126, 152, 305, 306, 355, 367~69
평화공세(peace offensive) 93, 95
평화운동 7, 66, 93~95
포항 홍안리 곡강천변 피난민 폭격 166, 228
폭격선(bomb line) 179, 182, 186, 197, 237~39, 243, 250, 253, 255, 257~301
프래그(FRAG) 190
핀처(Pincher) → 비상전쟁계획
필리핀전쟁 91

ㅎ

하얀 파자마(white pajamas) 262
하이너, 하워드(Howard Heiner) 194
한셀, 헤이우드(Haywood Hansell) 41
함부르크폭격 36, 51, 302
함흥폭격 104, 105, 133, 138, 154, 305, 377
합동작전센터(Joint Operations Center) 171, 172, 302
항공사상 60~62
항공압력전략(air pressure strategy) 8, 336, 356, 357, 359, 362, 366, 367, 369, 371~73, 396
항미원조중국노무단 345
해리스, 아서(Arthur Harris) 29, 35, 37
핵공격(atomic blitz) 96
헐버트, 호머(Homer B. Hulbert) 386
헤스, 딘(Dean Hess) 192, 225
헤이그협정 22, 30
화이트, 시어도어(Theodore White) 50, 51
황해도 안악 야간폭격 369~71
후방복구연대 154
흥남폭격 104, 127~32, 134, 138, 142, 146, 158, 161, 229, 305, 352
흰옷을 입은 사람들(people in white) 8, 166, 167, 181, 195, 196, 204, 205, 207, 221, 225~28, 235, 260~62, 329, 393
히틀러, 아돌프(Adolf Hitler) 33, 34